国家社会科学基金"江南社区型文化古镇旅游空间生产研究"（13CGL076）
国家自然科学基金"流动性背景下传统村落神圣空间的地方性生产与不平衡地理研究"（41971186）
江苏省"青蓝工程"中青年学术带头人资助项目

空间的生产与重塑

——流动中的文化古镇

郭文　著

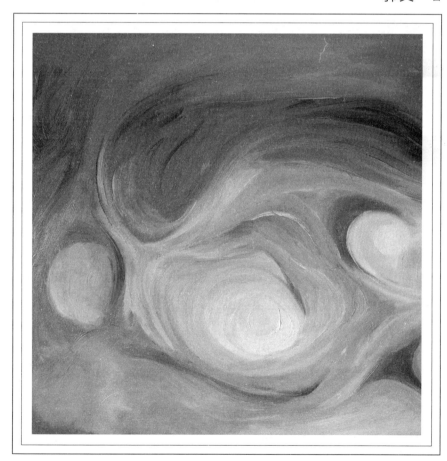

 商務印書館
The Commercial Press

图书在版编目（CIP）数据

空间的生产与重塑：流动中的文化古镇/郭文著. —北京：商务印书馆，2022（2023.10 重印）

ISBN 978-7-100-19544-7

Ⅰ．①空⋯　Ⅱ．①郭⋯　Ⅲ．①乡镇—旅游业发展—研究—中国　Ⅳ．①F592.3

中国版本图书馆 CIP 数据核字（2021）第 033078 号

空间的生产与重塑

——流动中的文化古镇

郭文　著

商　务　印　书　馆　出　版

（北京王府井大街 36 号邮政编码 100710）

商　务　印　书　馆　发　行

北京市白帆印务有限公司印刷

ISBN 978－7－100－19544－7

2022 年 10 月第 1 版　　　　开本 787×1092　1/16

2023 年 10 月北京第 2 次印刷　　印张 22¹/₂

定价：98.00 元

序

　　2018 年，人文地理学巨擘、国际前沿社会理论家、马克思主义学者戴维·哈维（David Harvey）给作者写了亲笔信。这篇重要文献，既是哈维空间生产思想在旅游社会文化领域中的体现，也是中国旅游空间实践和社会文化地理实践的重要参考。

作者（右）与戴维·哈维

Tourism entails the commodification of place, culture, history and nature.

In so doing, tourism is always in danger of destroying the good qualities of place, culture, history and nature that it supposedly celebrates.

Tourism always entails creative destruction It invites the invention of fake histories and cultural forms

Conclusion: a small amount of tourism can be a good thing for areas lacking other forms of economic activity. Too much tourism is destructive! hence the anti-tourist movements in cities like Barcelona.

戴维·哈维亲笔信

Tourism entails the commodification of place, culture, history and nature.

In so doing, tourism is always in danger of destroying the qualities of place, culture, history and nature that it supposedly celebrates.

Tourism always entails creative destruction. It invites the invention of fake histories and cultural forms.

Conclusion: a small amount of tourism can be a good thing for areas lacking other forms of economic activities. Too much tourism is destructive! Hence the anti-tourism marches in cities like Barcelona.

David Harvey

旅游势必带来地方、文化、历史和自然的商品化。

这样做，旅游业总是面临着破坏其本应称赞的地方、文化、历史和自然品质的危险。

旅游常常带来创造性的破坏，引致虚假历史和文化形式的发明。

结论：少量的旅游对没有其他经济活动形式的地区是有益的，太多的旅游是破坏性的！因此，像巴塞罗那这样的城市就发生了反旅游游行活动。

戴维·哈维

（郭文 译）

前　言

　　中国不同尺度空间的旅游实践，在坚持社会主义基本制度与发展市场经济相结合的政策理念中，创造了意识形态、日常生活和空间领域的社会性和空间性的辩证融合，以及空间的生产问题。旅游产业在蓬勃发展之际，旅游地的日常社会文化异化、空间非均衡发展、社会经济空间区隔等问题也开始变得显著。实践证明，旅游导向的空间体系发展过程是以旅游文化、经济为表层结构的全球、区域、国家和地方等不同层级空间之间的动力关系过程，也是在流动性背景下以旅游为媒介的社会建构和挑战原生空间环境要素的塑造过程。探寻不平衡地理景观生产过程与空间重塑的可能性，本质上是对人类自身生存境遇的追问与反思。

　　20 世纪 80 年代末以后，中国江南社区型文化古镇旅游空间实践的过程，既受到了上述政策理念的影响，也产生了同上述问题相同或类似的空间生产问题。在流动性背景下，基于旅游为媒介的地方性空间凝视、政府为主导模式的社区改造与资本的介入，以及资本与异质文化对新空间跟进等结构性与非结构性力量的驱动，周庄、西塘、乌镇、南浔、角直、朱家角江南社区型文化古镇空间经历了从相对"封闭空间"到"流动空间"再到"社会空间"的生产过程。旅游介入江南社区型文化古镇对其空间绅士化现象的盛行具有重要推动作用，同时在一定程度上带来了古镇空间新的尺度重组，改变了传统古镇社区社会的政治、经济、文化，以及日常生活空间的边界。这不但给古镇带来了新的空间价值观，而且原本和谐且封闭的意义体系也发生了改变，旅游介入江南社区型文化古镇造成的空间生产成为亟须关注的社会问题。

　　回顾过往，学术界对江南社区型文化古镇的研究大致经历了 20 世纪 80

年代的资源勘探、20 世纪 90 年代的空间规划到 2000 年之后的多元化研究探索过程。通过历代学者的努力，学术界在研究丰度上无疑推动了该领域成果库的拓展。但是，随着古镇旅游和地理空间实践的深化，以往研究成果对解释江南社区型文化古镇空间出现的新现象还不够深刻，尤其是对江南社区型文化古镇以"旅游空间实践的历史—地理唯物主义"为分析范式的空间生产问题更是鲜有涉足。如果处理不好这些问题，不仅是学术研究的"遗憾"，也将会带来更加严重的社会空间影响，甚至将阻碍古镇社区社会和谐稳定和长期目标的实现。这不仅凸显了过往研究还存在一些"缺口"，而且证明了对古镇空间实践出现的新问题确实有必要作出进一步的学术跟进。基于上述空间实践和理论研究背景，本研究将古镇空间作为分析视角，在基于系统梳理空间思想的当代转向和空间批判理论的基础上，对周庄、西塘、乌镇、南浔、角直、朱家角江南社区型文化古镇空间特性和社会秩序、空间的社会生产以及日常生活空间占有与重塑等问题进行了深度研究。

　　研究认为，江南社区型文化古镇空间的生产具有宏观和微观层面上的动因。在宏观尺度上，江南社区型文化古镇空间生产及不平衡地理之旅游塑造，受到了现代性、流动性和中国政治经济体制的影响。在大尺度上，旅游带动资本、技术、人员等要素在全球不同尺度范围内快速跨界流动，形成了旅游导向的全球体系发展过程。大尺度的下推，促成了江南社区型文化古镇小尺度旅游发展的兴盛。与之相伴而生，具有比较优势的江南社区型文化古镇旅游景观作为一种社会使用价值，不仅影响着古镇的旅游资本积累和生产关系，还调节着人们的旅游消费行为。在微观尺度上，由于过度强调市场的能力，古镇旅游空间的主导者把一切都变成了有利可图的符号化商品，创造地理空间景观作为使用价值的表现，使古镇旅游物体系的自主化结构成为旅游者被消费，甚至被过度消费的对象，消费便成了关系的主动模式，这不仅是人与物的关系，也是人与世界的关系。古镇旅游物体系的意义建构与古镇旅游者消费的夸示性、差异性，甚至与由此产生的快感紧密相关，这是深层结构上导致代表旅游客源地旅游者消费被控的社会，和代表江南社区型文化古镇旅游目的地原住民主人意识形态、地方文化系、日常生活和社会空间领域生产的原因。在上述因素作用下，案例地古镇镶嵌在全球与地方、现代与传统等一系列流动性塑造的时空断裂与再建构进程之中，流动性成为古镇流动实践增强的过程。与原本相对稳定且具有地方性的古镇空间特质相比，流动性背景下的古镇不再局限在特定边界之内，而是在与"他者"文化互动、混居与协商中不断重构的社会文化过程。

在研究特色和创新上，本研究提出并遵循"旅游空间实践的历史—地理唯物主义"分析范式，系统性地将空间生产视角和日常生活空间批判理论应用于江南社区型文化古镇研究，在研究视角上这是对以往古镇固有研究成果的一大突破。在研究内容上，本研究注重吸收哲学、马克思主义地理学、人文地理学、社会学、旅游管理等相关学科或领域的知识，克服单一学科知识研究存在的局限，是另一大突破。在解决问题的策略上，研究基于案例地空间生产"分层性"和"内部排他性"的特征和事实，有针对性地提出了新的弥合空间分裂的"生产价值耦合—空间公正治理—空间权利共享"的解释框架和实践导向，提出了重塑江南社区型文化古镇旅游空间的平衡生产、包容性发展和可持续发展的治理措施。

空间的权利来源于日常和非日常，宣称空间权利就是宣称一种不复存在的东西的权利，关键是谁给它填充意义。从人文地理学角度看地方，地方是共同体的基础。德国学者斐迪南·滕尼斯（Ferdinand Tönnies）在1881年指出："社区是由具有共同的习俗和价值观念的同质人口组成的关系密切的社会团体或共同体。"他在回答"我们是什么，我们在哪里，我们是什么时候来到这里，我们将到哪里去"时认为，人际间的关系是意愿创造的，社会性关系、集群，以及社会性组织是最重要的三种实体形式，社区的核心特征是社会关系性。在马丁·海德格尔（Martin Heidegger）那里，作为居和根的家园的地方建设，则强调应该摆脱技术合理化和资本积累的渗透和控制，以恢复人们对地方的忠诚。在对周庄、西塘、乌镇、南浔、甪直、朱家角江南社区型文化古镇旅游开发多年的观察中发现，权力与资本控制旅游地的手段主要是在多尺度上对空间中心和边缘的区隔，并通过旅游方式将意识形态注入古镇空间及日常生活中。只有理解权力、资本等要素对旅游目的地及日常空间的操纵方式，才能寻求空间和地方的主体性，探寻改变现实的可能性力量。

重视江南社区型文化古镇旅游空间生产的社会性，深刻批判流动性背景下旅游介入古镇空间的异化现象，警觉资本逻辑对古镇日常生活空间的另类牵引，重塑和优化古镇空间秩序，这是研究者和实践者的社会责任与时代使命。

郭　文

2021 年 6 月

目　录

第一章　绪论

　　流动的现代性已经成为全球化背景下重要的社会空间特征和问题之一。在当今流动性背景下，中国江南地区的社区型文化古镇进入了空间生产的聚集时期，并体现出空间生产的积极性和狭隘性，如何以空间理性和空间的平衡生产为目标，重塑江南社区型文化古镇的未来发展，这成为人们关注的新焦点。基于上述背景，本章首先对既往古镇研究进展进行分析和反思，在此基础上寻找研究的"缺口"，提出本研究采用的方法论和方法，界定江南社区型文化古镇的内涵，进而指明本研究的目的、意义和创新点。

第一节　研究背景

一、旅游实践引发江南社区型文化古镇的多维空间生产

　　20 世纪 80 年代以来，随着全球流动性的加速、中国改革开放步伐的推进和国家宏观政策的战略性导向，中国江南地区的社区型文化古镇旅游空间实践进入了发展起步阶段（郭文，2016）。从业态发生的起点观察，江南[①]社区型文化古镇旅游开发始于周庄[②]。1989 年 4 月，周庄古镇第一个景点沈

[①]　在历史上，由于行政区划的反复变迁等诸多原因，"江南"的含义一直在不断变化。在本研究中，"江南"的地理范畴主要指长江三角洲地区。

[②]　周庄位于中国江苏省苏州市昆山市，历史悠久，始建于北宋元祐元年（1086 年），因邑人周迪功先生捐地修全福寺而得名。周庄因具有典型的江南水乡风貌和人文景观成为古镇旅游开发的重要目的地。

厅①开门迎宾，这不仅标志着中国古镇旅游类型的开端，而且从此成为江南其他社区型文化古镇陆续开发旅游业的参照范例。以此为时间分界点，江南地区其他具备旅游开发条件的社区型文化古镇，凭借各自悠久的历史、古朴的建筑、深厚的文化底蕴以及独特的水乡风貌，先后步入了旅游经济发展之路，不断吸引着海内外游客前往观光与休闲体验。

从综合实践效能分析，江南社区型文化古镇如火如荼的旅游开发，体现了旅游空间生产的积极作用。从社会生产力的发展角度看，江南社区型文化古镇空间的旅游化实践，把一切有利于空间生成的要素，如权力、资本（经济投入）、知识（规划、科技）和居民日常生活纳入旅游空间实践体系，这无疑推动了江南社区型文化古镇旅游消费空间的生产和旅游经济收益的提升，甚至成为地方政府经济发展的形态倡导和转型的支柱产业。从社会生产关系的发展视角来看，旅游的空间实践带动了江南社区型文化古镇人流、物流、信息流、资金流、技术流，以及物理—地理空间、经济—社会空间和文化—心理空间的生产，不仅推动了江南社区型文化古镇空间组织要素的变化，还支配着古镇新的社会文化、经济和生活空间的形成，进而带来了区别于古镇传统的社会交往和依赖关系。从旅游效能的角度分析，江南社区型文化古镇旅游业的发展不仅使地方国际化程度得到提高，不同层次和类型空间的涌现也满足了消费时代人们对新消费形式的基本诉求，在微观层面上也带来了江南社区型文化古镇日常生活空间的旅游化，并成为古镇原住民日常生活形态的重要组成部分。

但是，江南社区型文化古镇旅游空间生产在另一方面也凸显出了狭隘性。空间生产带来了尺度重组，改变了传统古镇社区物理—地理空间、经济—社会空间和文化—心理空间的生产，以及日常生活空间的多重边界划分。随着

---

① 沈厅，原名敬业堂，清末改为松茂堂，由沈万三后裔沈本仁于清乾隆七年（1742年）建成。在周庄近千户民居建筑中，明清和民国时期的建筑至今仍保存有60%以上，其中有近百座古宅院第和六十多个砖雕门楼，还有一些过街骑楼和水墙门，这些建筑最具有代表性的当属沈厅。

社会主义市场经济发展的持续深化，一些江南社区型文化古镇在旅游开发中过分强调旅游业是一个产业，一定程度上忽视了旅游开发的社会事业属性。以旅游为媒介的要素介入江南社区型文化古镇空间在一定程度上导致了古镇多维空间的资本化，资本在最大限度攫取剩余价值原则下又对古镇多维空间进行重构，又在一定程度上出现了古镇旅游开发中的属地化运动、商业主义倾向和商品属性的空间改造、粗放式发展、景观同质化营造、旅游空间高价消费等现象。与此同时，江南社区型文化古镇旅游空间的资本化发展方式渗透到了古镇多维空间并影响了空间格局的生产，导致诸如古镇的"去生活化"景象、优秀文化异化转向、传统仪式从民俗到商业景观的变迁、旅游地空间中"人"的权能的非均衡发展、旅游空间区隔现象带来的空间关系再生产及其造成的"中心—外围"困局、旅游社会空间关系的杂化和再生产、原住民权能的相对剥夺感，以及古镇社区社会冲突等空间问题。江南社区型文化古镇旅游空间生产引发的空间问题，证明了在以经济发展为目的的旅游资源配置中，不仅生产出了新的景观空间，具有物理—地理空间的生产性质，还生产出了复杂的社会空间和心理空间，具有经济—社会空间和文化—心理空间的社会性生产性质。江南社区型文化古镇多维空间的生产，改变了古镇原有的地方意义和价值体系，成为亟须关注和解决的社会问题。

本研究认为，健康发展的旅游业是一个国家、地区生产力水平和社会文明进步程度的重要标志，更是衡量人们幸福指数的产业。客观地讲，在江南社区型文化古镇旅游发展进程中，空间资本化是资本创新场景的必然结果，这是必要的，但是对其发展定位需要驾驭资本，防止出现空间的资本异化现象。江南社区型文化古镇旅游空间生产在本质上意味着空间由"被支配"到"被利用"的转变，是使用价值具有优先性的新型旅游空间实践方式。面对新时期旅游空间实践出现的新问题，需要更多重视旅游空间生产的社会性，倡导工具理性和价值理性的统一，在理论上对其产生的社会化问题进行关照，转变对旅游空间实践的理念认识，协调"资本"与"人本"的关系，注重利益主体在旅游空间实践中的权利、机会和结果的平等性，促进旅游空间正义和空间生态文明，实现旅游利益共生、旅游空间共享。

二、江南社区型文化古镇旅游空间生产亟须新理论阐释

在人类社会生活中，空间原本是最普通、最常见、最熟悉的现象。但是，在以往生产水平相对低下和地方自给自足相对孤立的背景下，空间问题还无法进入人们的理论视野。20 世纪之前，人们出于对时间的优先性偏爱而表现出对空间不经意的遮蔽和忽视，空间概念的主流解释具有形而上学性质。亚里士多德（Aristotélēs）的"有限空间"、艾萨克·牛顿（Isaac Newton）的"力学绝对空间"和伊曼纽尔·康德（Immanuel Kant）的"纯直观形式空间"是其典型代表，空间的实质在以往被看作是死亡、刻板和静止的东西（Foucault, 1980）。近代以来，亨利·柏格森（Henri Bergson）、前期马丁·海德格尔（Martin Heidegger）等思想家也把时间性看作体现人的本质的东西（冯雷，2008）。20 世纪 50~60 年代，随着现代性问题的日益凸显及理论界对其反思的不断深入，人们开始意识到现代理论过于偏重时间，降低了对空间复杂性问题的解释力度，也意识到空间问题在社会理论研究中的基础性和核心性，"空间转向"思潮的出现及异军突起成为西方社会科学知识和政治发展中举足轻重的事件之一（李春敏，2012）。其中，极具代表性且影响深远的有亨利·列斐伏尔（Henri Lefebvre）的"空间的生产"、戴维·哈维的"资本循环和时空压缩"，以及爱德华·W. 苏贾（Edward W. Soja）的"第三空间"理论。这些论述及其倡导的思想，不仅对启蒙运动以来占统治地位的笛卡尔式空间概念与康德哲学的空间概念发起了挑战，也因其将马克思的社会历史辩证法翻转为历史辩证法的"空间化"而改变了西方批判理论的阐述视野。

"空间转向"传递了人们对空间内涵的重新认知，其倡导的新理念可以表述为：第一，空间不再是给定的、固定的、封闭的概念，而是社会运行的物质载体，是社会生产与互动的平台。第二，空间是社会的产物，是人类社会意识形态、社会结构、社会生产和生活方式的结晶。第三，空间对社会产生反作用。一方面，空间生产伴随着社会关系的再生产，空间生产是特定社会形态延续的关键；另一方面，空间的调整必将带来社会关系的调整，引发

社会变革。概言之，人们认为空间生产的重心在于物质资料呈现出来的空间形态和空间关系，这一认识突破了人们以前仅仅把空间当作社会事件发生和运作的背景的传统认识，把空间要素融入到社会过程研究视阈，探析空间实践背后以资本、权力、社会形态、利益等要素带来的新的物理—地理空间、经济—社会空间、文化—心理空间，以及日常生活之间的博弈、角逐和张力，更能够使人们对空间的认识实现主观性与客观性的统一、自然过程与社会过程的统一、空间结构与社会结构的统一。

20 世纪 90 年代后，"空间转向"系列思想引入中国学术界，这股思潮首先在哲学和马克思主义（汪民安，2006a；胡大平，2009；庄友刚，2012）、社会学（何雪松，2006）、文化（陆扬，2004）、地理学（吴启焰，2011）等研究领域产生了非常重要的影响，也在一定程度上启发了学者，并为学者们分析中国不同尺度空间问题提供了新的研究范式。近十几年来，国内学术界的研究旨趣正在由自然支配的环境的变化演变为人类支配的环境的变化，空间动态研究和驱动力分析成为研究热点。"空间转向"带来的思想冲击力和方法论，正因其直面具体空间生产问题的独特性和解释力，逐渐成为中国地理空间实践最合适的借鉴和分析工具。发轫于 20 世纪 80 年代末的中国江南社区型文化古镇的旅游发展，因其作为特殊空间生产行为嵌套于中国社会主义市场经济体系中，受到了同西方学者分析的权力、经济和阶层等因素的结构性影响，且不同程度地凸显了这些要素之间的复杂关系。中国江南社区型文化古镇旅游开发进入空间生产集聚时代，重新认知、理解和解析空间的社会化结构、社会的空间性关系形成过程，以及日常生活空间异化需要借鉴重要前沿理论，西方社会研究中的空间化转向成果为探索日益复杂的江南社区型文化古镇旅游空间实践背后的多维生产和日常生活变迁，提供了较为合适的理论基础和思想导向。

三、空间平衡生产是江南社区型文化古镇未来发展取向

不平衡地理发展既是贯穿人类历史进程的普遍现象，更是资本主义的标

志性特征，在 20 世纪 70 年代资本主义新一轮深刻的地理和空间重组中，它作为最显著的景观之一再度引起批判理论的强烈关注（戴维·哈维，2010）。江南社区型文化古镇空间的旅游化实践对其物理—地理空间、经济—社会空间、文化—心理空间以及日常生活带来的空间问题，凸显了结构性要素对古镇空间的不平衡塑造。从表层结构分析，江南社区型文化古镇旅游发展中多维空间生产和日常生产方式变迁，凸显了地方社会文化异化、空间非均衡发展、社会经济空间区隔等问题，是流动性背景下旅游介入江南社区型文化古镇带来的社会生活方式变迁的反映。从深层结构分析，上述现象更是不同尺度体系中政治、经济、意识形态及其内部空间要素之间的相互矛盾和相互影响，进而塑造了江南社区型文化古镇空间的结构，本质上是拥有不同目标和诉求的利益群体冲突和协商的空间过程。这些问题带给我们一些思考：当古镇空间变为多元性、异质性和杂合性[①]的空间时，更需要关注空间的全要素协调发展，实践和研究需要从关注"空间外壳"过渡到"空间里的空间"，从"表象空间"过渡到富含意义的"深层次空间"，在经济广泛增长的基础上，关注原住民利益友善的增长和共享式增长。按照马克思主义的观点，发展归根结底应该是人的发展（孙正聿，2012）。从江南社区型文化古镇经济理性和可持续发展角度讲，包容性发展并非通过牺牲旅游经济效率去追求古镇社区的社会公平，其实质是提倡古镇所有利益相关者能均衡分享旅游经济、社会等发展机会，并获取发展成果，促进空间的平衡生产。由此可以推断，在江南社区型文化古镇空间的旅游化实践过程中，衡量其好或坏的标准就在于古镇社区发展为社区原住民日常生活全面发展创造了怎样的社会质量[②]，以旅游为媒

---

① 杂合性空间喻指融合后的空间不是原生空间的简单混合体，而是产生了新的空间形态。

② 社会质量（social quality）是 20 世纪 90 年代后期欧洲学者提出的用以衡量社会发展状况的概念，其含义是人们能够在多大程度上参与其共同体的社会与经济生活，并且这种生活能够提升其福利和潜能。社会质量衡量的是一个社会在何种程度上为个人全面参与其所属的社会与经济生活提供保障，一般认为包括社会经济保障、社会凝聚、社会包容和社会赋权四个维度。

介的社会经济发展的构建是一个高质量社区，还是一个低质量社区。

江南社区型文化古镇空间的旅游化实践及其带来的空间的异化，促使我们产生了对古镇空间重塑的探索，古镇空间维度中的现代政治经济现状需要我们对古镇的不平衡地理发展作进一步的理论和实践阐释。近年来，中国政府及相关部门也多次提出关于"旅游作为国民经济的战略性支柱产业和人民群众更加满意的现代服务业""旅游产业转型升级""旅游可持续发展""让大众享受到旅游开发带来的成果"等各类表述，落实上述精神的关键是在旅游空间实践中处理好政府、市场、社会以及社区多元利益主体之间的平衡关系。江南社区型文化古镇旅游的空间化实践，在本质上意味着空间由"被支配"到"被利用"的转变，是使用价值具有优先性的新型旅游空间实践方式。无论在何种类型或层次的古镇旅游开发中，不仅需要更多考虑古镇旅游空间实践"为了谁"的本源问题，而且需要重视江南社区型文化古镇旅游空间生产中空间的社会性和包容性。

基于上述背景，本研究提出江南社区型文化古镇空间的旅游化实践需要从空间理性和空间的平衡生产出发，注重古镇社区发展的可持续性、包容性与平衡性增长。与之前的理念相比，包容性增长作为一种新的发展理念，寻求的是社会和经济协调发展，以及对日常生活空间的重新找回，其核心内涵可表述为"让更多的人享受发展成果、让弱势群体得到保护、在经济增长过程中保持平衡、让日常生活更加理性"，该理念因与传统发展单纯追求经济增长相异而受到越来越多的人重视。从客观角度讲，发展中的古镇空间不平衡及不同尺度的空间异化现象，本质上是以牺牲古镇社区原住民平等的权利和价值为代价的结果，这将进一步强化空间生产中的排斥甚至驱逐行为。所以，从空间发展伦理和路径角度讲，江南社区型文化古镇需要倡导包容性理念，重视发展中的"空间的平衡生产问题"，以此创造一个高质量的且具有积极意义的古镇旅游社区。

第二节　关于古镇的研究进展与反思

一、国外古镇相关研究

本部分综述内容主要是通过网络对中国学术期刊全文数据库 CNKI 和国际知名度较高的学术刊物进行检索，然后运用文献综述法、比较归纳分析法对收集到的相关资料进行分类汇总。

经过梳理已见刊的相关文献后发现，西方学界对古镇旅游发展的研究关注点更注重在旅游开发影响、旅游开发与游客及社区原住民的关系、可持续发展等方面。研究表明，旅游介入古镇无疑会造成古镇原有空间的社会变迁，并给古镇社会、生活、文化、商业化以及不同群体的利益分配带来影响，一些实际案例证实了上述观点（Moore，1995；Marks，1996）。旅游发展中的主客体相互作用对古镇社会文化具有较大的影响（Brunt and Courtney，1999；Hepper *et al.*，2014）。实践表明，古镇旅游的持续升温是拉动当地经济发展的重要途径（Leong *et al.*，2015）。旅游业会对当地工业、农业、交通运输业发展起到促进作用；而经济、政治、文化等因素会影响到当地旅游业的发展（Bălan and Burghelea，2015）。在古镇，异质文化和特色鲜明的地域文化对旅游者具有强烈的吸引力，旅游体验是旅游者对历史文化遗产知识的探索（Leong *et al.*，2015），这种文化能以自身的文化内涵与旅游者的内心感受相契合，进而提升旅游者的幸福体验（Knoop and Fave，2013）。但是，旅游也因此会改变古镇的传统生活与文化形态，商业化的冲击常常导致原住民大量外迁，因而带来古镇空间结构的变化和原本特色文化的丧失。随着古镇旅游的扩大，古镇旅游商铺也在向高层扩展，古镇商业类型的增加对景观产生重建、改造和其他方面的影响，古镇内许多项目甚至改造成了旅游酒店（Utsumi，2017）。一项以玛雅遗址玛雅古村镇为例的研究表明，旅游文化商业化对传统文化的影响非常巨大（Medina，2003）。在游客对古镇旅游关系影响方面，不同旅游者对度假选择、活动类型及目的地的看法和影响有不同的特征（Wickens，2002）。目的地品牌被认为是游客和众多利益相关者内在印象的积累，不同利益诉求必将使目的地在他们心目中处于截然不同的位置（Dunae and Blaine，2004），而风景优美的目的地发展的商业化，则被认为同旅游介入高度相关（Kemperman *et al.*，2009）。

古镇旅游开发与社区原住民关系是国外研究者关心的重要领域。在旅游开发过程中，地方原住民的感知往往是原住民对古镇产生影响的重要变量（Tosun，2002）。在古镇旅游社区内，古镇社区地域、社区文化、社区环境和社区结构，甚至包括当地原住民都是吸引旅游者前往的重要资源，实现原住民有效参与的关键在于实现古镇社区"人的发展"，公平且有效的旅游利益分配是促使当地原住民有效参与的一种内在的经济激励机制。一些针对不同村镇就业和利益分配的生态旅游范式的研究，对上述观点进行了充分实证（Walpole and Goodwin，2000）。随着古镇旅游发展的深化，旅游企业与社区原住民的利益冲突及协调问题，会成为影响古镇旅游理性和可持续发展的重要焦点，如何协调利益分配成为研究的热点。学术界从对印度圣镇普什卡（Pushkar）原住民采用"调停性抵抗"策略的案例研究中得出了重要启发（Joseph and Kavoori，2001），只有充分考虑旅游地传统文化以及历史发展过程中的各种社会关系，才能更好地进行文化经济的运作（Kneasfey，2001）。

社区参与旅游发展的新模式，是目的地在旅游业发展中将社区原住民作为旅游业发展主体，通过对旅游规划、开发、运营、管理和监督等决策与执行体系的广泛参与，在保证区域旅游业可持续发展的同时实现社区全面发展。只有注重参与性，才能保护好古镇，使旅游发展造福于整个社区和社会（Marks，1996）。社区参与古镇旅游发展是以人为本思想的重要体现，是落实富民工程的战略举措。参与性模型能使旅游业更好地融入地方发展策略（Tosun，2002），增强人的自尊和信心（Routledge *et al.*，2013）。在古镇旅游发展中，社区参与机制的实质是社区原住民在旅游开发决策与执行过程中其意见、需要和诉求等有得以充分表达的渠道或平台。社区参与古镇旅游发展，是针对资本力量和知识优势引起的对旅游目的地社会弱势群体权利的挤压所作的一种调和。因此，原住民对古镇旅游发展带来的损益度的认知，影响着他们对古镇旅游发展的支持度（Dogan *et al.*，2002）。也有研究认为，研究社区的历史和结构有助于更好地理解社区如何适应并参与管理旅游发展（Horn and Simmons，2002）。一些经验表明，原住民对古镇旅游活动的参与以及旅游合理利益的获得，可以充分调动社区原住民旅游开发的积极性和主动性，加强社区原住民对旅游地文化和环境的保护意识，促进旅游容量的稳定和有序提高，从整体上提高目的地的实力，这说明了强调原住民参与和主客交往在古镇旅游开发中的重要性（Brunt and Courtney，1999；Tosun，2002）。

在针对古镇发展方面，实现可持续性被看作是保持古镇完整性的重要理念（Oren *et al.*，2001）。研究表明，注重保护传统建筑外观和原有结构是制定保护政策的基础，原真性被认为对旅游规划具有指导作用，是游客获取高质量体验的关键因素（Mantecón and Huete，2007）。外来文化和当地文化融合带来的商品重组以及商品转换，有利于当地旅游业的发展（Mitchell and Shannon，2018）。也有研究认为，政府对新兴古镇旅游地及活动的开发和指导是古镇旅游可持续发展的保障（Burns and Sancho，2003）。当地居民对旅游业以及当地政策的看法，以及历史文化保护意识（Ismagilova *et al.*，2015），也是旅游业可持续发展的必要条件（Ghaderi and Henderson，2012）。另外，协同管理也被看作是检验理论与实践的关键因素（Cochrane，2008）。国家应为旅游者在旅游过程中感受到"畅爽"的幸福体验提供良好的社会环境，而不是一味地将旅游业作为增加国民收入的经济工具（Michalos，2012）。旅游业要想持续地发展下去，必须采取长远的目光，看到旅游发展中的问题，总结历史经验，采取与时俱进的政策、法律和商业开发模式（Garay and Cànoves，2011）。

二、国内古镇相关研究

中国学术界针对古镇研究的探索始于 20 世纪 80 年代初，内容主要聚焦在古镇的社会人文地理、资源勘探和空间测定等方面。这些研究如下：对乌镇历史文化地理（云生、顺泉，1982）、鄂西古镇资坵的介绍（张克让，1983）、对江南水乡古镇同里的研究（黄文，1983），等等。在此之后，关于古镇规划的文献开始零星增加，如水乡古镇的特点和规划（俞绳方，1987）、沙湾古镇的保护与改造（赵光辉，1987）、苏南甪直古镇保护规划（阮仪三、曹丹青，1989）。

1989 年后，学术研究中关于古镇保护的内容开始出现。如苏南水乡古镇保护调查（大地乡村建筑发展基金会调查组，1991）、周庄保护决策与规划（顾厚德，1994）、江南水乡古镇的特色与保护（阮仪三，1996），以及三沙古镇港的综合开发（谢怀东，1997）等。从文献情况可以观察到，1989 年中国古镇旅游正式开发以来，学界对此领域的研究除了延续 20 世纪 80 年代初对古镇基本背景等知识的介绍外，在内容的丰富性层面基本没有大的改变。

1997 年后，涉及古镇旅游开发的文献开始出现。时间较早的是发表在《旅游学刊》的简短笔谈——《对苏南古镇旅游深度开发的思考》（顾永良、肖飞，1997）。除此之外，旅游市场整顿（张文明，2000）、古镇个性的挖掘和文脉保护（董波，2000）等研究开始出现。随着 2000 年前后国家对旅游产业发展提出诸如"旅游业成为国民经济新的增长点"和"建设世界旅游强国"等政策后，学术界对古镇旅游开发的研究进一步深入，古镇旅游开发的不同方式成为学界关注的焦点。一些学者提出文化是支撑古镇旅游开发的重要因素，挖掘古镇民俗风情，寻求传统与商业的结合是古镇开发的最佳契合点（江五七、陈豫，2003）；也有学者认为充分利用古镇历史文化遗产（李建国，2005）、文化传承与创新（高梧，2006）、地方知识和族群传统（杨明华，2008），是实现古镇历史文化保护的重要途径（孙艺、李秀，2009）。古镇文化资源的原真性开发（朱松节、刘龙娣，2010）、文化资源向文化资本的转化（马秋穗，2010）、构建各方参与的利益共同体（侯宣杰、夏秋丽，2016）、基于"慢城"理念的古镇旅游发展（何芙蓉，2017），以及对古镇文化内涵的深入挖掘（鲍蕊，2011）等也是学者重点关注的内容。

研究认为，政府主导旅游发展战略通过产业政策、法规标准等措施，能充分、合理地发挥政府宏观调控职能，积极引导和规范各旅游主体的经营行为，并实现旅游资源的配置达到或接近最优状态。针对古镇旅游发展方式的研究，学者对政府参与主导开发提出了一些看法。归纳起来，主要有呼吁强化政府作用及完善管理办法（王如东，2005）、倡导政府主导进行保护与开发（余丹，2005）、政府主导型模式的综合开发模式（熊明均、郭剑英，2007）、政府主导下的协调发展（伏六明，2011）、政府引导下的企业主导与市场调控（罗超、楚超超，2011）、政府参与明确职权并引入社会力量扩大投资（康玉庆，2012）等议题。也有学者呼吁，政府在整个过程需要帮助和支持居民实现自我意愿，并从相关政策和资金上给予支持和帮助（何芙蓉，2017）。

在古镇旅游迅猛发展之际，旅游带来的问题也变得日益突出。社区如何参与旅游发展的决策、开发、规划、管理、监督，以及如何充分考虑社区的意见和需要，并将其作为开发主体和参与主体，以便在保证旅游可持续发展的前提下，实现社区的全面发展等，成为人们关注的话题，这也促使学界更加重视社区原住民参与旅游发展的研究。在此方面的主要议题，包括保护开发与社区参与古镇旅游发展（王莉等，2003），建立全民共同参与意识（姚斌，2006），古镇保护中的原真性和社区参与问题（刘小方，2006），社区参与古镇旅游持续发展（谭志蓉，2007），原住民参与对古镇保护的重要性（金敏丽、谢巧红，2008），社区参与对减少古镇旅游开发的负面影响（黄玉理、何方永，2009），原住民参与对古镇文化的传承与保护（向明，2010），原住民受益与古镇旅游可持续发展（王娟洋、邵巍，2011），古镇社区原住民参与和文化商业化（王朝辉，2011），社区原住民参与的开发、融资、管理以及经营模式（刘成等，2011）。一些研究认为，通过协调古镇旅游开发中利益相关者的冲突，除采用市场博弈机制外，还应采用整体的宏观调控机制，即政府对旅游经济进行干预，使市场主体的活动向有效率的资源配置方向发展（孔璎红、廖蓓，2013）。社区参与是古镇旅游开发的关键，必须创新旅游开发模式与社区参与机制，以适应旅游开发和古镇旅游的可持续发展（贾玉芳、林梅英，2015）。在利益关系方面，研究者认为古镇旅游开发需构建各方参与的利益共同体，理顺各方利益关系，以促进古镇社区群体之间、人与资源环境之间的和谐发展（侯宣杰、夏秋丽，2016），协调好保护主体之间的利益关系是解决产权多元化问题的关键（任道丕，2007），处理旅游发展与社区内的利益分配问题，能够有效减少矛盾与发展旅游经济（刘喜梅等，2008），建立一个利益共同体更容易使旅游公司与当地原住民实现共赢（韦祖庆、陈才佳，2009），只有构建开发商与原住民的利益协调机制，才能有效保护非物质文化传承的利益补偿机制（韦浩明，2009）。旅游业是带动能力很强的综合性产业，决定了其在新型城镇化和乡村振兴进程中将发挥重要作用，古镇旅游开发应充分利用好古镇文化旅游资源，调整和优化产业结构，拓展古镇功能，延伸古镇产业链，促进古镇居民更多地就业，以此推动古镇就地城镇化（刘天曌等，2019）。

在古镇旅游开发中，也应该重视整体性和动态性保护。相关研究主要表现为保护与开发的整体性、多样性和可持续发展相互结合原则（黄江平，2003），古镇旅游资源开发如何注重区域自然和人文环境协调发展（叶素文，2005），古镇传统空间格局的延续和古镇社会文化形态的结合（戴彦，2007），古镇旅游开发中经济效益、社会效益和环境效益的统一性（权小勇，2008），经济、社会和生态与古镇的可持续开发（柯丽芳等，2008），古镇景观遗产资源的合理开发和有效利用的开发模式（孙艺惠等，2009），以及共性与特色、传统与当代、挖掘与创新、原住民与游客、观光与休闲的认识（王大悟、郑世卿，2010）。一些学者研究了古镇传统空间保护、改造、更新的动态发展（傅娅，2003），古镇保护与旅游利用的良性互动（刘德谦，2005），经济发展与保护工作之间存在的突出矛盾以及可持续发展（姚春雷，2009），社会历史与现实的平衡（田海宁，2009），生态环境保护和古建筑保护的对策（田喜洲，2004）等方面的内容。在新型城镇化和乡村振兴过程中，如何处理好古村镇保护与发展的矛盾是当前学术界重视的问题。新型城镇化不是"去乡村化"，而是要在"记得住乡愁"的理念下加强对整体文化生态的保护，传承历史文脉和地方文化基因，创建历史与现实融合、文化与生态映辉的舒适、温馨、宜居的新型家园。基于新型城镇化的古镇旅游地规划可以在"景观信息链"理论的框架下有序进行，真正体现古镇文化基因的挖掘和彰显（刘天曌等，2019）。

古镇作为一种社会空间，是社会活动和社会组织所占据的空间，社会群体感知和利用的空间最能反映出社会群体的价值观、偏好和追求。这一感知和利用常常体现在利益分配、社会感知、商业化、社会影响以及心理空间感受方面。在原住民感知方面，不同类型原住民对旅游的感知存在差异。针对旅游者感知方面的研究表明，游客对水乡古镇的感知以通道、节点为主，标志次之，对区域和边缘的感知较弱（王艳等，2007），游客满意度与游客感知成高度正相关、与期望成高度负相关，这一研究认识对提高游客满意度管理具有重要价值（张安民，2009）。一些研究还发现，原住民对旅游发展的整体认知结构和不同类型原住民对旅游的感知与态度具有差异（张兴华等，2010），品牌个性特征对游客重游意愿的影响也是感知研究的重要议题（唐小飞等，2011）。在一些针对古镇商业化方面的研究中发现，商业化是古镇社会—文化资本向经济资本转移的过程（李倩等，2006），古镇商业化倾向可以改变原住民生活方式，破坏古镇整体人文生态系统的和谐（王云才等，2007）。有研究认为古镇不能急功近利，而要在商业开发的过程中坚持保护性原则（邱盼、李为之，2009），还有研究指出，需要从资源空间容量、经济承载容量、心理容量全面评估江南古镇景区的环境容量问题（夏圣雪等，2013）。

古镇旅游开发的社会影响受到人们的普遍关注。研究表明，古镇社会网络结构变迁与文化景观变异具有较为密切的联系（阳立军、杨波，2005）。在旅游开发过程中，多元文化融合对古镇社会文化、空间及民居特色等方面具有影响（刘宏梅、周波，2006），古镇在文化旅游开发过程中，也对当地社区原住民生活具有影响（郭一丹，2007）。一些研究采用心理商业容量的指标体系对古镇进行了旅游心理商业容量的测量，探讨了古镇旅游开发与商业容量之间的关系（蒋坤富等，2010）。越来越多的研究也表明，古镇空间形态的形成以及空间形态与人的心理、行为存在互动性（张一东，2007）。古镇作为人居环境，传统民居空间的营造是古人崇尚自然、追求和谐的最佳体现（贾佳、周波，2009），古镇形态中所蕴涵的情感空间和管理功能对古镇旅游发展具有重要作用和影响（廖丹，2010）。

作为文化遗产的重要组成部分，文化古镇反映了不同地域、不同民族、不同经济社会发展阶段聚落形成和演变的历史过程，真实记录了传统建筑风貌、优秀建筑艺术、传统民俗民风和原始空间形态，具有很高的研究和利用价值。古镇空间作为一个有价值的存在（李贺楠，2002），其文化价值（孙萍，2008）和生态美学（韦祖庆，2009）是其最为重要的元素，这些元素通常体现在历史、建筑艺术、内涵及社会文化传统之中（彭靖，2006），但是一些研究表明古镇旅游的开发正在使古镇之间的形象差异变小，传统文化正在消失（白理刚，2007；李储林、霍晓丽，2016）。

　　针对古镇旅游开发中的文化丧失问题，研究者认为重视生态文化理念才能实现古镇旅游的可持续发展（农兴强等，2007），也有研究者认为通过对当地原住民"原真性"民俗文化的关注，可以唤起文化自觉的意识（王林，2008）。研究发现，主题化展示和参与式体验是提升文化产品感知的重要策略（余琪，2008），应该站在古镇历史文化的挖掘与保护、优秀文化的弘扬与光大的高度进行旅游开发（杨云源，2008）。古镇文化旅游的开发，也应重视对古镇文化内涵的输出、人文资源向经济价值转换和文化的传承（李晓明，2008）。在具体传承方面，保护历史地标和再生民俗节场等文化提升策略，也得到了研究者的关注（常青等，2008）。在文化再造方面，研究认为与现代技术和生活方式相结合，人们方能完成对古镇文化生活环境的创造（侯全华等，2006）；传统文化的传承也应从独特的民俗与历史性、地域特色建筑和空间结构入手（谢雄，2009）；古镇文化价值与旅游开发也需要更多的文化要素聚集（曹春梅等，2009），甚至应注重物质载体及空间类型的选择与组合（王荻等，2010）。

　　在古镇文化传承与可持续发展方面，研究认为古镇空间形态维持的关键，应在于保持文化和景观的差异性（宋玉蓉，2008），以及古镇文化的可持续性（孙大江等，2008）。在流动性和旅游开发背景下，古镇空间已经变为一个以原生空间为底板的社会关系的空间实践过程，发生了古镇旅游空间的多维生产，并由之前的"内源性自生式本体空间"变为"外源性嵌入式构建空间"（郭文，2015）。在对古镇社区原住民的心理空间研究中发现，原住民社会空间感知存在利益关联、价值效能和情感眷恋三维结构，且在感知次序上呈现"利益关联→价值效能→情感眷恋"递减分异规律，这说明古镇旅游开发带来了更加深层次的社会空间生产（郭文等，2015）。在消费时代，现代性、流动性及后现代性在同古镇传统性的剧烈碰撞和裹挟中，迫切需要政府的有效介入和引导（钟士恩、章锦河，2014）。针对不断攀升的客流对江南水乡旅游资源的环境承载力所带来的影响，也有研究提出需要运用反营销理论对古镇旅游资源环境承载力进行调控，实现旅游资源综合开发的统筹与协调（张晓帆、谢芳，2016）。更多的研究者认为，在古镇旅游的要素中，文化是核心，为确保古镇旅游的可持续发展，应强化古镇旅游开发中的文化传承意识，以实现古镇旅游的可持续发展（李储林、霍晓丽，2016；曾静，2019）。

三、对已有研究的简要述评

通过对古镇旅游研究的学术梳理与分析，可以从研究的时间与空间，以及研究特点和不足三个维度进行述评：

其一，关于古镇旅游研究的时间维度。从文献综述反映的内容可以看出，20 世纪 90 年代，国外学术界已经出现了较多关于古镇旅游领域的相关研究，这些研究起步较早；相比较而言，国内学术界在 20 世纪 90 年代后期才有真正涉及古镇旅游的研究文献见刊。从时间角度分析，国外研究要早于国内研究。

其二，关于古镇旅游研究的内容维度。由于以文化资本引导古镇空间更新在西方历时已久，因此在国外文献研究关注度上，古镇的研究内容更倾向于古镇的开发影响、古镇开发与游客和社区原住民的关系、古镇旅游可持续发展等方面。20 世纪 80～90 年代，中国古镇旅游开发处于初级阶段，见刊的文献研究更倾向于古镇资源背景和古镇人文性方面的知识介绍。2000 年之后，随着中国古镇旅游化实践的进一步深化，学术界对古镇旅游研究的文献逐步增多，从见刊文献反映的主要聚焦点分析，内容包括古镇资源特点、开发（规划）与保护、自然环境、利益相关、社会问题等议题。

其三，关于古镇研究的特点与不足。通过系统分析后发现，国外学术研究与国内学术研究在同时期相比，更倾向于对古镇空间旅游化实践带来的社会性问题的探讨，而国内研究总体上呈现"理论对实践的滞后性回应"的特点。总体来看，无论是在国内还是国外，学术界对古镇空间的旅游化实践研究都过于聚焦在物理空间范畴，对古镇现代空间实践的社会空间生产，尤其是对社区型古镇空间生产与异化等诸多问题的关注都比较缺乏。

综合分析可以得出如下结论：无论在国内还是国外，古镇空间、社会、文化因其独特的资源禀赋和吸引力而与旅游开发存在较大的关联。在社会转型时期，特别是现代化、流动性及其裹挟的结构性要素，深刻地渗透到了古镇旅游开发之中。如何深入古镇旅游空间的生产领域，理解古镇空间物理—地理、经济—社会、文化—心理空间的生产，以及古镇作为地方的日常诉求，去诠释生活空间生产中的社会关系，需要超越学界现有的研究价值倾向、研究内容和分析范式，用新的视角关注和引导目前存在的突出问题。

第三节 研究选点、方法论与方法

一、案例地概况及选点原因

20世纪80年代以来，在外部现代性、流动性和内部市场经济推动下，中国旅游业作为新兴经济形态和社会事实逐渐嵌入到江南社区型文化古镇。在此背景下，江南社区型文化古镇空间经历了"封闭的空间（民居居住）—感知的空间（行动者凝视）—公共的空间（主客互构）—社会的空间（网络行动）—日常空间（生活空间）"的系列演变与生产。旅游开发极大地改变了江南社区型文化古镇原有的生活空间形态，在带来积极效应的同时，也引发了古镇现代生活方式与传统物质、文化、社会、心理空间的矛盾，出现古镇当代社会使命与经济发展的矛盾，以及文化价值与经济价值的矛盾。在江南社区型文化古镇尚未完成从传统农业向现代农业，以及向新型工业化的转变过程中，又受到信息化和后现代思潮的影响，江南社区型文化古镇多种社会形态（即农业社会、工业社会、流动化和信息化社会）引发的生活空间转向带来的一系列新问题亟待解决，非常有必要从新的视角和方法来探索古镇空间生产与新时期古镇旅游空间实践的可持续发展问题。

由于中国古镇的区域分布不具备遍在性，本研究选择的江南社区型文化古镇是中国古镇较为集中的典型区域。江南社区型文化古镇作为一个集合概念，在地理学上泛指"位于太湖流域苏南浙北的江南水乡古镇"。由于地理空间的经度地带性规律、纬度地带性规律等因素共同作用，江南古镇形成原因具有特殊的地域特征。在旅游背景下的社会转型中，江南社区型文化古镇正处于传统与现代的连接口，本身具有时代标本的典型性。此外，江南社区型文化古镇旅游空间实践带来的启发对未来具有借鉴性，其中凸显的问题对未来也具有规避性。从现实角度分析，20世纪80年代后中国实行改革开放政策以来，具备旅游开发条件的江南社区型文化古镇基本完成了不同程度的旅游化空间实践。近年来，作者在太湖流域苏南、浙北等区域对江南社区型文化古镇进行系统性对比研究与分析后，选取了更具代表性的周庄（中国最早进行古镇旅游开发的古镇）、西塘（全域性最突出的古镇）、乌镇（市场化运作最突出的古镇）、南浔（出售经营权为特征进行开发的古镇）、甪直（江南最悠久的古镇）、朱家角（自主经营、免费开发的古镇）等六个社区型文化古镇的旅游化空间实践作为研究对象（表1—1）。

二、方法论

方法论是关于人们认识世界、改造世界的方法的理论，指人们用什么样的方式、方法来观察事物和处理问题。方法论是一种以解决问题为目标的体系或系统，同时也是一个哲学概念。例如，人们关于"世界是什么、怎么样"的根本观点是世界观，用这种观点作指导去认识世界和改造世界，就成了方法论。所以，方法论可以理解为对一系列具体的方法进行分析研究、系统总结，并最终提出的较为一般性的原则。

表1—1 案例地基本情况一览表

案例地	隶属地区	开发时间与主要景点	开发主体	典型性
周庄	江苏省昆山市	1989年开发旅游，景点有沈万三故居、博物馆、怪楼、全福寺等	政府、江苏水乡周庄旅游股份有限公司、企业、社区原住民	中国古镇旅游开发的开拓者，有"中国第一水乡"之誉。旅游空间生产中"社区融入"与"低质权能"双突出。政府主导与其他主体参与混合经营
西塘	浙江省嘉善县	1997年开发旅游，主要景点有西园、醉园、廊棚等	政府、社区原住民	生活与旅游同构的千年古镇。春秋的水、唐末的镇，明清的建筑、现代的人。全域性突出"全域"保护，"全产业链"协同，"全面多元"创新，"全民参与"
乌镇	浙江省桐乡市	1999年开发旅游，主要开发区域有东栅和西栅	政府、乌镇旅游股份有限公司	传统与现代互动的典型：从水乡古镇到互联网智慧古镇。市场化运作最突出。政府高度控制与乌镇旅游股份有限公司市场化运作结合，出售股权模式
南浔	浙江省湖州市	2000年开发旅游，著名景点有小莲庄、张石铭旧宅、张静江故居等	湖州南浔旅游投资发展有限公司	经营权与所有权分离，出售经营权，收取一定的所有权出让费及利润提成
角直	江苏省苏州市	2001年被评为国家4A级旅游景区，景点有保圣寺、王韬纪念馆、沈宅、角直水乡妇女服饰博物馆、萧芳芳演艺馆、万盛米行（含农具馆）等	苏州市角直旅游发展公司	具有2500多年历史的中国水乡文化古镇，与苏州古城同龄，历史较为悠久。公司自主经营，收取门票
朱家角	上海市	2001年，被上海市委、市政府列为重点发展的"一城九镇"之一，景点有课植园、城隍庙、园津禅院、童天和药号、放生桥、北大街、大清邮局旧址、朱家角人文艺术馆、延艺堂等	朱家角投资开发有限公司	自主经营，免费开放，以商养镇，江南社区型文化古镇。中度假型旅游目的地的坚守者

方法论的分类具有时间性。自 19 世纪末、20 世纪初物理学革命以后，各门科学都有了突飞猛进的发展。方法论在科学知识中的比重日益提高，方法论对科学发展的作用也日益显著。具体表现在以下几个方面：

（1）科学对自然和社会的研究越来越广泛和深入，这使科学研究中直观性的程度减少，抽象化的程度提高，结果产生了逻辑思维方法高度发展的必要性。

（2）科学的进一步分化和综合，产生了一些新兴学科和边缘学科，这促使科学研究的整体性和综合性开始增强，产生了系统理论等具有方法论意义的新学科。

（3）现代科学发现了一系列原有科学理论体系不能解释和说明的新事实，出现了一些佯谬，破坏了科学体系原有的原则和思维前后一贯的逻辑严密性，产生了现代科学范畴体系的许多根本性的变化，同时也促使逻辑方法向前发展。

（4）科学研究课题的复杂性、综合性在日益加强，随之而来的是科学研究手段也在日益复杂和精密，科学研究日益成为集体的、综合的事业。由此产生了科学研究课题的各个不同方面、不同层次的相互配合、相互协调的必要性，从而也产生了协调科学研究不同方面和不同层次的方法论。

20 世纪 50 年代以来，西方科学哲学出现了一个新的发展趋势，主要表现在冲破了对科学理论静态的逻辑分析，而把对方法论的研究同科学发展的历史联系了起来。

方法论通常可将一项运用恰当技术进行的研究与其潜在的哲学和概念的基础汇集并联系起来。方法论就是那些支持建构和分析信息时选择技术的原则和假定，不应该和方法混为一谈（Crang，2009）。从此角度讲，好的方法论应该与它如何将世界概念化的本体论研究，以及它宣称如何对世界进行认知的认识论紧密结合，而不是简单的方法学习。

本研究认为，方法论普遍适用于各门具体社会科学，并能对问题的范畴、原则、理论、方法和手段起指导作用，方法论能够很好地解决"怎么办"的问题。很多学者之所以对学科发展产生深远影响，正是因其在方法论上的贡献（叶超、蔡运龙，2009）。

基于上述基本认识，并结合选取的案例地实际情况，本研究采用的方法论主要有三个：

其一，"历史与现实相结合"的方法论。将江南社区型文化古镇空间的旅游化实践及古镇日常生活空间的生产，视作社会行动和社会结构中的一种过程性环境，其中时间讲究前后之间的联系与区别，先后不同的时间点也会影响古镇社会事务的运行，以此为基础抽象出对江南社区型文化古镇空间的"时间分析"和"空间分析"。由于社会时间分析和社会空间分析具有不可分割性，社会时空分析就成为了社会时间分析和社会空间分析的再综合，强调的是社会行动或结构与社会时间和社会空间之间的固定联系和相互影响，基于此抽象出"时空特性分析"。概言之，时间和空间是江南社区型文化古镇社会空间生产的基本构成性要素，时空分析包含时空之间的交叉、交换和转换，这是理解江南社区型文化古镇空间生产的重要视角和方法论。

其二，"社会过程决定空间形式"的方法论。在 20 世纪之前的历史长河中，时间被认为是丰富的、多产的、有生命力的、辩证的，人们对生活历史情境的过分强调掩盖或扼杀了社会理论的空间想象力。20 世纪 70 年代后，无论在日常生活还是在其他领域，人们经历了空间体验的剧烈变化，空间深刻地影响和改变了当代人们的认知视野，这提醒人们必须修正过去的空间观念和认知习惯。基于此，目前更多的研究者将目光从时间与历史、社会关系，转移到人文生活的空间性和政治性上，从而使社会理论产生空间转向的新方向。从空间思维来审视社会，就是肯定和强调空间在人们生产和生活中的重要性。事实上，中国实行改革开放政策以来，江南社区型文化古镇空间的旅游化实践，本质上意味着一种空间的生产、流通、交换和消费的社会化过程。这一过程在带来江南社区型文化古镇旅游业蓬勃发展的同时，古镇日常生活空间生产的问题也开始变得显著。这说明，江南社区型文化古镇空间的旅游化实践过程是一种空间的社会化生产过程，也带来了支配性生产关系的再生产。本研究提出"社会过程决定空间形式"的方法论，正是基于江南社区型文化古镇空间在旅游介入后发生的本质性变化。

其三，"日常生活视角"的方法论。日常生活的视角是介于政治和经济两个平台之外的另一个平台。在全球化、流动性和新自由主义背景下，资本与技术理性不断向日常生活世界扩张，现代社会的日常生活为消费主义经由无孔不入的传播媒介所渗透，日常的时间被现代的（资本的）生产体制划分为碎片化的存在，从而导致了日常生活的殖民化、符号化、抽象化和体制化。法国新马克思主义杰出代表列斐伏尔认为，扬弃潜伏在日常生活中的异化，是实现生活的人道化和艺术化的基础，只有通过日常生活批判才能揭示简单事实的丰富社会内容。在江南社区型文化古镇空间的旅游化实践过程中，资本带来的空间生产与重构，确实经历了一个从宏观空间到微观日常空间的发展过程。以微观日常生活空间作为研究视角，能有效地、建设性地审视江南社区型文化古镇空间的当代转向，重构古镇日常空间生活（也是我们的生活）。

三、方法

方法是为获得某种东西，或达到某种目的而采取的手段与行为方式。在人们有目的的行动中，通过一连串有特定逻辑关系的动作来完成特定的任务，这些有特定逻辑关系的动作所形成的集合整体就称为人们做事的一种方法。在本研究中，主要采用的方法如下：

（一）文献法

文献法是搜集和分析研究各种现存的有关文献资料，从中选取信息，以达到调查研究目的的方法。在本研究中，采用文献分析法主要是通过搜集、鉴别、整理文献，对获取的文献信息进行研究，主要对目前空间生产、古镇相关研究文献进行梳理和分析，以此建立与"发展中的相关知识"之间的连接。

（二）田野调研法

本研究采用田野调查研究的手段之一就是参与观察。田野调查的时间和过程大致为：

周庄，2011～2013 年为准备阶段和开始阶段；2013～2015 年为调查阶段、撰写调查研究报告阶段；2016～2017 年为补充调查阶段；2018 年再次进行补充调查。

西塘，2013～2014 年为准备阶段和开始阶段；2013～2015 年为调查阶段、撰写调查研究报告阶段；2016～2018 年为补充调查阶段。

乌镇，2013～2015 年为调查阶段、撰写调查研究报告阶段；2016 年为补充调查阶段；2018 年再次进行补充调查。

南浔，2014 年为准备阶段和开始阶段；2013～2016 年为调查阶段、撰写调查研究报告阶段；2016～2017 年主要为补充调查阶段。

甪直，2014 年为调查阶段、撰写调查研究报告阶段；2015～2016 年为补充调查阶段；2018 年再次进行补充调查。

朱家角，2014～2015 年为调查阶段、撰写调查研究报告阶段；2016～2018 年主要为补充调查阶段。

在上述调查过程中，具体采用的方法有：

1. 参与观察法

在实际参与案例地古镇日常社会生活中进行观察，以此获得研究所需的第一手资料。

2. 深度访谈及话语分析法

通过在案例地古镇与研究对象进行面对面的交谈，获得研究所需的深度事实和复杂细节。在上述基础上，采用"话语分析"[①]法，此方法可以发现"人们在特定时刻同特定方式所说的话和所不说的话，可以发现日常话语的规则和程序及其背后的社会秩序"。在相关访谈中，首先选择案例地原住民，在轻松、平等的气氛中进行焦点访谈。其中，185 位属于"探索性/饱和"人员（访谈时长 30 分钟/人），163 位作为"验证性/认同"人员（访谈时长 25 分钟/人），

---

① 1952 年，美国结构主义语言学家泽里格·哈里斯（Zellig Harris）首先使用了"话语分析"这个术语，后来话语分析从语言学进入人文社会科学研究的其他领域。

访谈后马上编码，再根据访谈文本出现认同概率低于平均概率的临界点，进行二次编码，以此确立"编码本"，建立正式分析的"文本库"。在此基础上，寻找码号类型和码号之间的联系，对浓缩以后具有意义分布和相互关系的资料进行研究，再依据"类属分析"和"情境分析"法抽取信息。在本研究中，文中凡是涉及诸如"FT""A/B/C/D"等符号的地方，其访谈编号规则说明如下："FT"代表访谈资料，"01"代表被编码的第一位被访谈者序号标号（以此类推）；"A/B/C/D"代表被访谈次数，后两者之间大写字母表示"被访谈者代号"。

3. 影视人类学摄影法

采用照片拍摄方法，通过镜头建构图像和景观，以此寻找对江南社区型文化古镇空间生产的另一种理解形式。本研究中的照片均为作者自己拍摄。其中，图4—1翻拍于周庄"逸飞之家"，图4—10翻拍于甪直水乡妇女服饰博物馆。

（三）数据统计与景观格局分析法

基于数理统计方法，通过多样性指数（H）、镶嵌度指数（PT）、分维数（FD）、聚集度指数（RC）、破碎化指数（FN），将案例地古镇景观的空间特征和时间过程联系起来，对古镇景观在旅游空间实践后的内在规律进行分析和描述。

（四）赫芬达尔系数、认同度与 Co-plot 分析法

采用赫芬达尔系数（H_n）分析，聚焦案例地古镇经济社会结构的改进和优化层面，对旅游经济形态变化及市场趋势进行分析。采用认同度（RD）与合图注（Co-plot），测量群体内的每个成员对外界的一些重要事件与原则问题的认识与评价程度。在此基础上，采用 Co-plot 对 $Y_n \times p$ 的数据矩阵进行图形的空间展示，根据方向性和相关指数来分析指标与研究对象之间的相关关系。本研究采用此方法研究古镇旅游发展权能指数的空间格局。

（五）结构方程模型分析法

基于 SPSS 18.0 和 Amos 17.0 软件，采用 SPSS 18.0 进行探索性因子分析

（Exploratory Factor Analysis，EFA）和验证性因子分析（Confirmatory Factor Analysis，CFA），通过界定测量模型、结构模型、抽样调查、参数判断及模型修正等程序，构建案例地古镇在旅游空间实践中的心理空间生产的测量模型。

（六）区域研究和比较法

该方法遵循一套预先设定的程序和步骤，对某一经验性或实证性课题进行研究。区域研究具有尺度性，在本研究中主要指案例地古镇小区域尺度的研究。小区域研究讲究调查社会之空间行动与空间行为动因，不仅有描述与探索性功能，还有解释性功能，可以原汁原味保留现实生活中有意义的特征，使研究者增进对研究对象相关领域的系统了解和比较。

四、思路与框架

本研究基本思路大体为：通过大规模、长时段在周庄、西塘、乌镇、南浔、角直、朱家角江南社区型文化古镇的田野调研，针对案例地古镇物理—地理空间、经济—社会空间和文化—心理空间的生产过程，提炼存在的科学问题。根据国内外相关研究资料，梳理理论研究现状和进展以及存在的问题，在此基础上厘清空间思想的当代转向，确立案例地古镇空间生产新的研究范式。通过对周庄、西塘、乌镇、南浔、角直、朱家角江南社区型文化古镇传统空间与旅游空间的社会生产进行对比研究，阐述案例地古镇空间中"社会—空间"辩证性生产事实及问题所在，并基于空间正义导向的理论探索，寻求更富有力度的江南社区型文化古镇空间权利和空间共享的推进方案（图1—1）。

本研究的主要内容分五章进行阐述。

第一章，提出问题并确立研究的目的指向，指出研究的创新所在。从江南社区型文化古镇空间生产背景出发，提出科学研究问题。在梳理前人学术

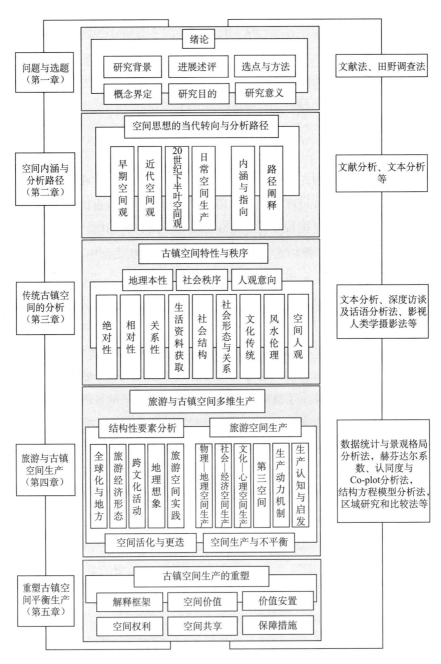

图 1—1 章节与知识结构图解

研究的基础上，发现学术界在古镇研究中存在的不足，以此进一步确立研究选点、方法论和方法，界定和说明相关概念，明确研究的目的、意义和创新。

第二章，分析空间思想的当代转向，提炼空间生产的研究范式。对以往相关空间理论研究进行系统梳理，主要包括空间问题的历史追溯、近代以来的经典空间观、20 世纪下半叶后的空间思想、日常生活空间的社会生产及解放，进而分析空间生产的效用、动力和未来指向，确立空间生产的研究范式。

第三章，分析江南社区型文化古镇传统空间特性与社会秩序。基于历史和地理相结合的方法论，分析江南社区型文化古镇空间的地理本性、江南社区型文化古镇传统日常生活空间的社会秩序，以及江南社区型文化古镇传统日常生活空间中的人观意向。

第四章，分析流动性和旅游介入下江南社区型文化古镇空间的多维生产。从结构性介体的地方塑造与古镇空间的想象等知识切入，分析江南社区型文化古镇物理—地理、经济—社会、文化—心理的空间生产，以及江南社区型文化古镇空间生产认知、比较与启示，为重塑江南社区型文化古镇未来理想空间提供研究依据。

第五章，分析重塑江南社区型文化古镇旅游空间平衡生产的治理措施。从理论内涵上厘清空间排斥、空间驱逐与空间重塑的解释框架，探索江南社区型文化古镇空间占有与重塑的价值结构和治理理念，以及江南社区型文化古镇空间生产的正义导向、空间权利与空间共享。在此基础上，从制度政策、体制机制、空间价值安置、利益协调和原住民参与权能等方面，提出未来理想空间的治理措施。

第四节　相关概念界定与说明

一、社区型古镇

"社区"一词源于拉丁语，最初由德国社会学家斐迪南·滕尼斯应用于社会研究中。在《共同体与社会：纯粹社会学的基本概念》一书中，滕尼斯对作为共同体性质的"社区"在理论上进行了阐述（斐迪南·滕尼斯，2010）。他认为，共同体的理论出发点是人的意志完善的统一体，作为一种原始的或者天然的状态，"人的意志完善的统一体"的根源是与生俱来的无意识的生命的相互关系。在共同体生活中，存在着享受和劳动，产生着享受和劳动的相互性，属于意志的一种相互确定和效劳，每一种关系都被想象为处于力量均衡状态之下，"邻里"是共同生活的普遍特性。在这一关系和空间形态中，相互之间有共同的、一致的约束力作为自己的意志（consensus），在社会经济生活中，占有和享受共同的财产。社区作为包容性群体，成员能够感觉到亲密的、秘密的、单纯的共同生活，大家处于"共同体"中，成员之间被理解为"关系的组合"，或是"有机的生命"，或是"历史的联合体"，或是"思想的联合体"，具有非常强烈的"我们感"（we-feelings）。

作为与"社区"内涵相对应的"社会"概念，滕尼斯也作了精辟阐述。他认为，社会的理论构想是人以和平的方式相互共处地生活和居住在一起，但基本上不是结合在一起，而是分离的。在这里并不存在派生于必然存在的统一体的行动，如果有行动，行动的发生与其说是为了与个人结合的人们，不如说是为了自己。人人为己，人人都处于同一切其他人的紧张关系中，他们的活动、权力和权利的领域之间具有严格界限，任何人都抗拒着他人的触动和进入，触动和进入则被视为是一种"敌意"。可以看出，在滕尼斯那里，社会被看作是排斥性群体，成员感觉属于"公众性的""世界的"，亲密的联系被切断，仿佛走进了"异国他乡"，成员追求不同目标，按照"契约"进行联结，属于机械的形态，具有碎片性，不具有强烈的"我们感"。人们以相互关系结合，以由理智构想出来的目的形式为基础，在思想上人们会权衡利害关系。按照个人预计聚合在一起，属于"分离的共同体"，个体不具有共同体中的价值和意义。

由此可见，在共同体空间形态中，尽管也有种种分离，但仍然保持着结合；在社会里，尽管有种种结合，仍然保持着分离。那么，在"社区"与"社会"比较中，什么被认为是评判界定的标准或特性？在本研究中，我们称之为"价值",即:社区的核心价值具有认同感、联合感、本质意志和完整性;社会的核心价值具有异化感、碎片感、选择意志和分裂性。

基于上述相关阐述,本研究所界定的"社区型古镇"首先应凸显一种价值,可以表述如下:社区型古镇是指聚集在一定的时空范围内,成员之间具有共同归属感和结合感的社会生活共同体。其次,可以具体从类型尺度划分。从纵向角度分析,社区型古镇具有"历时发展性",强调"空间形态的生产",包括:①因人类活动,尤其是因原住民聚集,生成古镇聚落并形成古镇共同体空间形态。②由于现代性和流动性等结构性要素塑造,致使古镇原住民与外来人员混居,或因种种原因古镇原住民搬离古镇核心区,生活于古镇区域外的,并与古镇形成紧密型或松散型的空间形态。③从横向角度分析,社区型古镇具有"共时对比性",强调"空间形态的类型",主要指区别于一些因资本利润驱动,或其他目的构造而形成的主题公园型古镇。

二、社区型旅游古镇

为了阐述清楚"社区型旅游古镇"在本研究中的内涵,有必要在此先引入"系统论"思想。在大部分人的认知中,"系统"是由部分构成整体之意义。一般系统论把人类社会的社会制度视为"超复杂的系统"。作为人类社会发展的社会制度产物,旅游现象被意大利学者阿尔倍托·西萨(Alberto Sessa,1988)认为是一个宏观系统。中国学者在研究中也提出了"旅游现象"是一种"超复杂的系统"的观点(申葆嘉,2010)。在旅游运行的动态研究中,申葆嘉把旅游活动描述为始于"离家出游"的准备工作,再及于"旅游途中"的具体实践,再到"返回家园"的脱离旅游环境重新进入日常生活的宁静状态。在旅游运行的线点结构研究中,他认为旅游运行的基本要素包括旅游需求者、旅游供给者、旅游的目的物,以及旅游保障因素。而在旅游运行的基本形态研究中,他又认为一般存在的两种方式,一是支撑到达目的地的交通线上运行,称为"线上运行";另一种是在旅游目的地的运行,称为"点上运行"(申葆嘉,2010)。相对于"线上运行",属于"点上运行"的旅游目的地是游客的旅游目的所在，也是旅游活动中最为核心的重要组成部分，之所以是"核心的"和"重要的"，是因为旅游目的地通常是一个汇集有众多吸引旅游的诸因素，建设有完善服务设施的景区或景点。

旅游运行的线点结构，既是旅游者的活动轨迹，又是旅游者和当地人互动的平台。旅游没有主客关系的互动这个"硬核"，也就没有旅游存在的原因。正如英国经济学家马克·布劳格（Mark Blaug）谈到的那样，"那一套（指硬核）如果加以放弃，就等于放弃该纲领本身的形而上学的信念"。

从系统论视角分析，社区型旅游古镇首先是作为旅游现象而存在，这一现象处于旅游运行基本形态结构的"系统"中，属于旅游现象中"点上运行"的众多旅游目的地类型之一，具有旅游目的地含义。其次，结合上述对社区型古镇内涵和概念的界定，本研究认为社区型旅游古镇是具有社区性质的古镇旅游目的地，是众多旅游目的地中的"特殊类型之一"。从属性上分析，属于具有共同体生活为背景性质的旅游目的地；从功能上讲，属于"吸引旅游者在此作短暂停留、参观游览的地方"。综上，可将社区型旅游古镇界定为：在古镇地理空间上将旅游资源及以此形成的旅游环境和相关其他条件有机地结合起来的社区型旅游目的地。

三、江南社区型文化古镇

路德维希·维特根斯坦（Ludwig Wittgenstein，2002）认为："世界是怎样的这一点并不神秘，而世界存在着，这一点是神秘的。"将世界作为一种"存在"，伴随着追问的整个过程，其中"文化"是其过程中显而易见和更深层次的"存在"。

厘清"江南社区型文化古镇"之内涵，需先对"文化"之含义进行阐释。从词源上来讲，文化具有"栽培"和"培养"（to culture）之意。在中外学术研究中，众多思想者对文化进行过思考。一般来说，一种完整的文化形态包含生计文化（生产、生活文化）、制度文化和精神文化（周尚意等，2009）。从历史上看，无论中国还是西方国家，对文化的理解并没有本质的区别，都是人与自然、人与社会的关系，谈及的都是人的存在方式。庄孔韶在《人类学通论》中对雷蒙德·斯卡平（Raymond Scupin）的文化定义进行了引述，认为文化是"一个特定社会中代代相传的一种共享的生活方式，这种生活方式包括技术、价值观念、信仰以及规范"（庄孔韶，2002）。直到 17 世纪，文化被普遍地隐喻为人类的培养和发展。从文化人类学的视角看，人类所创造的每一种文化都是一个动态的生命体，各种文化聚集在一起，形成各种不同的文化群落、文化圈甚至类似生物链的文化链，它们相互关联成为一张动态的生命之网，其作为人类文化整体的有机组成部分，都有其自身的价值（傅守祥，2013）。

本研究认为，文化所具有的培养特性，使得属于该文化中的人们都需要一个过程来接受这个文化规定的生活方式的总原则，特定的文化培养出特定的价值取向，文化给人们提供行动准则、行为规范和合法信仰，个体通过文化思想的内化，确保生活在特定社会中的人们的"个性"或"特征"，这也就常常使得生活于特定文化中的人们将自身的存在方式理解为合理的"存在"。基于此，本研究所界定的文化是一个"过程"，该过程可以理解为一种社会现象，是长期创造形成的产物，同时也是一种历史现象。

厘清"江南社区型文化古镇"之内涵，还需要对"江南"之含义进行界定。在地理空间位置上，"江南"泛指长江以南。另据史料考察，在东周时期是以吴国、越国等诸侯国所在的长江中下游，即今上海、浙江、江苏南部、安徽南部、江西东部和北部等长江中下游以南地区。陈修颖在《江南文化：空间分异及区域特征》一书中对学术范畴的"江南"进行了梳理，认为在春秋、战国、秦汉时期，长江以南都划入江南范畴，一般指湖北以南的江南部分，包括湖南和江西一带。唐代时，江南为道名，唐贞观十道[①]，江南道包括今浙江、福建、江西、湖南、江苏、安徽等长江以南地区，并包括了湖北、

---

① 《唐会要》卷七十《州县分望道》记载：贞观十道，一曰关内道二曰河南道，三曰河东道，四曰河北道，五曰山南道，六曰陇右道，七曰淮南道，八曰江南道，九曰剑南道，十曰岭南道。

四川、重庆、贵州的一部分地区。在明清时期，江苏、浙江、安徽、江西和上海一带，被称为广义上的大江南，狭义的江南主要以苏杭为主（陈修颖，2014）。

近代的江南专指江苏南部和浙江北部一带。在广义的地理意义上，江南范围还包括江苏南通（通州）、扬州、泰州；浙江金华、丽水、舟山、台州、衢州、温州；安徽南部黄山、芜湖、宣城、马鞍山、池州、铜陵；江西东北部上饶、婺源、景德镇等。在狭义的地理意义上，江南多指长江以南太湖流域附近的南京、镇江、常州、无锡、苏州、杭州、湖州、嘉兴、绍兴、宁波、上海等地。而更狭义的江南是太湖流域，即江苏省镇江市以东的江苏南部和浙江省以北地区（包伟民，1998）。

由此可见，在漫长的历史发展过程中，江南不仅仅代表一个地理区域，同时也代表了一个经济区域，甚至有时也指代一个社会文化区域。依据上述分析，在本研究中江南古镇在地理范畴上主要指"位于太湖流域的古镇"。

综合以上论述，本研究中界定的"江南社区型文化古镇"是指位于中国太湖流域、具有一定文化过程的社区型古镇。由于该概念强调了文化过程，因此，江南社区型文化古镇在时间范畴上指代旅游开发前后的空间形态。

第五节　研究目的、意义和创新

一、研究目的

通过多年来的持续跟踪发现，本研究认为在社会转型时期，特别是在市场经济推动下，周庄、西塘、乌镇、南浔、角直、朱家角江南社区型文化古镇的旅游开发使其原有空间所根植的环境发生了变化。改变后的古镇空间呈现出了社区原住民生活面向的旅游化、人际关系的理性化、社会关联的"非共同体化"和空间公共权威的衰弱化。市场逻辑下资本的渗透不仅导致周庄、西塘、乌镇、南浔、角直、朱家角江南社区型文化古镇在转型背景下无法形成广泛的获得感和认同感，甚至导致古镇空间发生多维空间生产。

20 世纪 80 年代后，以权力和资本为主要核心要素的旅游化空间实践对周庄、西塘、乌镇、南浔、角直、朱家角江南社区型文化古镇空间形态的改造，使上述古镇空间被现代技术和现代消费等结构性力量牢牢控制，体现出了资本空间生产的去地域化和再地域化过程。这些问题在本质上不断塑造着古镇的空间意义和价值体系，出现了社区、社会和国家之间结构性紧张和一些严重的社会问题。如果这些问题处理不当，将会造成恶劣的社会影响，并阻碍古镇社区社会和谐稳定和长期发展目标的实现。从此角度讲，本研究的目的主要是通过对周庄、西塘、乌镇、南浔、角直、朱家角江南社区型文化古镇旅游开发的空间（日常）批判，揭示上述古镇空间生产的异化现象，唤起人们对古镇日常生活意识的维护，寻求古镇社区理性和可持续发展的包容与平衡增长。

基于此，本书主要研究的目的可以概括如下：

其一，采用历时态视角，系统梳理空间思想的历史脉络与当代转向，以及研究古镇空间生产的理论意义和现实意义。

其二，在理论框架上，挖掘江南社区型文化古镇空间的社会特性、社会秩序，以及古镇空间中的人观意向。

其三，探索流动性和旅游介入下江南社区型文化古镇空间的社会生产，分析旅游作为新经济形态在全球化、现代性、流动性，以及中国对新自由主义的混合实践、地理空间想象等结构性介质作用下，江南社区型文化古镇空间的活化与更迭，和基于古镇物理—地理、经济—社会、文化—心理的多维空间生产。

其四，探讨江南社区型文化古镇空间价值的结构与治理，古镇空间权利的获取与共享，在此基础上提出重塑江南社区型文化古镇空间平衡生产的可持续发展治理措施。

二、研究意义

学术界以往对古镇的研究具有历史方面的偏好性，一些基于现实空间实践展开的研究虽然增加了古镇空间的旅游化过程，但是对空间（地理）的整体重视不够。伴随着全球化背景下资本流动，以及在中国市场经济改革环境中的不断加强，可以发现从宏观、中观到微观尺度，消费主义文化引领、历史文化符号与新休闲生活方式共同融合的古镇文化消费已经成为热点。文化体验主导的历史古镇旅游开发已经变得如火如荼，文化借以商品与符号的形式融入古镇空间生产体系，成为中国社会空间实践和中国旅游业发展的重要组成部分。在此背景下，本研究的意义体现在以下三方面：

其一，空间生产的研究强调了对古镇空间向度的重视。尽管理论界在以往对古镇空间要素所构成的空间形式进行了分类或分析，但是传统研究对古镇的关注显然缺少了"空间性"。古镇空间由社会构成，但既不能还原为自然要素，也不能还原为社会要素，研究古镇空间的生产，主要是基于古镇现实空间生产从"空间中要素的生产"过渡到"空间本身的生产"，再细化到古镇微观日常生活空间生产的现实。

其二，空间生产的内在性旨在对空间的社会分析。列斐伏尔有一句经典名言，他曾指出"（社会）空间是（社会）产物"。这充分说明空间具有的社会关系性，结合案例地情况，本研究认为决定古镇旅游空间生产的动力更主要是社会构建的力量。这势必引发古镇原生空间从"传统"到"现代"转型过程中形式和内容的变化，古镇空间形态和社会关系呈现从"在域联结"到"脱域联结"的转变。在古镇原生空间社会结构关系发生变化之际，空间中的"人的权能关系"也随之发生改变。本研究将聚焦古镇空间生产过程，并对此进行阐释，进一步在理论上厘清江南社区型文化古镇社会空间的生产过程。

其三，空间生产的指向突出对异化空间的批判和平衡空间的追求。江南社区型文化古镇空间生产的本质，是旅游的资本特性在古镇空间中的发挥。在以资本逻辑为动力的古镇旅游空间生产中，原生空间形态在不断消解的同时，必然生产出新的构建空间形态。这其中需要引起关注的是资本力量、政府权力参与操纵了空间生产，并通过空间排斥，对弱势主体产生了挤压、剥夺和边缘化，造成古镇旅游空间的不正义现象。江南社区型文化古镇空间生产的内在性，需要突出旅游发展的终极关怀问题，实现终极关怀的目的必须对资本嵌入古镇空间的不正义景观进行重塑，这是本研究第三个主要意义所在。

本研究成果在理论上以新马克思主义，尤其是借鉴历史—地理唯物主义相关理论，从空间和社会生产的关系来理解江南社区型文化古镇旅游化空间实践和古镇空间生产过程，这一视角将丰富和拓展传统理论对江南社区型文化古镇空间的关照。在实践上，研究能为化解江南社区型文化古镇空间转向中社区社会矛盾作出有益探索，总结案例地物理—地理、经济—社会、文化—心理空间生产问题，可为中国其他类似旅游目的地提供参考。

三、研究创新

其一，在研究特色层面。本研究系统性地将空间视角和空间批判理论应用于周庄、西塘、乌镇、南浔、角直、朱家角江南社区型文化古镇旅游的空间化实践，这一出发点的依据主要是基于对以往学术研究的系统考察。以往人们研究古镇注重时间性，对空间性的关注较为欠缺；对空间生产的重要组成部分，即日常生活空间的认知和研究技巧也不太成熟。本研究认为，空间生产本身存在不同尺度挖掘的可能性，在社会空间辩证法指引下，需要拓展空间生产为空间尺度生产，既要注重宏观空间的社会构造，也要重视微观主体性空间的日常生活实践。基于此，本研究将上述有待完善的空间生产研究范式归纳并界定为"旅游空间实践的历史—地理唯物主义"分析范式。这一范式的内涵即在一定时间单元内和外部条件下，旅游空间实践生产旅游社会空间，旅游社会空间制约旅游空间实践。从此角度讲，本研究对古镇旅游空间实践中不同尺度空间生产的解读，是对以往固有研究范式和成果的一大突破。

其二，在研究内容层面。目前学术界针对江南社区型文化古镇的研究更多注重在宏观层面上，内容聚焦在类似原则性、策略性的指导方面居多，对旅游开发导致古镇空间生产分析及其带来的一些社会空间矛盾方面的研究还远远不够深入，这在很大程度上是缺少多管齐下的综合性思维和学科知识。事实上，江南社区型文化古镇空间的生产，需要地理学、旅游学、社会学、人类学、经济学、哲学、管理学等多学科知识共同融合。本研究非常注重吸收上述相关方面的思维和新知识，一是体现在历史唯物主义的内涵，即认为一切重要历史事件的终极原因和伟大动力是社会的经济发展，是生产方式和交换方式的改变；二是体现在"空间—社会"辩证分析，确立社会过程决定空间形式的空间观原则，以此探索周庄、西塘、乌镇、南浔、甪直、朱家角江南社区型文化古镇的空间生产正义之路，这对克服单一学科知识贡献存在的局限是一大突破。

其三，在对问题解决的策略层面。本研究基于周庄、西塘、乌镇、南浔、甪直、朱家角江南社区型文化古镇空间生产"分层性"和"内部排他性"的特征，提出了新的弥合古镇旅游空间生产分裂的"生产价值耦合—空间公正治理—空间权利共享"的解释框架和实践导向，倡导"平等的正义"和"差异的正义"兼顾原则，在制度政策支持、体制机制、价值的空间安置、利益协调机制和权能建设等方面重塑古镇空间的平衡生产管理措施。研究对上述江南社区型文化古镇空间生产、过程、特征进行的深入系统分析，能为转型期探寻重塑江南社区型文化古镇空间演化规律、空间的平衡生产和空间的可持续发展提供参考。

第二章 空间思想的转向与空间生产分析

在历史的长河中，人们出于对时间的优先性偏爱而表现出对空间不经意的遮蔽和忽视。20 世纪 50～60 年代，人们开始意识到现代理论过于偏重时间而降低了对空间复杂性问题的解释力度，"空间转向"思潮的出现及异军突起，成为西方社会科学知识和政治发展中举足轻重的事件之一，该理论的主要主张是将马克思的社会历史辩证法翻转为历史辩证法的"空间化"，因其在认识和分析问题时表现出的整体性、彻底性和说服力，成为人们重新认识空间本体的重要转折点。系统梳理历史视域中的空间问题，近代以来的经典空间观，以及 20 世纪下半叶后的空间思想、日常生活空间的社会生产及解放等知识，能有效确立空间的生产内涵、指向与路径分析，有利于建构江南社区型文化古镇"旅游空间实践的历史—地理唯物主义"分析范式，这为探索日益复杂的江南社区型文化古镇旅游地理空间理性实践提供了较为合适的理论基础和思想导向。

第一节 空间问题的历史追溯

一、先于万物之虚空

在对空间讨论的历史上，较早围绕空间讨论的主题是就"虚空"而展开的。根据对以往知识的考察发现，古希腊诗人赫西俄德（Hesiod）①是第一位提出"虚空"概念的人。他曾经表达过这样的观念，即"虚空"是一个在万物存在之前就有的事实。也就是说，"虚空"先于万物，而不是有了万物以后才有"虚空"。在对万物如何变化，以及变化的动因到底是什么作分析时，哲学家毕达哥拉斯（Pythagoras）②强调，这应该归于"数"，用他的观点来解释，"数"是构成万物之根本，万物因"数"而有形，有形而有物。在毕达哥拉斯那里，一只鸡、一只羊、一头牛、一个人，等等，都具有"数"的含义，都是量化的"数"的表示形式。但是，"数"并非如此简单阐述就能充分表达其内涵。例如，他认为奇数和偶数，右与左，雄与雌，明与暗，静与动，善与恶，有限与无限等类似表述，就是丰富和发展了用"数"来解释外界的可能。对此，理论界普遍认为，这是对米利都学派③最初提出朴素的对立统一的辩证关系的延展性表述。

作为爱菲斯学派的代表人物，赫拉克利特（Heraclitus）④关于世界基质的内涵和重要论断，同样继承和发展了米利都学派的思想。在赫拉克利特那里，他认为不管是远古还是现在，物质世界的存在都有其自身的逻辑和规律，万物按照自身的特质发展而存在，不会受到人或者神灵的干扰。比如，我们经常会在一些原始人类聚落或相对欠发达地区发现，人们将万物运作的规律解释为是神灵的庇护或制约，没有神灵就没有人的生活，人们的幸福感强烈依赖于神对人的关照。类似于这样的解释，明显不符合赫拉克利特的理论观点。

---

① 赫西俄德（可能生活在公元前 8 世纪），古希腊诗人，原籍小亚细亚，出生于希腊比奥西亚境内的阿斯克拉村，从小靠自耕为生。

② 毕达哥拉斯（约公元前 580～约公元前 500），古希腊数学家、哲学家。

③ 米利都学派由泰勒斯（Thales，约公元前 624～公元前 546）创立，他认为万物之源为水，水生万物，万物又复归于水。这个观点看似简单却涵盖了万物最初皆诞生于水中这一真理，排除了当时流行的神造世界的臆想断说。另一代表人物阿那克西曼德（Anaximander，约公元前 610～公元前 545）主张万物本源是"无限"，一切生于无限复归于无限，而无限本身既不能创造又不能消灭。

④ 赫拉克利特（Herakleitus，约公元前 544～公元前 483），古希腊哲学家，爱菲斯学派创始人。

用赫拉克利特的话说，即："世界是包括一切的整体，不是由任何神或人创造的，它过去、现在和将来都是按规律燃烧着，照规律熄灭着的永恒的活火。"在赫拉克利特看来，世界万物存在的规律称作"罗格斯"（logos）①。"罗格斯"易于隐藏，大多数人对它视而不见，但是能够随时遇到。衡量人们是否聪明、是否有智慧，其判断依据就是能否认识"罗格斯"。"罗格斯"就是生成万物的"普遍规律"，就是"道"。

在古希腊，爱利亚派②明确表达了唯心主义的哲学内涵，这一倾向被人们认为是历史上最早的唯心主义哲学。爱利亚派代表人物巴门尼德（Parmenides of Elea）③在表达世界如何存在时认为，人们头脑中的世界认知，以及在其基础之上形成的认知世界，是世界的组成部分。这种观点非常类似于现在我们所说的"意识"与"物质"之分。在进一步解释中，爱利亚派人认为，人们头脑中的世界认知可以依赖经验获得，也可以是构念之产物，而且在通过主观滤镜后表达出来的客观世界具有多元性、丰富性和虚幻性。通过上述观点的对比，可以看出爱利亚派人与爱菲斯学派人对世界万物的解释存在一定差异性。

在爱利亚派代表人巴门尼德之后，德谟克利特（Demokritos）④从本体论角度出发，提出了"原子"和"虚空"共同构成万物本源的学说。他认为任何物体之间都存在空间，这是从物理视角进行的解释，物体之间的空间是事物存在的前提条件。只有处于"虚空"状态，事物才可置身于"空间"，事物在"虚空"的空间中，按照自身应有的逻辑或相互排列组合，进行一定规律的运动，这是世界万物存在的理由。

---

① "罗格斯"的中文解释可译为"道"，是表示物体运行并贯穿着自然界和人类社会的辩证规律。

② 爱利亚派是早期希腊哲学中最重要的哲学流派，产生于公元前 6 世纪意大利南部爱利亚城邦。巴门尼德是爱利亚学派的奠基人和领袖，他概括出"存在"是不动的"一"，认为具体的事物是虚伪的，唯有抽象的"存在"才是真实的。

③ 巴门尼德（约公元前 515～公元前 5 世纪中叶以后），是一位诞生在爱利亚（南部意大利沿岸的希腊城市）的古希腊哲学家。

④ 德谟克利特（约公元前 460～公元前 370），古希腊伟大的唯物主义哲学家，原子唯物论学说的创始人之一。

二、几何空间

在对空间的研究方面，古希腊哲学家柏拉图（Plato）[①]也认为空间不像时间那样是被创造出来的，在世界生成之前，空间就已经存在，而且空间与理念、神、混沌物质一样是先在的、不生不灭的。由此可见，柏拉图的空间理念也具有"虚空"的特征。但是，在对空间的发展理解上，柏拉图接受了毕达哥拉斯学派的"数元论"观点，提出了"几何空间"的概念。他认为构成宇宙万物的元素，如水、火、土、气等，都是由呈三角形的几何空间构成的，空间是物质的容器和运动的场所。"空间"作为一个容器，包罗众生的生长与消逝，是永恒不可摧毁的，是万事万物存在的一个处所和地方。

柏拉图空间观的核心内涵之一概括起来，即"空间永远不会毁灭"。他把空间界定为理念和现象这两种基本存在模型之后的第三种存在，称它是一切生成的载体，并将天下万事万物尽入彀中。他也曾经表示："什么是存在而不变的东西？什么是变动不居而从不存在的东西？处于同一状态的东西，为理性的思想所把握；处于变动和生灭的过程而从未实在的东西，是无理性的感知对象"（苗力田，1989）。在反映柏拉图思想的一篇重要文献《蒂迈欧篇》（*Timaeus*）中，研究者也对空间做了"空间具有永恒性"的思想表述。从中我们可以看出，柏拉图的空间观有着严格的几何学意义，总体上表示的是一种永恒的、也非创造性的空间观。

柏拉图空间观的核心之二，即"空间是万物的容器"，可以接受一切东西，这些东西在其中生成、变化和消失，但是接受这些东西的容器本身是永恒不变的。正如他自己描述的那样："它永远接受一些事物，但自身性质绝不会改变。"在对空间的呈现状态中，他认为作为宇宙万物的基本质料，例如火元素属于正四面体，水元素属于正十二面体，这些具有不可再分的三角几何形态，

[①] 柏拉图（公元前 427～公元前 347），古希腊时期重要的思想家，也是西方文化中最伟大的思想家和哲学家之一。

形成了我们周围的世界，也是我们理解世界的方式。

三、有限空间

在柏拉图的学生亚里士多德[①]看来，空间是一个包围物体的封闭的和静止容器（亚里士多德，1982）。他对空间概念的理解具有如下几个特征：其一，空间是事物的直接包围者，而不是该事物的部分；其二，直接空间既不大于，也不小于内容之物；其三，空间具有分离性；其四，空间有上下方位之分，具有方向性。概括起来，他认为空间是客观存在之物，这一思想揭示了空间概念的朴素实在性。

在此之后，亚里士多德对"空间如何存在"的问题进行了讨论。他认为空间有两种存在形式，一是所有物体都存在于其中；二是每一个物体都直接占有空间。空间不仅具有共性和个性，还是一个有上、下、前、后、左、右的三维性存在。而在回答"空间是什么"的问题上，亚里士多德并没有赞同柏拉图关于空间"质料"和"形式"的观点，他认为柏拉图所谈论的"质料"和"形式"属于事物的属性。因此，亚里士多德不认为空间具有独立存在性，而是静止的、包围其他物体的界面，这在本质上探索了空间概念的方向。

亚里士多德的空间观可以用两个核心词来概括：一是"封闭性"，二是"有限性"。例如，他认为宇宙就是封闭性的，在宇宙之外没有任何东西，宇宙就是一个有边界的空间，宇宙就是"万有"。他同时认为，宇宙空间就是宇宙最外层以内的所有地方，宇宙中包含着空间，但宇宙不在别的事物之中。在关于地球和宇宙的关系论述中，他认为地球是宇宙的中心，固定不变，地球是宇宙空间的中心，离地球越远，空间的神性越高，而宇宙最上面的区域属于神居住的地方，即我们通常所说的"天"。此外，亚里士多德对"虚空"存在的观点持批评性态度，他认为有运动，绝不必然有"虚空"，实在之物依据自

---

① 亚里士多德（公元前384～公元前322），古希腊哲学家，柏拉图的学生。

身性质发生变化。但是,即使空间方面的运动也不是必须要以"虚空"为条件的,因为事物与事物之间能够同时互相提供空间。

作为辩证法大师的亚里士多德对时空问题的研究,确实颇具辩证精神。他认为时空与运动是相互区别的,运动包括位置的移动和性质的变化,而空间作为运动的场所,与运动的区别是显而易见的,每一个事物的运动变化只存在于变化着的事物自身,但时间同等地出现于一切地方,与一切事物同在,而且变化总是或快或慢。其次,亚里士多德认为,时空依赖运动而存在,没有运动时空也就不会存在,时间奠定了运动的基础,运动使空间的存在成为必要。在关于二者之间的关系论述中,亚里士多德认为时空与运动还相互联系、相互转化,时间和空间可以相互作为对方的衡量尺度。

综合来看,亚里士多德的空间哲学代表了当时古希腊人空间思想的最高水平,奠定了近现代时空理论的基础,代表人类关于时空认识的一个重要阶段。亚里士多德时空观最主要的功绩,在于赋予处所概念普遍性的含义,使人们意识并接受"凡万物必有其空间,运动必发生于空间中"这样的思想,这一思想确立了空间与物体间的紧密联系,克服了存在与"虚空"之间割裂的关系。亚里士多德空间观虽然具有有限性特征,但为我们研究社会空间的排斥与隔离提供了朴素的理论依据,初步确立了空间概念在科学、哲学中的地位,成为后人研究时空参照的一个重要起点。

第二节　近代以来的经典空间观

一、绝对空间

绝对空间是由艾萨克·牛顿①创立的一个稳衡体系,基本含义即"动者衡

---

① 牛顿(1643~1727),英国著名的物理学家,提出万有引力定律、牛顿运动定律,发明反射式望远镜,发现光的色散原理,被誉为"近代物理学之父"。

动，静者衡静"。在牛顿看来，人们对时空的认识只停留在它的量上，而没有深入认识它的本性。在讨论绝对空间的概念时，牛顿先是对时间、空间、处所和运动等作了一些分析和说明。针对绝对时间的内涵，牛顿在其 1687 年发表的《自然哲学的数学原理》（*Mathematical Principles of Nature Philosophy*）一书中给出了如下解释："绝对的、真实的数学时间，就其自身及其本质而言，是永远均匀流动的，它不依赖于任何外界事物。"绝对时间的特性可归纳为：其一，绝对时间独立存在，具有非物质性，不会因任何事物而改变、倒退，或者暂停，或者流逝。其二，绝对时间是均匀的，无论何时何地，有着同等的时间间隔。其三，绝对时间无始、无终，没有开始，也不会有终止。其四，绝对时间具有一维性，只有一个方向，间隔顺序不可改变。牛顿认为，同亚里士多德的"理论"恰恰相反，如果没有什么别的东西阻止，运动着的物体决不会静止下来。例如，下落的石头之所以会落到地面后不动，是因为受到地球的阻止；马车之所以停下来不走，是由于车轮同路面之间有摩擦力。在一条光滑水平的路面上，具有无摩擦轴承的马车，将会一直滚动下去。力对于物体的作用，只是使它的运动速度随着时间变化而发生变化。

在《自然哲学的数学原理》一书中，牛顿对绝对空间的内涵进行了阐释。在牛顿那里，他认为："跟绝对时间一样，绝对空间也是独立于任何事物而独立存在的"（牛顿，2006）。从中可以看出，牛顿的绝对空间观表达了如下观点，即"就其本性而言，空间与外界任何事物无关，永远是相同的和不动的"。其含义可以进一步解释为：绝对空间具有绝对性，其自身特性和规律都隐含于自身之中，不管里面放不放东西，与容器本身并无关系；绝对空间是均匀的，均匀得一无所有；绝对空间永不移动，时间顺序和空间次序也是不可改变的。

通过梳理上述知识可以看出，在牛顿那里，绝对时间和绝对空间之间可以是毫无关系的独立存在，在对二者之间的论述中，可以进一步明确牛顿对绝对空间的认知，即绝对空间中包含着相对空间。同时，相对空间呈现着绝对空间，绝对空间是与一切事物都隔离的，恒久不变，呈现为无止无境。可以说，牛顿的空间观是一种特殊的容量，且与任何外在事物没有联系，时间和空间之间的关系表现为互不相关。

二、先验空间

德国古典哲学创始人伊曼纽尔·康德[①]对时间和空间的阐述表现在两方面，概括起来，一是形而上学式的，二是先验式的（康德，2007）。关于先验阐明，康德说："我的所谓先验阐明，是指这样一个概念的解释，即这概念作为一条原理，据此原理才使其他验前综合知识的可能性得到理解。"

康德曾说过："先天知识中那些完全没有掺杂任何经验性东西的知识则称为是纯粹的。"从此观点出发，无论空间也好，还是时间也罢，都是先天综合判断得以可能的条件，均属于先验感性论的基础。换个表述方式，先有时空，后有感性，前者具有先天直观性，是后者得以发生的前提。从康德的观念中，我们可以得到这样的启发，他的纯粹的知识就是作为我们经验性知识的基础，他所谓的时空先验阐明，本质上是在阐明时空概念作为先验形式的应用，即时空概念的客观有效性。

在对空间的阐述中，康德还曾经有过这样的论述："我们的一切直观无非是关于现象的表象；我们所直观的事物不是自在之物本身。"这一观念可以进一步阐述为下列含义：其一，空间不是一个从外部经验抽象来的经验概念（康德，2004）。其二，空间是一个必不可少的表象。由此可见，康德的空间概念与一般的经验概念不同，在他那里，一切有关空间的概念都是以一个先天直观，而不是经验性的直观为基础的，空间观念是先天存在于人们心灵中的纯粹的直观形式，这种直观不是抽象的，而是心理的。

概言之，康德的时间和空间观给我们传递了这样的观点，即时空所表现的都不是"物之在其本身"的任何属性，也不在"物之在其本身"的相互关系上表现"物之在其本身"。空间的本质，是能够感知的外在的表现形式，具

---

① 康德（1724～1804），德国古典哲学创始人，其学说深深影响近代西方哲学，并开启了德国唯心主义和康德主义等诸多流派。

有主观性，而且只有在这个条件下，外部的表现形式才能成为可能。

三、相对空间

在艾伯特·爱因斯坦（Albert Einstein）[1]那里，他提出了"相对论"的观点，这一观点被认为是在变革人类时空观念基础上实现的，这一理论的本质其实是在研究时间与空间的关系（爱因斯坦，1964）。爱因斯坦认为："空间、时间……从逻辑上说来，是人类智力的自由创造物，是思考的工具，这些概念能把各个经验相互联系起来，以便更好地考察这些经验。"在开创物理学新纪元的著名论文《论动体的电动力学》（*On the Electrodynamics of Moving Bodies*）中，爱因斯坦写道："我们应当考虑到，凡是对时间在里面起作用的我们的一切判断，总是关于同时的事件的判断"（爱因斯坦，1975）。没有绝对的时间和空间，时间和空间在一定条件下是可以相互转化的。

爱因斯坦在空间分析上具有朴素的唯物辩证法的哲学修养。在他看来，人们对世界的认知，不是简单的经验描述，而是一种理念构造的活动。1905年，他对狭义相对论作出解释："狭义相对论，就是一切匀速运动具有物理相对性的原理。"在广义相对论中，爱因斯坦对引力问题作了重新解释，他认为引力是由于物质的存在而产生的空—时连续区中的一种弯曲的"场"。1915年，爱因斯坦发表时空卷曲定律，阐述了物质和压力时空卷曲的原理。对该原理进一步解释，即"在时空任一位置选取一个参照系，通过研究在这个选定的参照系的三个方向上潮汐引力将自由运动的粒子推进，或者拉开的方式来寻找时空的曲线"。可以这样认为，狭义相对论是在匀速运动的惯性系内，以光速不变原理为基础阐述时空效应；而广义相对论则是在加速运动的参照系内，在引力场中讨论时空效应。总体来看，爱因斯坦的相对论揭示了相对性原理与对应的坐标变换之间深刻的内在矛盾性，反映了时间、空间结

---

① 爱因斯坦（1879~1955），犹太裔物理学家。他提出光子假设，成功解释了光电效应，获得1921年诺贝尔物理学奖。1905年创立狭义相对论。1915年创立广义相对论。

构的多样性，物质运动形式的多样性，以及不同的运动之间的本质差别和内在联系。

相对论的时空观摧毁了机械唯物论的自然观，对各种唯心主义的自然观也是一个有力的回击。爱因斯坦关于时间和空间关系的相关论述，在深层次结构上深刻揭示了空间、时间和物质三者之间的内在联系。爱因斯坦的相对论证明了空间、时间，以及物质的共同特征具有客观实在性，这无疑为辩证唯物主义的世界观提供了一个新的理论视角和论据。

综上所述，从早期古希腊人"虚空"概念、柏拉图几何空间概念、亚里士多德的有限空间论，一直到牛顿的绝对空间观，再到爱因斯坦的相对论的发展，这一系列论述表明，时空观就是有关时间和空间的物理性质的认识，时空观同自然科学的发展具有密切相关性，是人类对时空观的认识不断深化发展的过程，也是冲破传统偏见的束缚，不断创新的过程。但是也可以看出，空间的实质在以往确确实实被看作是一个死亡的、刻板的和静止的东西，随着认识的深化，这一状态应该被改变（郭文等，2012）。

第三节　20世纪下半叶后的空间思想

一、空间的社会生产

20世纪50~60年代，人们开始意识到现代理论过于偏重时间，这在一定程度上降低了人们对空间复杂性问题的解释力度，"空间转向"与"空间生产"思潮随之在不同领域异军突起，并成为西方社会科学知识和政治发展中举足轻重的事件之一（李春敏，2012）。这些针对"空间转向"的论述及其倡导的思想，不仅对启蒙运动以来占统治地位的笛卡尔式空间概念与康德哲学的空间概念发起了挑战，也因其将马克思的社会历史辩证法翻转为历史辩证法的"空间化"，改变了西方批判理论的阐述视野，成为空间思想史上对空间本体论认识的重要转折点。

　　工业革命在 19 世纪的欧洲掀起了城市发展的大浪潮，城市成为资本主义存在的重要条件，社会在城市这样一个"容器"中运行，城市的郊区化、产业投资的重新配置和产业结构的调整等社会变化，引起内城衰落、失业率增加等一系列新的社会问题，社会的空间维度得以凸显。经济发展及社会变迁赋予了物质空间以"社会意义"和"文化意义"，人们对空间的研究必须置于特定的社会生产方式和意识形态之下。20 世纪 60～70 年代以来，面对资本主义的发展形态及其深刻的内涵变化，理论研究最显著的趋势是从传统经济社会现代化为重心，转向以社会政治和文化社会问题研究为重心。法国哲学家亨利·列斐伏尔敏锐地意识到城市空间是特定的社会生产出来的，并明确提出了"空间的生产"（production of space）概念。列斐伏尔指出："一个世纪以来，资本主义发现自身能够缓解（如果不是消除）自身内在的矛盾，所以自《资本论》出版以来资本主义成功获得了'增长'。我们虽不能计算这种增长的代价，但知道它依赖的手段，即占有空间，并生产出相应空间"（Lefebvre，1976）。列斐伏尔指出："资本主义再生产主要不是物的再生产，不是量的扩大再生产，也不是同质的社会体系的再生产，而是社会关系的差异化再生产过程"（刘怀玉，2006）。作为著名的理论家，列斐伏尔深刻揭示了资本主义条件下从"空间中的生产"到"空间的生产"的转变①。在空间理论的"圣经式"著作《空间的生产》（The Production of Space）中，列斐伏尔挪用马克思"人体解剖之于猴体解剖"的方法，从当代资本主义空间生产进行"回溯式前进"，对"空间的历史""空间生产的历史"和"空间生产的历史方式"作了系统性阐述。"社会空间是社会的产物"这一元命题浓缩了列斐伏尔对广义历史唯物主义的空间化重构。在他看来，空间不是背景，而是生产要素本身，空间的生产所建构起来的现代社会控制机制，体现在空间成为社会的空间，这是一个不断自我生产和膨胀的"三元一体"复杂体系

---

　　① 大体上来说，就空间在人类社会中的地位而言，大致经历了农业文明和自然经济条件下的"被生产的空间"，古典资本主义的"空间中的生产"和当代资本主义的"空间的生产"。

（Lefebvre，1991b）。

在此体系中，"空间的实践"（spatial practices）属于社会空间被感知的维度，具有物理形态，担负着社会构成物的生产和再生产职能，是生产社会空间性之物质形式的过程。"空间的再现"（representations of space）属于社会空间被构想的维度，与生产关系特别是生产关系所加强的秩序或设计相连，是一切社会（或生产方式）中的主要空间和认识论的力量源泉。"再现的空间"（space of representations）是一种直接经历的空间，既与其他两类空间相区别又包含它们，属于被统治的空间，是外围的和边缘化了的空间。列斐伏尔空间概念的核心指向了"空间的生产"，即"（社会）空间是（社会）产物"。这一经典论述强调空间中弥漫着社会关系，从一种生产方式过渡到另一种生产方式，必然会伴随新空间的生产。在他看来，空间也是生产资料和生产手段，可以进入生产模式，并被用于生产剩余价值。在生产过程中由于国家（权力）和资本常常发挥重要作用，空间生产又具有政治性和意识形态，甚至会产生空间生产的矛盾，即空间占有和空间消费人社会需求之间的矛盾。列斐伏尔从本质上揭示了空间生产的两种类型，即体现政治正当性和文化传统的象征空间的生产和为特定经济生产方式，以及生活方式需要的功能空间的生产。列斐伏尔将时间偏好转向了空间，树立了空间的社会性和总体性的理念，强调了空间的主客体统一性和社会—历史—空间三维辩证法。

列斐伏尔提出"空间的生产"理论后，西方一些研究者从不同层次或角度解析了空间的生产机理。曼纽尔·卡斯特尔（Manuel Castells）从"集体消费"理论出发，认为城市化使个人消费日益变为以国家为中介的社会化集体消费，劳动力和资本以及工人和资本家之间的斗争使得城市空间成为劳动力再生的空间（Castells，1985）。尼尔·史密斯（Neil Smith）认为资本政治运动导致了不平衡现象的产生（Smith，1984）。尼尔·布莱诺（Neil Brenner）和尼克·西奥多（Nik Theodore）认为新自由主义使权力和财富更为集中，这种"非均衡性"既给资本带来机遇，同时也带来了障碍（Brenner and Theodore，2002）。

二、后现代空间观

在 20 世纪晚期，资本主义社会经历了一场深刻的变革，资本主义生产方式由"福特主义"向"弹性生产"转变，弹性生产方式使资本主义的积累方式发生了深刻变化，促进了资本全球化的加速发展，资本主义空间生产和空间规划因此引发了一系列新的空间问题和空间矛盾。资本在塑造同质化的全球空间之时，也塑造了一个等级化的全球空间体系，不同地理空间利润率的巨大差异使得资本在全球范围内展开激烈竞争，并在全球范围内不停地流动，全球的空间生产活动造就各种政治和经济结构分割的、由一体化的生产结构组成的巨大的不平衡空间网络体系，在不平衡空间发展中，产生了不同尺度上的"中心—外围"空间形态，体现出的是一种不平等的空间结构关系。在资本主义生产方式作用下，空间生产引发的不平衡地理发展，诉说的不再是自然禀赋的先在差异和人类文明的初始多样性，而是在不断扩大和深化的资本积累和空间生产中，如何维系资本主义的活力。不平衡发展同资本主义之间的关联，使得破解资本主义不平衡地理发展的"密码"成为一个历久弥新的思想史事件。不平衡地理发展理论因此被认为是一个需要被看作进化的论证结构，这种不平衡不是统计学意义上脱离一般平衡过程的随机倾向，而是结构上的，它以前所未有的系统性和独特性表征着资本主义固有的新型不平等、不公正等社会痼疾。

结构主义代表人物戴维·哈维以其坚定的马克思主义立场和独特的地理学想象，占据着社会空间理论的重要位置。哈维认为资本自身通过空间延伸来面对变化的经济时会加剧不平衡地理的发展，只有通过对不平衡地理发展的深刻理解，才能使我们更加充分认识到当前资本主义全球化的激烈矛盾。他同时认为，早在 20 世纪上半期，大多数马克思主义理论家对历史唯物主义的阐释和研究具有时间的偏好性，在对资本主义的分析和批判中，重点突出的是历史唯物主义的历史维度。但是，历史目的论过分强调历史规律的客观性，而把马克思的历史概念庸俗化了，将历史理解成一个抽象的或线性发展的必然过程，其实质是以历史的客观规律代替了历史过程，只看到了资本主义社会周期性危机的历史特征，而没有看到资本主义也有高度灵活的自我调节潜能和无限扩展的空间特征，这种教条化的马克思主义无法理解马克思概括的现代资本主义生产运动之"以时间消灭空间"的特点，也不可能认识到马克思对资本主义生产和资本积累的分析是一种空间分析。

哈维重新解释了马克思辩证法的实质，指出历史唯物主义不仅仅是一种历时态的分析，也代表着一种共时态（Harvey，1982）。他强调应该从"过程"视角强化马克思辩证法总体性思想的必要性，其思路和马克思、恩格斯的思路并无二致，先是对资本主义的空间生产方式进行分析和批判，然后揭示资本主义的主要矛盾，最后将落脚点放在如何获得解放上面。

哈维基于历史—地理唯物主义的资本积累理论，主要探讨的是资本积累与空间生产之间的必然关系（Harvey，1982）。他认为受资本积累动力机制的驱使，资本主义生产出了大量空间来为资本的快速运转提供便利，从而形成了资本主义的地理景观（Harvey，1982）。在哈维的解释中，资本家为了积累而积累，起源于资本主义生产的内在规律，资本要实现价值增值，就必须扩大资本的流通空间，同时缩短资本的流通时间。在不断吸收过度资本积累的推动下，空间生产为过度积累资本提供了重要的投资渠道和机会，空间的建构和再建构使资本的运作创造出了更多的利润。空间生产既是资本追求利润，实现资本积累的内在要求，也是资本不断扩大的必然结果。

哈维认为，空间的生产是资本投资于一般生产资料和消费资料的初级循环，投资于建成环境的第二级循环以及投资于科教和社会领域的第三级循环（Harvey，1982）。三次循环不断流动和转移，本质上是资本为占有空间并生产相应空间形态的"不动产动产化"的过程（郭文，2014）。郭文在对资本占有空间并生成空间的相关知识梳理中认为，资本的第一次循环是为生产提供必要条件。因为资本循环是资本从一定的职能形式出发，经过"购买—生产—销售"，并分别采取货币资本、生产资本、商品资本三种职能形式，实现价值增值并回到原点的全过程。具体而言，资本在第一次循环中，主要目的是"为生产提供必要条件"。除了"生产和流通"以外，资本还要考虑如何"交换和消费"。在资本循环中，消费起着至关重要的作用，推动着资本生产、再生产和获取利润。在后工业阶段，现代化生产需要更多的消费空间，而现在各种类型的充满符号性的消费场所无处不在，如中央商务区、休闲娱乐空间、户外遗产地、旅游综合体等，更多的集体消费场所成为现代消费空间的基本形态，消费和消费者被裹挟进了现代资本循环体系当中。资本过度积累是资本主义存在的内在矛盾，需要应对生产过剩状况，需要采用更多的国家宏观调控和政府干预手段。按照哈维的观点，"空间转移"和"时间转移"是解决矛盾的主要方式（Harvey，1982）。在资本第二次循环中，当空间生产在一定程度上受到资源、经济限制，或一定空间内的劳动时间和劳动强度都无法再增加，而劳动力再生产成本又大大提高，且利润上升空间达到极限，资本生产就会寻求开拓新的生产空间，这种空间的特质为资本再生产获取高额利润提供了条件。在此逻辑下，"空间"自然得到了延伸（生产）。在第三次循环中，资本的主要目的是进行"带有福利性质的社会平衡调节"，保证集体消费的可能，尤其是更加偏向社会性质的投资成为主要方式。例如，房地产、教育园区、医疗卫生场所、福利院，等等。可以看出，也正是基于这次循环，维护了社会空间的秩序，保证生产关系能够得到更为顺利的和大规模的再生产。

资本积累导致了不平衡地理的发展，也容易使国家和地区卷入到资本的流通过程中，资本在某个特定时刻按照适合资本积累的要求建立了一个个物质景观，又通常在后续发展中将其破坏。资本的空间扩张，并不是一个利益均沾的历史地理过程，而是体现了不同形式的中心—边缘的空间结构生产的过程。不平衡地理社会空间在结构性作用力的驱使下终将固化为不平衡地理空间社会，表现为新的空间间性，用哈维的观点解释，即："一旦把它放入政治经济学领域进行分析，就会发现它被现代生产关系所形塑，并且反过来改变生产关系"（Harvey，1982）。在此逻辑之下，一些原本具有均质性的地方空间，也会因流动性和旅游等要素的介入产生新的内部层级，而这部分空间占有者其实既是地方的主人，也成为了新经济和新空间的维护者。这表明旅游作为新权威经济形成的组织关系和社区空间关系会逐渐固化，不同利益主体以旅游地为平台，在占有和控制空间过程中表现出一种复杂而辩证的交互关系。旅游地空间的实践界定了空间，又在辩证互动中指定了空间，生产了空间，使空间既成为行为的场所，也是行为的基础和结果。

美国后现代主义地理学家爱德华·W. 苏贾在其著作《第三空间——去往洛杉矶和其他真实与想象地方的旅程》（*Thirdspace: Journeys to Los Angeles and other Real and Imagined Places*）中的论述，在一定程度上颠覆了地理学原有的第一空间、第二空间的二元划分方式，他提出了一个具有真实与想象性质的第三空间概念（爱德华·W. 苏贾，2005）。他认为，第一空间认识论及思维方式主宰空间知识的积累已经有数个世纪，其实质是将注意力主要集中在列斐伏尔所说的空间实践或感知的空间进行"分析性的译解"，这是一种物质的和物质化了的"物理"空间性，根据其外部形态即可获得直接的把握。第一空间认识论偏重于客观性和物质性，作为一种经验文本，人们对第一空间的传统阅读方式，集中于对表象进行准确描绘，另外是在外在的社会、心理和生物物理过程中寻求空间的解释。第二空间是创造艺术家和具有艺术气质的建筑师进行阐释的地方，按照他们主观想象的形象，把世界用图像或文字形式表现出来，空间是"绝对的""相对的"，还是"关系的"；是"抽象的"，还是"具体的"；是一种"思维方式"，还是一个"物质现实"，这些问题都在这里进行交锋。不管其本质如何界定，在第二空间中，想象的地理总试图成为"真实的"地理，图像和再现试图界定和安排现实。与第一空间的认识论一样，第二空间在其内涵上一是内倾的和内因的，二是比较向外的和外因的。苏贾本人在针对第三空间的描述中认为，第三空间源于对第一空间和第二空间二元论的肯定性解构和启发性重构，这样的第三化不仅是为了批判第一空间和第二空间的思维方式，还是为了通过注入新的可能性，使他们掌握空间知识的手段恢复活力。在苏贾那里，如果说第一空间是感知到的和经验到的空间，第二空间是构想出来的社会空间，第三空间则是一个被边缘化的、沉默的、目不可见的多元空间，可以将此表述为"一个虚构的游戏世界"，各方政治和权力力量在此展开角逐。

苏贾提出第三空间概念，既不同于物理空间和精神空间（或者说第一空间和第二空间），又包含两者，进而更超越两者。在苏贾那里，一切都汇聚在第三空间：主体性与客观性、抽象与具象、真实与想象、可知与不可知、重复与差异、精神与肉体、意识与无意识、学科与跨学科，不一而足。"第三空间"既是对空间转向的追根溯源及影响探讨，也是把理论研究扩张到实践方面的一个努力，为重新揭开空间本质，并对空间进行深度思考提供了新的可能性，其方法论就是一个保持开放的姿态，战略起点是从认识论回到本体论，尤其是回到空间性—历史性—社会性的本体性三元辩证法中。

与苏贾提出的第三空间概念类似，历史上也曾有其他一些研究者对第三空间思想进行了阐述，这些阐述为我们理解第三空间思想提供了较好的基础。

三、空间与权力

在传统解释中，人们对权力观的论述具有单一中心性，也就是人们一般观念中认为的社会或国家的统治者的主权，很显然这一视角解释的权力是一种压制性或否定性的力量。具有后现代主义和后结构主义色彩的米歇尔·福柯（Michel Foucault）①在 20 世纪 70 年代提出的权力理论在西方产生了较大的影响，同时也对马克思主义的国家观和权力观提出了挑战。福柯认为，空间与权力越来越具有显著关联性，但是人们对传统权力观的阐述具有狭隘性，其中一大核心问题是把权力理解得过于教条和机械，没有从根本上很好地把握住权力的核心问题到底是什么，也没有很好地将空间与权力的联系进行阐述。他认为，我们应该重新认知权力的内涵及其构成方式，指出空间中的"权力是无主体、流动的，是一个无中心的网络"（米歇尔·福柯，1997）。权力的各种力量弥散在社会空间中的各个角落，在不同的空间领域中充分展现自身运作的机理，每一个主体只是权力网中的一个小的节点。知识（各种话语、真理、规范，等等）其实是一种可以构建的话语体系（赵万里、穆滢

---

① 福柯（1926～1984），法国哲学家、社会思想家和"思想系统的历史学家"。

潭，2012）。

福柯作为一个后现代主义的权力哲学家，他从根本上拒绝了构建有边界的权力理论，这对我们突破传统权力的认知具有很大的启发性。在经济全球化过程中，人们更容易将经济过程本身作为一项权力来看待，但是福柯在此方面表现出了不一样的看法。基于此，他甚至批评自由主义和马克思主义的权力观，因为他认为自由主义和马克思主义的权力观都是权力理论中的经济主义，有道理但太过于狭隘，也不能全面揭示权力的真正内涵。从福柯的视角来分析，人类思想的发展存在着一种非迂曲形式，现代性的规训权力无处不在，而且这些无处不在的权力，或者说各式各样的权力形态都有其自身的逻辑，不应该坚持一般意义上认为的"经济基础决定上层建筑"的资本决定逻辑（陈志刚、黄建安，2015）。从分析的切入点来看，福柯比较反对从宏观视角对权力进行分析，他认为权力就像毛细血管一样，在空间中无处不在，在日常生活中随处可见，权力是一种普遍存在的力量关系，而不是经济、阶级等其他因素的派生物。因此，他提倡人们从多样化的"微观权力"视角，对其运作方式或逻辑进行分析。权力的普遍性延伸出了权力的微观性，权力关系像毛细血管一样遍布于社会存在的每一个角落，无论是在国家层面，还是在日常生活层面，政治、经济、文化、生产关系，甚至人的身体中的权力形态是多种多样的，这就决定了权力不仅像毛细血管，而且权力的运作也是以网络的形式展开的。在此过程中，作为个体的人在流动，与之同时各种要素也在空间中流动。弥散式的、具有毛细血管状的权力，并不是传统意义上某种政治权力或专制社会个人崇拜的产物，而是与特定社会结构同构的，属于社会建构的产物。

福柯在研究中强调了规训的重要作用，并试图去发掘和揭示隐藏在话语之下形成的规则（米歇尔·福柯，2010）。他认为，人们通过规训的一种微型策略和不同尺度的空间实践，权力可以如水银泻地般得到具体而入微的实施。此外，福柯指出，权力与知识之间存在着微妙复杂的关系，他认为知识的空间化是知识建构成科学的重要因素，"知识"其实是权力之间相互斗争的结果。换言之，权力生产的主要手段是依靠与知识的结盟模式来完成的。其基本逻辑为"知识—（被构造）主体（再构造或传播）—权力（普遍化、隐藏化和深刻化）"，这一路径成为"权力/知识模式"生成的过程。福柯关于知识与权力的空间化阐释，在一定程度揭示了知识和权力背后隐匿的一整套的策略和逻辑，为我们展示了一幅空间、知识和权力交织而成的生动图景（张梅、李厚羿，2013）。

毫无疑问，福柯的观点具有浓厚的后现代主义色彩，而对西方主流的知识和话语形成了一定的冲击，尤其是对启蒙运动以来西方社会所标榜的价值体系。福柯批判现代理论家的宏大叙事和总体化的倾向，主张首先要承认权力的广泛性事实，要用非宏观的视角去解构或阐释权力是什么，他看到权力的运作在资本全球化操纵一切的社会和传统社会的差异性，认为应该通过对权力、知识等概念的创新性解读，建构起一套独特的新的权力认知框架。毫无疑问，福柯在推进权力理论研究的同时，引发了人们关于传统权力理论的新思考，拓展了人们对权力内涵和权力边界的新理解。

第四节　日常生活空间的社会生产及解放

一、日常生活

在以往，人们对日常生活的概念更倾向理解为口语化的词汇。在通常意义上，这一概念总是与平淡、平凡、无聊、细碎、无尽的重复相联，而与宏大、理性、系统、必然、秩序无关。概言之，一般人眼中的日常生活即"平常的生活"，或者指工作之外的个人的活动和关系。这种生活形态具有以下特征：其一，日常生活不是宏大叙事，总是与"个人"相联系在一起，比较具体和实在；其二，日常生活就是日常中的生活，经常体现在人们的生产、利益分配、消费实践中，或在日常相互交往而产生的关系中；其三，这种形态的生活方式基本上是围绕日常生活中的穿衣、饮食、行走、娱乐、购物等要素展开的，基本上属于日常生活所需资料的获取与消费活动，或者是本质意义上的生命的延续。按照马克思的理解，人既是自然存在之物，也是社会存在之物，因此人的双重性是构成日常生活的现实基础（马克思、恩格斯，1960）。也有研究者认为，日常生活世界可分为三个基本层面，即日常生活资料的获取与行为活动，日常交往活动，以及日常观念活动。日常生活资料的获取与消费构成了日常生活的最基本层面，是人的生存所不可或缺的。日常生活主体凭借天然情感、文化习惯、传统习惯而自发地展开的缄默共存的交往关系是日常生活交往活动的主要内容。日常生活还包含一个贯穿于日常消费活动与日常交往活动之中的日常观念世界（衣俊卿，2005）。在日常生活中，人们每天都置身其中，常常因为琐碎、周而复始、平庸无常、不起眼，导致日常生活的价值被忽视。

日常生活作为一个学术用语起源于西方。20世纪中叶以后，现代西方哲学出现了回归现实生活的理论转向，"日常生活"概念逐渐被人们所认知和认可（韩德信，2007）。普遍认为，列斐伏尔和阿格妮丝·赫勒（Agnes Heller）是对日常生活批判理论做出突出贡献的理论大家（Lefebvre，1971；阿格妮丝·赫勒，2010）。从时间先后顺序来讲，列斐伏尔对日常生活的研究其实早于对空间生产的研究。在谈到日常生活概念时，他作了如下界定："日常生活与一切活动关系密切，它涵盖了有差异和冲突的一切活动，它是这些活动聚会的场所，是其关联和共同的基础。正是在日常生活中才存在着塑造人类——亦即人的整个关系——它是一个使其构型的整体。日常生活是一个与每个人息息相关的、最直接的生存领域和生活领域；也正是在日常生活中，那些影响现实总体性的关系才得以表现和得以实现，尽管总是以部分的和不完全的方式，诸如友谊、同志之谊、爱情、交往的需求、游戏，等等"（Lefebvre，2005）。日常生活是由重复组成的，是持续不断的每天生活的重复（Lefebvre，1971），且作为平凡事件呈现在不同尺度的两个方面：其一，在微观小尺度方面，属于个体的偶然小事；其二，在更大范围内是丰富的社会事件。为了进一步阐述日常生活的内涵，他区分了"日常生活"和"日常性"的概念，日常生活以非组织化的、非高级形态的和以无穷无尽的重复涨落起伏及生死轮回为特征，强调的是一种形态；而日常性则强调日常生活的单调、重复和非整体性，强调的是一种特征。由此可以看出，在列斐伏尔那里，日常生活应该是一个较为轻松自然的社会，是一个可以供人们自由选择的休闲社会，或者说是丰裕的社会，而不是被现代技术理性侵入，被传播媒介符号化建构，具有高度同质化的且已经被殖民化了的社会。

在赫勒那里，她主要从两个方面建立日常生活的理论模式（阿格尼丝·赫勒，2010）。一方面，她试图揭示日常生活的基本内涵和主要特征；另一方面，她通过日常生活和非日常生活领域的对比，进一步划定日常生活的界限。赫勒认为，如果个体再生产出社会，他们必须再生产出作为个体的自身，这为"个体"的解放提供了哲学意义上的指南。究其原因，赫勒在本质上秉持了这样的观点，即社会的存在是建立在个体再生产基础之上的，没有个体的再生产，任何社会都无法存在，个体也无法存在（阿格妮丝·赫勒，2010）。日常生活无处不在，存在于社会中以及社会中的个人之间，每个人无论在日常社会劳动分工中所占据的地位如何，财富如何，威望如何，都不影响也不可能影响到自己日常生活的客观存在。

在个体层面上，人们的日常生活一般描绘着现存社会的再生产，所以在一定限度内，人们必须学会习惯他出生于其中，或经历的世界的具体事务和日常模式。但是，在日常生活中，存在着某些基于地方特征的习俗、习惯、宗教等形成的，有别于其他地方的生活规范或道德制约情形，若无这些生活规范或道德制约情形，则日常生活在事实上将不可能运行，即使有外界力量的介入，也将会是一个无序的社会运行。现代消费主义将琳琅满目的商品碎片化地呈现在人们面前，多样性的商品不断刺激着人们的眼球，繁杂多样的商品也带来了个人消费选择的迷失。人们在不同的环境里，如在旅游世界，遵循着不同逻辑，商品文化取代了与个体生命空间密切联系的传统文化，消费主义文化动摇了人们生活的根基，日常生活被撕成了碎片。虚假的欲望符号成为日常生活碎片化的象征，消费欲望通过将商品图像化、符号化推送到人们的日常生活领域，不断启发和创造了人们的消费欲望，人们消费的目的不是为了传统意义上实际物质对人的简单满足，而是为了被现代文化刺激起来的欲望，或者用符号化的东西来满足。人们消费的符号象征意义要大于商品和服务的实际使用价值，并被如此官僚化的模式控制。这样，现代背景下日常生活世界已经成为一个被虚假符号体系所操纵的地带。日常生活异化的结果，是人们对现代社会无批判的意识形态认同，人们丧失了批判和反思社会现象的深层原因的能力，人们笼罩在消费主义意识形态之下，"主体"已经死亡。

基于上述论述，赫勒秉持这样的观点，即在日常生活中，最重要的是"为我们自己而存在"，这一论点主要表现在以下两个方面：其一，是生活中的幸福；其二，是生活是有意义的。前者是人们在日常生活中"有限的成就"意义上的非常态，但要为常态化而努力的"为我们自己而存在"，后者是一个以通过不间断的新挑战和冲突的发展前景为特征的，开放世界中日常生活的"为我们自己而存在"。为什么要进行日常生活批判？也就是要还原日常生活的日常性，就是要通过自由自觉的个体的形成，把日常生活建立成为"为我们自己而存在"。一言以蔽之，日常生活的人道化，就是要使所有人都把自己的日常生活变成"为我们自己而存在"，并且把周边环境变为服务于"为我们自己而存在"的真正家园（阿格妮丝·赫勒，2010）。这是一种面向生活的解放指南，面向生活的革命理念，其目的本质上是为了自由的生活。

通过对日常生活相关论述的梳理，本研究认为日常生活不仅是关于日常的，而且还是社会化的和制度化的，是技术建构的，也是文化建构的，甚至是论说（discourse）建构的产物，既可以包括正式的和非正式的资本主义经济关系，又可以包括更广泛的社会、政治、文化实践的过程，甚至还可以包括由新技术所塑造的虚拟空间的日常生活实践。

二、日常生活空间的社会生产

通过前述分析可以看出，现实中的日常生活因众多因素的介入，显得非常复杂。日常生活既可以是个体的，也可以是社会的，有时候日常生活和非日常生活常常混淆界线，甚至相互交织在一起。在人们对历史阶段的划分中，工业革命是划分传统社会和现代社会的一个重要标志性节点。所以，从人类历史的角度分析，大致在工业革命以及大规模机器化生产之前，人们的生活主要是以日常生活方式为主导，日常性占据主体，也具有主导性，日常生活就是实实在在的生活。随着社会物质的丰富以及剩余产品的出现，阶级开始分化，国家开始产生，日常生活从以前状态分化出了诸如社会的、经济的、文化的等一系列非日常生活活动。日常生活与非日常生活颠倒形态，应该是近代工业革命以后的事情。列斐伏尔认为，日常生活成为凸显的问题，有一个历史的发展过程（Lefebvre，1971）。自资本主义建立以来，它的影响是缓慢增长的，"从那时起，平凡在社会蔓延开来，直至现在它侵入一切——文学、艺术和对象——且所有生存的诗意都被清除了"（Lefebvre，1971）。日常生活的异化，使其自身成为一个沉沦与本真、平凡与非凡浑然一体的世界，这引起了包括列斐伏尔在内的一批学者的批判。在列斐伏尔看来，单调且重复的日常生活隐藏着深刻的内容，日常生活中虚假的意识形态直接把经济现实、政治上层建筑等掩盖起来，并用大众传媒去扫除大众的独立思考和个体判断力，这种危机就是个体主体性的危机。在《日常生活批判》（*Critique de la Vie Quotidienne*）第一卷中，列斐伏尔以法国南部农村日常生活为背景，对自启蒙运动以来西方思想史对日常生活的遗忘进行了批判，产生了相当大的社会影响（亨利·列斐伏尔，2018a）。在《日常生活批判》第二卷中，他继续以日常生活异化问题为主题，进一步揭示了人的生存异化的诸多问题（亨利·列斐伏尔，2018b）。

列斐伏尔认为，在前现代社会阶段的日常生活形态中，社会分化的痕迹并不明显，人与人、人与自然、人与社会具有高度的自治性，日常生活中的文化代表了一种具有共同体式的生活模式，社会运作过程更具有社区特征。随着大众消费时代的来临，资本的精明性、侵略性，以及扩张性越来越形成对日常生活的殖民和控制，官僚体制、符号消费、人际关系紧张、生活中无端的忧愁、情不自禁的乡愁，等等，逐步延伸到了日常生活领域，日常生活在某种意义上变成了一种剩余物。资本的全球化运作过程表明，占有空间并不断生产空间是资本扩张的内在逻辑，而且资本扩张成熟阶段也越来越表现出灵活性，这不仅带来了宏观空间层面的社会问题，也带来了越来越多的微观日常生活空间的社会生产问题。从此角度分析，现代日常生活的问题就是"现代性的表征"（米歇尔·德·赛图，2015）。

列斐伏尔的学生米歇尔·德·赛图（Michel de Certeau）认为，日常生活中存在着支配性权力，在规训机制的重重压制下，人可以通过"抵制"的战略战术、"散步"的审美体验、"消费"的另类生产等"逃遁术"来求得审美生存和"诗意栖居"，日常生活从某种程度上来说就是一场围绕权力的实践运作（de Certeau，1984）。

对日常生活意义的解释和剖析，本质上是对日常生活意识形态的反思和批判。在资本主义背景下，资本主义社会奉行技术统治原则，这样人们在享受科技带来的便利的同时，丧失了对政治统治合法性的关注，从而使得技术的极权社会合理化。社会生活中人与人之间的交往关系，无不受到社会强制力的限制。

三、日常生活空间的解放

日常生活批判理论是一种对日常生活进行批判和反思的理论，是一种植根于人类历史和生活世界的哲学立场。日常生活批判是资本扩展的产物，其所针对的是特指现代社会的日常生活，具有一定的时间特征。在理论界，人们普遍认为，列斐伏尔是 20 世纪西方思想史上站在马克思主义立场上把日常生活批判视为现代哲学根基性问题的第一人（刘怀玉，2007）。这一发现把人们平时容易忽略的空间和视角带到了前台，具有非常重要的历史和现实意义。在谈到日常生活空间的解放方面，列斐伏尔认为，"人的实现"，也即本研究前面提到的"为我们自己而存在"，要通过日常生活的批判和建构而获得。日常生活批判为什么需要？是因为任何具体的历史政治美学希望，总是不能代替生活本身的希望（Lefebvre，1991a）。而且，作为被遗忘的日常生活本身需要批判，作为被控制的日常生活也需要批判，作为被规划、被殖民化和制造的日常生活更需要批判。列斐伏尔认为，被异化的日常生活虽然包含着被压迫、被控制和不能自己的因素，但同时也包含着解放的希望，哪里有压迫，哪里就会有反抗，对日常生活的重新占有与重塑，就是对日常生活进行革命，就是再生产一个新的理想的空间（Lefebvre，1991b）。正如他曾宣扬的那样：空间的生产带来的非正义性，可以使冲突者卷入某种"斗争"，这一认识暗含了反抗操控和扬弃异化的作用（Lefebvre，1991b）。也正如海德格尔讲的那样，作为居和根的家园的地方建设，应该摆脱技术合理化和资本积累的渗透和控制，以恢复人们对地方的忠诚。在革命或再生产的技术路线上，列斐伏尔指出，日常生活其实是各种社会活动与社会制度结构的最深层次的连接处，是一个空间节点，在这个节点中蕴含着空间再生产的可能。只有在日常生活中的觉悟，才是总体空间觉悟的起点。

在关于"总体的人"概念的阐述中，列斐伏尔认为这一概念是需要再生产的主体，也是再生产后的客体，是自然主义和人本主义的统一，是自由集体中自由的个人，也是需要为"为我们自己而存在"奋斗的个体。就其实质而言，列斐伏尔主张日常生活的批判，就是要通过主观革命道路对日常生活方式，以及日常生活习俗、价值观念、思想意识进行变革，也只有改变了日常生活，才能实现人的解放，重建社会主义与个人解放的同一性。本研究也秉持这样的观点，即权力与资本控制日常生活的手段，主要是在多尺度上对日常空间中心和边缘进行区隔，并通过空间过程将其意识形态注入日常生活。只有理解权力、资本等要素对日常空间的操纵方式，才能探寻反抗和改变现实的可能性力量。如果没有资本关系的再生产，以及对资本社会关系再生产的重塑，就不可能找到日常生活空间发展的真正落脚点。

列斐伏尔指出，社会主义的本质不是一种经济或政治制度，而是要建立一种全新的现代日常生产方式。在对日常生活批判时，列斐伏尔把劳动的解放和生产关系的变革视为是最低限度的革命，而最高限度的革命是对日常生活的总体性革命，使家庭和日常生活突破资本主义意识形态，在真正主体意识的支配下把日常生活变成一件艺术品。列斐伏尔强调"异化理论"和"全面的人"的理论是对日常生活批判的指南，日常生活的变革必须把改造日常生活放在首位，确立起理性的、民主的、法制的、人道的、契约的运行机制，以此提供一个激进的变革方案，终结异化社会，恢复人的主体性（亨利·列斐伏尔，2018b）。

日常生活批判是 20 世纪哲学的基本转向和基本问题之一，日常生活批判理论对人类社会结构作出一种新的划分，拓宽了哲学、地理以及其他社会历史理论的视野，它是一种独特的社会历史理论。日常生活批判的兴起，自觉地体现了现代哲学回归生活世界的趋势（衣俊卿，2005）。列斐伏尔的日常生活批判理论，深刻揭示了由科学理性和消费社会构建起来的现代资本主义生活方式的内在本质，指出了人的主体性丧失，已经从一种外在压迫逐渐演化成日常生活中内在的自我迷失（褚当阳、姜大云，2011）。列斐伏尔确立以日常生活为中心的视野和富有建设性的社会批判理论，是以符号取代了马克思的物质概念，这都对正在走向消费时代的中国社会具有重要的现实意义。列斐伏尔关于现代性条件下日常生活及其表意实践的理论，对后来的诸多消费社会、虚拟社会和后现代文化研究具有引领作用，对中国现代经济社会发展和人的全面发展具有借鉴作用。

第五节　空间的生产内涵、指向与路径分析

一、空间生产内涵

通过对"空间问题的历史追溯""近代以来的经典空间观""20 世纪下半叶后的空间思想""日常生活空间的社会生产与解放"等空间思想转向的分析，本研究认为空间活动或者说人类活动的空间性和人类的存在相伴相随。在古代社会，由于生产力水平低下，人类居住的分散性和经济形态的相对孤立性，空间问题长时间无法进入人们的理论视野，人的存在具有典型的"区域性"和"地方性"。

进入现代社会以来，资本主义的全球发展、流动性和空间生产的加速，在社会主义国家引发了一系列空间矛盾和危机，这一剧烈的变化使我们体验到时间和空间有了新的主导方式。空间的生产进程，不仅直接涉及一个国家

和民族在政治、经济和文化层面上的生产，同时也是当代各个个体在生活方式、社会地位、生命理想等日常生活实践和生存焦虑层面的反映。在当前中国空间实践的宏观层面，既面临从传统社会向现代社会转向的时间问题，又存在各种社会形态叠加产生的诸多空间问题；在个体生活的微观层面，空间生产决定了人们的日常生活方式和思维方式。

总体来讲，空间及其空间生产的研究转向，代表了一个宏观或微观制度、结构视角和认知方式。从历史唯物主义视角看，空间生产的历史唯物主义研究，是历史唯物主义当代出场的必然要求，也是历史唯物主义理论逻辑本身发展的必然要求。"空间的生产"是一门年轻的学问，在对"空间的生产"理论认识方面，无论是列斐伏尔还是后续研究者，均倡导并认同社会研究的空间化转向是当代需要关注的前沿焦点问题，他们独特的视角和经典论述，使我们对"空间化"内涵有了深刻的认识，即空间化既不同于传统的物理空间，也不是静态的社会结构，它是从物质生产到社会关系生产为核心的一个基本视野。空间化指向人化自然的物质生产过程中形成的"社会性生活空间"和人们在社会关系生产过程中构建起来的"空间性社会结构"。在对"空间的生产"动力及影响因素研究方面，资本、权力和阶层等政治、经济、社会要素是研究者集中关注的对象，这从根本上丰富和拓展了列斐伏尔的"空间的生产"理论，使其在内涵和外延上更加丰富和饱满。在理论指向上，"空间的生产"立足于人本主义哲学立场和人道主义价值观，提出空间批判理论和未来空间生产的目标，为空间的生产指明了方向。本研究认为，在整体理论体系上，"空间的生产"等系列理论形成了空间"认识论（空间的本体论）、生产论（生产的逻辑及动力）、批判论（生产带来的影响和异化）和权利论（生产的未来指向）"的系统性理论框架。

"空间的生产"理论，尤其是日常生活空间批判理论，具有深刻的理论厚度和现实解释力。长期以来，中国马克思主义理论往往从宏大叙事出发，将理论的聚焦点放置于日常生活之外的生产力和生产关系，以及经济基础和上层建筑等领域，总体上是以外在的教化形式作用于人的生活世界，缺少从日常生活世界内在的文化启蒙，去探寻日常生活对意识形态的基础性作用，缺少意识形态对人之日常生活的现实关照。但是，由于具体的事务、交往、情感、心理，人们在日常生活中孕育了日常生活世界，因此，从日常生活的基础出发，去思考意识形态的来源和最终作用力是需要关注的内容。

基于此，本研究认为，"空间的生产"以及日常生活批判理论，将马克思的社会历史辩证法翻转为历史辩证法的"空间化"，阐述了马克思主义政治经济学研究领域重要的理论进展，由于该理论具有直面这些问题的独特性和解释力度，因此成为最合适的分析工具。作为理论逻辑的发展进程，空间生产话题凸显的不仅仅是一个单纯的学术问题，空间生产问题的提出是对传统经典社会理论中空间缺失现象的反思和批判的直接结果，也是审视当代社会空间结构和社会良性发展的基本维度。

二、空间生产指向

如何定位空间生产的未来指向，这是需要厘清的重要问题。众多的空间思想家分析认为，人类生活的空间中镶嵌着不正义，空间生产的指向就是要强调社会与空间的因果关系之间的一种更加平衡的辩证法。

卡斯特尔、哈维、列斐伏尔等指出了后现代时期"空间正义"以及"空间解放"的含义，其核心理念强调存在于空间生产和空间资源配置领域中的公民空间权益的社会公平和公正，包括对空间生产、占有、交换和消费的正义（钱玉英、钱振明，2012）。空间正义的提出，实际上涉及人们空间生存方式的主要内容，这大大强化了社会自觉保护空间权益的导向。作为社会主义国家，中国各类型空间的生产应该是有区别于资本主义价值和生产方式的生产，其目的在于满足人们的空间需求。

在当代中国，以建构社会主义市场经济体制为目标的社会空间实践是迄今为止中国历史上最为深刻和广泛的社会变革。在社会主义市场背景下，政府主导、利用资本已经成为市场经济的基本模式，相应地，中国社会也进入了空间生产的集聚时代，中国的一些研究者在理论上对此进行了探索。有研究认为，空间正义就是存在于空间生产和空间资源配置领域中的空间权益的社会公平与公正（任平，2006）。也有研究结合空间与文化、区域合作方面的研究，认为城市空间文化以一种冲突的方式与全球化维持着共生状态，应在"效率、质量、公平"之间找到平衡（江泓、张四维，2009）。还有研究认为，空间实践作为一个过程，应在社会效益和公平之间取得平衡（宋伟轩等，2009）。社会主义空间生产的实践，要立足民众现实生活，民生幸福是社会主义空间生产的价值旨归（王志刚，2012）。这些重要观点回应了列斐伏尔在《空间：社会产物与使用价值》（*Space: Social Product and Use Value*）当中的表述，即"社会主义空间的生产，意味着私人财产以及国家对空间之政治性支配的终结，这又意指从支配到取用的支配，以及使用优于交换"（亨利·列斐伏尔，1994）。

可以看出，对空间生产的本质追问与反思是对非正义的空间和空间性的非正义的关切，说到底是空间生产过程中的公平和公正问题。因此，对空间生产的元理论研究，在某种程度上就是对空间正义问题的研究，而空间正义是空间安全的基本前提和保障。

三、空间生产路径分析

从对空间思想转向的知识梳理中可以看出，20世纪下半叶之前的空间认知偏向于历史唯物主义的历史维度，对空间的历时态分析和把空间作为纯物理空间看待是分析的重要特征。20世纪下半叶以来，人们对"空间化"内涵有了深刻的认识，空间的本体论、空间生产的逻辑及动力、空间的批判论和空间的权利论系统性理论框架已经形成，这一框架体系是对种种经济发展带来的异化现象和现实困境进行文化和社会批判的有力工具。

深刻理解"空间的生产"及其延伸理论的内涵、逻辑和意蕴，对中国新时期社会主义各类型空间实践具有非常大的启示意义。20世纪中国规划改革开放政策以及发展市场经济以来，作为古镇旅游的空间实践过程，本质上也是一类特殊的空间生产过程，可以借用"空间的生产"及其延伸理论关注的问题指向和方法论进行阐释。但是，由于中国空间实践表现出的地域特殊性，使得我们在借鉴西方空间生产理论的同时，需要将其融入至中国空间实践的历史和现实语境中。总体来讲，从社会主义现代化进程的经验总结，中国旅游空间实践的空间资本化是资本创新场景的必然结果，这是历史发展的必要。同时，也可以看出，中国旅游空间实践中的逻辑因较长时间受以经济建设导向以及国家权力等因素的影响，表现出如下特点：经济社会发展→（某地）旅游兴起→资本空间化→空间资本化→人地关系及社会空间关系生产；反逻辑循环，又体现了（某地）人地关系和社会关系的进一步物化。面对这些新现象和新问题，我们需要转变对旅游空间实践的理念认识，从传统旅游研究中政治经济学对"物"的关注，上升为对旅游研究的空间政治经济学的关注；除经济学家等所言的以物品的生产与消费过程作为参照外，还应更多地采用多学科知识关注空间的社会性和生产关系的再生产，这自然不能脱离"空间—社会"辩证法的理论视域，这是范式转向的视角层面理据。

需要特别说明的是，本研究界定的空间分析范式并非仅到此为止，因为本研究在认同西方空间认识论作为社会研究的基本方法论的同时，也发现空间生产理论诸多论述存在进一步讨论的空间。其一，西方社会理论家们批判经典社会研究缺乏空间视野，强调空间研究的重要性，具有重大积极意义。但与此同时，过分强调空间维度，淡化了从社会历史发展进程的总体视角去理解和讨论空间生产的历史发展。其二，缺少历史唯物主义视野的系统阐述，哪怕仅仅是淡化历史唯物主义视野，也会从一个极端走向另一个极端，变为"空间拜物教式"的分析。其三，强调空间生产的共时性问题，应该注意兼顾其历史性。因此，在本研究中，"旅游空间生产"内涵应该具有过程性分析，也具有结构性分析。其一，是体现历史唯物主义的内涵，即认为一切重要历史事件的终极原因和伟大动力是社会的经济发展，是生产方式和交换方式的改变；其二，是体现"空间—社会"辩证分析，确立社会过程决定空间形式的空间观原则，认同空间的社会建构过程、空间生产及其辩证法，在此基础上探索空间正义之路。

基于上述认知和讨论，本研究秉持如下观点：在历时态内涵层面，认为不深入理解古镇空间的生产历史，就无法真正合理地把握古镇旅游空间实践

的状态，也不能指明古镇旅游空间生产的特质。为此，本研究在历时态上具
体化为以下阶段：其一，即"传统古镇的空间实践"；其二，即"江南社区型
文化古镇旅游空间实践"；其三，即"江南社区型文化古镇旅游空间生产"；
其四，即"江南社区型文化古镇旅游空间再生产"等连贯辩证过程。在共时
态的技术操作层面，可以借鉴西方空间生产理论内涵，认同空间的社会建构
性观点，并将其与案例地结合具体化运用。受列斐伏尔"空间的生产"社会
理论的启发，以及根据中国现代旅游空间实践的特征分析，本研究将现代旅
游空间实践活动对接列斐伏尔及其后续研究者的系列理论内涵，进行抽象与
结构层次划分。第一层次可抽象为"旅游空间的实践"，指旅游地景观或文化
物质载体的开发实践，是一切旅游实践活动的现实条件和物质载体，以"实
在的自然空间"为基础，属于旅游物理—地理社会空间实践形态。第二层次
为"旅游空间的再现"，指通过策划、规划等手段使旅游景观符号系统呈现的
过程，是由各种功能系统交织耦合在一起的旅游社会经济系统，不同主体在
旅游经济交往中形成不同的组织形式，属于旅游经济—社会空间形态。如旅
游策划规划的表达、旅游开发活动、目的地文化符号的对外展示、旅游利益
分配形式等。第三层次为"再现的旅游空间"，既是情感、信念和意志的空间，
也与游客和利益相关者联结，属于旅游文化—心理空间形态（表 2—1）。如
旅游空间实践对目的地日常社会生活的影响、旅游收益（如何）共享、旅游
社会经济感知和体悟等。

表 2—1　旅游空间生产的体系划分

三维形态	对应层级	主导性质	生产特点	生产产品
旅游物理—地理空间	感知的空间	物质意义	单位时间内多维空间生产的基础	基于自然原生禀赋空间多维生产
旅游经济—社会空间	构想的空间	社会意义	主客观互构的实体性空间生产	文化经济化、旅游吸引物、基础设施、开发模式等
旅游文化—心理空间	日常生活的空间	精神意义	主客观互构的体验性空间生产	心理空间、受文化符号的影响、第三空间

上述划分强调从物质动因出发来说明古镇空间形态的发展，把古镇物理—
地理空间形态的发展，看作是古镇发展的基础动因，在此背景下再在生产关

系和生产方式的矛盾中阐释古镇经济—社会、文化—心理空间形态的发展。换句话说，古镇空间形态的生产，不仅需要时间和历史向度的阐释，也需要空间向度的阐明。因此，本研究将上述思考归纳界定为"旅游空间实践的历史—地理唯物主义"分析范式。即在一定时间单元内，旅游空间实践生产旅游社会空间，旅游社会空间制约旅游空间实践（旅游空间的社会化过程及其表现形式）。旅游空间是一定时期内旅游实践的产物，体现了旅游空间生产的本体论。旅游空间负载着时间性和社会性，旅游经济发展、旅游文化生产、居民身份认同等铭刻于一定时空内，这个时空可以被认知和解读，体现了旅游空间生产的认识论。旅游空间生产是发展变化的，不仅有物理—地理空间的生产，还有经济—社会空间以及文化—心理空间等关系的生产和再生产，体现了旅游空间生产的发展论。这种三维分类划分与研究，将旅游空间实践置于"历史—地理唯物主义"分析范畴中，通过分析一定时间内地域空间或旅游空间实践背后的社会意义、塑造旅游空间和社会动力，以及旅游空间与社会的辩证关系来审视旅游空间实践活动，阐述了"旅游社会空间是一定时期内旅游空间实践的产物"的观点，体现了旅游空间实践的社会性。

综上所述，本研究界定的江南社区型文化古镇旅游空间生产内涵为：在单位时间内，由资本、权力和阶层等政治、经济和社会要素和力量，对江南社区型文化古镇原生空间及其旅游化空间重新塑造，并以其作为底板、介质或产物，形成空间的社会化结构和社会的空间性关系的过程。"旅游空间实践的历史—地理唯物主义"分析范式，反映了江南社区型文化古镇原生空间及旅游化社会空间各功能系统交织耦合起来的空间形态，静态上可以体现古镇原生空间及其旅游化实践空间结构和空间样态，动态上体现了上述空间的重组与关系转换，有利于在认知和研究中区分关于古镇原生空间及旅游化社会空间实践的"（物理—地理）感知的空间""（社会—经济）技术规制的空间"和"（文化—心理）体验的空间"之间的差别。综上所述，"旅游空间实践的历史—地理唯物主义"分析范式，是本研究对江南社区型文化古镇原生空间及其旅游化空间实践和生产正向作用的颂扬和反向作用批判的认识与操作工具。

第三章　江南社区型文化古镇传统空间特性与社会秩序

地方性即地方的独特性，是一个地方自身固有的、区别于另一地方的根本属性。地理区位的差异、经由人的"主体创造性"活动积累，以及社会文化认同等是一个地方区别于其他地方的特性。在学术界，地方性被认为是一个复杂的现象学，与一个地方的社会秩序及其人观意向具有内在关联。因此，地方性具有关系化和语境化，表现为特定的社会性、能动性和再现性。深入分析江南社区型文化古镇传统空间的地理本性、空间的社会秩序和人观意向，既是"旅游空间实践的历史—地理唯物主义"分析范式的体现，也是深刻认知江南社区型文化古镇传统空间的重要基础。

第一节　江南社区型文化古镇传统空间的地理本性

本研究所指的空间特性概念，主要指江南社区型文化古镇的地方性。因此，下面从地方性视角切入进行研究。

通常认为，地方特性是指属于一个地方，且其他地方无法复制的自然要素和人文要素。从技术性理念看，人们可以借助地方特性边界的划分，来认知一个地方之所以"与众不同"的原因所在。在对地理本性的阐释中，保罗·R.克鲁格曼（Paul R. Krugman）较早以规模报酬递增为主要依据，提出地理第一本性是自然禀赋，第二本性是交通和区位等（Krugman, 1991）。也有研究根据新经济发展的特点提出，在第一本性和第二本性的基础上存在着人力资本对不同区域经济发展的影响，这也被认为是地理第三本性的思想（刘清春、王铮，2009）。随着信息化时代的到来，在全球范围出现以人力资本、知识资本和信息化统计为基础的国际产业大转移，通信技术的发展和互联网的普及，使得地理上的障碍明显弱化，这是以信息设施条件和人力资源条件为基础的第三本性（夏海斌、王铮，2012）。当前世界经历着三次产业革命①，信息产业强烈依赖的金融业和研发产业成为世界经济活跃的成分，这其实是第三地理本性的呈现（王铮等，2016）。也有研究认为，地方的划定是人为的，划分也是有目的的，为了达到某种目的，需要确定合适的地方边界，合适边界的确定就需要挖掘地方的唯一性（周尚意等，2016）。依据地租理论，周尚意等提出地方的第一本性是与其他地方不同的自然地理特征，第二本性是长期积累在一个地区的由人类建造的实体要素，第三本性是在一个地方发生的历史事件，并特别指出历史事件相当于在一块土地上连续增加的投入，从而使得该地的劳动生产率提高，并可获得超额利润（周尚意等，2016）。

本研究认为，空间（地方）不是中立的，也不是被动的几何图形，而是通过特定环境中社会—空间关系不断生产出来的，多种社会关系建构了空间，空间、空间形式和空间行为之间的关系不是偶然地出现在自然法则中，而是文化、社会、政治和经济关系融合的产物，空间具有渗透性，对空间的描述或刻画应该反映其开放性和动态性。本研究受已有地理学空间本性的划分和界定知识的启发，并在上述讨论基础上把江南社区型文化古镇空间的地方特性界定为"三性"，即第一特性是地方空间的绝对性，指自然禀赋形成的空间，具有物理特征；第二特性指相对性，指空间之上的实体要素，如空间持续的

---

① 三次产业革命分别为：第一次工业革命自18世纪60年代到19世纪中叶；第二次工业革命自19世纪下半叶到20世纪初；第三次工业革命自20世纪四五十年代到现在。第一次工业革命是从英国发起的技术革命，是技术发展史上的一次巨大革命，它开创了以机器代替手工劳动的时代。第二次工业革命中，欧洲国家和美国、日本的资产阶级革命或改革的完成，促进了经济的发展，资本主义生产方式得到强化。第三次工业革命是科技革命，是人类文明史上继蒸汽技术革命和电力技术革命之后科技领域里的又一次重大飞跃。

物质生产及其空间产品；第三特性指关系性，指反映能动的空间及空间中的社会关系，突出其动态建构性。对上述三类空间特性的划分与评价，可以引入列斐伏尔关于空间"三元一体"论述中的空间实践、空间表征和表征空间概念框架，形成江南社区型文化古镇的空间实践、空间表征和表征空间三个维度。

一、绝对性：空间的自然禀赋

任何地方都存在于特定的空间之中，按照欧式几何学的理解，地方是有界域的单元，层次分明，具有固定性和自然性。这里所说的空间乃是与时间相对应的地理事物存在的绝对空间。在绝对空间中，地理本性对地理过程和地理结构具有决定作用，是地域特征或地方性形成的基础，毫无疑问也会对地域中人们的空间实践、空间活动形成制约。

"江南"概念最早出现在先秦两汉时期，原意指"江之南"，"江"在汉语中特指长江。从古至今"江南"一直是个不断变化、富有伸缩性的地域概念。在本研究中，江南水乡范围指通常所说的苏（苏州）、锡（无锡）、常（常州）地区和杭（杭州）、嘉（嘉兴）、湖（湖州）地区，即前文分析的"位于太湖流域的古镇"。

江南社区型文化古镇作为一个集合概念，可以在不同尺度上进行解读。从大尺度来看，一般泛指"长江以南的古镇"，尤其以江南水乡古镇为典型。具体地理位置位于太湖流域的江南平原（主要集中于苏南和杭嘉湖地区），大体上是指浙江、上海、安徽和江苏的长江以南地区，主要城市包括上海、南京、杭州、苏州、无锡等地，这些地区地势低洼，河网道路密集。这一特定的地理位置决定了本研究所选案例地周庄、西塘、乌镇、南浔、甪直、朱家角江南社区型文化古镇镶嵌于复杂的交通网络体系中（表 3—1）。从小尺度看，周庄、西塘、乌镇、南浔、甪直、朱家角江南社区型文化古镇所在的区域有相似的自然环境、密切关联的经济活动、统一的文化渊源，古镇所处区域位于亚热带，温暖的环境、充沛的降水，大自然和历史共同造就了典型的水乡特色，即"小桥、流水、人家"的江南古镇意象，使其形成独树一帜的江南自然和人文景观。

表 3—1　案例地古镇区位情况

古镇	区　位　特　征
周庄	位于江苏省昆山市境西南 33 千米处，江苏省苏州市东南 38 千米处。周庄古镇距离上海虹桥国际机场约 90 千米，距上海浦东国际机场和杭州萧山国际机场各 150 多千米
西塘	位于浙江省嘉兴市嘉善县。嘉善位于上海西南方向，与上海零距离接壤，距上海市中心 80 千米，大虹桥商务区 60 千米，西至杭州 110 千米，南濒浙江嘉兴港乍浦港区 35 千米，北距江苏省苏州市 85 千米，处于长江三角洲地带
乌镇	地处浙江省嘉兴市（地级市）桐乡市（县级市）北端，西临浙江省湖州市南浔区，北接江苏省苏州市吴江区，为二省（浙江省和江苏省）三市（嘉兴市、湖州市、苏州市）交界之处
南浔	位于浙江省北部，湖州市东部，东与江苏省震泽镇、七都镇毗邻，属太湖流域和杭嘉湖平原，居长江三角洲经济区腹地，位于沪、宁、苏、杭中心地带
角直	地处江苏省苏州市城东南 25 千米，北靠吴淞江，南临阳澄湖，西接苏新工业园区，东衔昆山，水陆交通便捷，距上海虹桥机场 58 千米
朱家角	地处江苏省、浙江省、上海市交界处，为青浦、昆山、松江、吴江、嘉善五区（市）毗邻之中心，历来为江苏省、浙江省、上海市两省一市重要集镇之一

资料来源：根据田野调查整理。

二、相对性：空间的实体要素

随着社会经济的发展和人们日常活动范围的加大，具有绝对性的空间会逐渐担负起社会构成物的生产和再生产职能，这一空间围绕着生产和再生产，以及作为每一个社会构成之特征的具体地点和空间集，寓示一种基本层面上的空间能力和特殊层面上的行为。空间的实践，将其与建筑、道路、工作场所，以及日常生活相连，成为一种具体化的、社会生产的、具有情景知识和运动的空间。

（一）建筑

周庄、西塘、乌镇、南浔、角直、朱家角江南社区型文化古镇所处的长江三角洲和太湖水网地区，由于历来气候温和，季节分明，雨量充沛，原住民的生产生活依赖水的自然和环境功能，塑造了富有江南韵味的水乡建筑风貌和特色。江南水乡古镇的建筑基本依水而立，建筑在单体上以一两层厅堂式模式居多，建筑布局多有天井和院落，沿河民居临水开门开窗，设水埠，建码头，造型多采用出挑、吊脚、倚桥等形式，形成高低错落有致的建筑群体风貌（图3—1、图3—2）。

图3—1 周庄古镇建筑风貌　　　　图3—2 南浔古镇建筑风貌

在周庄、西塘、乌镇、南浔、角直、朱家角江南社区型文化古镇的历史建筑群中，功能类型多种多样，有用于居住的宅第（如周庄的沈厅、乌镇的茅盾故居、南浔的小莲庄、朱家角的席氏厅堂和王昶纪念馆等），有用于商业的店铺、宗教性的寺庙（如周庄的澄虚道观和全福寺、乌镇的白莲塔寺、南浔的褒能禅寺、角直的保圣寺、朱家角的报国寺等）、教育性的书院（如乌镇的昭明书院）、娱乐性的戏台戏院（如周庄的古戏台）以及观赏性的园林等。无论哪种类型的建筑，均可以看出，江南社区型文化古镇建筑大体呈现如下特征：临水而居，基本大多以传统的硬山式样为主，层数一般两层为主，风格多为黛瓦粉墙，建筑构件采用斗拱或梁柱。

（二）桥

桥在周庄、西塘、乌镇、南浔、角直、朱家角江南社区型文化古镇日常生活中起着很重要的作用，它是水陆交汇的一种纽带，水行船，陆上行走，过河均需靠桥，桥是联系水乡陆地与陆地之间，跨越河流的一种重要的纽带，同时桥是根据居住生活或交通需要而建（图3—3、图3—4、图3—5、图3—6）。由于特殊的水乡自然地理空间结构，古镇的桥既具有实用性功能，又具有象征性功能。江南各镇大小古桥星罗棋布，三步两桥，五步一登，回转相接，桥桥相望，构成了"东西南北桥相望，水道脉分棹鳞次"的水乡地方景色。如在周庄古镇，富安桥不仅富有地方特色，而且是江南仅存的立体形桥楼合璧建筑。周庄的双桥则由两石桥相连为一体，造型独特，牢固而又质朴，建于明代，由一座石拱桥和一座石梁桥组成，横跨于南北市河和银子浜两条小河上，桥面一横一竖，桥洞一圆一方，错落有致，宛如一把大锁将两条小河紧紧地锁住。再如在西塘古镇，河流纵横，桥梁众多，几乎每一座桥的背后都蕴藏着悠久的历史和感人的故事。其中著名的有卧龙桥、五福桥、送子来凤桥、安境桥等。西塘古桥的建造始于宋代，到明代，随着

图3—3　西塘卧龙桥

图3—4　乌镇通济桥

图3—5　甪直永安桥

图3—6　朱家角放生桥

商业的繁荣，商旅云集，石桥越造越多，有各式各样的桥近百座之多。在乌镇的西栅，目前就有40多座老桥。在朱家角古镇，36座石桥星罗棋布地散落在河港交错的古镇各处，典型的有放生桥、惠民桥、平安桥（戚家桥），等等。

（三）水

水是周庄、西塘、乌镇、南浔、角直、朱家角江南社区型文化古镇环境的母体（图3—7、图3—8）。在上述江南古镇中，水与古镇大致有四种关系。其一，水网形态决定着古镇空间的基本形态。如单道河流形成带状、指状或斑块散布状古镇（如南浔），"十"字河流形成网星状+指状形态（如乌镇），"井"字河流形成网络+棋盘古镇（如周庄）。其二，水流走向决定着古镇的发展方向。其三，枕水而居听水声。如在大多数古镇民居中，基本上都是三面临水，房屋采用贴近水、进入水空间的建筑方式。以"进"亲水，是这些古镇与水亲密性的体现。其四，退水成街览水间。基本格局即水边搭房，房边开街，在河边形成古镇街巷，一般尺度较窄，布局随意。

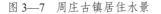

图3—7　周庄古镇居住水景　　　　图3—8　南浔古镇居住水景

总而言之，周庄、西塘、乌镇、南浔、角直、朱家角江南社区型文化古镇空间环境形态因水而生，处处流淌着水的印象。古镇建筑均因地制宜，日常生活适应水环境，与水的关系亲近而不冲突，水是江南古镇意象和环境景观的重要要素之一。

（四）经济发展

20 世纪 80 年代以前，周庄、西塘、乌镇、南浔、甪直、朱家角江南社区型文化古镇经济基本上以农业生产为主，工业经济较为薄弱。随着改革开放政策的实践和深入发展，尤其是国家实施市场经济政策以来，江南社区型文化古镇交通条件得到不断改善，案例地古镇各业态经济得到持续稳定发展，各古镇三产发展速度加快，旅游业发展势头较好（表 3—2）。

表 3—2　案例地古镇三产发展状况

古镇	三产发展状况
周庄	①1981 年，复兴大队率先试行包产到户、包工到户责任制。20 世纪 90 年代以来，古镇积极调整农业结构，大力发展种植业、养殖业，增加农副产品供应，适应市场变化需求； ②1987 年，周庄被列为江苏省苏州市、无锡市、常州市对外开放的重点工业卫星镇。1998 年 11 月，第二产业成为外商在周庄镇投资的主要产业。2005 年开始，区内引进来自日本、澳大利亚、新西兰、加拿大、美国等国家，以及中国香港、台湾的多家企业； ③20 世纪 80 年代末开始发展旅游业。1989 年 4 月，周庄古镇售出第一张旅游门票，此后旅游产业发展迅速。旅游业带动了其他服务行业的发展。2010 年，第三产业开始成为周庄的支柱产业
西塘	西塘镇所取得的巨大成绩，得益于古镇在招商引资、平台建设方面所付出的努力。在此背景下，三产发展迅速。西塘全年利用外资较高，工业生产性投入、工业园区基础设施建设投入均较高，旅游业发展也比较迅速
乌镇	①乌镇农林牧渔服务业、畜牧业、渔业均较发达，农电、水利等基础设施投资良好； ②以农副产品加工和成衣制造、出口为特色，建筑业生产稳定发展； ③先后开发东栅和西栅景区，供国内外游人参观。2010 年，乌镇投资一亿元建设集观光、休闲、生产于一体的华章生态农业园区，三产发展势头较好
南浔	①四季分明，雨量充沛，生产条件得天独厚，素有"丝绸之府、鱼米之乡"之美誉； ②处于杭嘉湖平原水乡，辖区内水网交错，池塘星罗棋布，水产资源丰厚，养鱼历史悠久，养鱼技术精湛，以盛产鱼虾而著称。畜牧业区域布局明显，基本形成了东部以生猪、湖羊、樱桃谷种鸭为主，中部以獭兔为主，西部以肉鸡为主的优势产业带。种植以粮、油生产为主，是浙江省重点商品粮、油生产基地之一； ③南浔古镇素有"文化之邦"和"诗书之乡"之称，出现过许多著名人物，如民国奇人张静江，"西泠印社"发起人之一张石铭，著名诗人、散文家徐迟等。2001 年 6 月，南浔张氏旧宅建筑群被评为第五批全国重点文物保护单位。2005 年，南浔古镇获评第二批中国历史文化名镇、国家 5A 级旅游景区等荣誉称号，成为湖州市首个国家 5A 级旅游景区

续表

古镇	三产发展状况
角直	①第一产业包括反季节蔬菜、食用菌、特种蔬菜瓜果种植，特种水产养殖，养猪专业、养奶牛专业等； ②第二产业包括外资工业企业和内资工业企业； ③第三产业以零售业为主，如粮食业、饮食业等。旅游业已开放保圣寺、王韬纪念馆、沈宅、萧芳芳演艺馆、万盛米行（含农具馆）等 10 多个景点
朱家角	经济和社会保持健康、可持续发展，农村原住民家庭人均可支配收入较高。第一产业比例小于第二产业和第三产业，第二产业和第三产业比例相差不大。随着农业结构调整的不断优化与农业基础设施的不断完善，基本形成了沈砖公路以南的粮菜主产区；泖河沿线的泖荡地区种植以茭白为主的水生蔬菜主产区；主干道路沿线、地势较高的圩区种植以大棚西瓜、果树等为主的经济作物主产区和主要骨干河道的大江、大湖沿线为优质水产品主产区

资料来源：根据实地调查整理。

三、关系性：空间的交互系统

20 世纪后半叶以来，哲学、地理学、社会学等学科对空间和地方概念的认知不断发生转向。一些理论家将社会、制度、文化等纳入对地方空间的理论建构中，这一思维框架中的空间不再被认为是"空间科学"中的中性空间概念，空间被看作是社会关系和社会过程所生产和建构的产物，是开放的、不连续的、关系的，空间内部具有关系网络，甚至是关系网络的综合浓缩，这一理念强调的是空间的动态性和社会性。在空间内涵特性转向背景下，历史事件、重要人物、社会文化、心理空间均叠加于原生空间，构成繁杂的空间交互系统。

在周庄、西塘、乌镇、南浔、角直、朱家角江南社区型文化古镇，历史事件属于重要的地理本性，可以分为行政隶属变更、本地重要历史人物、历史事件的地方认同等。

（一）古镇的历史事件

江南社区型文化古镇行政隶属变更如表 3—3。

表3—3　江南社区型文化古镇重要历史事件列表

古镇	历史事件
周庄	①春秋时期至汉朝有"摇城"之说，相传吴王少子摇和汉越播君封于此。西晋文学家张翰，唐朝诗人刘禹锡、陆龟蒙等曾寓居周庄； ②周庄原名贞丰里。北宋元祐年间（1086年），周迪功郎信奉佛教，将庄田200亩捐赠给全福寺作为庙产，百姓感其恩德，将这片田地命名为"周庄"。1127年，金二十相公随宋高宗南渡迁居于此，人烟逐渐稠密； ③元朝中叶，颇有传奇色彩的江南富豪沈万三之父沈佑，由湖州南浔迁徙至周庄东面的东宅村（元末又迁至银子浜附近），因经商而逐步发达，使贞丰里出现繁荣景象，形成了南北市河两岸以富安桥为中心的旧集镇。到了明代，镇廓扩大，向西发展至后港街福洪桥和中市街普庆桥一带，并迁肆于后港街。明代中期属松江府华亭县； ④清初复归长洲县，原住民更加稠密，商业中心又从后港街迁至中市街。这时已衍为江南大镇，但仍叫贞丰里。直到康熙初年才正式更名为周庄镇； ⑤清雍正三年（1725年），周庄镇因元和县一分为二，约五分之四属元和县（今吴县市）。五分之一属吴江县（今吴江市）。乾隆二十六年（1761年），江苏巡抚陈文恭将原驻吴县甪直镇的巡检司署移驻周庄，管辖澄湖、黄天荡、独墅湖、尹山湖和白蚬湖地区，几乎有半个县的范围。周庄由原来小集迅速发展为商业大镇，与江南富豪沈万三的发迹很有关系。沈万三利用白蚬江（即东江）西接京杭大运河，东北接浏河的优势，出海贸易，将周庄变成了一个粮食、丝绸及多种手工业品的集散地和交易中心，促使周庄的手工业和商业得到了迅猛的发展，最突出的产品有丝绸、刺绣、竹器、脚炉、白酒等； ⑥近代柳亚子、陈去病等南社发起人，曾聚会迷楼饮酒吟诗。1949年5月8日，周庄解放，归属吴江甪直区。1950年把镇西原属吴县部分划归吴江，结束了两县分治的状况。1952年以后，周庄镇归昆山县（今昆山市）管辖； ⑦2001年，亚太经合组织贸易部长非正式会议在周庄舫举行，周庄舫与APEC会议一起载入史册
西塘	①春秋战国时期就是吴越两国的相交之地，故有"吴根越角"和"越角人家"之称； ②唐、宋时期就已形成村镇，到了元、明时期，西塘凭借鱼米之乡，丝绸之府的经济基础和水道之便，发展成一座繁华、富庶的大集镇，窑业、米市、食品、制陶业等行业日益兴旺； ③清乾隆三十八年（1773年）设县函署，民国二十四年（1935年）为镇； ④1981年3月，撤销社、镇革命委员会，恢复西塘公社管理委员会、西塘镇人民政府。1983年，建成具有水乡庭院风格的西塘电影院，文化部原副部长司徒慧敏题写院名匾额。1984年1月，政社分设，西塘公社管理委员会改为西塘乡人民政府； ⑤1986年9月，西塘镇经上级批准为上海经济开发区对外开放卫星城镇。1987年，西汾公路全线竣工，途径下甸庙、陶庄至汾玉，全长13.1千米； ⑥1996年8月，镇水产村村民委员会撤销行政建制，成立西塘镇水产养殖场。1997年，镇人民政府大楼搬迁，落址南苑路； ⑦2001年，西塘被联合国列入世界文化遗产预备清单。2003年10月8日，西塘被列入中华人民共和国建设部（今中华人民共和国住房和城乡建设部）和国家文物局共同评定的第一批中国历史文化名镇

续表

古镇	历史事件
乌镇	①春秋时期，乌镇是吴越边境，吴国在此驻兵以防备越国，"乌戍"就由此而来。唐朝之后，乌镇没有再称"乌戍"的史实； ②秦时，乌镇属会稽郡，以车溪为界，西为乌墩，属乌程县，东为青墩，属由拳县，乌镇分而治之的局面由此开始； ③唐时，乌镇隶属苏州府。唐咸通十三年（872年）的《索靖明王庙碑》首次出现"乌镇"的称呼，这一时期的另一块碑《光福教寺碑》中则有"乌青镇"的称呼； ④元丰初年（1078年），已有分乌墩镇、青墩镇的记载，后为避光宗讳，改称乌镇、青镇（南宋宋光宗登基，他的名字有"惇"字，音"敦"，于是天下与"惇"同音的字全不能用，自此之后乌墩镇就定称为乌镇）； ⑤1950年5月，乌、青两镇合并，称乌镇，属桐乡县，隶嘉兴，直到今天； ⑥2014年11月19日始，乌镇成为世界互联网大会永久会址
南浔	①新石器时代，原始社会氏族部落就在此繁衍生息。历史上，南浔隶属关系变化很大； ②相传夏禹治水，划天下为九州，南浔辖域隶属扬州； ③春秋战国时期先后属吴、越、楚。公元前333年，楚以此为春申君黄歇之封邑，始建菰城县，南浔辖域隶属菰城县； ④秦灭六国后，分天下为36郡，置会稽郡，下设乌程、由拳等县，今区境属乌程县； ⑤西晋太康三年（282年），分乌程县东乡置东迁县，县治在今旧馆； ⑥南朝宋元徽四年（476年），东迁县改名东安县，次年仍复名东迁县； ⑦隋开皇九年（589年），东迁县并入乌程县； ⑧宋太平兴国七年（982年），分乌程县东南15乡置归安县； ⑨民国元年（1912年），乌程、归安合并为吴兴县，今南浔辖域隶属吴兴县； ⑩1949年5月2日，南浔解放，今南浔辖区隶属吴兴县。1983年7月，撤销嘉兴地区，湖州市改为省辖市，建立城、郊两区，南浔隶属湖州市郊区。1988年11月，撤销湖州市城、郊区建制，实行市管县又直接领导原城、郊区所属乡镇、街道的体制，南浔辖区各镇直属湖州市。到2003年1月，根据国务院[国函（E2003）2号]和浙江省政府[湖政发（E2003）2号]文件精神，湖州市撤消城区、南浔区、菱湖区三个区委、区管委会，设立吴兴区、南浔区两个市辖区。南浔区区委、区政府驻南浔镇，辖南浔、双林、练市、善琏、旧馆、菱湖、和孚、千金、石淙9个镇
甪直	①秦王政二十六年（前221年），设立吴县，境域隶吴县； ②唐武则天万岁通天元年（696年），吴县分置长洲县，境域属长洲县； ③北宋元丰年间（1078～1085年），境域分属依仁乡、吴宫乡、苏台乡； ④明洪武十四年（1381年）后，境内分属依仁乡（仁义里）、吴宫乡（宝座里）、苏台乡（贞丰里）； ⑤明万历三十五年（1607年），六直（今甪直）富昌桥西南设巡检司署，移驻六直； ⑥清雍正二年（1724年），析长洲县地置元和县，境域分属元和县依仁乡仁义里东19都，吴宫乡宝座里上、中、下20都，苏台乡贞丰里北26都。清乾隆二十六年（1761年），设元和县丞分防厅；

续表

古镇	行政隶属变更
角直	⑦民国元年（1912年）1月，将清代苏州府吴县、长洲县、元和县合并为吴县；境内置甪直乡，隶属吴县； ⑧民国十七年（1928年），撤甪直乡自治所，建甪直乡镇局。民国十八年（1929年）8月，撤甪直乡镇局，建吴县第十（甪直）区。民国二十六年（1937年）11月，甪直沦陷。民国二十八年（1939年）3月，伪吴县知事公署建立甪直乡公所。民国二十九年（1940年）3月，伪吴县政府恢复第十区建置。民国三十四年（1945年）4月，镇北镇和中南镇合并为甫里镇，8月15日，抗日战争胜利，恢复吴县第十区建置。民国三十六年（1947年）2月，区、乡并编，包括建淞南区，原周庄区全部和郭巷区部分地区，治所驻甫里镇。民国三十七年（1948年）2月，并编乡镇，淞南区辖一个甲等乡镇（甫里镇）和两个乙等乡镇（陈墓乡、楚伦乡），5月，淞南区和淞北区并合为吴淞区，区署设在甫里镇； ⑨1949年5月4日，境域解放，成立吴县淞南区人民政府，同年改建新乡，区政府驻在甫里镇。1981年10月，甪直人民公社革命委员会更名甪直人民公社管理委员会。1983年8月，实行政社分立，建立甪直乡人民政府，甪直人民公社称经济联合委员会。1985年10月，实行镇管村建制。甪直乡人民政府更名甪直镇人民政府； ⑩2001年2月28日，撤销吴县市，设立苏州市吴中区和相城区，甪直镇隶属苏州市吴中区管辖
朱家角	①大约成陆于7000年前，淀山湖底发现有新石器时代至春秋战国时代的遗物； ②唐朝以前，分别隶属于由拳县、娄县、嘉兴县、信义县、昆山县。唐天宝十年（751年），分属于华亭县、昆山县； ③明朝万历四十年（1612年），因水运交通便利，商业日盛，朱家村逐成大镇。朱家村改名为珠街阁，又名珠里、珠溪，俗称角里； ④明末清初，朱家角米业兴起，带动了百业兴旺，"长街三里，店铺千家"，老店名店标立，南北百货，各业齐全，乡脚遍及江浙两省百里之外，遂又有"三泾（朱泾、枫泾、泗泾）不如一角（朱家角）"之说； ⑤清康熙五十二年（1713年），珠里分属于五十七个三区之二图、十一图和一区二十五图。清末实行地方自治，本地域称珠葑自治区，为江苏省青浦县管辖的十六个自治区之一。清宣统二年（1910年），实行地方自治，改称珠葑自治区，区董掌管地方事宜，为青浦县下辖的16个自治区之一； ⑥民国初年，仍称珠葑市，设市公所；民国十六年（1927年），改为珠葑市行政局；民国十八年（1929年）3月，撤销行政局，仍称珠葑，为青浦县十三区之二区；民国二十年（1931年），改设第二区公所，列为青浦县八个区公所之一；民国三十七年（1948年）2月，实行乡镇归并，全县设青东（青龙）、青西（淀泖）两个区署，珠溪镇及安庄、葑沃乡均属青西区署； ⑦1949年5月14日，朱家角全境解放，随即成立苏南行政公署松江专区青浦县朱家角市，下辖沈巷、万龙、葑沃、薛间四乡及朱家角镇。原属昆山县的东井亭、中井亭、西井亭三条街划归朱家角镇； ⑧1951年4月撤销市建制，建立朱家角区，从所辖沈巷、薛间二乡各划出三个村，组成安庄乡，遂成五乡一镇；

续表

古镇	行政隶属变更
朱家角	⑨1958 年 9 月，朱家角镇和叶龙乡合并，成立红旗人民公社。1959 年，改名为朱家角人民公社。1961 年 8 月，朱家角公社成立城镇工作组，负责城镇工作，筹备镇社分治。1962 年 2 月，镇社正式分设，朱家角镇恢复为县属镇，成立镇人民政府。1968 年，镇政府改名为"镇革命委员会"。1980 年，恢复镇人民政府名称； ⑩1991 年，朱家角镇和朱家角乡合并成一个县属建制镇。2000 年，青浦区行政区划调整中与沈巷镇合并为新建制镇——朱家角中心镇，是上海目前最大的集镇

资料来源：根据各镇镇志进行整理。

（二）本地重要历史人物

历史人物属于地方的地理本性之一，对周庄、西塘、乌镇、南浔、角直、朱家角江南社区型文化古镇空间生产具有重要影响。其中，著名历史人物尤为重要（表3—4）。

表3—4　古镇重要历史人物列表

古镇	历史人物
周庄	①沈万三（有说生于 1296 年，另有两说 1330 年和 1328 年，卒于 1376 年），本名沈富，字仲荣，俗称万三，元末明初商人、巨富。沈万三通过开展海外贸易而积累原始财富，从而使他迅速成为"资巨万万，田产遍于天下"的江南第一豪富。周庄"以村落而辟为镇"，也实为沈万三之功。关于沈万三富豪事，民间甚至传说他有一只聚宝盆等等，由此反映出他财富多到不可胜数，生财聚财技巧高超。至今，苏南、浙北、安徽一带仍广泛流传着关于沈万三的发财、豪奢、经商以及家庭生活诸方面的许多故事、传说； ②叶楚伧（1887～1946），原名宗源，字卓收，楚伧是他从事新闻工作时所用的笔名，是著名的南社诗人，国民党官僚，政治活动家。叶楚伧出生于江苏吴县周庄一个书香门第之家，自小在周庄长大。早年参加同盟会。1924 年 1 月，叶楚伧被选为国民党第一届中央执行委员，并任国民党上海执行部常务委员兼青年妇女部长。1925 年，参加反对孙中山联俄联共政策的西山会议，被选为西山会议派的国民党中央执行委员会常务委员，1926 年，国民党二大停止其《民国日报》总编辑职务。北伐战争开始后，任职于蒋介石总司令部。1927 年，参加清共的"四一二"事变。南京国民政府成立后，任国民政府委员、国民党二届中央特别委员会候补委员。1929 年后，曾被选为国民党第三、四、五届中央执行委员、常务委员和政治委员会委员，并先后任江苏省政府主席、国民党中央党部宣传部长、秘书长、中央政治会议秘书长。1935 年，任国民政府立法院副院长

古镇	历史人物
西塘	①杨茂，杰出雕漆工艺家。生卒不详。浙江嘉善西塘（一作斜塘）杨汇人。光绪《嘉兴府志·嘉兴艺术门》："杨茂嘉兴府西塘（西塘亦名平川，在今浙江杂善县北二十里）杨汇人，剔红最得名。"又工戗金、戗银法； ②赵宪初，浙江嘉善人，1907年10月27日出生在浙江省嘉善县西塘镇，1928年毕业于上海交通大学电机系。曾任上海市南洋模范中学教务主任。建国后，历任上海市南洋模范中学副校长、校长，上海市数学学会副理事长，民进中央委员、上海市委主任委员，上海市徐汇区副区长，上海市第七届政协副主席。被教育界公认为"一代名师"； ③倪天增（1937～1992），祖籍嘉善县西塘镇，前上海市副市长，为上海市建设作出了贡献。浙江宁波人。毕业于清华大学建筑系。曾先后担任华东工业建筑设计院助理的技术员，华东工业建筑设计院第一设计室副主任，上海工业建筑设计院四室主任工程师，上海工业建筑设计院总建筑师，上海工业建筑设计院副院长。1983年，出任上海市副市长。倪天增并是上海市第七、第八届的人大代表，并是中共上海市第五次代表大会的代表； ④朱念慈（1922～2004），浙江嘉善人。现代中国工艺美术大师，扇面书法家，擅长于真金扇面书法，醉心于甲骨、篆、正、草体的千字文、回体文等扇面创作
乌镇	①王会悟，1898年7月8日出生在浙江省桐乡县乌镇，父亲王彦臣是晚清秀才。1921年7月，中共一大会议在上海召开，王会悟作为中国第一批社会主义青年团员，参加了大会的筹备、会务和保卫工作。大会期间，由于密探闯入，会议必须另选地点。王会悟立即建议到嘉兴南湖去继续开会。与会者采纳了她的建议，在嘉兴南湖红船上完成"一大"所有议程，伟大的中国共产党正式诞生； ②茅盾（1896～1981），原名沈德鸿，笔名较多，广为人熟悉的是茅盾，字雁冰，出生于浙江省桐乡县乌镇。茅盾出生在一个思想观念颇为新颖的家庭里，从小接受新式的教育，后考入北京大学预科，毕业后入商务印书馆工作，从此走上了改革中国文艺的道路，他是新文化运动的先驱者、中国革命文艺的奠基人。茅盾同时也是中国现代著名作家、文学评论家、文化活动家以及社会活动家； ③孔另境（1904～1972），原名令俊，字若君，笔名东方曦，桐乡乌镇人。茅盾夫人孔德沚之弟。1925年毕业于上海大学中文系，同年加入中国共产党。曾参加过北伐革命。1926年，赴广州参加国民革命，随北伐军北上，在武汉前敌总指挥部任宣传科长。1927年，蒋介石"四一二"反革命政变后，在杭州任中共杭县县委宣传部秘书
南浔	①朱国祯（1558～1632），明乌程（今浙江湖州）南浔人，字文宇，号平涵，又号叫庵居士、守愚子。1624年春晋户部尚书，武英殿大学士，总裁《国史实录》，不久加少傅兼太子太保。时魏忠贤窃权，朱国祯为叶向高首辅助手； ②温体仁（1573～1639），字长卿，号园峤，浙江乌程（今湖州）南浔辑里村人。明末大臣，崇祯年间朝廷首辅。万历二十六年（1598年）进士，改任庶吉士，授予编修官，累任到礼部侍郎。崇祯初年升为尚书，协理詹事府事务。崇祯三年（1630年）以礼部尚书兼东阁大学士，入阁辅政。入阁后他逼迫周延儒引退，自己成为首辅。翻阅党逆案，排斥异己。崇祯十年（1637年），被罢官回家，第二年在家中病死

续表

古镇	历史人物
角直	①陆龟蒙（？～881），唐代农学家、文学家，字鲁望，号天随子、江湖散人、甫里先生，江苏吴县人。曾任湖州、苏州刺史幕僚，后隐居松江甫里（今角直镇），编著有《甫里先生文集》等。他的小品文主要收在《笠泽丛书》中，现实针对性强，议论也颇精切，如《野庙碑》《记稻鼠》等。陆龟蒙与皮日休交友，世称"皮陆"，诗以写景咏物为多； ②寂堂禅师（生卒年不详），姓祝，名师元，又名道原，平江府华亭县人，南宋乾道八年（1172年），寂堂来到长洲县（今江苏省苏州市），买下陈湖（今称澄湖）北岸费氏之碛砂洲，并创庵其上，后扩建为延圣禅院，世称碛砂寺。寂堂禅师布教弘法，信徒众多，影响广远； ③陆德原，字静远，长洲甫里（今角直）人。唐陆龟蒙后裔，元时吴中巨富。家有资产，又得族田千亩。他在家乡办起了甫里书院，被署为山长，曾捐资重建长洲县学。调任徽州儒学教授后，又出资修州学。至元六年（1340年）回苏州买木料时病逝； ④王韬，清道光八年十月四日（1828年11月10日），生于苏州府长洲县甫里村（今江苏省苏州市吴中区角直镇），初名王利宾，字兰瀛。十八岁县考第一，改名为王瀚，字懒今。后又改名为王韬，字紫诠、兰卿，号仲弢、天南遁叟、甫里逸民、淞北逸民、欧西富公、弢园老民、蘅华馆主、玉鲍生、尊闻阁王，外号"长毛状元"； ⑤叶圣陶，原名叶绍钧，字秉臣、圣陶，1894年10月28日生于江苏苏州，现代作家、教育家、文学出版家和社会活动家，有"优秀的语言艺术家"之称。1917～1921年，叶圣陶在角直执教并进行文学创作，写下了脍炙人口的《多收了三五斗》等诸多作品。晚年他曾称，"角直是我的第二故乡。"
朱家角	①蔡承烈，在所围之地建造私立"一隅小学"，为桑梓儿童提供学习条件。民国4年（1915年）曾得到大总统奖给的"育才成德"匾。学校每年经费约4000余元，悉由蔡承烈负担。该校自创办至解放，共有34届毕业生。蔡承烈对地方公益也比较关心，乐于捐助； ②陈莲舫（1837～1914），清末医家，名秉钧，又号乐余老人，青浦陈氏十九世医。早年随祖父陈涛侍诊，得其传而过之。光绪二十六年（1900年）悬壶上海北海路，求治者门庭若市。翌年应聘赴湖北为两广总督张之洞治病，逢张之幕僚李平书，与之结为莫逆交。光绪二十九年（1903年）两人与中医朱紫衡等创立医学会，光绪三十二年（1906年）又相与创办上海医务总会，以研究中西医术为宗旨； ③陆树声（1509～1605），字与吉，号平泉，松江华亭（今属上海市）人。晚明官员； ④吴韫珍（1899～1942），上海青浦县朱家镇人。他一有闲暇就在田野或标本室内工作。民国十六年（1927年）获得博士学位回国，任清华大学植物学教授

资料来源：根据各镇镇志资料进行整理。

（三）地方性认同

"认同"属于心理学名词，是与"斥异"相对的概念，其本质是一种承认和认可。认同研究本质上在关注"我是谁"和"我在哪里"。一般认为，与地方相关的认同就是地方认同，它涉及主体的身份建构，也包含着主体的意义和情感。就认同的主体来说，地方认同具有深远的影响，它能为地方空间发展凝聚更多智慧和力量，这在本质上也是对地方性的某种反映。本研究认为，地方认同是构成周庄、西塘、乌镇、南浔、角直、朱家角江南社区型文化古镇的一个重要地理因素，也是衡量古镇社区地方性特征的标准之一。周庄、西塘、乌镇、南浔、角直、朱家角江南社区型文化古镇地方认同，即古镇社区意识的认同，主要是指古镇社区原住民对自己所属古镇社区有一种认同、喜爱和依恋的思想，也即心理感受。江南社区型文化古镇社区认同是古镇社区生活对其成员思想观念长期影响的结果，人们在特定的社区里长期共同生活，会产生一种对古镇社区的认同心理，对社区有一种"归属感"和"荣誉感"。

古镇社区认同感和归属感是一种心理行为，它是社区原住民参与社区活动的动力。社区原住民的认同感越强，社区凝聚力越强，地方性认同也就越强。地方性的认同可以通过网站介绍或其他渠道认同得到印证。例如，在周庄官网发布的关注地方的信息中，官方突出"旅游休闲""古镇生活""美食""住宿""旅游规划"等内容，强调了官方对古镇地方的"特色之旅""美味之旅""水上之旅"等进行重点推介（图3—9）。

图3—9 周庄官网对地方性的介绍

在乌镇古镇，官网推介的内容侧重点是以旅游为主的系列活动，如地方景点介绍、美食、住宿、娱乐、服务、特产、预订、会务等（图3—10）。

图3—10　乌镇官网对地方性的介绍

在甪直古镇，官方网站同样比较重视旅游业的介绍，如旅游景点、江南文化园、旅游交通、旅游推荐等（图3—11）。

图3—11　甪直官网对地方性的介绍

在对社区的表述中，人类学家将此看作是人们的一种生活方式；社会学家则把社区看作是一种社会互动；人类生态学视社区为一个空间单元；一般人将社区看作是人们居住、生活的场所，是地域性社会生活共同体。本研究认为，社区是一定地域范围内社会互动的产物，是一个地域性社会生活的共同体，不但具有一定的组织结构和功能性特点，而且具有鲜明的地缘性特点。随着社会的变迁和流动性的增强，人们虽然赋予"社区"更广泛的含义，但是血缘、地缘和业缘依然是理解社会社区内涵最重要，也是最基本的指标。强调血缘关系，社区被认为是一个由有血缘关系的一群人聚居构成一个共同体，强调地缘关系，社区被认为是一个特定的地域，具有共同生活的原住民，强调业缘关系，社区被认为是从事相同的业务的人们聚居在一起而形成的。上述三类指标，都是在强调社区地方性基础上，衡量共同体凝聚力强度大小的重要参考指标。在作者对周庄、西塘、乌镇、南浔、甪直、朱家角江南社区型文化古镇血缘、地缘和业缘的一项调研中发现，上述古镇原住民在三者之间的区别并不是很大，具有较高的趋同性（图3—12）。

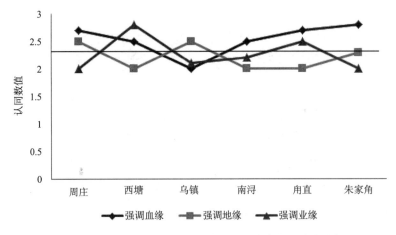

图3—12 案例地古镇原住民对血缘、地缘和业缘的认知

人文地理学家爱德华·雷尔夫（Edward Relph）认为，人们对自己生活的地方产生深厚的情感，便会自发地、主动地、充满意义地以某种形式表达

出来，这可以被认为是最高的一种文化认同（Relph，1976）。美国学者欧文·T.桑德斯（Irwin T. Sanders）在其《社区论》（*The Community*）中认为社区是一个有领土组织的体系，等同于一个定居区的形态，在它内部：①有一个有效沟通网络在运动（桑德斯，1982）；②人们可以共享定居区内分配的设施和服务；③人们培养了对"地方象征"的心理认同。埃弗里特·M. 罗杰斯（Everett M. Logistic）等作了更为详细的解释，指出社区是一个群体，它由彼此联系、具有共同利益或纽带、具有共同地域的一群人组成，成员之间的关系建立在地域基础之上（埃弗里特·M. 罗杰斯，1988）。

旅游开发前的古镇只有农田和民房，现代化的设施较少。虽然古镇位于长江三角洲，但是具体到古镇来的人还是比较少，和外界沟通有限。

——FT01-LHT-C（女，乌镇原住民）

古镇内建筑很多，前厅、主宅、庭院、拱门、天井、书房，均经人工特别打磨，体现江南人家的居住特色。但是，这些建筑特色以小见大，繁而不乱，布局严谨，整体环境表现出水与人、人与自然的和谐心态。基本都代表一定的含义，比如先公后私、正义制暴等，具有一定的空间意义。以桥为例，在古镇水空间组成要素中，桥的艺术体现出古镇人在处理人与水关系上的杰出智慧，"小桥、流水、人家"道出古镇的景致与和谐。

——FT08-PRT-D（男，南浔原住民）

古镇文化的生命力表现在它具有历久弥坚的社区凝聚力，这种凝聚力具体表现为古镇文化心理的自我认同感和超地域的文化群体归属感。

——FT09-HDS-C（男，角直古镇原住民，文化精英）

结合上述经典表述和原住民典型话语访谈资料，本研究认为周庄、西塘、乌镇、南浔、角直、朱家角江南社区型文化古镇社区原住民对传统社区认同具有主动、充满意义的社会认同表达。

第二节 江南社区型文化古镇传统空间社会秩序

一、生活资料获取与活动行为

从经济活动域来讲，周庄、西塘、乌镇、南浔、甪直、朱家角江南社区型文化古镇经济及其形态的发展具有一个漫长的历史过程。该区域自古河流纵横，为耕种、渔业创造了很好的自然条件。据史料记载，在隋唐甚至更早时期，案例地便是当时的农业生产区域。特别是到了宋代，该区域农业主产的发展更为显著，在类型上除了耕种外，还兼有养蚕和纺织。由于桑蚕和棉作的经营比稻作经营收益更多，因此进入明朝后，江南社区型文化古镇所在地区的棉作经济和桑蚕经济，包括与之相匹配的家庭手工业，以及其他经济作物栽培与加工的商品化经营，日益明显压倒传统商品经济，这使得该时期的周庄、西塘、乌镇、南浔、甪直、朱家角江南社区型文化古镇的经济形态，进入了以商品生产与市场流通为显著特点的商品经济范畴，为该区域提供了坚实的物质基础。

由于特殊的地理结构，江南社区型文化古镇经济网络体系比较发达，市场功能不断从民众日常生活的平衡点，上升到地区经济发展的重要调节器。虽然周庄、西塘、乌镇、南浔、甪直、朱家角江南社区型文化古镇经济具有一定市场基础，但在一定时期内总体上还是传统社会经济，属于小农为主体的自然经济，农户以耕作为主，具有自然封闭的小农经济特征，决定了该区域经济活动空间的地域性较为明显。此外，江南社区型文化古镇的商品生产与交换、原住民空间劳作的网络体系，以及人与人之间的社会交往等，长期以来基本上表现为静态的空间形式，处于地域性的"自然语境"中。周庄、西塘、乌镇、南浔、甪直、朱家角江南社区型文化古镇的经济社会空间，是特定地域中古镇原住民在生活中形成的经济社会关系网络（表3—5）。

表3—5 不同时期案例地古镇经济体系与功能

经济时期	生产方式	经济形式	社会关系	体系及功能
自然经济时期	单一农业生产	单一农业经济	纯粹血缘和地缘关系	自然古镇体系，功能为居住和生产生活
初级商品经济时期	以农业生产为主，商贸业初步发展	农业经济与初级商品经济形式相结合	以地缘关系为主，业缘关系初显端倪	功能仍为居住和生产生活，但更加完善
人民公社集体经济时期	以农业生产为主，兼有少量乡镇工业	人民公社的集体经济	行政关系取代血缘和地缘关系	功能为居住和生产生活，为古镇萧条时期
改革开放后	以农业生产为主，兼有少量乡镇工业，出现旅游业	个体经济增多	市场商品行为增多	多体系雏形出现，经济活跃

资料来源：根据田野调研分析。

在经济活动行为方面，周庄、西塘、乌镇、南浔、甪直、朱家角江南社区型文化古镇由于地带性因素，形成了特殊的地理特征，原住民日常基本临水而居，洁净优质的水源提供给原住民生活用水，便于原住民日常生活和生产，这也是该区域所具有的特殊文化基因。流动的水源产鱼虾等水产供社区原住民食用，丰富的水源是解除后顾之忧的有力保障。从活动行为的时空层面来看，古镇发展源于水，水网系统极为丰富，原住民由生活需要，形成了"建筑—路—河—路—建筑"空间模式，古镇原住民居住和日常生活行为，都有直接踏入河流中的驳岸，与水的关系最为密切，之所谓"小桥、流水、人家"，这种地理环境使得街坊邻居之间交流更为方便，营造出了亲切宜人的滨河景观氛围。

以上分析说明，在古镇人地关系发展过程中，人们塑造了环境，环境反过来对人们的生活方式产生影响。一方面，周庄、西塘、乌镇、南浔、甪直、朱家角江南社区型文化古镇原住民日常生活空间，是原住民根据自己过去的生活经验，以及现时的生活需要而建造出来的，体现了原住民的行为活动和心理需要与风俗习惯；另一方面，原住民日常生活空间对生活在其中的人也无时无刻不施加影响，潜移默化地改变了古镇人的心理模式，所谓"一方水土一方人，一方水土一方人文地理"。总体上来看，从自然经济时期、初级商品经济时期再到改革开放期间，江南社区型文化古镇的原住民社会生活环境特征为临水而居、依托水为平台，特殊的地理环境塑造了独特的地方生产生活方式、经济社会形态、人文地理景观以及空间活动行为。

二、社区社会结构

结构一般指一个建筑物构成元素之间的内部安排、成分或组织，就是一个拥有自己独特特征的建筑和大厦，因此它的各部分是以特别的方式组合起来的。社会可以看作是一个被组织起来的整体结构关系。一方面，社会结构可以被认为是与生物有机体相类似，是形成社会的有机体。另一方面，社会结构也可以被认为是与个性或灵魂相类似的社会精神。因此，社会结构概念化是指一个社会中各元素之间的模式或安排（杰西·洛佩兹、约翰·斯科特，2007）。人们通常将社会结构确定为制度结构的观念，在此社会结构被看作是由那些定义人们行为期望的文化或规范模式所组成，通过这些期望，行动者能把握彼此的行为，并且组织起相互之间的持久关系。此外，人们还可以用关系结构的观念表示社会结构，此时社会结构被看作是社会关系自身所组成，被理解为行动者和他们行动之间的因果联系和相互独立性，以及他们所占据位置的模式。

本研究基于上述认知，认为特定社会生活中的社会结构指的是社会生活组织，可以分为三个相互独立的层面：一是制度层，二是关系层，三是具象层。这三个层面相互联系，互为补充。在下例分析中，本研究尝试将上述三个层面的内容与周庄、西塘、乌镇、南浔、甪直、朱家角江南社区型文化古镇社区社会结构结合进行具体分析。

（一）制度结构

任何社会制度均有其文化基础，这一制度结构是为一个社区或社会的成员所共有的。在周庄、西塘、乌镇、南浔、甪直、朱家角江南社区型文化古镇日常社会生活中，文化包括人们所具有的共同信仰、思想、情感和符号，这些要素的集合即为集体表征。例如，在江南社区型文化古镇社会生活中，从时令节庆的角度讲，春节、元宵节、清明节、端午节、中秋节、重阳节等，每个节庆均有自己的特色习俗和地方性。此外，案例地个别古镇还有自己特殊的节日，如周庄古镇的三月二十八日节汛，就非常具有地方性。清陶煦《周庄镇志》载曰："三月廿八日，天齐王诞辰，东岳庙左演戏三日，近乡田作多停工来游，俗称长工生日。昔时，三月廿八日为节汛者，邻近苏浙两省约有二三十余处，但以迎神赛会者较多，周庄集资招梨园弟子演剧三日，乡民共娱。"自廿七日起三天内，四乡数十里内万众乡民都抵周庄"扎念八汛"。全镇热闹非凡，八条大街旗幡绚烂，人们比肩继踵；周庄古镇井字形河上舟楫拥簇，首尾相接，水泄不通；镇外急水江面上，帆樯如林，篙橹对峙。夜晚全镇灯火缭绕，足供节汛之点缀。在《贞丰志》里中也有相关记载，自元代起，周庄镇上一年四季都有戏曲活动。这里有城隍庙、北栅二处古戏台，被纳为周庄"戏曲八景"之中。每年农历三月廿八汛，是日赶集、庙会、防火、搭戏台、请戏班日夜公演。至明清时，还有白家浜水上戏曲灯船，昆曲小堂名，周庄宣卷演唱，等等。再如，在乌镇古镇，"出会"习俗相当盛行。一年四时八节，要出各式各样的"会"，如正月灯会、三月庙会、四月"青苗会"、五月"瘟元帅会"、七月"城隍会"，还有"周仓会""总管会"等，五花八门，名目繁多。在甪直古镇的习俗信仰中，农历六月十九日为观音忌日，也是观音出家成道的日子，香客要持戒吃素，烧香拜佛。在夏至节，要吃七家茶，收集七个不同姓的乡邻家的茶叶泡来喝。农历六月二十四日为荷花生日、二郎神生日，信众去寺庙烧香，承包鱼塘的点香烛祈祷丰收。除夕大年夜除贴春联，下午要烧路头，吃路头面，晚上过酒祭祀祖先，夜里放关门炮仗。

在朱家角古镇，摇快船是一项有着三百多年历史的民间特有的水上传统活动。摇快船从清朝顺治年间形成民间习俗，是老百姓在农闲时节（农历七月）前往位于淀山湖中的三官堂庙朝拜焚香，回朱家角赶庙会时在漕港河以船为载体进行自娱自乐的水上竞技表演。摇快船和当地社会经济、文化、人文发展紧密相关，通过漫长的演变发展，形成独特的摇船形式和华丽的外部装饰以及精美的表演服饰,演变过程体现和记录了朱家角地区经济繁荣和社会稳定的发展历程。摇快船竞技表演的形式,反映了江南水乡的社会特征和生活习俗,表征了清朝时期水乡的世俗风情,也体现了近代水乡百姓的文化生活和审美需求,以及对美好生活的向往,本质上代表一种制度文化。

作为一项集体社会文化表征,个体的个性通过文化思想的内化而形成,而且这种内化能够确保那些生活在特定社会中人们的个性或特征达到一致的程度。例如,在江南社区型古镇的日常文化中,人们崇尚自然、近水、审美等就是明证。作为集体表征,这并不是一个社会或群体思想的实在,而是人们共有价值和思想体系的实在,具有稳定性。不管这一文化的一致性是按照逻辑、规则、合理性来理解,还是按照主题和文本的统一性来理解,所强调的意思都是古镇文化主体在概念上或者意义生成上的"模式一致性"。

在通常情况下,制度结构还可以通过明确人们能够占据的社会地位,以及联系这些地位的行为来管理人们的行为。制度规制下的社会地位就是一个社会系统中明确的社会位置或者社会空间,社会制度从一种文化变更到另一种,其所定义的社会地位反映了这种变化的可能性,而每一种社会地位的占有者在社会生活中定义了一个角色。

在周庄、西塘、乌镇、南浔、角直、朱家角江南社区型文化古镇传统社会的农耕社会阶段,宗法血缘是其典型特征,高度平民化的古镇以宗族的自治性组织作为治理基础,"望守相助"和"同族同恤"形成功能化的自治秩序。这其中亦官亦商的古镇社会精英——绅士——凭借声望与权威起到了联系"国家"与"基层社会"的纽带作用。中华人民共和国成立后至计划经济时期,国家计划和权力进一步向基层社会渗透,合作化、人民公社以及社会主义改造,取代了古镇乡绅阶层和宗法制度,实现了对基层社会生产、物质等的全面控制和垄断,国家权力不断向基层社会延伸,扮演主导角色。改革开放后的古镇社区社会生产力的释放和生产关系的变动,使得国家对古镇社区的控制变得松动,原住民逐步拥有了较大的自由空间,社区精英得以复苏,原住民身份上具有了更多"现代性",日常生活中的制度结构变化较多。

（二）关系结构

人类学家艾尔弗雷德·R. 拉德克利夫-布朗（Alfred R. Radcliffe-Brown）认为："一个社会的社会关系，主要依靠情操或者情感倾向系统的存在和维护"（A. R. 拉德克利夫-布朗，2009）。一个系统就是一个组织起来的整体，是一系列相互联系的要素，各个要素之间相互联系，才给予某一系统一个明确的关系结构。在通常情况下，关系结构与传统文化之间具有密切相关性。由于周庄、西塘、乌镇、南浔、角直、朱家角江南社区型文化古镇的传统文化植根于农耕文明，因此这一传统文化是周庄、西塘、乌镇、南浔、角直、朱家角江南社区型文化古镇演化而汇集成的一种反映地方性特质和风貌的古镇文化，表现出的是一种"静态"特征，重视人与自然的和谐、人与社会的和谐、人与人之间的和谐，以及人自身的身心和谐等，这也决定或体现了江南社区型文化古镇以和为贵的和合精神，天与人、天道与人道、天性与人性相类相通，和谐统一。

在中国乡村社会秩序结构研究中，费孝通先生曾提出过"差序格局"的概念，认为差序格局不仅是人际关联的方式，也是乡土社会结构的基本特征（费孝通，2006）。在江南社区型文化古镇社会空间运行模式中，正如费氏所论述的那样，关系结构扎根于乡土，立足血缘和地缘关系，以自我为中心向外扩展，以宗教、血缘、地缘、经济水平、政治地位、古代礼仪，以及地方性文化为基础，圈子的大小和这些因素的强弱存在着正比例关系（郭文，2015）。其中，这些因素发挥的作用越大，形成的圈子就会越大；经济水平和政治地位的高低是圈子形成最重要的因素，它象征着权力支配的大小，属于"横向差序运行"模式，总体上更加侧重社会交往中的人与社会、人与人的关系，以及人自身和谐自洽的结构性特征。例如，在江南社区型文化古镇中，全球性的各大宗教在江南古镇都有流行，几乎每个古镇都有庙宇，充分证明江南古镇原住民信仰宗教的特质。宗教信仰不仅是一种文化权力，也贯通着不同行为主体之间的关系，这在本质上也是空间关系结构的反映（图3—13、图3—14）。

图 3—13　乌镇西栅白莲寺　　　　　　　图 3—14　甪直古镇保圣寺

　　在周庄、西塘、乌镇、南浔、甪直、朱家角江南社区型文化古镇的一些建筑结构和文化中，也能反映出古镇人际间的空间关系及其地方特点。比如，以周庄古镇的沈厅为例，古代的船是到此的第一道交通工具，客人坐船到沈厅就要停在第一进水墙门。如果坐轿子或步行，就直接到第二进，轿夫和仆人就只能停留在骄亭休息。沈厅的主人会在第三、第四进招待男宾客，松茂堂是最高等级的客厅。然后，男士需要止步，再往里走就是女眷茶室，再往里，便是家族的香堂（图 3—15、图 3—16）。从此空间秩序可以看出，生活空间规制其实反映了古镇社会空间系统依靠的是礼俗、情操、规矩等要素，空间、文化与人际关系相互联结，形成具有一定地方性的关系结构。

图 3—15　周庄沈厅水墙门　　　　　　　图 3—16　周庄沈厅松茂堂

（三）具象结构

从本质上来讲，一个社会的制度结构是一个虚拟的秩序，是关于制度结构的知识在它的个体成员头脑中的分配。这种知识的分配是局部的和不完全的，尽管个体能够清楚表达组成社会制度的某些规范，但是这些规范还是不能形成他们行动的实际动机。这就需要我们进一步思考，社区研究应该集中于个体是如何协商和创造那些在其相互作用中调整他们意义的秩序。因此，本研究认为，还有另一种测量社会结构本体论的维度，这一维度作为它们在社会空间上的定位结果，铭刻在人类身体上和他们思想、感觉和行为的方式之上。

从此视角审视，个体身体及其身体的存在，应该就是社会结构生产和再生产的中心，制度和关系的虚拟秩序就具体表现在人类的组织之中，也只有把这些层面和对具象结构的理解结合在一起，集体意识以及制度和关系结构的方面才能够被完全理解。例如，在身体理论研究中，乔治·赫伯特·米德（George Herbert Mead）就主张："身体不是一个自我，只有当它在社会经验背景下发展了其精神的时候，它才能成为一个自我"（Mead，1934）。这在某一种程度上道出了身体的"在场"与"不在场"，身体作为特殊的具象结构表达媒介，不仅仅是一个文化准则的铭记场所，而且是一个性别社会控制的场所，身体通过它在系统中的位置被媒介组织起来，获得对自身以及对日常生活环境的感觉，身体的详尽使用变成了时空场所中的具体行为。

基于上述论述及其思想，我们再来看周庄、西塘、乌镇、南浔、甪直、朱家角江南社区型文化古镇空间通过身体表征的具象结构。在本研究案例地中，古镇原住民身体的空间实践基于水乡整体环境，又受其制约，基本处在一种栖居型或适于栖居的传统社区之中，隐喻着中国基层社会共有的一种向内的空间形态，身体的实践所限定的空间存在，具有明确的空间表象和空间载体，是一种物质的实体性存在，具有表征空间意义的特点。案例地古镇原住民身体所承载的意义行为，无不在"内生秩序"范畴中集体呈现。例如，在周庄古镇中，至今保留的挑花篮、荡湖船、打莲厢①等活动，就是典型的以身体具象表征的地方性文化，这些活动表层含义是象征着庆祝丰收和祈求平安，表达了水乡原住民追求幸福安康的美好心愿，个体的身体在社区与个人归属上比较统一，本质上是原住民在地方空间的一种"在场"表达。又如，在南浔古镇的"轧蚕花"民俗文化活动实践中，包括拜蚕娘、祭蚕神②中的抬阁（饲养蚕的一种用具）表演过程，久盛绵延，丰富多彩。其中，这些活动含义的表层结构体现为祈祷求赐蚕花廿四分（意为双倍好收成），深层结构体现了原住民在蚕业经济形态中身体的空间实践与分配。再如，案例地古镇原住民日常生活和言谈举止表现出来的秀外慧中、精巧细腻、好学勤勉、言利务实、精明求利以及内敛自适等，无不传递着古镇社区社会思维、经济生活、习俗文化等方方面面的集体意识和文化制度，传统是社会文化的一部分，从属于社会规则，并会以不同形式表达着"自我"，这些日常生活中能够表征空间具象结构的要素，承袭着古镇特有的生活模式与文化惯习，体现了特殊的地域性社会文化心理、空间活动及其价值取向。

三、社会形态与空间关系

一般认为，社会形态是社会经济与物质基础，上层建筑与社会活动这二者同时构成的社会模式。社会形态是一定生产力基础上的经济基础和上层建筑的统一体，是社会经济结构、政治结构、文化结构的统一体，包括经济形态、政治形态和意识形态。周庄、西塘、乌镇、南浔、甪直、朱家角江南社区型文化古镇的社会形态具有历史阶段性。从历时态梳理发现，明清时期，古镇传统观念和意识形态较强，儒家思想依然占据思想领域的统治地位，古

---

① 百年来流传于周庄古镇中的打莲厢，是一种以说唱和舞蹈形式表现出来的地方性活动，在活动时参与者夹带着自信、温暖和朴素。

② 一般分藏蚕种包、祭蚕花娘娘、抬阁表演三道程序。

镇原住民官僚阶层既追求功名利禄，又崇尚儒学"道不行，乘桴浮于海"，追求安逸之生活。普通原住民在日常生活中强调以孝悌为本，邻里和睦相处。这些社会意识决定了江南社区型文化古镇原住民的内向性和封闭性的生活意识。到明中叶以后，由于商品经济的发达，重商思想兴起，但社区社会形态基本还是"易于务耕桑、服商贾"，亦农亦贸，甚至出现以商养文、以商助教状况。在崇尚消费的指引下，周庄、角直古镇等出现了茶馆等可供人们休闲的场所。直到近代以来，周庄、西塘、乌镇、南浔、角直、朱家角江南社区型文化古镇在较长时期依然保留着上述基本形态。

在社会交往方面，从社会活动域来讲，周庄、西塘、乌镇、南浔、角直、朱家角江南社区型文化古镇原住民日常生活基本强调以族群及宗族孝悌为本，追求人与自然、人与人和睦相处。从社会联结角度分析，江南社区型文化古镇社会结合的纽带、方式及其功能，是以血缘或以地缘为主，社会活动以"内部性"为主，对外交往有限，社会空间半径基本围绕本土进行。据周庄、乌镇和角直原住民介绍，即使在改革开放以后，虽然周庄、西塘、乌镇、南浔、角直、朱家角江南社区型文化古镇地处长江三角洲繁密的水陆交通网络中，但在 21 世纪之前这些古镇因在大尺度经济社会系统中，相对周边大城市而言并非很重要的节点，使古镇对外交往有限，空间可达性弱。总体来看，历史视域中的江南社区型文化古镇空间形态的地域性是根植于物质空间和地方文化空间的。本研究分析认为，社会空间与古镇社会联结纽带、经济的封闭性相关，在社会秩序中不但"求稳"，而且具有"地域静态性"。

第三节　江南社区型文化古镇传统空间中的人观意向

一、空间的文化传统

从空间的地域分布来看，周庄、西塘、乌镇、南浔、角直、朱家角江南社区型文化古镇，大都属于中国先秦时吴越文化发祥之地，该区域内的吴越文化是多元一体中华文化的重要组成部分（陈修颖，2014）。从吴文化形成过程观察，人们普遍认为传统江南文化既不是起源于当地，也并非是中原外文化南迁而形成，而是由吴太伯[①]等少数人中原南下后，吸收并融合当地文化建立起来的一种新的文化形态。由于历史悠久，经济富庶，交通便捷，周庄、西塘、乌镇、南浔、甪直、朱家角江南社区型文化古镇的文化开发较早，也受到了江浙地区发达的吴越文化和其他文化因素影响，且在不断包容并蓄中最终形成了别具特色的水乡地域文化。可以这样认为，一方面，案例地江南水乡古镇所蕴涵的文化是温和秀美的，但也深受中国礼教的影响；另一方面，吴越文化是一种开放发展的文化，因其融合性和发展性的特点，加速了长江下游早期文化的形成，这也造就了案例地古镇原住民在日常生活中习惯采取更加务实的态度。

空间的文化传统有时还常常以建筑的空间形态反映出来。中国儒学传统的"礼别异以教民"思想强调等级化，重尊卑思想，这些反映在古镇民居建筑形态上，即强调轴线与脉络的空间文化性。从田野调查过程中可以发现，周庄、西塘、乌镇、南浔、甪直、朱家角江南社区型文化古镇建筑主轴线上布置着最重要的居住空间，例如古镇为举行仪式或招待客人用的正屋和厅堂，其主次序列形成"进"的模式；而在横向的次轴上，布置着等级较次要的居所，形成了两侧围合的"院"模式，多布置为子嗣、女眷用房和休闲用房；户与户之间由"弄"隔开，"弄"既是"户"的边界，又是仆人杂役这些地位较低的人进出通行的交通空间，这些特点无论是在古镇普通民居建筑的装饰、陈设、天井、后院，还是名人雅士、大户人家精心构筑的园林中都有详细的体现。另外，周庄、西塘、乌镇、南浔、甪直、朱家角江南社区型文化古镇空间营建追求沉稳、雅致、意趣深远的意境，无华丽庸俗之嫌，却有着丰富的地方特性和文化内涵，"淳朴、独特、缤纷、深厚"是其典型特点。这些文化形式依附于古镇载体，形成了地方性文化环境，对生活于古镇的原住民产生了同化作用，如"图腾崇拜""祈愿求福""欢庆丰收"等，这些观念在日

---

① 吴太伯，又称泰伯，吴国第一代君主，东吴文化的宗祖。

常生活实践中逐渐形成一种精神支撑，慢慢沉淀为古镇原住民的共同信念，为原住民价值观、审美观、是非观、善恶观涂上了基本相同的"底色"，这也比较符合许多文人墨客所追求的"大隐于市"的生活方式。可以这样说，周庄、西塘、乌镇、南浔、角直、朱家角江南社区型文化古镇的空间形态，是与古镇地方历史、自然环境、文人文化水乳交融、不可分割的。在此方面也有很多例子，例如在对角直古镇历史文化信息介绍中，类似"古镇保留了从春秋到清代以来的名胜古迹，原住民保留了几百年前生活的意韵、淳朴、宁静和幽雅"①等描述便成为古镇对外宣传的必备资料。在周庄、南浔等古镇，一些祭祀活动、宗族规约、生活习俗等在某种程度上也得以完整保留，历史记忆很清晰，尤其是对一些历史上有所建树的祖先的追忆，构成了当代原住民和社会普遍传播的叙述话语。此方面的例子如周庄的打莲厢、南浔传统养蚕习俗文化等就比较典型。通过上述分析可以看到，这其中文化形式很重要的功能就是将个体原住民结成社会群体，形成地方文化和身份认同。

在上述周庄、西塘、乌镇、南浔、角直、朱家角江南社区型文化古镇的日常生活空间中，"崇文"特质也是吴越柔性文化中一个显著的特点，这一特点深深渗透进了案例地古镇的日常生活空间结构上。例如在一些古镇内，书院、读书阁、义塾等与文化关联性较大的文化空间的普及，就鲜明地表现出了独特的精神性和高雅的情趣性。再如，在古镇日常生活中的传统节日，如春节、元宵、端午、清明，以及在婚嫁、丧葬、生育等时间场合，也都能明显感知到独具地方特色的习俗，其中部分甚至延续至今。

总体来看，周庄、西塘、乌镇、南浔、角直、朱家角江南社区型文化古镇文化形式是以古镇经济形态为基础，以吴越文化传统为惯习，以融合发展为特征，折射出了建立这些文化意象、景观等所处的自然环境的特点和限制，并在长期发展中通过宗族血缘、农耕文明、乡土社会结构组织，把地方文化形式传承下来。反过来，这些江南社区型文化古镇中一定的社会文化存在，又巩固了古镇特有的地域文化形态，双向形塑使其具有很强的"文化自洽性"。礼教的别

---

① 根据角直古镇地方志整理。

尊卑，老庄美学的"道法自然"，禅宗讲求的心的和谐，士大夫的文化观念以及传统的亲水性，在案例地古镇基本都能找到表征载体，这些体现了案例地古镇先辈们对人与土地和谐发展的思考，是地域文化自然巧妙实践的体现。

二、空间之风水伦理

所谓风水，也称堪舆、相地，它综合了古代经典美学、心理学、生态学、建筑学等学科的知识，具有一定合理性。从发展角度看，风水学的伦理纲常在中国萌芽甚早，在国民日常生活中，风水学的伦理观念受到了几千年以来传统文化的影响甚深，人们对于传统的伦理观念，皆不敢也不愿违背。一般来说，一个居住聚落地点的形成发展及兴衰，是由地理、经济、政治、文化、历史等多种因素所影响决定的，这一基本特点反映了古镇原住民对自然生态环境、人为环境以及景观的视觉环境的统一认知和实践。

周庄、西塘、乌镇、南浔、角直、朱家角江南社区型文化古镇传统聚落的选址与布局，就受到了风水理念的影响。其中，水是古镇大环境的母体，古镇原住民受到传统"天人合一"的哲学思想，以及"风水"等观念的影响，日常生活环境建构营造十分注重景借山水，古镇聚落也大多因水而生，因水而发展，并多贴水而建，临水而居。河网在镇内和主干道上重合，连桥成路，流水行船，形成"亦路亦水"的原生物理—地理空间格局。小河穿镇而过，河从门前过，推窗望流水，两旁人家枕河而居，所谓"小桥、流水、人家"，原住民在石阶上取水、洗涤，依法自然，遵法自然；内外活动虽然"咫尺往来"，但常"皆须舟楫"，四通八达的水乡河道是地方原住民遵循自然风水的现实脚注（表3—6）。

表3—6　古镇中水与聚落生活的空间实践

古镇	水与聚落生活
周庄	周庄镇为泽国，四面环水，大部分住户都是临水而居，咫尺往来，皆须舟楫。周庄镇依河成街，桥街相连，是江南典型的"小桥、流水、人家"聚居形态。在外尺度上，吴淞江、娄江横穿古镇东西；在古镇内，较大湖泊有淀山湖、阳澄湖、澄湖和傀儡湖等

续表

古镇	水与聚落生活
西塘	古镇地势呈平坦状，河流密布，自然环境十分幽静，有九条河道在镇区交汇，把镇区分划成八个板块，而众多的桥梁又把水乡连成一体，古称"九龙捧珠""八面来风"
乌镇	古镇境内河流属长江流域太湖运河水系，市境河流南接海宁市长安镇上塘河水系，北经澜溪塘与江苏省接壤，京杭大运河流经市境段长 41.77 千米。古镇所处环境有骨干河道 46 条，大部分河道与运河垂直相交，呈网状分布，与运河桐乡段相连的河道主要有金牛塘、白马塘、康泾塘、长安塘、含山塘、灵安塘、羔羊塘、西圣埭塘、长山河等
南浔	古镇位于太湖流域和杭嘉湖平原，属于典型的江南水乡平原，地势较低，平均海拔在 5 米以下，境内河流纵横。南浔镇由頔塘河（长湖申航道）贯穿全镇，与上海、苏州、无锡、常州、镇江、嘉兴、杭州、绍兴、乍浦相连接。长湖申航道为四级航道，在镇内建有集装箱内河运输码头，700 吨以下船舶可直航上海等大港，水上运输年吞吐量 8 000 多万吨
甪直	甪直地处太湖流域，是水分水析、水系水萦、水抱水环的泽国典型。在甪直古镇，水是古镇的灵魂，素有"五湖之厅""六泽之冲"的美誉。古镇依水而建，前街后河，人家枕河而眠
朱家角	古镇水路横有淀浦河，纵有朱泖河直通黄浦江，并与太湖水系相通。水运航道宽阔，四通八达。"乘艇游湖，茫茫水天一色，湖区芦苇轻摇，惊起野鸭水鸟，顿觉远离尘器，心旷神怡。"

资料来源：根据地方志及田野调查整理。

古镇风水堪舆的过程，其实是基于对自然环境和地理要素的综合判断，并试图营造良好居住环境的过程。例如，在关于乌镇的选址中，就有如下描述："乌青①的择址，两镇之外大河四匝，近镇则水势屈蟠……水势大抵从坤申方分道而来，纡余委折，怀抱万家，乌镇之水自顾家塘分一股入三里经下……"乾隆《乌青镇志》中曾对此形势有如下评价，认为乌镇的繁荣与其得天独厚的水法有着必然联系："按两镇之形势而统论之，市则六街万户，纵横甚广，无迫促湫溢之形。水则叠淑层溪，墩屿常存，有萦拂旋绕之致。大都抗制得其要，拱向得其势，有藏蓄而不泄露，亦包裹而不涣散，映带钩联，巨会为浙西冠，非偶然矣。"这说明，古镇得水自然之庇佑，与周边自然环境融合与协调，是古镇人获得理想而富有生机的居住环境的居住文化理念。

可以看出，周庄、西塘、乌镇、南浔、甪直、朱家角江南社区型文化古

---

① 乌镇原以市河为界，分为乌、青二镇，河西为乌镇，属湖州府乌程县；河东为青镇，属嘉兴府桐乡县。解放后，市河以西的乌镇划归桐乡县，才统称乌镇。

镇风水伦理透露着人与自然的和谐关系，风水中包含着原住民在适应江南水乡自然环境的过程中积累下来的生活经验，也寄托了原住民在水乡特征构成的自然环境之中，人地和谐相处的基本原理。案例地古镇空间的利用，基于风水的思维闪烁着智慧的光芒，这些构成了古镇地方的特性，也是古镇原住民日常生活中人观意向的重要组成部分。

三、空间中的原住民心理

按照唯物主义观点，心理空间被认为是对物质空间的内在表征。从前述分析可以看出，周庄、西塘、乌镇、南浔、甪直、朱家角江南社区型文化古镇的日常生活空间是人们根据地理特征、自己过去的经验，以及现实生活需要而建构出来的，体现了古镇人的行为活动要求和心理需要。在另一方面，上述江南社区型文化古镇空间对于生活在其中的人无时无刻不施加着影响，通过人的知觉过程而潜移默化地改变人的心理模式，进而形成一定的行为模式。

人的行为模式具有自然属性，也具有社会属性。人的自然属性模式是从自然人的角度来考虑的。周庄、西塘、乌镇、南浔、甪直、朱家角江南社区型文化古镇基本地理区位，决定了古镇原住民的自然属性即为遵循水系为基本的人地关系，原住民的日常生活行为和一切社会现象都服从水乡自然规律，人地双方紧密结合，相互影响和制约，人与水乡地理环境和谐发展。在本研究案例地，有许多古镇空间形态组成要素明显存在着格式塔心理学特征，例如组成日常生活空间的河埠，存在着不同的形式，但是要素之间的关系不变，并不影响对其意义的识别，这本质上是对古镇地理本性的反映。再如，古镇的弄堂、石皮弄、水弄、陪弄和穿堂弄等，虽然也具有一定的差异性，但这种差异只是形式上的变化，而内部组织关系是相同的。这说明格式塔心理学中的"格式塔"，已经经过古镇原住民的知觉活动，组织成为实践经验中的整体，这一整体性是古镇原住民遵循自然的人地关系在实践中的具体体现。

在周庄、西塘、乌镇、南浔、甪直、朱家角江南社区型文化古镇建筑中，也存在着被称为"复合空间"的聚落形态，即古镇许多空间不是独立和单一的，相反它们是相互依存、相互作用与相互转换的，而且可以满足人们生活的多种用途，这些空间的特征是由多种空间相互衔接，相互包容而形成，功能上属于短暂过渡而非长居空间形态，不仅是一种客观存在的空间类型，也是一种"界线"，体现了事物之间相互渗透性和连接性，也是物质和信息在这一特殊空间中实现交流的重要渠道。例如，古镇中的灰度空间即属于此类型。从本质上来讲，古镇建筑空间是原住民心理和行为的产物。在功能使用上，由于古镇空间的复合性、区间标识性以及空间限定的模糊性，为人们提供了日常休憩、交谈和相互守望的载体，在客观上强化了传统古镇人人互动的空间行为。

在日常生活中，周庄、西塘、乌镇、南浔、甪直、朱家角江南社区型文化古镇的小桥、流水、幽居、窄巷、灰瓦、白墙，是古镇之外的人们感知最深的地方空间特质，这些江南古镇的特有地方意象，不仅体现了人们对江南古镇的环境审美特征，还体现了江南古镇独特地域的水文化和聚落文化。因此，可以这样认为，案例地古镇景观形态上追求的是古朴自然、洗尽铅华、曲折幽深、隽永朦胧的空间形态，在哲学上追求的是一种混沌无象、清静无为、天人合一和阴阳调和，与自然之间保持着和谐的、相互依存的融洽关系，一切山水景观都赋予了人性化，所谓取"欢仁智乐、寄畅山水阴"，充分表现了江南古镇原住民"崇尚自然、引入自然"的生态精神，这是一种把自然看作是人化的自然，把人看作是自然的人化的空间实践，本质上反映了江南古镇原住民寄情于自然的生活态度。

第四章　旅游流动性与江南社区型文化古镇的空间生产

在当今增长全球化和全球本土化双向塑造的过程中,地方作为一种空间,其组织和结构越来越被认为是资本生产的需要和产物。空间作为权力的场所,其生产的表象背后都有一套知识体系作为支撑,空间生产的过程也展现了空间的社会属性以及空间与社会之间的互动关系。分析空间生产的结构性要素对江南社区型文化古镇的塑造和空间的多维生产,总结提炼江南社区型文化古镇作为地方的消解与时代性的协商,归纳江南社区型文化古镇空间生产的动力机制、不同模式下的认知规律,以及空间生产带来的启发,能为重塑江南社区型文化古镇空间平衡生产提供基础依据。

第一节　结构性介体的地方塑造与古镇空间的想象

一、全球化、新自由主义与地方空间

从历史唯物主义视角来看,空间生产的发展历史和全球化背景下资本主义生产的发展历史是两种不同性质的历史进程。从全球化发展进程来看,当代社会生产在大尺度上主要是以资本关系及其空间展布为主导的生产,因此审视空间生产不能不涉及全球化背景下的社会发展。

全球化(globalization)是一种概念,也是一种人类社会发展的现象和过

程。学术界关于全球化的定义较多，通常意义上的全球化是指全球联系不断增强，人们的生活在全球规模的基础上发展，以及全球意识的崛起，主要表现为国与国之间在政治、经济贸易上互相依存。有更多的学者认为，全球化最主要的是经济全球化（economic globalization），即世界经济活动超越国界，通过对外贸易、资本流动、技术转移、提供服务、相互依存、相互联系而形成的全球范围的有机经济联系体。

21世纪后，在流动性加速背景下，全球化作为一种涵盖面最广、影响最大、渗透最深、最突出的世界发展趋势，无时无刻不在影响着人类社会的历史进程。一般认为，信息技术及其产业的迅速发展导致运输和通信成本大幅度降低，直接推动了国际贸易、跨国投资和国际金融的迅速发展，以及高新科技、各种信息的广泛传播，使整个世界经济空前紧密地联系在一起，因而成为经济全球化的基础。本研究无意讨论经济全球化的动因，但是不得不承认，资本主义生产方式确确实实加速了经济全球化的进程。马克思也曾经说过："创造世界市场的趋势已经直接包含在资本的概念本身，资本越发展，也就越力求在空间上更加扩大市场，力求用时间去消灭空间"（马克思、恩格斯，1979）。从此角度可以看出，以资本为基础的生产，其条件是创造一个不断扩大的流通范围，不管是直接扩大这个范围，还是在这个范围内把更多的地点创造为生产地点。实质上，资本主义生产方式的形成和发展过程，也就是不断进行社会化和全球化的过程。

从现今资本全球化的过程可以看出，资本要扩展就必须争夺全球作为它的市场，尤其是从资本主义工业化后期阶段至今，资本更是需要通过不平等的国际地位和对国外各种自然资源的掠夺性开发获得迅速发展。之所以如此，是因为资本是一种社会力量，只有通过不停地积累与扩大范围，才能获得生存空间。另一方面，在当今时空压缩背景下的资本主义发展，也在不断地实践着用时间去消灭空间的理念，商品从一个地方到达另一个地方所花费的时间空前缩短，这使得资本主义生产的社会化和空间占有达到了一个新的水平，极大地促进了各国之间的政治、经济与社会文化的交流。随着经济全球化的发展，政治国际化和文化多元化也发展起来，所以目前的全球化又不是单一的、纯粹的经济全球化的过程，而是伴随着政治和社会文化的因素，呈现出一个经济全球化、政治国际化、文化多元化的错综复杂的格局。在此背景下，人们的消费观念、消费内容和消费方式不仅受西方影响较深，而且呈现出了消费的现代化和后现代化趋势，对空间中的消费理念不仅变得盛行，而且对空间的消费也渐成为时尚。

20 世纪 30 年代，为遏制资本主义危机和大萧条，资本主义国家纷纷采取"凯恩斯主义"的财政和货币政策来进行宏观调控，凯恩斯主义的推行使福特主义的资本积累模式得以确立，福特主义模式以大规模生产、标准化消费和国家福利为主要特征。但是，20 世纪 60 年代以后，福特主义和凯恩斯国家干预的资本积累模式走向崩溃，这迫使资产阶级寻求新的经济理论来帮助资本主义走出"滞胀"的泥淖。

19 世纪 70 年代后，国际新自由主义（neoliberalism）秩序在国际的经济政策上扮演着越来越重要的角色。新自由主义作为资本主义发展演化过程中的一个新阶段，首先是一种政治经济实践理论，即认为通过在一个制度框架内——此制度框架的特点是稳固的个人财产权、自由市场、自由贸易——释放个体企业的自由和技能，能够最大程度地促进人的幸福（大卫·哈维，2010）。新自由主义表达了资产阶级试图强化自身的霸权地位，并将霸权地位扩展至全球的战略，这一模式既要维护国际垄断资本的全球利益，又要能够被广大发展中国家理所当然地接受。这一新的国际秩序以宣扬市场、贸易和个人自由为主流意识形态，与全球化互为动力，以推动新自由主义主导的全球化。新自由主义的核心思想是以市场和贸易的自由保障个人自由，新自由主义国家就是建立在牢固的个人财产权、法治，以及市场和自由贸易得以自由运转的制度基础上。在哈维看来，新自由主义鼓吹个人自由和权利，但本质上还是以利润为中心的资本积累的体制（大卫·哈维，2010）。市场是决定和解决所有问题的唯一力量，资本积累能否顺利实现，也取决于市场开放的程度和资本自由流动的速度。新自由主义假定市场可以对资源配置作出最优化决策，相当于假设了任何事物在原则上都可以被作为商品来对待。

自 1970 年后，政治经济的实践和思考上随处可见新自由主义的痕迹。20

世纪 70 年代末，中国对新自由主义的政治经济思想进行了探索性实践，并形成具有中国特色的混合型新自由主义实践模式。中国经济改革的时间恰好与英国和美国发生的新自由主义转向一致，很难不把这视作具有世界史意义的巧合（大卫·哈维，2010）。中国改革开放试图引入市场力量，从而支撑经济高速发展，这一理念的实践指向便是要释放个人和地方的积极性，从而提高社会经济生产力。在现实空间生产过程中，中国空间实践引发的空间生产，事实上也受到了中国式的政治经济"推—拉"体制和资本循环中的"自利性"因素的制约（郭文，2014）。在中国现行政治经济体制下，财政分税"推"下的"央地财政分权"迫使地方政府"更加以经济建设为中心"，晋升体制"拉"背景下分权化权威主义的存在形成官员晋升锦标赛，考核焦点是显性的经济发展指标。土地政策具有的寻租优越性和资本增值性，充当了"推—拉"体制下地方政府的信仰价值和行为实践导向。在此过程中，与权力关联的一些因素促成了空间的资本化，主要表现为：一是制度。一般情况下，制度作为常态表现为一种共同遵守的"规范"，而用制度吸引资本主要表现为"制度的特殊化"（如权力的体现）。例如，经济类有经济特区、自由关税区，行政区划类有特别行政区、特殊自治区，文教类有产业艺术区、高教园区、国家旅游度假区，综合类的有科技园区，等等。"制度的特殊化"如何吸引资本呢？一言以蔽之，主要是能为资本的进驻提供各种各样的便利条件。二是行政规划。当空间成为重要的生产资料和特殊部门时，不同的空间组合会使资本的空间生产表现为不同的结果，带来不一样的利润。基于此，资本要尽最大可能扫清限制其在空间中流通的因素，使生产、交换、消费变得更为顺畅。在此逻辑下，空间的重组成为经常看到的事实，跨区域组合、各类大小都市圈、城市群带、城乡一体化等空间实践理念和形态不断出现。从本质上分析，资本指导了权力对空间的管制和生产，空间生产则变成了权力、经济和地域的混合体，具有了新的管理方式和新型空间组织体系。三是形象与环境优化。"地方"为了最大可能地获得资本的青睐，常常会在形象和环境等方面做出自我优化的行为，一些商务活动、产品推介、"大事件"、体育赛事，甚至旅游营销下的口号包装，都成为勾勒一个地方空间比其他地方空间更具有独特性的专用手段。在合适的条件下，资本以此方式找到了"落脚点"，权力在此过程中起到了推波助澜的作用。

在经济全球化的外部环境影响下，中国进入空间生产的聚集时代。周庄、西塘、乌镇、南浔、甪直、朱家角江南社区型文化古镇的空间形态，在多重历史趋势下进行着重大塑造和重构，并改变着人们的生活理念和休闲方式。一是新旧全球化的历史更替重构着当代空间形态。知识资本由"西（方）"向"东（方）"的转移，使发达国家不断地将工业产业、制造业等转移向欠发达国家，加速了后者从农业传统社会经济实践，转移为工业生产的城镇集聚空间实践，并成为全球网络体系中的一个节点。知识资本的价值增值通过空间转移（生产）得以实现，高密度的江南社区型文化古镇旅游开发现象，凸显了知识资本对这些地方的控制。其次，中国作为后发国家，产业结构的内在特点重构了城乡关系。在世界民族丛林体系下，加强自主创新能力，占据全球产业分工链的上端，本质上塑造了以空间拓展、土地流转、空间实践等用途为主的生产运动。再次，当前生产和消费成为中国内在的、根本的生产方式。空间生产在扩大内需、实现新的经济红利、保证国民经济持续健康发展等方面，成为备受重视的生产方式和重要的动力源泉。

二、旅游作为古镇新兴经济产业

如果将历史视角的标志性事件作为观察点[①]，中国 20 世纪后的旅游发展可划分为如下阶段：20 世纪 20 年代到改革开放前的近代旅游发展阶段和改革开放后至今的现代旅游发展阶段。中华人民共和国成立到 1978 年，旅游业作为中国外交事业的延伸和补充，承担更多的是民间外事接待的功能，因此不具备现代产业的特征。在此背景下，中国现代旅游发展大体经历了如下几次

---

① 以第一家具有旅行性质组织机构的开设（1923 年上海商业储蓄银行旅行部正式宣告成立）及其带来旅游在中国的发展和改革开放后旅游成为涂尔干所言的"社会事实"的历史背景和实践为依据。

战略转型：第一次为 20 世纪 80 年代初期。中共中央提出"积极发展，量力而行，稳步前进"的方针，这一时期是对旅游的性质、功能、地位和作用逐步认识和探索的时期，前后口号有一些变化。如旅游是经济型的事业，同时又是外事工作的组成部分。第二次为 20 世纪 80 年代后期（1986～1990 年）。一是提出了旅游业是经济产业的理念，明确了旅游的产业性质；二是提出适度超前的发展战略，确立了旅游发展的步调；三是提出旅游业是永远的朝阳产业。第三次为 1998 年。中共中央确立了旅游业成为国民经济新的增长点的论调，明确提出要把旅游、房地产、信息三个领域培育成为国民经济新的增长点。这一历史变化使旅游业真正纳入到了国民经济的主流体系。第四次为 2000 年。前国家旅游局[①]提出建设世界旅游强国的新目标，提出在今后 20 年，在世界范围内，中国实行持续赶超；在全国范围内，后进地区实现持续赶超。第五次为 2007 年。提出旅游业的转型升级，转变发展方式、发展模式、发展形态，实现旅游产业由粗放向集约发展，由注重规模扩张向扩大规模和提升效益并重，由注重经济功能向发挥综合功能转变。第六次为 2009 年。国务院出台《关于加快发展旅游业的意见》（国发〔2009〕41 号）的指导文件，指出旅游业是战略性产业，资源消耗低，带动系数大，就业机会多，综合效益好，并要求把旅游业培育成国民经济的战略性支柱产业和人民群众更加满意的现代服务业。2014 年，国务院肯定了旅游业在稳增长、调结构、促就业、增收入，以及提高人民生活质量、改善生态环境等方面的积极作用，明确提出要以改革开放增强旅游业发展动力，要优化旅游发展软硬环境，要提升旅游产品品质和内涵，着力推动旅游业转型升级，进一步指明了旅游业改革发展的方向。这是新时期中国政府对推动旅游业改革发展作出的战略部署，是推动旅游业转型升级、打造旅游经济升级版的有力支撑，是实现两大战略目标的重要保障。同年，国务院出台《关于促进旅游业改革发展的若干意见》，指出

---

① 2018 年 3 月，根据第十三届全国人民代表大会第一次会议批准的国务院机构改革方案，将国家旅游局的职责整合，组建中华人民共和国文化和旅游部，不再保留国家旅游局。

旅游业是现代服务业的重要组成部分，带动作用大。加快旅游业改革发展，是适应人民群众消费升级和产业结构调整的必然要求，对于扩就业、增收入，推动中西部发展和贫困地区脱贫致富，促进经济平稳增长和生态环境改善意义重大，对于提高人民生活质量、培育和践行社会主义核心价值观也具有重要作用。从上述旅游经济政策演变可以发现，虽然旅游业在不同阶段承担不同责任，反映了旅游业自身的本质特征，但是旅游发展的经济属性非常明显，坚持服从服务于大局，综合发挥产业功能，促进经济发展和社会进步，是贯穿国家政策始终的一根主线。2015 年 8 月，前国家旅游局在《关于开展"国家全域旅游示范区"创建工作的通知》（旅发〔2015〕182 号）中提出了"全域旅游"创建考核指标。2017 年，"全域旅游"理念进一步上升为国家战略[①]，成为新时期大力发展旅游的重要指导理念。

中国旅游空间实践活动作为特殊的空间生产行为，嵌套于社会主义市场经济体系中，受到了同西方学者分析的权力、经济和阶层等因素的影响，且不同程度地凸显了它们之间的复杂关系。权力对旅游空间生产的影响主要体现为旅游发展及其空间实践属于一种国家选择行为。除前述分析的旅游发展的政策导向外，旅游空间实践还深嵌于另一大背景中。20 世纪 90 年代市场经济确立后，中国财政包干和分税制不仅重构了中央—地方权力关系，也使地方财政压力的化解变成更为积极地履行发展经济职能。"政府主导型战略"成为追寻产业化梦想的开始（董观志、张银铃，2010）。旅游空间策划、规划、开发等实践活动和旅游产业性质定位，也更加突出了政府主导的痕迹，甚至"旅游为经济服务"成为很多地方长期进行旅游空间实践的指导思想。新税制"将商品批发零售环节营业税改为增值税"，使第三产业更集中为旅游行业发展，地方从发展旅游业中获得的利益更直接，发展旅游的积极性也空前高涨，旅游收益甚至成为分税制条件下很多地方财政收入的重要来源。不同类

---

① 2017 年 3 月，在中华人民共和国第十二届全国人民代表大会第五次会议上，李克强总理在政府工作报告中提到了发展全域旅游（http://www.gov. cn/premier/ 2017-03/16/ content_5177940.htm）。

型、不同尺度的旅游空间规划建设、以旅游为导向的目的地形象和环境建设、以旅游为媒介的投融资活动行为等，不仅成为旅游自身发展、旅游带动相关产业发展的实践形式，而且也成为一些地方以旅游拉动国内生产总值增长的重要途径。如在中国东部长三角发达地区，近年来低成本工业发展方式的外部效应，逐渐彰显了新一轮产业转移的趋势，这使得地方越发重视旅游带动第三产业的发展，各种以旅游开发为导向的土地收益成为营业税、城建税、土地增值税等多个地方税收的来源，依赖于旅游土地经济收益（旅游空间变为资本积累的工具）成为创收的重要渠道。"分税制—事权不匹配—财政压力—招商引资—（围绕旅游的）土地财政"成为地方解决增收困境的新途径之一。此外，中国晋升模式中经济考核的驱动，在客观上也进一步促使地方政府表现出以追求经济增长为主的动机，一切"能在市场体系中进行配置的资源"都可以成为经营资本。特别是在实体经济弱势的区域，在政治集权与财政分权并置约束与激励机制下，利用旅游的资本特性招商引资成为地方社会经济发展的新的增长点，一些资源富集目的地在进行旅游开发时，也成为权力过度干预或介入下的旅游空间生产过程。

旅游资源具有的资本属性，是资本青睐旅游空间并进行空间投资的根本原因。旅游资源的资本特性主要表现为旅游资源区的土地资本、旅游资源及其物化的人文资本，以及旅游历史文化资本，这些资本形态自身拥有的价值属性决定其可以作为商品进行交换。资本通过对旅游空间的开发（占有空间）实现了旅游资源的生产和再生产，旅游空间成为资本增值工具。常见的做法如通过开发、利用旅游资源提供给旅游者旅游吸引物与服务、利用极差收益进行旅游核心区空间置换、利用旅游文化资源进行资本化开发等。另外，商品具有使用价值和价值（价值实体和价值量）的属性同样存在于旅游运动过程中，旅游运动不仅可以给旅游目的地带来"人流"，还将大规模的"物流""信息流""资金流"和"技术流"带给"地方"，并对"地方"进行环境塑造。在流动性背景下，国家或"地方"也愿意通过旅游产业或旅游活动勾勒概念化的空间想象（即旅游空间的表征），以图获得资本青睐，旅游营销下的口号包装，成为勾勒一个地方空间比其他地方更独特的专用手段，资本直接投资于旅游领域，或通过旅游媒介投资于"地方"，凸显了旅游空间生产绕不开资本的事实。

旅游空间实践还是阶层行动者网络互构推动的结果。从现实实践判断可知，旅游者对旅游地的凝视主要表现为对"风景"的观看，"风景"被看成是空间和地方现实特征的美学框架，或者说是社会的象形文字。随着中国国民经济收入的普遍增长，旅游者对"风景"的观看表现为一种文化的消费行为。现代社会消费观念融入的后现代"符号"和"图像"形式，加剧了"空间中的消费"向"空间的消费"转移，空间的消费成为增加财富、提升地位和权力的重要方式。"空间"能够成为现实中的旅游目的地，正是旅游者对空间消费模式推动的旅游空间生产的过程。在中国旅游空间实践所处的社会背景下，政府和开发商常常成为旅游地空间的支配者，旅游目的地"空间的表征"由这些制定者构想和规划而成。社会大众、社区原住民等属于"表征空间"的使用者，处于被支配和消极体验的地位，甚至在一些地方成为权益被动让渡的对象。行动者网络中的多元主体间由于"权力"差异，会更加固化彼此之间空间实践的关系，造成"旅游空间再现"新图景。

如前所述，在中国现行政治经济体制下，财政分税"推"下的"央地财政分权"迫使地方政府"更加以经济建设为中心"，晋升体制"拉"背景下分权化权威主义的存在形成官员晋升锦标赛，考核焦点是具有显性考核指标的经济发展。土地政策具有的寻租优越性和资本增值性，充当了"推—拉"体制下地方政府价值和行为更重视旅游经济产业数量增长的媒介。

20 世纪 80 年代末开始，周庄、西塘、乌镇、南浔、甪直、朱家角江南社区型文化古镇的旅游发展，正是基于上述背景得以陆续开发，并逐步成为中国古镇旅游新兴业态的著名目的地。本研究中的案例地古镇，正是几十年如火如荼的旅游开发，使古镇原有空间所根植的社会环境发生了历史性的改变。自开发旅游业以来，周庄、西塘、乌镇、南浔、甪直、朱家角江南社区型文化古镇空间，在垂直维度上经历了从"封闭空间"到"流动空间"再到"社会空间"的转变。可以说，全球化、流动性和中国式的新自由主义实践，造就了江南社区型文化古镇将旅游业作为经济开发与谋求增长的主要措施之一。例如，最早开发古镇旅游的周庄，1986 年就在同济大学阮仪三教授主持下制定了以"保存古镇，建设新区，发展旅游，振兴经济"为中心思想的《水乡古镇周庄总体及保护规划》，之后由苏州城建环保学院和同济大学，对周庄古镇保护和旅游开发规划进行多次完善和修改。2000 年，周庄成立古镇保护基金会。2005 年，《周庄古镇保护暂行办法》的实施细则和《旅游区商业准营证制度》等一系列规范旅游业发展的政策和措施进一步出台。2006 年，周庄古镇出台《周庄旅游发展总体规划》方案。2007 年，中国第一部呈现江南原生态文化的水乡实景演出《四季周庄》进行首演。2010 年以后，周庄旅游活动更加多元化和注重内涵，"万船娘""life@周庄""有一种生活叫周庄"等策划活动，进一步促进了周庄"旅游+教育""旅游+体育""旅游+公益"等各个产业、事业的融合，旅游产业转型升级也得到进一步发展。在西塘古镇，1997 年开始开发旅游业，2001 年后在古镇修建性详细规划指导下，古镇旅游发展进一步深化。2011 年，古镇被列入世界历史文化遗产预备名单，成为中国首批历史文化名镇和最具水乡魅力影视基地。2017 年，西塘古镇又被列入中国 5A 级旅游风景区。再如乌镇，1999 年乌镇古镇保护与旅游开发管理委员会成立，标志着政府作为主要力量参与乌镇旅游开发。2000 年，乌镇一期（东栅）景区对外试营业，并正式对外开放。2003 年，乌镇列入国家建设部、文物局公布的首批十个"中国历史文化名镇"。2006 年，乌镇二期（西栅）景区陆续进行对外推介和逐步开放。2007 年 2 月，乌镇二期（西栅）景区正式对外开放。同年，茅盾纪念堂落成，中国文学巨匠茅盾先生诞辰 110 周年纪念大会在乌镇隆重举行。2009 年，乌镇荣获亚太地区旅游协会"生态旅游金奖"，成为唯一获得该项殊荣的中国大陆地区景区。2010 年 5 月 17～21 日，在上海世博会城市最佳实践区，以"历史遗产保护与再利用"为主题的乌镇案例馆，揭开了神秘面纱，展馆展示了实体搭建的乌镇水阁、天人合一的保护模式、古色生香的古厅民居，以及乌镇皮影戏、砖雕、木雕、竹雕和乌镇影像图片。2014 年 11 月 19 日，乌镇成为世界互联网大会永久会址，等等。这些行为和空间实践，进一步促进了人们对古镇作为旅游目的地的地理想象和形象建构。自旅游发展以来，案例地古镇也相继出台了各类促进旅游形态转型升级和旅游经济发展的相关政策，不同政策与活动在古镇旅游空间的实践中深深作用于古镇，成为江南社区型文化古镇旅游经济发展、旅游业单一产业自循环、旅游产业转型升级和产业融合新兴业态发展的重要准则和价值导向。

在中国旅游开发进程中，政府居于主导地位的原因具有复杂的政治经济学基础，表面看似表现为经济、社会等层面的日常实践，其实质是一个不折不扣的民生和政治问题。因此，旅游开发作为国家政策，在周庄、西塘、乌镇、南浔、角直、朱家角江南社区型文化古镇的实施体现了深刻的复杂内涵。

三、古镇旅游与跨文化空间交流

文化是生活在一定地域范围内的人们所共享的思想、信念，以及行为方式的总和。任何一位生活在不同文化规范下的个体，其心理与行为都被自身所属的文化系统深刻地影响着。不同文化背景下的个体，在认知、态度、信念和价值观等方面存在很多差异（梁觉、周帆，2010）。跨文化是跨越了不同国家与民族界线的文化，是不同民族、国家及群体之间的文化差异，是通过越过体系以经历文化归属性的人与人之间的互动关系。旅游作为一种广泛而现实的跨文化交流活动，主要是指具有不同语言文化背景的民族成员相互间进行交往的活动，也指同一语言的不同民族成员之间的交流（林红梅，2005）。

通过前文讨论我们知道，全球化和流动性是 20 世纪 90 年代以来的重要趋势，不仅显示出了强大的生命力，而且对世界各国经济、政治、军事、社会、文化，甚至包括思维方式等都造成了巨大的冲击。在此大背景下，人们随着经济收入的增长，消费观念和模式逐渐发生转变，也给日常生活及其空间行为实践带来新的需求。日常生活中的必要性消费正在提升为选择性消费、社交性消费①，甚至出现复合型消费。由于当代消费活动类型的增加，消费形态在城乡不断扩张和渗透，消费公共活动地空间的打开，支撑了消费活动的迅猛发展。在消费活动的渗透下，传统文化空间也正在逐渐向消费空间转变，以不同空间为依托的旅游业，正在成为人们青睐的新兴空间实践方式。

在城市生活挤压下，都市人们面对经济的、社会的、环境的和精神的多重压力，唤起了灵魂深处的逃避习性，新旅游（new tourism）和后现代旅游（post-modern tourism）从现代旅游中分离出来，主要表现为追求生态、乡村、自然、复古等形式，怀旧情结成为案例地古镇旅游发展的巨大市场推力。旅游者的凝视产生，并成为一种组织化行动的"惯习"；游客的性情倾向和趋向等，通过时空转换和文化背景的倒置，成为古镇空间"被构造"的驱动力；旅游者是构成古镇旅游场域最原始的、最根本的场域推动者。在此基础之上，周庄、西塘、乌镇、南浔、角直、朱家角江南社区型文化古镇旅游地理空间实践，在地方政府、开发商和社区原住民的共同实践中，迅猛发展并成为经济开发的热点，空间原有功能由此发生变化。

随着周庄、西塘、乌镇、南浔、角直、朱家角江南社区型文化古镇空间功能的改变，人们对这些古镇的消费也逐渐从空间中的消费转移到对空间的消费。从传统旅游者对古镇的消费来看，各种消费最离不开的是古镇物理—地理空间，因而可以看作是古镇空间中的消费，如较多游客把案例地古镇作为特殊的中国民居文化、江南地方文化的欣赏地。随着游客消费理念渐趋成熟，人们更倾向于将古镇作为景观和意象来消费，在消费的驱动和政府的政策导向下，这些案例地文化古镇渐渐成为可观、可玩、可游的体验性商品。由于古镇消费空间日益商品化，古镇空间不仅仅是消费活动发生的场所，古镇空间视觉消费和体验消费的增长，更加丰富了古镇空间消费的内涵，空间本身也成了不同文化持有者的消费空间。

---

① 必要性消费指人们在日常生活中以满足基本生活需求为目的的简单物质性消费。选择性消费指更加注重精神上的满足，物质消费并非主要目的，除购物外还伴有休闲、娱乐等活动。社交性消费指在消费活动中，以自我价值的实现和认同为主要目的的消费活动。

周庄有悠远的历史，不但是江苏省的一个宝，而且是国家的一个宝。周庄环境幽静，建筑古朴，虽历经900多年沧桑，仍完整地保存着原来水乡集镇的建筑风貌。

——FT11-YQT-A（女，吉林游客）

西塘自有一种清灵而凡俗的逸致和风韵。早上很早在各个茶馆小吃店就坐满了人，吃着早点喝着茶，我也不例外，在一个路遇的小铺子里，叫上一碗馄饨，吃上一个粽子。这里是最具有百姓生活气息、几乎没有作秀痕迹的小镇。

——FT13-KER-B（男，重庆游客）

朱家角从闭塞走向开放，从传统迈入现代，"以文化兴旅游，以旅游兴古镇"，成为上海后花园中一朵绚丽的奇葩。我们从北大街开始，一路吃、一路拍、一路欣赏，小桥流水人家，原汁原味地呈现在眼前，放生桥下卖鲜鱼海螺的阿姐，弄堂里卖臭豆腐的阿婆，酒吧店里自弹自唱的阿哥，两岸河中摇曳的小船，游人们拍照留念的身影，一切都是那么的随意，那样的自然而然。

——FT16-TRQ-A（女，北京游客）

可以看出，作为消费品，周庄、西塘、乌镇、南浔、角直、朱家角江南社区型文化古镇空间不仅是物质性使用商品、物质性购买商品、视觉性刺激商品，还是情感性体验商品，逐渐促成了人们跨文化消费的空间实践。这些古镇空间的环境和意象、风格和品质等，成为人们在新时期追求的新的空间符号消费形态。在这场跨文化消费的空间实践中，古镇因区别于其他旅游目的地意象的建筑和风格，满足了人们个性化的消费需求，除视觉刺激外，人们对个性的品位和追求也在此过程中得以实现。

我在南浔古镇，体验到了随心所欲，累了就在小茶馆歇会儿，饿了就在当地农家饭馆充饥，有好的风景，就会拿起相机"咔嚓"几下，这里虽然没有周庄和乌镇名气大，但是更加纯粹，也不张扬，比较含蓄，能够满足我的精神需求。

——FT19-NU-B（女，武汉游客）

But 我不忧郁，我要我的油纸伞，我的蒙蒙细雨，我的呢呢喃喃，走了，又来了。

——FT20-WDC-C（女，西安游客对周庄的意象评价）

在周庄、西塘、乌镇、南浔、甪直、朱家角江南社区型文化古镇空间消费过程中，不同群体、阶层、性别的人，通过消费古镇空间也展现了自身的身份和地位，古镇空间的消费因此也成为社会符号地位的象征，生活方式的象征意义也在此过程中进一步凸显，古镇本身所凸显的符号价值，成为某种特定文化和生活方式的"别处替代"或"别处呈现"，拥有某种商品就相当于拥有了某种与众不同的生活意义和价值。

在乌镇，有茅盾故居、三白酒作坊，一个个吸引人的景点静静地散落在景区里，散发出幽幽的书香与酒香。卖定胜糕的小店、卖青团子的小店、卖姑嫂饼的小店、卖糖塔饼的小店，在晃动的蓝印花布里也形成了特有的景物，不断吸引着我的眼球。

——FT22-AUY-D（男，西宁游客）

甪直有小桥流水人家的江南韵味，取一本素描本，沿河而坐，静静地写生，描绘这里的一草一木、一街一弄，安静而无人打扰。屋檐翘脚、亭台楼阁，古镇的每一景，都那么栩栩如生。景入画中，笔下生风，沉醉在创作的灵感中，沉醉在唯美的风光里。

——FT23-GER-C（男，上海游客，画家）

从以上游客对古镇的评价可以看出，周庄、西塘、乌镇、南浔、甪直、朱家角江南社区型文化古镇作为跨文化空间实践的旅游目的地，满足了人们自我价值的实现需求，释放了人们积累的消费欲望，实现了人们个性品位和生活方式的表达，甚至身份和地位的区分，也在消费过程中获得自我和他者的认同。周庄、西塘、乌镇、南浔、角直、朱家角江南社区型文化古镇作为特殊的旅游商品，促进了人们跨文化消费的空间实践。

四、古镇地方空间的地理想象

作为一种知识（理论），或作为一项实践活动的"地理想象"（geographical imagination），有着悠久的历史。该概念可以追溯到约翰·K. 怀特（John K. Wright）的"未知的土地"（Wright，1947）。怀特认为，地理上的未知会引起人们对地理的想象，地理想象首先是人对地理环境的一种主观性构想，想象包括宣扬的（promotional）、直觉的（intuitive）、审美的（aesthetic）三个过程。1978 年，爱德华·W. 萨义德（Edward W. Said）在《东方学》（Orientalism）一书中提出了"地理想象"的一种形式——"想象地理"。他将想象地理的主体和对象的尺度界定在国家层面，将想象地理作为西方殖民国家殖民东方的工具，故而带有浓厚的（后）殖民主义色彩（爱德华·W. 萨义德，1999）。之后，德里克·格雷戈里（Derek Gregory）认为，想象的地理是对他者地方（other places）——包括人和景观、文化和自然的表征，这些表征表达了表征者的欲望、幻想和恐惧，展现了存在于表征者和"他者"之间的权力网格（Gregory，2009）。学者们在解读大量关于西方描述东方的文学作品、游记手札以及艺术品基础上，塑造出的一个虚拟的"东方"，并将之与"西方"对立起来分析，这种东西方在地理景观、文化形象、政治等多方面的二元对立结构，贯穿了早期想象地理的实证研究。随着学科的发展，关注想象地理的学者们的视角，逐渐由宏观尺度的国家层面，转移到微观地方尺度上来。由于"想象地理"与人文地理学一直以来的"地理想象"具有高度契合性，尤其是与 20 世纪末期以来的"后现代转向"学术情景密切相关，因此在内涵上，"想象地理"概念除了指与殖民或后殖民等相关的内容，也可以用于"他者化"的语境，是对身处所在地方之外其他地方充满欲望或幻想的表征。戴维·哈维提出一种微观地方尺度的想象地理，他认为想象地理是地理表征的主要手段之一，通过人对地方的地理想象过程，塑造了人对地方的"空间意识"，从而使人认识到不同的地方文化元素在地方空间社会结构中的位置与角色，这种空间意识通过人对地方零散知识的重构赋予了地方意义，并主要通过文学作品、地方游记、电视、杂志等媒介来实现（大卫·哈维，1996）。在本研究中，对"地理想象"的讨论和引用主要聚焦在对地方文学作品、照片、故事和社会文化现象等不同类型文本背后的关系建构和生产上。

从现代性视角分析，"现代性主体"对处于现代性过程中"相对寂静的地方"的渴望，不仅牵涉到人在物理地理空间上的迁移，也在更大程度上依赖着对地方的想象、建构和体验。地方在一定情境下被赋予了丰富的文化意义，符号化的地方承载着一系列情感、价值和意识形态。此外，人们也可以基于对地方的想象对地方文化意义进行"展演"。在周庄、西塘、乌镇、南浔、角直、朱家角江南社区型文化古镇旅游地理空间实践过程中，人们对古镇地方空间的想象及其文化的展演实践，是古镇得以成为旅游吸引物的重要作用力之一。以摄影家、画家、地方政府、旅游规划者为结构的介体，对古镇"地方"进行了意象性的空间建构。这一观点在米歇尔·福柯那里，也能得到理论印证。福柯认为："在地方形象表征中，摄影等生产技术多迎合市场偏好，进行地方形象的传播和建构"（Foucault，1972）。例如，1984 年，旅美画家陈逸飞[1]以周庄"双桥"为素材，原创了油画《故乡的回忆》（图 4—1、图 4—2），并经由美国石油大亨亚蒙·哈默（Armand Hammer）[2]赠送给中国国家领导人邓小平，周庄从此蜚声海内外，这也使得中国古镇旅游从此开启了世界之门。

---

[1] 陈逸飞（1946～2005），著名油画家、文化实业家、导演，闻名海内外的华人艺术家。

[2] 亚蒙·哈默（1898～1990），美国人，他于 1956 年开始建立一个石油王国。20 世纪 80 年代，他大力推动西方石油公司的多样化经营，使西方石油公司成为肉食品加工的巨头和美国石化产品制造商中的佼佼者。

图4—1　陈逸飞油画《故乡的双桥》　　图4—2　周庄古镇"陈逸飞与双桥"标识

　　人们对古镇地方的想象，建构了人们心目中"梦中江南"的意象，这也成为游客对江南社区型文化古镇周庄的心理期盼和美好向往，对一些游客来说也承载着无所替代的情感依归。比如，台湾作家三毛[①]，周庄之于她，原本是旅行地，但却让她有了回归故乡的感觉。她虽来得匆忙，去得悄然，却在与张寄寒[②]先生的书信往来中，欣然许下诺言，有朝一日，定要重游周庄——这个让她魂牵梦绕的故土。三毛与周庄的故事，在许多人心中留下记忆，也带给他们对地方空间的想象。自周庄古镇开发旅游以来，作为外地艺术的三毛文学被周庄旅游业利用，原本为纪念三毛而开设的"三毛茶楼"被建构和改造为稳定的文学艺术场，成为周庄古镇新的地方文化场所。正如游客在三毛茶馆体会到的那样："对三毛茶楼的赞叹，以及对三毛的怀念，使我也不禁提起笔在上面留下了我的感受。我们三个女孩临窗坐着，聊聊天，品味着飘来淡雅清香的茉莉花茶。窗外杨柳依依，窗下是波光粼粼的小河，远处是高高的小石桥，桥下是泛舟游览的人们，微风阵阵吹来，这样舒畅写意的感觉是非笔墨可以形容的。就这样坐着，感受着都市中所没有的这份宁静，仿佛身心全部都被这清灵灵的河水洗涤了一遍，洗去了城市的喧嚣，拂去了心头尘埃，这样的感觉需要自己去体会，真的。""每个想念三毛的人，心底里都

---

　　① 三毛（1943～1991），本名陈平，祖籍浙江舟山，出生于重庆市。1948年，随父母迁居台湾。中国台湾当代女作家、旅行家。

　　② 张寄寒，男，江苏昆山周庄人，1983年开始文学创作，散文有《三毛在周庄》等。

是一个有流浪情结的人，每个片刻觉得孤寂的人，都会在周庄寻着三毛的踪迹走来。"由此可见，游客的内心情感，在寄情三毛茶楼中得到释放，这也建构了人们对周庄作为特殊地方的情感空间的想象和实践。

在媒体对地方的地理建构中，地方是一个内涵丰富和概念多元的空间。在媒体聚焦中，地方可分为实体形象、真实形象和虚拟形象。在此逻辑下，古镇也会成为资讯时代想象中的古镇，无法摆脱媒体的建构和塑造。例如，在媒体对乌镇的社会建构中，乌镇古镇被认为具有典型的江南水乡特征，完整地保存着晚清和民国时期水乡古镇的风貌和格局。在游客眼中，乌镇是以河成街，街桥相连，依河筑屋，水镇一体的，这些要素组织起水阁、桥梁、石板巷、茅盾故居、林家铺子等独具江南韵味的建筑因素，体现了中国古典民居"以和为美"的人文思想，并以其自然环境和人文环境和谐相处的整体美，呈现出了江南水乡古镇的空间和地方魅力（图4—3、图4—4）。再如，在电视剧《似水年华》对乌镇的地方建构过程中，电视剧中大部分取景地便选择了乌镇的东栅，影视剧的拍摄过程是一次盛大的时装外景拍摄过程，在此过程中也会打破乌镇往日的宁静。可以说，《似水年华》对乌镇的地方拍摄是一次对地方的建构、生产和传播的过程。

此外，在对古镇地方的形象建构中，"水"文化要素和地方特质，也是人们对地方意象的知识建构过程。例如，在一些地方规划师或旅游空间规划师看来，乌镇与众不同的是沿河的民居有一部分延伸到了河面，下面用木桩或石柱打在河床中，上架横梁，搁上木板，"水阁"被建构为乌镇的地方文化。

图4—3　乌镇东栅景观　　　　图4—4　乌镇西栅景观

在对地方的建构中，著名作品文本与地方空间具有呼应和想象协商的关系，文本与各历史时代的空间之间的呼应，反映了文学对地方空间的叙事构想，从而容易勾起人们对地方的想象。例如，茅盾的短篇小说《林家铺子》①，描写了 1932 年"一·二八"上海战争前后的动乱生活。"一·二八"后，茅盾曾经回到故乡小住，他在那里亲眼看到帝国主义经济侵略的"魔爪"，已经将农村经济推入破产的境地，帝国主义军事侵略的炮火更加速了它的崩溃。原先曾经相当富庶的江南农村及小市镇，呈现出一片萧条的凄惨景象。《林家铺子》表现了在 20 世纪 30 年代的旧中国有帝国主义者的经济侵虐和军事侵虐，有当时政府对人民的压迫、榨取、凌辱和侵虐，有高利贷者的重利盘剥，有被地主和高利贷者剥削光了的农民的呻吟，有资本主义商业萧条景况以及由此而来的同业间的竞争，倾轧以致破产，也有老百姓爱国主义的表现和带有盲目性的抗议行动。茅盾曾说过："文学是为表现人生而作的，文学家所欲表现的人生，绝不是一人一家的人生，乃是一社会一民族的人生。"《林家铺子》对大部分游客来说较为熟悉，游客游览茅盾纪念馆，并由他的这句话去联想《林家铺子》的悲剧，心中便会呈现出以林家铺子倒闭为缩影的时代社会悲剧。游客通过作品的想象，重新发现了长期以来被忽视的文学空间，重释与互释了文学所关涉的历史空间和地方空间，在文本与实际地理互动中重新构建了一种时空并置交融的地理想象和体验过程（图 4—5、图 4—6）。

图 4—5　乌镇茅盾纪念馆

图 4—6　林家铺子

---

① 原名《倒闭》，载于《申报月刊》第一卷第一期，后收入短篇小说集《春蚕》。

历史事件是发生过的历史和现代事件，如事项、事件、重大活动、会议等，这些通常被看作是地方的特殊时间节点和第三地理本性，同样也最容易成为外界对地方关注和想象的重要媒介。

2013 年，乌镇古镇开始举办戏剧节（图 4—7），并通过戏剧节让乌镇凝聚了更多的国际级大师，乌镇戏剧节呼唤着文化艺术的复兴，为千年古镇带来了充满生机的未来，戏剧节提供的巨型舞台，使每个置身于其中的人，都犹如舞台上正在挥洒与纵情的演员，戏里戏外，如梦似幻。如果说传统地方要素"石桥""流水""木屋"等是乌镇的表面，那么传统与现代交融并蓄的文化渊源和文化再造就是乌镇新的地方性内涵。

当前世界经历着三次产业革命，信息化的发展成为地方活跃的重要推动因素。2014 年和 2015 年，承载着最前沿网络科技的世界互联网大会①在乌镇古镇揭开序幕，使得这座千年历史文化底蕴的古镇再次走到世人面前，每年来自上百个国家和地区的上千位政要、企业巨头、专家学者等的参加，让最先进的世界文明成果与悠久的中华文化交流融合，让现代信息文明与传统历史文明交相辉映（图4—8）。互联网被作为媒体，是由于国际互联网具备了传播新闻信息的各种强大功能，与传统媒体的传播相比，网络传播的范围更广，

图 4—7　乌镇戏剧节　　　　图 4—8　乌镇世界互联网大会

---

① 世界互联网大会，是由中国倡导并举办的世界性互联网盛会，旨在搭建中国与世界互联互通的国际平台和国际互联网共享共治的中国平台，让各国在争议中求共识、在共识中谋合作、在合作中创共赢。

具有一种全球性，互联网媒体的这一特征，使乌镇进一步蜚声海内外。通过事件促动，乌镇在真实与想象的地理建构中，完成了作为"地方"和著名旅游目的地的升华。

地方中具有强烈识别功能和意义功能的符号，常常是人们想象和建构地方的催化剂。例如，江南水乡苏州的甪直古镇，有着多孔的大石桥、独孔的小石桥、宽阔的拱形桥、狭小的平顶桥、装潢性很强的双桥、左右相邻的姊妹桥，因此被媒体建构为江南"桥都"（图4—9）。在甪直古镇，地方服饰也给游客带来了特殊的地方想象。例如，在日常生产生活中，甪直农村妇女的传统服饰至今仍然富有地方风格和传统特色。甪直妇女梳髻髻头、扎包头巾、穿拼接衫、拼裆裤、束裙裙、着绣花鞋的传统服饰特色，在媒体的建构下被外地人称为"苏州的少数民族"（图4—10）。传统服饰往往以直观的方式参与了地方文化之间的联系，成为地方认同的元素之一。传统服饰所凸显的"地方"，成为全球中具有广泛联系、相互依赖的切换点，不仅开启了地方与外界的联系，也强化了外界对"地方"的社会想象。

图 4—9　甪直古镇的桥　　　　　　图 4—10　甪直妇女头饰

在通常情况下，一个地方的再现或表征，多聚焦于对景观或空间的意义化方式及其意象的传播。外界对江南社区型文化古镇地理景观的刻画和地域文化内涵的表达，还表现为对江南民居文化、民俗、社会活动等地景意象①的吸收与编码。例如，江南古镇最具有典型意义的"小桥、流水、人家"地方特征和形象，总体上构成了游客关于赴江南古镇旅游最核心和最强烈的体验，也表述着人们对地方文化的依赖和归依。遥远的乡村、可爱的故乡、弯弯的小桥、清澈的流水、幸福的人家、水灵的女子、动听的歌谣、顽皮的孩子，以及难忘的记忆，不仅暗含着江南社区型文化古镇建筑的自然地理环境，还暗喻着地方社会文化环境的人文意涵。可以这样认为，江南古镇在人地关系互构中形成了以人水和谐为核心的价值理念，以水精神和水文化为核心的精神体系，凸显了古镇人居空间中，刚、柔、坚、韧、容、浮、和、善、献等修身、养性、处世之道，以及稻文化、桥文化、渔文化、船文化等在内的水乡文明。通过以上分析可知，人们对江南社区型文化古镇的地理想象，通过对古镇空间意义和价值的感知得以体现，而古镇空间的意义认知也与地方认识产生了关联，这充分说明地方空间的意义和社会建构，常常以地理想象的方式得以呈现，也进一步证明地理想象不仅是社会事实，也是社会建构的过程。

在游客的地理想象中，似乎每一个古镇都有一段故事被外人留恋，古镇的风景，流动着的水，淡淡的风，古镇地方空间的地理想象成为游客不断进行的空间体验。正如游客 KU（FT24-KU-C，女）说的那样："假若把整个江南比作一曲委婉柔丽、行云流水般的乐章，那么江南社区型文化古镇就是一个非常精彩的乐段。当你参观了一座座江南古镇后，就会惊异地发现，这些古镇的设置是那么的规整，一条清流从远处飘逸而来，又从这里委婉流去，缱绻缠绵处就是一座古镇，一段故事。"

五、旅游经济形态与古镇的空间实践

从宏观尺度分析，改革开放以来，中国一直按照工业化主线推进社会经

① 地景反映了不同时代社会信仰、文化实践等因素的汇集与铭刻，地景意象是人与地方互涵共生而形成的一个情感性与意义性的空间意象。

济发展，国家和地区国民经济在此进程中取得了主导地位。近几十年来，中国工业持续稳定发展，工业所有制结构发生了很大变化，个体与私营工业、乡镇企业、外资企业崛起，国有工业比重下降，开创了多元化的工业经济格局。这一过程的特征主要是农业劳动力大量转向工业，农村人口大量向城镇转移，城镇人口超过农村人口。工业化是现代化的基础和前提，高度发达的工业社会是现代化的重要标志。从本质上讲，工业化的本质是一个涉及社会多层面、多结构的过程，既是一个产业升级和发展的过程，也是各行各业生产经营方式向标准化、规范化、规模化、社会化、专业化发展的过程，还是一个社会由自然经济观念向商品经济观念全面转变的过程。在中国，工业化与城市化具有密切联系，中国城市化是继工业化以后，推动经济社会发展的一支新的重大力量，城市化由工业化来推进，工业化的过程同时也就是城市化的过程。工业化所带来的大规模使用机器的生产活动，要求劳动要素的相对集中，再加上工业区域劳动市场价格的吸引作用，造成了农村人口向某些中心区域迅速集中。人群的集中也带来了市场活动、商业经营以及服务业的发展，人群集中本身也创造了就业机会。上述诸因素相互影响，使得中国工业化、城市化、市场化，以及所谓"现代化"成为同样的一个历史进程。可以这样认为，改革开放以来，中国城市化政策的变化，主要体现在两个方面，一是由过去实行城乡分隔，限制人口流动逐渐转为放松管制，允许农民进入城市就业，鼓励农民迁入小城镇；二是确立了以积极发展城镇为主的城市化方针。

不可否认，改革开放以来中国的工业化和城市化有了突飞猛进的进展，取得了举世瞩目的成就。但是，换一种角度去思考，工业化和城市化之路也在一定程度上带来了负效应，工业化在促进城市化和经济高速发展的同时，不可避免地形成了城乡二元结构，同时也使得非城市区域经济被边缘化。从实际效果来看，工业化做强了城市经济，但是难以做强非城市经济。此外，中国城市快速发展过程中也会出现各种不良症状，如人口拥挤、交通堵塞、就业困难、住房紧张、贫富两极分化、公共卫生恶化、环境污染、生态破坏等。进入新世纪之后，尤其是近年来，随着中国社会经济的快速转型，城市病呈高发之势，引起了社会各界的广泛关注。针对中国广大非城区来说，是否存在另一种发展模式？

事实证明，与国家社会经济发达程度及发展水平具有密切关联的旅游经济发展模式，是非城区社会经济发展的重要模式。旅游经济发展模式的选择，与社会经济发展水平具有较大关联。旅游界一直有这样一个共识，当一个国家人均国内生产总值（GDP）达到1000美元时，旅游市场开始进入国内旅游需求增长期，旅游形态主要表现为观光旅游；当人均GDP达到2000美元时，旅游形态开始向休闲旅游转化，进入出国旅游增长期；当人均GDP达到3000美元时，旅游形态开始向度假旅游升级；当人均GDP达到5000美元时，开始进入成熟的度假经济时期。按照国家统计局数据显示，2003年中国GDP首次突破1000美元。2006年，中国全年GDP实现26847.05亿美元，人均GDP首次超过了2000美元（2042美元），人均GDP达到2000美元，这一阶段意味着居民消费能力大大提高，消费结构也会发生变化。此后，2008年超过了3000美元，2011年超过5000美元，2012年达到6100美元，2014年为7575美元，2015年中国的人均GDP接近8000美元，2016年为8865美元，2017年为9100美元，到2018年已超过10090美元，这将使得大众旅游表现出排浪式的发展状况，并得到进一步增强[①]。国家的社会经济发展，一方面使得社会基础设施和公共设施建设得到完善，另一方面又促成了居民收入水平的提高，两者为旅游业的发展奠定了坚实的基础，从而使旅游业的发展成为社会经济发展的必然结果。此外，在历史性的社会变迁过程中，现代性、流动性，以及市场机制表现出了无所不在的渗透，处于中国现代社会都市中的人们，基于对传统的依恋和对现代的被动性适应，需要不断面对经济、社会、环境和精神等方面的多重压力，不断寻找自己记忆中的"田园牧歌"。在20世纪80年代末到2010年间，周庄、西塘、乌镇、南浔、甪直、朱家角江南社区型文化古镇作为重要的旅游资源吸引地，以其悠久的历史、古朴的原住民建筑、深厚的文化底蕴、独特的水乡风貌吸引着众多游客前往，从而使古镇地方旅游业得到迅速发展。随着周庄、西塘、乌镇、南浔、甪直、朱家角江南

---

① 以上数据通过《中国统计年鉴》整理。

社区型文化古镇旅游的蓬勃发展，古镇旅游形式逐渐成为人们回归自然、放松身心、感受自然、体验农村生活、进行休闲娱乐的主要方式之一，这进一步巩固了案例地作为较好的旅游消费地的地位。尤其是 2010 年以来，周庄、西塘、乌镇、南浔、角直、朱家角江南社区型文化古镇，陆续出台了一系列加快旅游服务业发展的政策措施，主动引领旅游服务业发展新趋势，古镇在国家相关旅游政策支持下，旅游经济发展更加重视与文化、科技、互联网等元素的有效结合，加快古镇经济结构转型步伐，极大地增强了转型升级新动力。在"互联网+"的带动下，现代信息技术与传统产业加速融合，推动了古镇服务业作为新产业、新业态和新商业模式的蓬勃发展，并成为经济转型升级的新亮点。比较典型的如前述的乌镇 2013 年戏剧节和 2014 年世界互联网大会的举办；在西塘古镇，2011 年被列入世界历史文化遗产预备名单，并被联合国授予历史文化保护杰出成就奖；朱家角在 2010 年后每年都要举办"世界音乐"公益性免费音乐系列演出活动，等等。这些都成为推动江南社区型文化古镇旅游开发的重要因素。

从资源禀赋角度讲，周庄、西塘、乌镇、南浔、角直、朱家角江南社区型文化古镇在中国古镇资源空间结构不均衡的状态下具有较大优势，其独特的自然观赏价值和历史文化价值蕴含着重要的旅游开发价值。其一，江南社区型文化古镇的建筑在历经百年沧桑后，依然保存完好，布局精练，造型轻巧，色彩淡雅宜人，轮廓柔和优美，体现出江南水乡民居古朴自然的建筑特色。其二，江南古镇所在的地区水网密布，河流众多，因此古镇以水为依托，依水成镇，这使得在周庄、西塘、乌镇、南浔、角直、朱家角江南社区型文化古镇旅游资源的开发中，以桥文化为主题的景区占有很重要的地位。正是这种古镇生活中"小桥、流水、人家"独特的江南水乡风貌，让国内外游客慕名而来。其三，江南社区型文化古镇从古至今都体现着一种好学善思、开放进取的文化心态，民间素有"耕读传家"的风气，这种勤奋好学、追求上进的风气孕育着深厚的文化底蕴，这些地方性特色也深深吸引了国内外大批游客。此外，诸如区位条件、区域经济发展水平、交通可达性、产业政策、市场优势等也在逐步提升古镇的竞争力。在内容导向方面，地方政府与资本关联的一些因素也促成了古镇空间的资本化利用，实践上表现为以节事体验游、美食养生游、文化展示游、探幽访古游、民俗风情游等为内容的旅游开发渐渐获得市场的青睐。在地方政府或企业主导方面，以经济发展为主要诉求的各种开发模式，成为扫清限制古镇资源要素活化的重要保障，从而使古镇生产、交换、消费变得更为顺畅。旅游营销下的口号包装，也成为勾勒一个古镇空间比其他地方空间更独特的专用手段。例如，在周庄古镇，重点在打造"中国第一水乡"形象；西塘古镇组织了国际旅游小姐大赛；在乌镇古镇，主要节事活动有"乌镇香市——江南水乡狂欢节""湖羊美食文化节"等；在南浔古镇，主要突出"古镇休闲文化旅游节"；在甪直古镇，主要有"水乡服饰文化旅游节"；在朱家角古镇，有"水乡音乐节"和"淀山湖捕捞节"，等等。这些成为推进古镇进一步资本化利用的重要手段。

综上可知，全球化、现代性以及流动性等大尺度结构要素，推动了周庄、西塘、乌镇、南浔、甪直、朱家角江南社区型文化古镇地方空间的国际和国内市场融入。古镇旅游作为一种新的经济形态，成为推动古镇产业转型的重要选择。此外，游客跨文化交流与地理想象等重构了地方，促进了外界对案例地古镇地方的凝视。20 世纪 80 年末以来，周庄、西塘、乌镇、南浔、甪直、朱家角江南社区型文化古镇对发展旅游经济的选择，便是上述大尺度结构性介体对古镇地方的塑造和再生产，而这些要素造就的空间力量在小尺度上使发展古镇旅游产业契合了地方社会经济业态的转型，并导致了古镇空间的多维生产。

第二节　江南社区型文化古镇物理—地理空间生产

一、景观类型结构、生产及格局指数

按照唯物主义理论，从物质生产出发理解和分析社会结构和社会发展是极为有效的方法之一。基于此认识，本研究首先从周庄、西塘、乌镇、南浔、角直、朱家角江南社区型文化古镇物理—地理景观层面的空间生产作为切入点进行研究。

"景观"原意表示的是自然风光、地面形态和风景画面。在地理学和景观生态学研究中，"景观"被赋予了特殊含义，即指地球表层各种地理现象的综合体和某个限定性区域，具有双重含义。由于地理现象有两大类，一类是自然现象，另一类是人文现象，所以景观一般也分为自然景观和人文景观（赵荣等，2009）。自然景观即为自然现象的综合体，人文景观即指居住于该地的某文化集团为满足其需要，在自然景观的基础上，叠加上自己所创造的文化产品。

自然景观或人文景观的时空过程，造就了某一区域特定的景观空间格局。如景观空间异质性、景观空间相关性和景观空间规律性等。景观的空间格局，也决定着资源地理环境空间分布的形成与组分（肖笃宁等，1995）。理查德·T. T. 福尔曼（Richard T. T. Forman）按结构特征划分出了四种景观类型，即斑块散布型景观、指状景观、网络状景观和棋盘状景观（Forman，1995）（图4—11）。在上述四种类型中，关键空间特征在斑块散布型景观中主要表现为：基质的

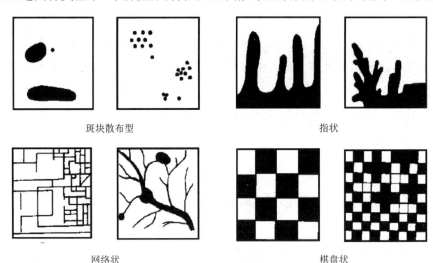

斑块散布型　　　　　　　　　　　　　　　指状

网络状　　　　　　　　　　　　　　　棋盘状

图4—11　按照结构特征划分的基本景观类型

资料来源：引自肖笃宁（1999）。

相当面积、斑块大小、斑块间距离和斑块分散度（聚集、规则或随机）；在指状景观中表现为：各组分的相对面积、"半岛形"组分的丰度和方向性及其长度和宽度；在网络状景观中表现为：廊道密度、连接度、网络路径、网眼大小以及结点的大小和分布；在棋盘状景观中表现为：景观的粒度（斑块平均面积或直径）、网络的规则性或完整性以及总边界的长度。

　　根据景观生态学原理可知，在一个封闭或相对封闭的系统中，景观只有同一性。在景观开放系统中，由于能量输入，即能量由一种状态流向另一种状态，或保持能量阻抗演化原理，就会出现景观梯度异质性和镶嵌异质性（肖笃宁，1999）。在影响景观的众多原因中，外动力因子对景观形成的自然干扰、景观系统演替，以及人为活动的影响是景观异质性的重要原因。当某一景观要素出现在景观中，并占有一定比例时，该景观要素在景观中的分布就会出现景观异质性。一般来说，异质的景观至少要有两个不同类型的景观要素，景观要素类型越多，异质性越大。从此角度引申可知，不同景观要素类型的斑块数越多，异质性越大；不同类型的各斑块分布越均匀，异质性越小。按照人类对景观的影响程度分类，可区分为自然景观、管理景观和人类文明景观。如果说人为活动对于自然景观的影响可称之为"干扰"，那么对于管理景观的影响则可称之为"改造"，而对人类文明景观的影响可称之为"构建"。无论是"干扰""改造"，还是"构建"，均会对原生空间（具有动态性的原生空间）形成镶嵌性，即一个系统的组分在空间结构上相互拼接而成为一个整体。在通常情况下，土地空间转换的镶嵌模式有边缘式、廊道式、单核式、多核式、散布式和随机式（图4—12）。

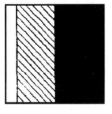  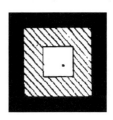

A 边缘式　　　　　　　B 廊道式　　　　　　　C 单核式

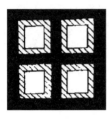 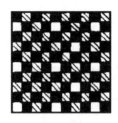 

D 多核式　　　　　　　E 散布式　　　　　　　F 随机式

图 4—12　土地空间转换的镶嵌模式

资料来源：引自肖笃宁（1999）。

对景观格局与异质性的定量描述是分析景观结构和形态的基础。通过格局和异质性分析，可以把景观的空间特征和时间过程联系起来，从而能够较为清楚地对景观内在规律进行分析和描述。景观格局指数主要包括：

（一）多样性指数（H）

多样性指数反映景观要素的多少和各系统中景观要素所占比例的变化。计算公式为：

$$H = \sum_{i=1}^{m} P_i \log_2 P_i \qquad （i=1，2，\cdots，m）$$

其中，H 是多样性指数，数值越大，表明多样性越高；m 是系统类型数；P_i 是第 i 种的频度或相对多度，或第 i 类系统的相对重要性。

（二）镶嵌度指数（PT）

镶嵌度指景观中全部组分的对比程度。计算公式为：

$$PT = \frac{1}{N_b} \sum_{i=1}^{r} \sum_{j=1}^{r} EE_{ij} \times DD_{ij}$$

其中：N_b 表示边界总长，EE 表示两组分间的共同边界，DD 表示两组分间的相异度。

（三）分维数（FD）

分维数表示景观自我相似性。计算公式为：

$$Q(L) = LD$$

Q（L）是在观察尺度 L 上获得的某种量；D 是量 Q 的分维数。在计算景观斑块的分维数可采用周长与面积关系进行计算，公式为：

$$\log(1/4) = k \log(S) + C$$

其中，k 为直线斜率；C 为截距，S 为相应斑块面积。分维数 $FD=2k$。FD 越接近1，斑块的自我相似性越强，斑块越有规律，几何形状越趋简单，表明受干扰程度越大。

（四）聚集度指数（RC）

聚集度指数描述不同景观组分在系统中的团聚程度。计算公式为：

$$RC = 1 - C / C_{max}$$

其中，RC 是相对聚集度指数，值为 0～1；C 为复杂性指数；C_{max} 是 C 的最大可能值。C 和 C_{max} 的计算公式为：

$$C = -\sum_{i=1}^{m} \sum_{j=1}^{m} P(i,j) \log\big[(i,j)\big]$$

$$C_{max} = m \log(m)$$

式中，$P(i,j)$ 是系统 i 与系统 j 相邻的概率；m 是系统类型总数。$P(i,j)$ 可由下式估计：

$$P(i,j) = EE(i,j) / N_b$$

式中，$EE(i,j)$ 是相邻系统 i 与系统 j 之间的共同边界长度；N_b 是不同系统间边界总长度。RC 的科学意义为，其取值越大，则代表由少数集团的斑块组成，RC 取值越小，则代表由许多小斑块组成。

（五）破碎化指数（FN）

破碎度指数描述景观类型在给定时间和给定性质上的破碎化程度。其指数取值为 0～1，0 代表无破碎存在，1 代表给定性质完全破碎。计算公式为：

$$FN_1 = (N_p - 1) / N_c$$
$$FN_2 = MP_S (N_f - 1) / N_c$$

式中，FN_1 和 FN_2 是两个某一类型斑块数破碎指数；N_c 是景观数据矩阵的方格网中格子总数；N_p 是景观斑块总数；MP_S 是景观中各斑块平均斑块面积；N_f 是景观系统中某一景观类型的总数。

二、古镇物理景观形态及旅游景观化体现与结构

（一）景观形态抽象

周庄、西塘、乌镇、南浔、甪直、朱家角江南社区型文化古镇在中国传统聚落景观群系中，属于江浙水乡聚落景观区（刘沛林等，2010）。由于受地理环境（气候、地貌生态等）、地方文化（信仰、习俗、审美等）以及建筑材料等诸多因素影响，周庄、西塘、乌镇、南浔、甪直、朱家角江南社区型文化古镇传统物理空间形态依靠历史积淀和人文传承惯习，形成了"小桥、流水、人家、恬静、秀美家园"为特征的地方景观意象。在这一景观意象中，景观实体要素既是景观生态学的主体部分，也是反映周庄、西塘、乌镇、南浔、甪直、朱家角江南社区型文化古镇景观形态最主要的外在表征。受植物形态学原理启发，可将周庄、西塘、乌镇、南浔、甪直、朱家角江南社区型文化古镇聚落景观结构分为景观基本单元、景观联结通道和景观整体形态。据此，物理空间景观实体要素表现为物体形式的内容包括：某物的种类和多样化、某物的外部形象、某物的具体位置和结构、某物出现的状态，等等。

按照理查德·T.T.福尔曼划分的斑块散布型景观、指状景观、网络状景观和棋盘状景观形态结构类型，结合周庄、西塘、乌镇、南浔、角直、朱家角江南社区型文化古镇地理地形特征，对古镇空间物理—地理景观形态结构类型进行分类（表4—1）。

表4—1　周庄景观形态结构类型

古镇	景观类型
周庄	网络状+棋盘状
西塘	指状
乌镇	网络状+指状
南浔	斑块散布型+指状
角直	斑块散布型
朱家角	网络状+斑块散布型

资料来源：根据实地调研分析与整理。

在对周庄、西塘、乌镇、南浔、角直、朱家角江南社区型文化古镇景观形态结构类型划分中，本研究采用小尺度和大尺度两类视角进行分析。其中，小尺度分析主要界定的对象包括：节点（node）——基本单元；道路（road）——线性景观空间，联系各个节点的连接形式；地块边界（boundary）——过渡空间，指两个空间或两个空间以上区域的线性界面。大尺度分析主要界定的对象包括：空间区域（space region）——区域具有统一的基本形态特征，与周边其他区域有间隔或区别；形态肌理（form texture）——不同物理—地理要素在平面空间上的组合形态。

（二）景观形态对应及空间旅游化

根据上述原理和基本划分规则，研究可将周庄、西塘、乌镇、南浔、角直、朱家角江南社区型文化古镇物理空间形态要素和景观类型作如下对应（表4—2、表4—3、表4—4、表4—5、表4—6、表4—7）。

表 4—2　周庄景观形态对应及典型对象

古镇	尺度	景观要素	类型划分	典型对象
周庄	小尺度	节点	交叉口	洪福桥、青龙桥、太平桥、双桥、富贵桥；聚宝桥、通秀桥、贞丰桥、普庆桥、褚家桥；全功桥、富安桥、隆兴桥、报恩桥
			公共节点空间	全福塔、新牌楼、贞丰古牌坊、照壁、博物馆、双桥、银子浜、南湖秋月园、贞丰文化馆、古戏台
			文化区	沈厅、张厅、叶楚伧故居、画家村、贞丰文化街区
			名人故居	沈厅、张厅、叶楚伧故居、沈万三故居
			庙堂	全福寺
			陵园	沈万三水底墓
			旅游景观微节点（含知名微企）	迷楼、怪楼、沈厅、张厅、逸飞故居、双桥、沈万三水底墓、万三水上码头；双桥饭店、双桥君悦茶餐厅；星巴克咖啡、红庭、春去春又回、To Rest Tea Time、唐风
		道路	主道	全功路、北市街、南市街、富贵园路、南湖街
			次道	西湾街、银子浜街、贞丰街、西市街、蚬江街等；南湖园—全福寺码头；福安桥—双桥—古戏台—全功桥—太平桥青龙桥—博物馆
			小道	蚬园弄、俞家弄等
			专设旅游道	全功路、北市街、南市街、富贵园路、南湖街
		地块边界	区域空间交界	全功路、全福大桥、富贵园路
			新增旅游空间交界	富贵园路、全功路、全福大桥
周庄	大尺度	空间区域	民居区	银子浜、贞丰街、中市街、北市街
			公共空间区	银子浜风貌区、贞丰街风貌区
			传统商业区	双桥、南湖
			旅游商业区	双桥商业区、1068 漫步街、画家村、沈万三故居区
		形态肌理	空间类布局	传统风格区、旅游风格区
			传统类空间组合	传统与旅游叠加区
			新增旅游空间意象区	双桥区、画家村、沈万三故居水上游乐区、"井"字河流区

资料来源：根据实地调研整理。

表 4—3 西塘景观形态对应及典型对象

古镇	尺度	景观要素	类型划分	典型对象
西塘	小尺度	节点	交叉口	迎秀桥、九曲桥、永宁桥、卧龙桥、五福桥、古戏台桥、安泰桥、万安桥
			公共节点空间	西园、七老爷庙、送子来风桥、薛宅、狮子桥、古戏台桥空间
			文化区	酒文化博物馆、古戏台、瓦当馆、张正根雕艺术馆
			名人故居	王宅、倪宅
			庙堂	七老爷庙、东岳庙、圣堂
			旅游微节点（含知名微企）	斜塘客栈、西塘人家、老街风情、荷池农家乐、西园、醉园、种福堂
		道路	主道	北栅街、西塘巷、杨秀泾、西街
			次道	邮电路、南秀路、平川路、鲁家桥
			小道	石皮弄、康家弄、苏家弄、叶家弄、毛家弄
			专设旅游道	北栅街、石皮巷、烟雨长廊、西街
		地块边界	区域空间交界	邮电路
			新增旅游空间交界	北栅街、烟雨长廊、西街
	大尺度	空间区域	民居区	北栅街居住区、西街居住区
			公共空间区	西街、卧龙桥
			传统商业区	西街、狮子桥区域
			旅游商业区	永宁桥区域、西街、狮子桥
		形态肌理	空间类布局	传统融合旅游
			传统类空间组合	居民区、传统与旅游叠加区
			新增旅游空间意象区	北栅街与西街区域

资料来源：根据实地调研整理。

表 4—4 乌镇景观形态对应及典型对象

古镇	尺度	景观要素	类型划分	典型对象
乌镇	小尺度	节点	交叉口	东栅：应家桥、兴华桥、太平桥、逢源双桥； 西栅：定升桥、雨读桥、翠云桥、福安桥、虞奥桥、逢源廊桥、仁济桥、通济桥、南塘桥、桥里桥
			公共节点空间	东栅：应家桥区域、东大街、逢源双桥区域； 西栅：放生桥区域、定升桥区域、仁济桥区域、逢源桥区域等

续表

古镇	尺度	景观要素	类型划分	典型对象
乌镇	小尺度	节点	文化区	东栅：皮影戏馆、茅盾故居、立志书院、特色博物馆、古戏台、翰林第； 西栅：三寸金莲馆、昭明书院、金银民俗馆
			名人故居	东栅：茅盾故居、木心故居
			庙堂	东栅：修真观；西栅：白莲塔寺、月老庙、乌将军庙、关帝庙
			陵园	茅盾陵园
			旅游景观微节点 （含知名微企）	东栅：江南木雕陈列馆、蓝印花布作坊、三白酒作坊、高公主糕坊； 西栅：聪明书舍酒店、枕水度假酒店、恒益堂会所； 水上戏台、水上剧场、乌镇老邮局
		道路	主道	东栅：兴华路、观前街、东大街；东市河
			次道	无
			小道	东栅：新华路、横街、茶叶弄、染店弄、周家弄
			专设旅游道	东栅：常新街、常丰街、东大街
		地块边界	区域空间交界	常春街、新华路、子夜路、慈云路
			新增旅游空间交界	乌镇大桥、常春路
	大尺度	空间区域	民居区	昭明路区域、甘泉路区域
			公共空间区	乌镇大桥、常春路、常丰街
			传统商业区	东栅：东大街
			旅游商业区	东栅：东大街、逢源双桥拳船民俗表演区
		形态肌理	空间类布局	传统风格区、旅游与传统融合区、纯旅游风格区
			传统类空间组合	传统与旅游叠加区、部分传统街区叠加新住宅区
			新增（置换）旅游空间意象区	东栅风貌区、西栅（置换居民）纯旅游区

资料来源：根据实地调研整理。

表4—5　南浔景观形态对应及典型对象

古镇	尺度	景观要素	类型划分	典型对象
南浔	小尺度	节点	交叉口	通津桥、小莲庄与南西街交汇处等
			公共节点空间	东西大街交汇空间、藏书楼区域空间、南西南东街区域空间
			文化区	南浔史馆、小莲庄区域、南浔文园
			名人故居	张石铭故居、嘉夜堂藏书楼、小莲庄、刘氏梯号、张静江故居
			庙堂	广惠宫、刘氏家庙
			旅游微节点（含知名微企）	小莲庄、百间楼、嘉业藏书楼等
		道路	主道	宝善街、西大街、东大街、南西街、南东街
			次道	广惠桥、洪济桥、便民路
			小道	同心路、适园路、泰安路、象门街
			专设旅游道	南西街、南东街、西大街、东大街
		地块边界	区域空间交界	人瑞路、运河支路、南浔大桥
			新增旅游空间交界	运河支路与318国道交界、南浔新桥以东、人瑞路以北
	大尺度	空间区域	民居区	百间楼民居群
			公共空间区	南西街、南东街等区域
			传统商业区	南西街、南东街等
			旅游商业区	南西街、南东街、西大街、东大街
		形态肌理	空间类布局	传统风貌区、旅游休闲区
			传统类空间组合	旅游、文化、商业叠合区
			新增旅游空间意象区	以小莲庄为核心空间，南西街空间为连接的旅游休闲区

资料来源：根据实地调研整理。

表4—6　用直景观形态对应及典型对象

古镇	尺度	景观要素	类型划分	典型对象
用直	小尺度	节点	交叉口	牌楼、三元桥、万安桥、进利桥、君临桥、兴隆桥
			公共节点空间	三元桥区域、牌楼区
			文化区	万盛米行、用直水乡妇女服饰博物馆、用直历史文物馆、古戏台、张省艺术馆、叶圣陶纪念馆、江南文化园、王韬纪念馆、用直瑶盛陶艺
			名人故居	萧宅、沈宅
			庙堂	保圣寺
			陵园	叶圣陶墓、陆龟蒙墓
			旅游景观微节点（含知名微企）	水乡妇女服饰博物馆、用直历史文物馆、古戏台、中心花园、保圣寺、叶圣陶纪念馆
		道路	主道	南市下塘街、西汇上塘街、西汇下塘街
			次道	无
			小道	香花弄
			专设旅游道	南市下塘街、西汇上塘街、西汇下塘街
		地块边界	区域空间交界	东市下塘街
			新增旅游空间交界	南市下塘街、西汇上塘街与西汇下塘街区域
	大尺度	空间区域	民居区	西汇上塘街等区域
			公共空间区	牌楼、南市下塘街、西汇上塘街、西汇下塘街
			传统商业区	南市下塘街、西汇上塘街、西汇下塘街
			旅游商业区	儿童乐园、休闲水街、文化工艺品街
		形态肌理	空间类布局	传统要素为主，旅游要素为辅的空间
			传统类空间组合	传统居住与休闲结合区
			新增旅游空间意象区	居住为主、旅游为辅的空间

资料来源：根据实地调研整理。

表4—7　朱家角景观形态对应及典型对象

古镇	尺度	景观要素	类型划分	典型对象
朱家角	小尺度	节点	交叉口	放生桥、泰安桥、永丰桥
			公共节点空间	东井街空间、西井街空间
			文化区	历史陈列馆、课植园
			名人故居	席氏厅堂
			庙堂	城隍庙、园津禅院、天主教堂
			旅游景观微节点（含知名微企）	放生桥、江南第一茶楼、游艇俱乐部、泰安桥、民俗博物馆、桥文化馆、廊桥、大清邮局、北大街一线天
		道路	主道	新风路、漕河街、东井街、西井街、大新街、胜利街、井亭街
			次道	曾家弄、放生桥弄、书场弄
			小道	无
			专设旅游道	新风路、漕河街、东井街、西井街、大新街、胜利街、漕港河
		地块边界	区域空间交界	祥凝浜路、油车浜路、西井街
			新增旅游空间交界	北大街、大新街、东市街、西井街、东湖街、清河街
	大尺度	空间区域	民居区	大新街、东市街等
			公共空间区	新大街区域、漕港河区域、北大街区域等
			传统商业区	新大街区域、漕港河区域、北大街区域等
			旅游商业区	西井街、东井街、北大街、大新街、新溪路等区域
		形态肌理	空间类布局	传统区域和旅游开发区域
			传统类空间组合	传统空间与休闲结合区
			新增旅游空间意象区	北大街、放生桥、珠溪园、朱家角游乐场区域旅游意象区

资料来源：根据实地调研整理。

　　在周庄（图4—13、图4—14、图4—15）、西塘（图4—16、图4—17、图4—18）、乌镇（图4—19、图4—20、图4—21）、南浔（图4—22、图4

—23、图4—24）、角直（图4—25、图4—26、图4—27）、朱家角（图4—28、图4—29、图4—30）江南社区型文化古镇原生空间中，空间形态和意象保持着"地方性""自然性"和"宁静感"。

图4—13 宁静的双桥

图4—14 内河流

图4—15 公共空间

图4—16 西塘七老爷庙

图4—17 老街

图4—18 古戏台

图4—19 东栅居民房

图4—20 西栅老景观

图4—21 居民生活

图4—22 南浔老建筑

图4—23 南浔老景观

图4—24 居民休闲方式

图4—25 甪直老街景

图4—26 河道景观

图4—27 休闲的居民

图4—28 朱家角民居大门

图4—29 放生桥古貌

图4—30 漕河街古景

随着流动性背景下旅游业的介入与发展深化，周庄、西塘、乌镇、南浔、甪直、朱家角江南社区型文化古镇传统物理—地理空间，逐步叠加了不同类型的旅游景观，尤其是沿河、沿古镇核心空间的旅游景观化更为突出。这说明上述古镇原本以原住民生产生活、休闲、公共活动等功能为主的原生物理空间，转换成充满意义的旅游化景观空间。典型的旅游化景观空间及其布局如下图：周庄（图4—31、图4—32、图4—33）、西塘（图4—34、图4—35、图4—36）、乌镇（图4—37、图4—38、图4—39）、南浔（图4—40、图4—41、图4—42）、甪直（图4—43、图4—44、图4—45）、朱家角（图4—46、图4—47、图4—48）。

图4—31 双桥游人如织

图4—32 河流游船

图4—33 拥挤的公共空间

图4—34　游客七老爷庙烧香

图4—35　老街旅游

图4—36　古戏台赏戏

图4—37　临街客房

图4—38　西栅夜景

图4—39　西栅民俗表演

图4—40　旅游景观

图4—41　南浔民俗展演

图4—42　居民生计变化

图4—43　老街改造

图4—44　旅游接待

图4—45　服饰展演

图4—46 改造后的民居大门　　图4—47 放生桥和游人　　　图4—48 漕河新街景

（三）景观格局指数

依据景观格局与异质性的定量描述分析方法，首先根据古镇旅游开发时间节点，对周庄、西塘、乌镇、南浔、甪直、朱家角古镇测量数据进行纵向取点；然后根据周庄、西塘、乌镇、南浔、甪直、朱家角古镇特点剥离原生空间与旅游空间景观要素，并对五大景观要素——节点（记为"N"）、道路（记为"R"）、地块边界（记为"B"）、空间区域（记为"SR"）、形态肌理（记为"FT"）等相关空间形态测量项进行数据统计、整理和计算，得出周庄（2000年、2010年和2018年）、西塘（2000年、2010年和2018年）、乌镇（2005年、2010年和2018年）、南浔（2005年、2010年和2018年）、甪直（2005年、2010年和2018年）、朱家角（2005年、2010年和2018年）社区型文化古镇物理—地理空间景观格局指数（图4—49、图4—50、图4—51、图4—52、图4—53、图4—54）。

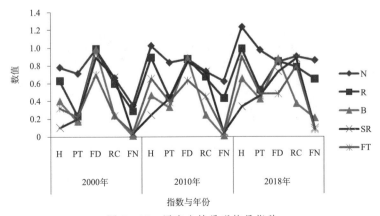

图4—49 周庄古镇景观格局指数

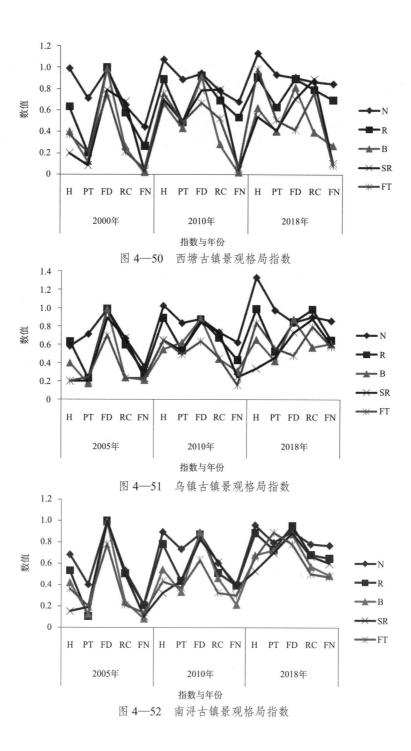

图 4—50　西塘古镇景观格局指数

图 4—51　乌镇古镇景观格局指数

图 4—52　南浔古镇景观格局指数

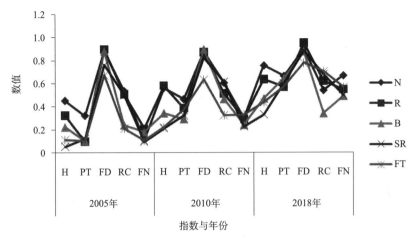

图 4—53　甪直古镇景观格局指数

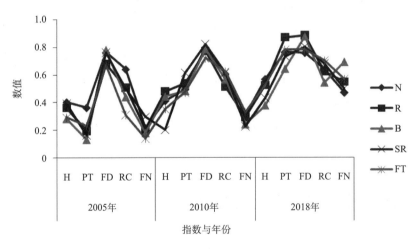

图 4—54　朱家角古镇景观格局指数

从空间生产角度分析，周庄、西塘、乌镇、南浔、甪直、朱家角江南社区型文化古镇以旅游为媒介的空间实践，带来了物理—地理空间景观格局的变化。从图 4—49～图 4—54 统计结果分析可知，周庄、西塘、乌镇、南浔、甪直、朱家角江南社区型文化古镇物理—地理空间在 2000 年后逐步生产出了新的空间形态。在旅游介入古镇后，古镇空间的多样性指数、镶嵌度指数、分维数指数、聚集度指数，以及破碎化指数均发生了不同程度的生产。在周庄（2000 年、2010 年、2018 年）和乌镇（2005 年、2010 年、2018 年），各指标指数均高于其他古镇，尤其是多样性指数（0.322→0.655→0.898、0.301→0.643→0.837）、镶嵌度指数（0.221→0.39→0.479、0.243→0.49→0.556）和破碎化指数（0.045→0.056→0.076、0.235→0.156→0.576）变化幅度更为突出；乌镇古镇的分维数（0.701→0.632→0.479）变化最大；西塘（2005 年、2010 年、2018 年）的多样性指数（0.376→0.755→0.983）、镶嵌度指数（0.21→0.49→0.509）、破碎化指数（0.055→0.065→0.086）；南浔（2005 年、2010 年、2018 年）的多样性指数（0.362→0.435→0.655）、镶嵌度指数（0.201→0.371→0.889）、破碎化指数（0.141→0.299→0.476）和甪直（2005 年、2010 年、2018 年）多样性指数（0.112→0.222→0.435）、镶嵌度指数（0.101→0.372→0.574）、破碎化指数（0.108→0.329→0.566）各项指标均居于中间位置，甪直古镇的景观格局指数低于西塘和南浔；朱家角古镇（2005 年、2010 年、2018 年）的景观格局指数均低于其他古镇。周庄、西塘、乌镇、南浔、甪直、朱家角江南社区型文化古镇物理—地理的空间生产表明，"任何一个社会，任何一种生产方式，都会生产出自身的空间……从一种生产方式转到另一种生产方式，必然伴随着新空间的生产"（Lefebvre，1976）。

三、古镇旅游景观化空间规模结构集中程度

旅游景观化空间规模结构集中程度，是反映某一旅游区域景观规模集中程度的测量指标。与前文"聚集度指数"相比，旅游景观化空间规模结构集中程度更侧重研究旅游景观化空间要素的集中性。在本研究中，主要测量内容包括周庄、西塘、乌镇、南浔、甪直、朱家角江南社区型文化古镇旅游景观化空间规模结构集中程度。为了更好地探索周庄、西塘、乌镇、南浔、甪直、朱家角江南社区型文化古镇旅游空间景观化规模结构集中程度，本研究借用城市首位度（S）概念和指标来测量其差异变动情况。

在此有必要先对城市首位度概念和理念进行适当阐释。所谓城市首位度，

是指一国或地区最大城市的人口数与第二大城市的人口数之比值，通常用它来反映该国或地区的城市规模结构和人口集中程度。一般认为，城市首位度小于 2 表明结构正常，集中适当；大于 2 则有结构失衡且过度集中的趋势。其计算公式如下：

$$S = \frac{P_1}{P_2}$$

式中：S 为首位度，P_1 为规模最大的地区，P_2 为规模第二大的地区。

在本研究中，首先对 S、P_1、P_2 内涵进行重新界定。在对周庄、西塘、乌镇、南浔、角直、朱家角江南社区型文化古镇旅游景观化空间规模结构集中程度测量中，将 S 定义为古镇旅游景观化空间规模结构集中程度，用 P_1 代表古镇旅游非核心区，P_2 代表古镇旅游核心区。通过对 2000~2018 年周庄、西塘、乌镇、南浔、角直、朱家角江南社区型文化古镇旅游景观化规模集中程度的统计分析，得到图 4—55。

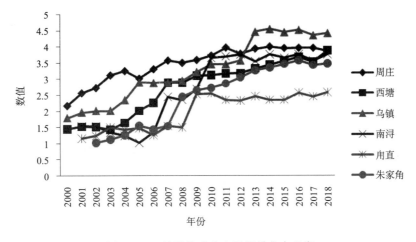

图 4—55　旅游景观化空间规模集中程度

根据图 4—55，在对周庄、西塘、乌镇、南浔、角直、朱家角江南社区型文化古镇旅游景观化规模集中程度的测量分析发现，2009 年以前，案例地古镇旅游景观化规模结构集中程度基本趋于合理；但是在 2009 年以后，古镇相关数据显示均大于2，说明周庄、西塘、乌镇、南浔、角直、朱家角江南社区型文化古镇旅游景观化规模集中程度存在"结构失衡、过度集中"的趋势。具体来说，周庄古镇由于在20世纪80年代末便开发旅游产业，2000年后达到临界点2，其他古镇均在2之下。西塘古镇在2003年后集中程度大于2。乌镇由于西栅景区持续开发的原因，大致在2012年后超过周庄古镇。在角直古镇，由于该古镇开发较为较慢，致使2007年以来，聚集程度指数一直保持在其他古镇之下。2009年后，朱家角古镇旅游景观化空间规模集中程度基本保持一致。

四、古镇空间旅游景观化的差异地理

根据土地空间转换的镶嵌模式，并结合周庄、西塘、乌镇、南浔、角直、朱家角江南社区型文化古镇空间旅游景观化现象及其景观空间格局指数情况，发现上述古镇空间转换存在下列规律：

其一，古镇原生空间地理形态结构与其所处的自然环境存在关联性，地方的自然作用决定古镇物理—地理空间发展形态。如周庄古镇物理—地理空间形态犹如"井"字，古镇物理—地理空间布局也基本围绕"井"字展开，呈"网络状+棋盘状"；西塘古镇物理—地理空间布局基本沿带状河流展开，又在其基础上延伸出"分支"，犹如"指状"；乌镇古镇分为东栅和西栅景区，基本沿河流展开，但又不局限于河流干支，呈"网络状+指状"；南浔古镇物理—地理空间形态虽也基本沿河流展开，但空间实践活动表现为"斑块散布型+指状"形态。此外，角直古镇为斑块散布型，朱家角古镇为"网络状+斑块散布型"。在旅游开发后，旅游空间实践产生的旅游景观空间分布也表现出与自然空间形态分布相似的格局，基本活动分布体现了地理环境决定空间布局的特征。

其二，旅游景观空间的地理布局与古镇核心景观要素分布具有关联性。研究表明，古镇旅游景观空间在与古镇原生自然空间表现出大致的空间布局形态外，同时也表现出了自身的规律与特征。由于古镇旅游空间实践与原住民居所环境选址条件存在差异，这决定旅游的空间实践更依赖于核心景观要素，旅游景观格局便会形成如围绕主干河流的边缘式、廊道式和多核式结构。此外，重要节点景观要素对旅游空间化实践具有导向性，在此背景下会形成单核式空间形态，如周庄的双桥、乌镇的茅盾故居、南浔的小莲庄等。除此之外，也会围绕传统生产生活空间及商业特征形成散布式空间形态，如西塘古镇和朱家角古镇就属于此类情况。在本研究涉及的所有古镇中，旅游景观的随机式形态较为少见。

其三，旅游景观化的地理分布与权力、商业便利等要素存在关联。地理现象的点状分布类型可能是均匀的，也可能是集中的，还有可能是随机的。各种类型的点状分布情况是多种要素作用的结果。结合在江南社区型文化古镇的田野观察，采用影视人类学摄影法，以及旅游景观指数分析法等综合分析可知，旅游景观要素的地理集中性受权力规制较为明显，如在政府力量介入参与开发的古镇，旅游开发项目及其形成的旅游景观均位于古镇核心区域。如周庄古镇的水上码头、乌镇西栅景观建构等，均表现出上述特点。另一特点为旅游景观化分布受商业便利因素影响，即地租原理驱动的特征明显。例如几乎所有案例地古镇的微旅游企业商业活动与休闲活动均围绕核心要素，集中分布于古镇的重要区域。基于这样的认识，我们可以得出古镇旅游空间景观化的物理—地理空间生产，存在微区域内不同尺度的"核心—边缘"模式，物理—地理景观的空间布局是空间资本和权力的地理表达，空间在生产着地理和社会关系，地理和社会关系也在生产着空间形态。由此可见，江南社区型文化古镇旅游空间生产是一种特殊类型的空间生产，其过程在突出生产的结果，即物质产品作为空间产品所具有的空间属性和所体现的空间意义，以及这种空间属性和空间意义所具有的特定作用和价值，这充分说明在江南社区型文化古镇物理—地理空间生产过程中，不仅生产创造了物质资料的空间形态，同时也生产创造了物质资料之间的空间关系，意味着古镇物理—地理空间生产既是内在空间形式的创造，也是外在空间关系的创造，既是古镇具体物质形态的空间存在形式的获得过程，也是物质形态之间新的空间关系的建构过程。以旅游为媒介的古镇物理—地理空间生产力，在发展过程中形塑着各种社会关系，古镇物理—地理空间的变化，本质上是社会关系不断变化的过程。

第三节　江南社区型文化古镇经济—社会空间生产

一、空间结构差异分析内涵与系数

在全球化、流动性等诸多因素促动下，周庄、西塘、乌镇、南浔、角直、朱家角江南社区型文化古镇在 2000 年后相继进入了新的发展期，古镇对旅游产业的重视程度更加突出。为了更好地探知旅游经济发展与社会空间结构的差异，本研究尝试借用赫芬达尔系数（H_n）、认同度（RD）和 Co-plot 综合研究案例地古镇经济—社会空间生产的变动情况。

（一）赫芬达尔系数（H_n）

赫芬达尔系数是奥里斯·C. 赫芬达尔（Orrls C. Herfilldalll）于 1950 年提出的，该概念内涵为一个行业中各厂商所占行业总资产百分比的平方和，即当所有的厂商都具有相同的规模时，该指数就变为 1/n，如果行业中只有一家厂商，则赫芬达尔指数等于 1。乔治·J. 斯蒂格勒（George J. Stigler）证明赫芬达尔指数可以用来计量市场份额的变化。这个指数包括了市场中所有的厂商，它与其他计量垄断势力的方法有相似之处。虽然这个指数知名度较高，但是由于资料要求方面的问题，所以难以进行经验分析。当然，人们可以用几家最大厂商的有限资料来计算一个最起码的赫芬达尔指数。赫芬达尔指数倾向于一种急剧偏向低值的分布。除非垄断势力分布不均等，采用这一指数很容易看出市场份额的变动差异。

$$H_n = \sum_{i=1}^{n} P_i^2$$

式中：H_n 为赫芬达尔系数，P_i 为前 n 个厂商所占总数的比值。赫芬达尔系数反映区域规模指标的聚集程度，数值越大说明越集中。

（二）认同度（RD）

认同度是指群体内的每个成员对外界的一些重要事件与原则问题，通常能有共同的认识与评价的程度。在实际测量中，可借助李克特量表（Likert Scale 5 Points）[①]分析法，从"认同"到"不认同"可分五个程度等级，即："很认同（5）""认同（4）""说不清（3）""不认同（2）"和"很不认同（1）"。在具体调查中，被调查者选择他们认为最为适合自己的唯一选项即可。假设被调查者对上述五项选项认同的人数依次分别为 x_1、x_2、x_3、x_4 和 x_5，则认同度（RD）公式为：

$$RD = \sum_{i=1}^{5}(6-i)x_i \bigg/ \sum_{i=1}^{5}x_i$$

（三）Co-plot

Co-plot 主要采用 SSA 最小空间分析对 n 个研究对象进行展示，n 个观测值映射到一个多维尺度空间，n 个对象被确定为 n 个点，p 个属性基于同一轴线和同一原点以 p 个箭头显示，处在箭头相同方向的表明高的正相关，两箭头呈 180° 表明两属性高的负相关，成 90° 垂直表示不相关。分析时根据数据矩阵 $Y_{n\times p}$ 标准化处理：$Z_{ij} = (Y_{ij} - \overline{Y}_{ij}) / D_j$，在采用 $S_{ik} = \sum |Z_{ij} - Z_{kj}| > 0$，（$1 \leqslant i$, $k \leqslant n$）对研究对象进行差异性测量，通过关系疏离指数 Θ 判断图形模拟精确性。

其中，$\Theta = \sqrt{1-\mu^2}$，$\mu = \dfrac{\sum\limits_{i,k,l,m}(S_{ik}-S_{lm})(d_{ik}-d_{lm})}{\sum\limits_{i,k,l,m}|S_{ik}-S_{lm}||d_{ik}-d_{lm}|}$；

图形在拟合过程中的 Θ 表示疏离指数，不高于 0.15 被认为较为理想，p 个

[①] 李克特量表通过对要调查的具体问题分级并赋值，可计算出被调查对象对特定问题（或目标）的态度和行为倾向，这种方法不仅可以了解人们对某一问题的局部态度，也可了解对问题的总体态度和行为倾向。

属性的相关系数 r_j 大于 0.40 表示良好。

二、旅游经济发展与古镇空间结构差异分析

就当代经济形态而言，发展的含义相当丰富复杂。通常认为，发展总是与发达或与工业化、现代化、增长之间交替使用。据此，经济发展包括三层含义：其一，经济量的增长，即一个国家或地区产品和劳务的增加，它构成了经济发展的物质基础；其二，经济结构的改进和优化，即一个国家或地区的技术结构、产业结构、收入分配结构、消费结构，以及人口结构等方面的变化；其三，经济质量的改善和提高，即一个国家和地区经济效益的提高、经济稳定程度的改善、自然环境和生态平衡，以及政治、文化和人的现代化进程。

基于上述阐述，本研究认为某一地区生产方式的动员与组织能力，决定着经济形态的生产与空间格局，这一原理不仅适合分析大尺度案例地，同样也适合分析微观案例地。本研究主要聚焦于经济结构的改进和优化层面，对案例地经济形态变化及市场趋势进行分析。20 世纪 80 年代末以来，周庄、西塘、乌镇、南浔、角直、朱家角江南社区型文化古镇逐步进入了空间的旅游化实践阶段，随着旅游业的逐步开发，该区域地方空间动员能力发生了前所未有的变化，生产关系逐渐在以农业、捕鱼业为主的江南水乡有限经济形态中，融入了以旅游业为特征的新的服务业经济形态。在对案例地古镇 2000～2018 年产业形态变化态势的赫芬达尔系数分析中发现，周庄、西塘、乌镇、南浔、角直、朱家角江南社区型文化古镇整体呈现下降趋势，尤其是 2005 年以后，古镇产业赫芬达尔系数下降趋势更为明显（图 4—56）。

从古镇产业赫芬达尔系数具体分析可看出，周庄与乌镇产业丰度要强于其他古镇，说明周庄和乌镇经济形态在原生产业基础上叠合了更多经济形态。从历时态角度分析，周庄和乌镇古镇产业赫芬达尔系数在 2000～2018 年间大致持平，但在 2010 年后，周庄产业赫芬达尔系数有所下降，说明周庄的产业经济形态丰度大于乌镇。角直与朱家角古镇在 2000～2018 年间的产业赫芬达

尔系数也保持持平，但同样大致在 2010 年后表现出区域差异性，朱家角的经济形态丰度大于角直。从产业赫芬达尔系数观察，南浔古镇与西塘古镇经济形态丰度居于中间位置，但在 2012 年前，南浔古镇的经济形态丰度大于西塘古镇，2012 年后则出现相反趋势。

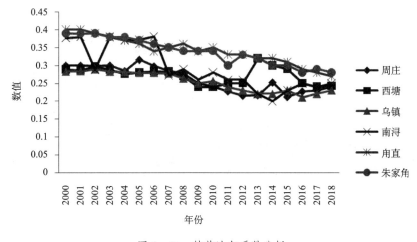

图 4—56　赫芬达尔系数分析

在通常情况下，这一变化趋势对证实古镇空间产业形态的变化趋势更具有说服力，而对证实这一变化趋势由何种类型产业引致，则并不具备充分条件。但是，结合江南社区型文化古镇具体经济形态分析，古镇原生核心空间由于受地理因素、经济条件，以及建筑环境等诸多因素影响，空间经济动员和组织能力受限，农业、捕鱼业基本为长期主导产业。在旅游要素融入后，古镇经济形态的多元性和丰富性可以判断是由旅游服务业所致而非其他产业，这说明旅游产业使古镇空间产业形态在单位时间内变得更加多元和丰富，且是总体表现态势呈集中到分散的重要原因[①]。从最早开发旅游业的周庄古镇（1989 年），到 1997 年后的西塘古镇，再到 1999 年后的乌镇等旅游

---

① 事实上，本研究案例地古镇空间经济发展由于统计口径及统计内容体系原因，无法形成可作比较的尺度数据，甚至在一定程度上除一般意义上的接待人数和门票收入能成功统计外，旅游产业贡献占比并不能清晰地从总产业形态中剥离。

接待人数（图 4—57）、旅游接待人数同比增长（图 4—58）和旅游总收入（图 4—59）的数据分析可以看出，除因 2003 年"SARS"①使旅游受阻外，基本呈现上升趋势②。

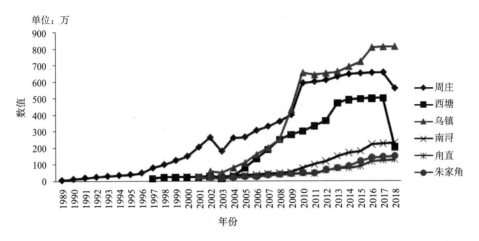

图 4—57　旅游总接待人数

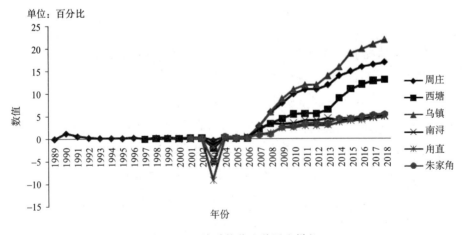

图 4—58　旅游接待人数同比增长

---

① 重症急性呼吸综合征（SARS）为一种由 SARS 冠状病毒（SARS-CoV）引起的急性呼吸道传染病，世界卫生组织将其命名为重症急性呼吸综合征。

② 旅游接待数据来源于古镇管理部门。

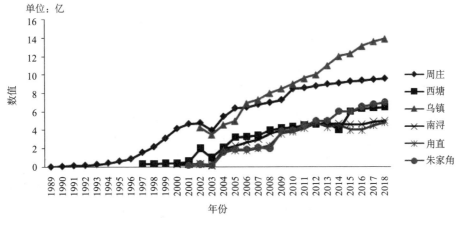

单位：亿

图 4—59 旅游总收入对比分析

在旅游总接待指标分析中发现，1989 年开始开发旅游业的周庄古镇和之后开发旅游的乌镇整体趋势优于其他古镇；大致在 2008～2009 年间，乌镇旅游接待人数超过周庄，上升幅度较快，可能的原因为乌镇"西栅"大规模旅游开发。在西塘、南浔、角直和朱家角旅游人数接待中，2010 年之前基本处于持平状态，2010 年后，南浔旅游接待人数开始上升，优于西塘、角直和朱家角。角直旅游接待人数略低于其他古镇。

由旅游接待人数同比增长数据分析发现，除 2003 年外，案例地古镇总体呈现上升趋势。2003 年，角直旅游接待同比增长低于其他古镇。在 2007 年，增长出现拐点，乌镇和周庄明显高于其他古镇，在乌镇与周庄比较中，乌镇增长速度快于周庄；其次为西塘古镇和南浔古镇，增长较慢的为角直古镇。

在旅游总收入对比分析中发现，较早开发旅游的周庄古镇在 1989～1997 年之间增长缓慢，1997～2003 年出现第一阶段增长期，增长势头明显优于该阶段陆续开发旅游的其他古镇。2003 年是案例地古镇旅游收入拐点年份，在此之后古镇整体进入增长期。周庄古镇和乌镇古镇速度快于其他古镇，2006 年以后，乌镇古镇旅游经济增长势头强劲，快于周庄古镇。在西塘、南浔、角直和朱家角古镇比较中发现，西塘古镇在 2004～2011 年处于优先地位，2011

年后被朱家角古镇赶超。朱家角古镇在 2004 年后呈现"先缓慢、后强劲"的趋势；南浔古镇在 2004 年处于中间位置，呈现"先增长、后放缓"态势。在案例地古镇中，甪直古镇旅游总收入整体增长较为缓慢。

　　旅游作为古镇一种新的经济增长和积累方式，改变着古镇空间经济形态及其发展态势。马克思主义政治经济学认为，在资本主义生产关系中，资本可以带来"剩余价值的价值"（孙正聿，2012）。马克思和恩格斯曾在《共产党宣言》中这样认为："资本不是一种个人力量，而是一种社会力量"（马克思、恩格斯，2015）。戴维·哈维在对理论研究和实践观察的基础上，提出了历史—地理唯物主义资本积累理论，主要探讨的是资本积累与空间生产之间的必然关系（张佳，2014）。按照他的理解，资本积累是资本主义生产方式成长的发动机，这就决定了资本主义体系具有很强的扩充性，正是自由竞争资本主义条件下生产的自发性和无秩序导致了资本主义的地理生产。哈维依据马克思对"资本积累过程必然导致资本过渡积累危机"的批判，进一步从空间视角发挥了马克思的资本积累理论（亨利·列斐伏尔，2013）。他指出，资本创造需要四个途径：其一，把资本渗透到新的范围；其二，创造新的社会需求和发展，发展全新的产品线，将消费组织成合理消费，从而适应资本积累过程；其三，促进和鼓励人口以某种长期资本积累的方式进行资本积累扩张；其四，在地理上扩张到新的领域。哈维总结说，通过上述几个途径，或它们的某种组合，资本主义可以创造出资本积累的新空间。前三条途径，可以视为空间结构的内在活动以及人口内部调整，后一条可以理解为地理的空间扩张。

　　从 1989 年到 2018 年，周庄、西塘、乌镇、南浔、甪直、朱家角江南社区型文化古镇旅游经济的空间渗透与实践表明，古镇旅游经济的发展本质是将旅游作为新的经济增长方式渗透到新的范围的过程；相对于古镇传统经济形态而言，旅游作为新兴服务形态，也是创造新的社会需求，发展全新产品，将新兴消费模式组织成合理消费模式的过程；从经济发展尺度方面审视，也是经济的大尺度循环转向小尺度，以及大小尺度循环的地理过程，本质上是新经济形态在地理上的扩张过程与结果。

三、古镇社会空间的杂化与层化

周庄、西塘、乌镇、南浔、甪直、朱家角江南社区型文化古镇旅游发展，带动了古镇社会日常生活空间的杂化与层化，古镇原生空间在分割和拼贴中表现出不再单纯的空间形态，经济社会空间的复杂化导致了古镇现代性景观表征，方方面面传达了权力与资本生产关系的准则和价值观。

（一）古镇日常生活社会空间的复杂化

社会空间是被社会群体感知和利用的空间。列斐伏尔认为"社会空间总是社会的产物"（Lefebvre，1991b）。在任何空间中，当一种空间形态转变到另一种空间形态时，必然伴随新空间的产生。周庄、西塘、乌镇、南浔、甪直、朱家角江南社区型文化古镇空间形态生产的社会学意义，不仅强调空间集合的几何特性，更重要的是蕴含着社会关系与人类学意义。作者在对周庄、西塘、乌镇、南浔、甪直、朱家角江南社区型文化古镇社会空间的调研和分析中发现，古镇社会空间的生产具有复杂性。

1. 日常生活空间的非共同体化凸显

德国政治经济学家、社会学家马克斯·韦伯（Max Weber）认为："如果参与者主观感受到（感情的或传统的）共同属于一个整体的感觉，这时的社会关系就可以称为'共同体'"（马克斯·韦伯，2000）。很显然，共同体具有特定的社会关系。与此对应，非共同体则淡化了"传统的""感情的"要素。衡量非共同体的重要观察点即日常生活空间（阿格妮丝·赫勒，2010），这也能体现和反映出旅游经济发展对周庄、西塘、乌镇、南浔、甪直、朱家角江南社区型文化古镇原住民生活方式的改变程度和社会关系的生产。研究发现，周庄、西塘、乌镇、南浔、甪直、朱家角江南社区型文化古镇在旅游经济融入后，出现不同程度的原住民居住空间空心化现象，以及经营者的空间替换和填充现象。此外，古镇原住民对生活节奏变化的感知情况、古镇社会互动模式变迁、邻里行为相互影响、左邻右舍互动情况、邻里关系广度及其深度情况等方面的认同程度也呈现出了差异，而居民对生活之共同价值规范弱化层面则存在较多认同。这一事实表明，与传统古镇社会空间相比，旅游融入古镇后的社会关联呈现"非共同体化"，古镇空间原有的联结纽带呈现衰弱化现象。

> 现在选择比较多，也比较自由，一些人到外面的工厂打工去了，根据自己的情况选择吧，一些房子主要租给外地人经营。现在大部分是自己顾自己，邻里（相互）走动的时间比较少了！
>
> ——FT6-PXU-A（女，周庄古镇原住民）

> 原来古镇生活还是比较轻松的，邻居交往比较随意，经常在外面的桥边聊天、喝茶。旅游发展后，这里的菜也比我们乡下的贵多了，旅游带来了商业化，商业化带来物价上涨，有一些店铺属于本地人转租给外地人经营，物价高些，都要按照经济方式交往，现在我们本地人也要买菜啊，就是太贵，有时候还回到自己乡下去种菜吃！
>
> ——FT3-QWM-D，FT21-LOU-B（女，朱家角和周庄原住民，社区精英）

2. 日常生活空间的社会流动性增强

流动性是流动实践增强的过程，包括物理空间的流动性和社会空间的流动性。前者通常容易理解，如因工作、居住、社会交往等因素导致的地理空间移动；后者指人们的地位或位置的变化（李强，2011）。更准确地说，它包括个人或群体在地理空间结构中位置的变化和在社会分层结构中位置的变化两方面。调查分析发现，周庄、西塘、乌镇、南浔、甪直、朱家角江南社区型文化古镇旅游空间生产，因资源占有差异及其表现形式与之前比较出现了较大变化，古镇原住民对职业结构、旅游拓展家庭就业空间、旅游提升社会参与地位、旅游代际间的职业流出率、社会地位阶层分化等主题感觉到的变化较大，对社区的社会分层和社会整合程度状况等表现出较高的认同。这表明旅游经济形态融入古镇，导致了古镇社会分层程度提高，社会碎化和社会分化现象出现。

自从旅游开发后，来古镇的外地经营者便开始多了，这些人主要是通过租赁居民房屋来做旅游生意，他们比本地居民有优势，见过世面，知道做什么可以赚钱，这比当地老百姓好多了。

——FT03-LYU-A（男，角直原住民）

人员的流动性增加比以前大多了，社会也比以前更加复杂，现在西塘古镇的游客要比原住民多得多，古镇空间以前属于当地人的空间，现在外地人占大多数。

——FT26-LFM-B（男，西塘古镇原住民）

街面边的店铺可能生意好点，因为旅游开发线路问题，有的收入会高，有的低些；不过收入高的人员一直是收入低的榜样。旅游开发把不同类型的人聚在了不同的圈子里。

——FT27-YIT-A（男，周庄古镇原住民）

这个店我（经营）很多年了，平时日常业务基本由我自己打理，自己习惯就好，这些事情（注：指从事旅游业）我（妇女）做比较适合。因为相比以前捕鱼，现在的生活更能体现我的价值吧，我也比较喜欢从事旅游业。

——FT25-HOU-C（女，南浔庄古镇原住民，社区精英）

3. 日常生活空间的地方依恋失落

"地方"和"空间"是人们熟知的表示共同经验的词语，但是"地方"和"空间"具有不同本质。一般来说，"地方"意味着安全，是价值的中心（段义孚，2017）。"空间"则意味着自由，是拓展的起点。具有不同文化背景、社会阅历的人在如何划分自己的世界，如何对其世界的各个部分分配价值以及如何度量这些价值方面存在差异。人作为万物的尺度，会根据自己的经验和社会体会来组织自己的空间感知。社会访谈发现，周庄、西塘、乌镇、南浔、角直、朱家角江南社区型文化古镇原住民对旅游维系社会平衡、增强原住民自豪感、保护古朴民风民俗、对挽救地方传统文化、旅游业过度商业化之间存在着积极赞同和被动回应的复杂心态。这一事实表明，古镇原住民对旅游开发导致的社会效应和地方依恋的忧虑程度要大于认同程度。

旅游能否挽救文化，你也看见了，"双桥"上面的人走都走不动，还要有专门的人维持（秩序），他们只是来旅游的，要说自豪感？（比较复杂）。像古镇1086慢生活街区开设的酒吧一条街就不太好，"红庭""春去春又回"等酒吧是西方文化，体验的是现代风情，和我们周庄不一样，以前周庄的晚上也是安静的，现在晚上比较喧嚣，安静没有了。

——FT29-KMH-A（女，周庄古镇原住民）

社会当然比以前复杂多了，找不到以前的感觉，感觉周庄旅游业的发展太商品化了。这可能也是一个必然的结果，破坏了当地原有的文化传统（传承和延续机制），对文化的保护与发展无疑是灭顶之灾；但是也没有办法，最好是有人来协调一下。

——FT30-MFF-B（女，周庄古镇原住民）

以前家住在西栅，现在那里变成了纯旅游景区，我们去也要收门票，进出不方便了，以前的地方肯定怀念啊，因为从小在那里长大，门前就是河流，河流边上有一棵大树，夏天我们经常在树底下乘凉、聊天。现在居住的地方变为了现代小区，感觉不如以前大家在一起热闹，就是你们城里人现在说的"乡愁"吧。

——FT31-DR-C（男，乌镇西栅原住民）

（二）经济社会属性生产与原住民权能的层化

一般认为，任何空间形态在任何时空背景下都有其特殊的空间结构模式，新的空间特质在现代性引入后，不能匹配于原有空间模式结构，则会发生空间属性变化的情形。在周庄、西塘、乌镇、南浔、角直、朱家角江南社区型文化古镇传统社区社会中，作为地域性生活共同体的古镇空间，其属性在没有外界冲击的时候，它与处于自身社会结构中的经济基础与上层建筑是一个自洽的实体，新要素叠加一定会发生变化。通过以上对周庄、西塘、乌镇、南浔、角直、朱家角江南社区型文化古镇社会空间的生产分析可以看出，古镇旅游开发使古镇原有的内源性本体空间正面临前所未有的冲击，原本的物理空间（聚居场所）转换成充满意义的社会空间（公共领域），在此转变过程中，古镇空间价值观安置也必然随之发生改变（表4—8）。

表4—8　社会空间的多重属性审视

原生空间属性	社会空间属性	空间价值观安置
差序格局、礼俗社会、长尊有别，属于"地方"，是自己的。"地方"属于价值的中心，具有特殊的真实性和亲切感	属地格局空间、杂糅并置空间，"空间"不再全是自己的。社会空间可以占据原生空间，甚至通过空间价值观控制或规范原生空间	从维持伦理秩序、家道昌顺、幸福安康到空间的复杂性。从传统农业、捕鱼生产生活方式到从事旅游经济新业态。从地方空间变化为公共空间。从农业经济生产生活方式转向现代经济生产生活方式

资料来源：根据实地调查归纳和总结。

除古镇上述空间价值观安置问题发生变化外，新的经济形态对周庄、西塘、乌镇、南浔、角直、朱家角江南社区型文化古镇空间的融入，也引致了古镇社会空间的分层。从经验角度分析，研究社会空间分层能发现真实的社会活动、社会活动意义及其空间的差异地理。从资料的可获得性出发，本研究采用 Co-plot 空间分析法，对案例地古镇社会空间分层进行测度。

在本研究中，首先需要对测量对象内涵进行解析和梳理。20 世纪 80 年代，彼得·E. 墨菲（Peter E. Murphy）在其著作《旅游：社区方法》（*Tourism: A Community Approach*）（1985）一书中提出"社区参与式旅游发展"理论，较为详细地阐述了旅游业对社区的影响，社区对旅游的响应及如何从社区角度去开发和规划旅游（Murphy，1985）。墨菲把"社区方法"（community approach）的理念与旅游发展思路相结合，旅游业被看作一个社区产业，从社区利益出发，由社区确定发展目标、控制开发过程，追求社区经济、社会、文化与生态之间的平衡，最终实现社区的发展，社区参与与社区增权被认为是实现旅游开发可持续发展的重要途径之一（Murphy，1985）。约翰·S. 阿克马（John S. Akama）最早在对肯尼亚生态旅游的研究中提出了对社区居民增权的必要性（Akama，1996）。雷吉娜·斯彻文思（Regina Scheyvens）正式将增权理论引入到生态旅游研究中，并明确指出，旅游增权的受益主体应当是目的地社区居民，并提出了一个包含政治、经济、心理、社会四个维度在内的社区旅游增权框架（Scheyvens，1999）。相对于墨菲提倡的传统社区参与方法而言，这一理论的核心就是要引导社区居民从被动参与转向主动行动，让整个社区在旅游开发过程和结果中增加实际利益分享，确保当地社区和居民的权益并保证最大化。

在现有社会制度和条件下，社区增权能否有效实现，在此暂且不论。本研究仅借用该理论核心内涵，测定案例地原住民在旅游发展过程中的实际增权效能。据此，在上述理念指导下，本研究界定的"权能"概念是指聚居在一定固定地理区域里的古镇原住民，因共同的兴趣、以一种契约关系和由"理性的"意志参与旅游开发过程中增权的实际效能。权能在此既是古镇原住民权利的要素，又是古镇原住民拥有权利的具体内容。

在具体分析时，研究借鉴了斯彻文思的四维框架，并结合周庄、西塘、乌镇、南浔、角直、朱家角江南社区型文化古镇具体情况进行了适当补充，把社区权能划分为经济权能（JJQ）、政治权能（ZZQ）、社会权能（SHQ）、制度权能（ZDQ）、信息权能（XXQ）五个方面[1]。在五项隐形指标下面又细分为 57 项显性指标。本研究涉及的测量因素采用上下结合的方式完成。首先，先后选择古镇 23 位原住民，并在轻松、平等的环境下对旅游开发后的空间认同度进行焦点访谈（2014 年 7～8 月）。其中，20 位属于"探索性/饱和"人员，20 位作为"验证性/认同"人员，每人的访谈持续时间平均在 30 分钟左右，访谈后马上进行编码，使得数据的收集和随后的分析工作能够很好地连接起来。访谈中将没有发现比较集中的新情况即访谈饱和次数记录下来，再集中另一组"验证性/认同"人员访谈，找出在指标上出现认同概率低于平均概率的临界点，以此方式初步确认预选指标。然后邀请 12 位从事旅游行业及相关专业的专家和学者对剩余因子的实际重要性进行判断，通过反复问答式

---

① 鉴于本研究文本结构体系划分原因，斯彻文思增权理论中的"心理权能"内涵将融入本章第四节中进行分析。

交流，最终达成一致意见，并形成最终指标（表4—9）。

表4—9　江南古镇社区权能指标

权能一级指标	权能二级指标
经济权能（JJQ）	JJQ1：社区经济发展方式显著改变、JJQ2：带来了社区经济总体收入、JJQ3：社区发展依赖旅游经济形态、JJQ4：旅游经济改变个体生计方式、JJQ5：参与旅游经济发展机会、JJQ6：参与旅游经济发展行为、JJQ7：参与旅游发展区位选择、JJQ8：旅游增加就业机会、JJQ9：旅游带来个体经济收入、JJQ10：旅游收入能被家庭共同分享、JJQ11：旅游生活得到显著提高、JJQ12：生活依赖旅游经济程度、JJQ13：外来投资致使旅游收益漏损
政治权能（ZZQ）	ZZQ14：认同旅游开发模式、ZZQ15：增强对模式的信任感、ZZQ16：拥有参与旅游决策的机会、ZZQ17：拥有参与旅游决策的权力、ZZQ18：能够发表对旅游开发的看法、ZZQ19：意见能被开发主导方重视、ZZQ20：主导方能够提供参与环境、ZZQ21：主导方能协调处理社区问题、ZZQ22：利益诉求能够得到满足、ZZQ23：能提高参与事务的地位、ZZQ24：具有参与归属感、ZZQ25：具有参与自豪感
社会权能（SHQ）	SHQ26：旅游开发导致社区分化、SHQ27：收入拉大贫富差距、SHQ28：增进居民之间的关系、SHQ29：导致物价变化、SHQ30：社会风气变得更好、SHQ31：思想观念变化程度、SHQ32：对旅游开发的信心、SHQ33：提升自身素质、SHQ34：旅游与社会地位、SHQ35：旅游与就业、SHQ36：旅游与物理空间流动、SHQ37：旅游与社会空间流动、SHQ38：维护民族文化、SHQ39：对旅游充满希望、SHQ40：地方总体变迁
制度权能（ZDQ）	ZDQ41：有有序参与旅游开发的保障机制、ZDQ42：有收入分配相应制度规范、ZDQ43：有平衡责任和义务的制度安排、ZDQ44：有规范约束行为的制度、ZDQ45：对参与旅游开发保障机制的认同、ZDQ46：对收入分配相应制度规范的认同、ZDQ47：对平衡责任和义务的制度安排的认同、ZDQ48：对规范约束行为的制度的认同、ZDQ49：对文化保护制度的认同、ZDQ50：对社会和谐制度的认同
信息权能（XXQ）	XXQ51：了解旅游开发模式、XXQ52：了解社区旅游开发决策、XXQ53：了解社区旅游开发运作程序、XXQ54：了解旅游总体收益、XXQ55：了解旅游收益分配情况、XXQ56：了解旅游发展趋势、XXQ57：了解周边古镇开发情况

　　本研究所指的权能认同度是古镇社区居民对六项隐形指标认为"重要"的认同程度。在实际测量中，本研究采用李克特五点计分法，在研究中遵循"非常不认同（1）""不认同（2）""中立（3）""认同（4）""非常认同（5）"基本原理，并根据实际灵活调整表述。

　　在对周庄、西塘、乌镇、南浔、甪直、朱家角江南社区型文化古镇经济权能的 Co-plot 分析中，疏离指数 Θ 为 0.066。从图 4—60 可以看出，在"JJQ1：社区经济发展方式显著改变""JJQ2：带来了社区经济总体收入""JJQ3：社区发展依赖旅游经济形态"三项指标在古镇测量中较高，而"JJQ7：参与旅游发展区位选择""JJQ10：旅游收入能被家庭共同分享""JJQ11：旅游生活得到显著提高"和"JJQ12：生活依赖旅游经济程度"四项指标测量数据较低。数据显示，周庄和乌镇旅游融入古镇空间的程度最大，角直最小。在"JJQ7：参与旅游发展区位选择"方面，案例地古镇数据普遍较低。总体说明，旅游经济对案例地古镇的融入较强，但是古镇原住民旅游经济的获得感和参与旅游的自主度有待提高。

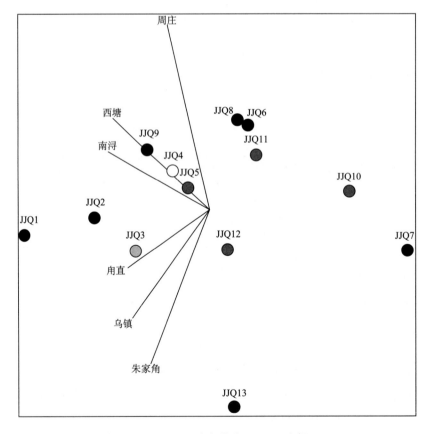

图 4—60　经济权能的 Co-plot 分析

在对周庄、西塘、乌镇、南浔、角直、朱家角江南社区型文化古镇政治
权能的Co-plot分析中,疏离指数 Θ 为0.037。从图4—61可以看出,在"ZZQ21:
主导方能协调处理社区问题"和"ZZQ23:能提高参与事务的地位"两项指
标测评较高,而在"ZZQ16:拥有参与旅游决策的机会""ZZQ17:拥有参与
旅游决策的权力""ZZQ24:具有参与归属感""ZZQ25:具有参与自豪感"
和"ZZQ19:意见能被开发主导方重视"五项指标测评数据较低。尤其是
"ZZQ16:拥有参与旅游决策的机会"和"ZZQ17:拥有参与旅游决策的权
力"两项指标在所有测量数据最低,前者最典型的为乌镇,后者为朱家角古
镇,可能与其开发模式存在内在关联。总体说明,旅游开发提高了原住民对
新型经济形态的参与,但是参与机会、决策以及归属感等权能均有待提高。

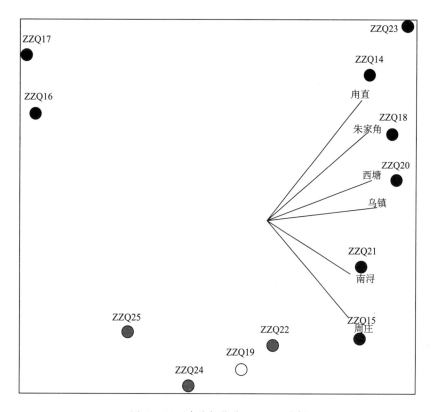

图 4—61　政治权能的 Co-plot 分析

在对周庄、西塘、乌镇、南浔、角直、朱家角江南社区型文化古镇社会
权能的Co-plot分析中，疏离指数 Θ 为0.043。从图4—62可以看出，在"SHQ36：
旅游与物理空间流动""SHQ40：地方总体变迁""SHQ38：维护民族文化"
"SHQ29：导致物价变化"和"SHQ31：思想观念变化程度"五项指标测评
数据较高，在"SHQ28：增进居民之间的关系""SHQ33：提升自身素质"
"SHQ34：旅游与社会地位""SHQ37：旅游与社会空间流动"和"SHQ32：
对旅游开发的信心"等五项指标测评较低。在"SHQ34：旅游与社会地位"
指标方面，案例地古镇数据普遍较低，其中最低的是角直古镇。总体说明，
旅游开发增强了古镇空间的物理流动性，人员互动性增强，物价增长，古镇

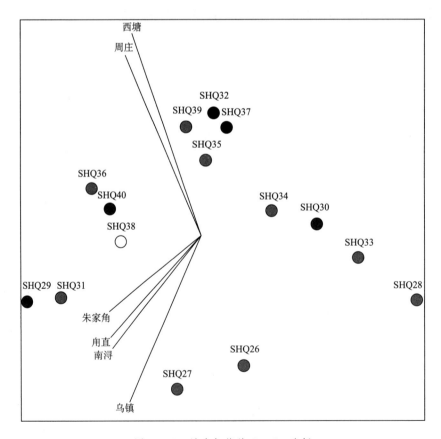

图4—62 社会权能的 Co-plot 分析

居民思想观念变化加大，维护文化的意识增强，古镇社区变化较大；但是人与人之间关系变化程度加大、参与旅游的社会地位，以及参与旅游对自身的改变等方面有待进一步加强。

在对周庄、西塘、乌镇、南浔、角直、朱家角江南社区型文化古镇制度权能的 Co-plot 分析中，疏离指数 Θ 为 0.031。从图 4—63 可以看出，对"ZDQ41：有有序参与旅游开发的保障机制"和"ZDQ42：有收入分配相应制度规范"等指标测评较高。对"ZDQ46：对收入分配相应制度规范的认同""ZDQ47：对平衡责任和义务的制度安排""ZDQ49：对文化保护制度的认同"和"ZDQ50：对社会和谐制度的认同"四项指标测评数据较低。在"ZDQ47：

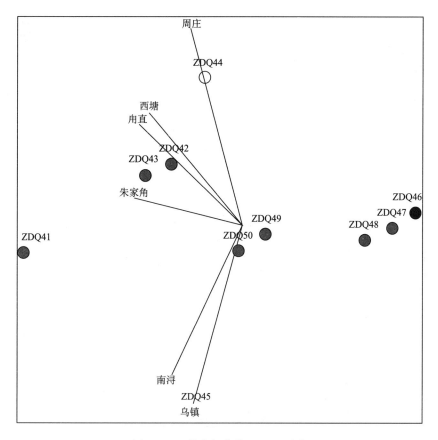

图 4—63　制度权能的 Co-plot 分析

对平衡责任和义务的制度安排的认同"测量中数据显示最低，尤其以甪直古镇最为突出。总体说明，古镇旅游开发本身具有相应保障机制，但是保障机制对古镇原住民，以及古镇社区普惠程度有待提升。

在对周庄、西塘、乌镇、南浔、甪直、朱家角江南社区型文化古镇信息权能的 Co-plot 分析中，疏离指数 Θ 为 0.012。从图 4—64 可以看出，对"XXQ51：了解旅游开发模式"和"XXQ57：了解周边古镇开发情况"测评指标数据较高；对"XXQ54：了解旅游总体收益""XXQ55：了解旅游收益分配情况"和"XXQ56：了解旅游发展趋势"三项指标测评较低；对"XXQ52：了解社区旅游开发决策"和"XXQ53：了解社区旅游开发运作程序"两项指

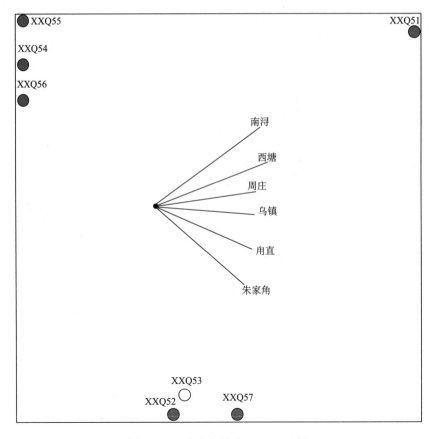

图 4—64　信息权能的 Co-plot 分析

标测量居中。乌镇、角直和西塘在"XXQ55：了解旅游收益分配情况""XXQ56：了解旅游发展趋势"两项测评数据最低。总体说明，人们对古镇旅游开发基本情况有一定了解，但是对古镇旅游收益及分配信息权的了解有待提高。

在对周庄、西塘、乌镇、南浔、角直、朱家角江南社区型文化古镇总权能的 Co-plot 对比分析中发现，疏离指数 Θ 为 0.011。周庄古镇获得较好的测评数据，其次是西塘和乌镇，角直古镇测评数据在本研究案例地中位于最后。在古镇旅游企业的空间分布区域中，具有政府、企业背景旅游经济活动的空间分布疏离指数 Θ 为 0.001。经过数据统计分析可知，具有政府或企业背景的旅游经济活动的空间分布在核心区最多，边缘区最少（图 4—65）。在西塘

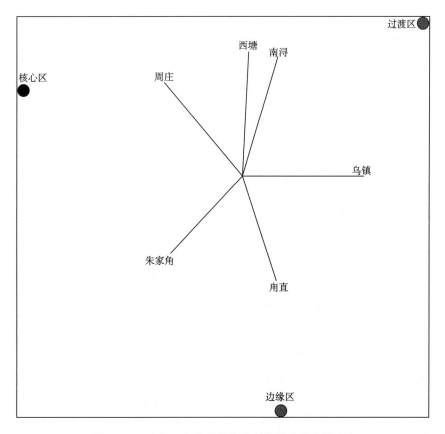

图 4—65　政府、企业背景旅游经济活动的空间分布

古镇，具有政府或企业背景的旅游经济活动在过渡区多于其他古镇。在朱家角古镇，此类性质的旅游经济活动在边缘区多于其他古镇。总体来看，具有政府和企业背景的旅游经济活动的空间分布基本位于古镇核心区域。

基于上述分析，本研究认为，周庄、西塘、乌镇、南浔、角直、朱家角江南社区型文化古镇旅游地差异地理形成的过程，在结构性作用力的驱使下终将固化为差异的地理空间社会，表现为新的空间间性（郭文，2013）。用地理学家戴维·哈维的观点解释，即"一旦把它放入政治经济学领域进行分析，就会发现它被现代生产关系所形塑，并且反过来又会改变生产关系"（Harvey，1982）。

四、古镇社区传统政治治理的弱组织化

马克斯·韦伯将社会统治合法性的基础分为三种纯粹类型：传统型权威、个人魅力型权威和法理型权威。其中，传统型权威是指依托以前制度和统治权力的神圣基础，并且人们对此毫无怀疑（马克斯·韦伯，2000）。尤尔根·哈贝马斯（Jürgen Habermas）在对政治权威合法性与传统权威之间的相关性分析中认为："地方政治力量是一种秩序认可，任何社会在由传统向现代变迁过程中，都不同程度地引发政治权威合法性危机问题"（尤尔根·哈贝马斯，1989）。在周庄、西塘、乌镇、南浔、角直、朱家角江南社区型文化古镇传统社区社会治理中，政治与空间秩序关系密切。在旅游开发前，上述古镇地方空间造就了原住民日常生活、物质生产、宗教信仰的内在一致性，古镇社会秩序的政治反映及其合法性生成，非常依赖传统秩序对内部生活的实践。

流动性及旅游介入周庄、西塘、乌镇、南浔、角直、朱家角江南社区型文化古镇，带来了国家权威对地方的进一步渗透，景观成为权力的工具（Mitchell，2002），国家权威借助传统力量和政治资源，减少了管理成本，体现了国家权力对地方权力的"吸收"；另一方面，国家权威也不完全借助传统力量和政治资源，而体现出了"另起炉灶"的特征。

为确保古镇两委的核心地位，旅游发展后吸收了制度外显性力量。代表国家的旅游部门、管委会是一条线；传统权威是另一条线。两条线同时运作。

——FT2-XFM-A（男，周庄古镇原住民，社区精英）

为了获取更多的旅游开发利益，周庄、西塘、乌镇、南浔、角直、朱家角江南社区型文化古镇传统权威人员，也乐于通过"被吸收"获得更多合法地位。进入组织的"精英"本质上是以"制度外身份"与正式权力合作，表现出传统权威与新型权威"共谋"的特征。

进入管委会的人员，除参与古镇旅游环境治理、收门票、配合上级领导检查、参与开发外，也参与古镇治理，还会通过传统文化实践来起作用。

——FT32-TR-A（男，西塘古镇原住民）

除上述两种形式外，旅游开发带来地方传统政治形式弱组织化或消解的同时，也因周庄、西塘、乌镇、南浔、角直、朱家角江南社区型文化古镇资源治理和手段运作带来一定张力。正如马克斯·韦伯所说的"依靠一定秩序来维护社会存在的途径，是以一种'命令—服从'的关系来建立的"（马克斯·韦伯，1997）。

在乌镇西栅景区，作者在中心街对 WXS（FT48-WXS-D，男）进行调研时，他认为："乌镇原来比较封闭，也正因为这样，原始景观才得以保留下来。市场经济渗透到基层后，这里变成了可以交换的商品，政府与开发商占有权力和资本，置换了原住民的产权。"在此过程中，首先是权力为资本提供了通道，资本满足了权力的欲望，权力与资本的结合成为旅游空间得以生产的基础；其次，权力与资本又在相关权力关系网的支撑下，使其行为变得合法化，集体土地变为国有土地的过程是一个不平等的产权交易过程。这说明，在以旅游为媒介的古镇现代化进程中，与传统截然不同的社区秩序治理结构及其因日常生活与旅游业的时空错置，是产生张力的重要原因，这在某种程度上是新权威仪式生产，传统组织秩序消解的过程与结果。在对旅游空间生产的认同中，南浔古镇的 HUI（FT50-HUI-C，男）、周庄古镇的 FU（FT51-FU-C，女），以及乌镇的 YU（FT52-YU-D，男）均表示了相同的看法。他们认为：

"旅游开发也是一把双刃剑，例如景区的卡拉 OK 厅与古镇历史价值就严重不符，对传统文化绝对是破坏；一些传统文化该挖的没有好好挖，反而一些不相融合的现代的东西来了。旅游空间生产需要处理好三个价值：科学价值、历史价值和文化价值。旅游开发中三大价值如何有机结合？这是真正要考虑的！尤其是科学价值，应当包括正确处理好开发者与原住民之前的关系，这是最大的民生问题，也是政治问题，这些结合不起来，江南社区型文化古镇的旅游开发就会造成空间的不平等发展。"

五、主体泛化下古镇日常生活交往中的现代张力

"张力"其意义与矛盾相当，即为两个理论间存在某种矛盾。在社会科学中，"张力"一般是指存在的冲突、紧张和对立统一的关系。周庄、西塘、乌镇、南浔、角直、朱家角江南社区型文化古镇的空间性生产，不仅导致了交往主体的泛化，而且带来了古镇主体间日常生活交往中的现代张力。

（一）古镇日常生活空间的断裂与关系重构

在中国市场经济推进背景下，周庄、西塘、乌镇、南浔、角直、朱家角江南社区型文化古镇部分原住民的乡土意识，以及古镇的社会交往发生了微妙变化。作为一种重要空间表征，旅游对地方的渗透使古镇原住民无法获取经济利益，而外出打工却使古镇内部和外部建立了密切的关联，现代性因素带来的逐利行为在某种程度上淡化了以前以情感为基础的乡土意识，出现了不同尺度上日常生活空间的断裂与空间关系的重构。

景区原住民整体外迁后，原住民就失去了参与旅游发展的机会，现在公司整体经营，原住民无法进入，在城市打工可以按期领到工资。但是，在城市打工，人与人的关系不如在古镇以前亲密，这可能是最大区别吧。

——FT33-FUY-D（男，乌镇古镇西栅原住民）

在地域文化影响下，周庄、西塘、乌镇、南浔、角直、朱家角江南社区型文化古镇原住民，在日常生活中逐渐形成了独具特色的行为惯习。比如，本研究在调研中发现，"天人合一"的哲学思想、"有序齐家"的伦理根基、"助乡怀园"的责任担当、"诗意栖居"的生活形态，等等，深深嵌入在古镇原住民日常生活空间中。在此信仰体系下的价值观念、信仰和仪轨，通过融入周庄、西塘、乌镇、南浔、角直、朱家角古镇原住民个体和社区社会结构，转化为规约原住民日常行为的惯习力量，这使得古镇社区成为一个近乎天然的道德约束共同体（地方共同体），古镇社区空间的文化形态，成为了古镇原住民日常生活空间的精神价值引领，这种意识集中于古镇原住民共同信仰之上，可以说是一种社区社会无意识层面的社会建构过程。自20世纪80年代末以来，旅游业对周庄、西塘、乌镇、南浔、角直、朱家角江南社区型文化古镇日常生活空间的渗透，使古镇空间形态逐步向旅游经济空间形态转变。旅游开发常常借助古镇传统物质空间特有的意象或符号作为吸引游客参观的载体，一切以服务旅游业作为主导的理念成为古镇空间实践的指导思想，以旅游为主导的现代性在江南社区型文化古镇的蔓延，加剧了古镇原住民日常生活空间转向多元并置的流动空间，并使流动性本身成为地方新的重要特征。原住民在日常生活空间中对市场经济理念的领悟与体验，以及在此体系中形成的利益相关者之间的争夺，支配着古镇现代经济、政治和日常生活意义的重构，这一切致使古镇日常生产空间转向了更为商业化和世俗化的新空间形态。

我们原来在城里开店，现在到这里来是因为这里房租便宜，更重要的是随着古镇开发的加快，古镇旅游生意有很大提升空间；像我们一样来古镇的，还有一家原来也在城里，现在也过来了。

——FT35-WTR-A（男，西塘古镇微企业老板）

在调研中，古镇原住民 RI（FT54-RI-B，男）告诉作者："古镇一些外出打工的原住民观念也发生了变化，由于在本地参与旅游业的程度不高，现在外出打工的原住民越来越多，都去城里工厂了。"谈及此事，文化精英 KI（FT56-KI-D，男）认为："个体行为是社会关系和结构的再生产，这必然会引起个体与集体之间的张力。"

在调研中还发现，旅游开发后的市场经济意识在周庄、西塘、乌镇、南浔、角直、朱家角江南社区型文化古镇原住民中的渗透，也出现了社会隐性张力，一些因外出打工和几家因参与旅游而先富裕起来的原住民，成了其他村民羡慕与嫉妒交织的对象。经营客栈的原住民 GE（FT60-GE-B，女）说："我家因为经常有游客过来，KY（FT74-KY-B，男）就经常公开说游客声音太吵，其实是看着天天有游客来，有点嫉妒不习惯；而 PU（FT61-PU-B，女）因为我经常介绍吃饭的游客去她那住宿，关系就比较好。旅游带来的收入不多，但是麻烦也不少。"这说明，古镇原住民在获得利益和无利益关照情况下对他人的认同发生差异，原住民人际关系由习俗型信任转为契约型信任。

（二）古镇传统与现代生活方式的冲突

生活方式作为一个内容相当广泛的概念，包括人们的衣、食、住、行、劳动工作、休息娱乐、社会交往、待人接物等物质生活和精神生活方面的价值观、道德观、审美观以及与这些方式相关的其他方面。生活方式可以理解为在一定的历史时期与社会条件下，各个民族、阶级和社会群体的生活模式。不同的个人、群体或全体社会成员在一定社会条件制约和价值观念指导下，会形成满足自身生活需要的全部活动形式与行为特征体系。生活方式是生活主体同一定的社会条件相互作用，进而形成的活动形式和行为特征的复杂有机体。

不同的地理环境决定生产力的形成，不同的生产力又影响着生活方式的具体特征。周庄、西塘、乌镇、南浔、角直、朱家角江南社区型文化古镇日常生活空间自然禀赋的绝对性，是影响和决定古镇社会经济发展生产力和原住民日常生活方式的最大因素。江南社区型文化古镇空间的构建，或始于"水"，或以"水"为终结，或围绕"水"而进行，原住民日常生活以水为基，与水共生，以水为介，日常水利灌溉、水乡物产、交通运输等生产生活，始终围绕着"水"而展开，一切打上了"水"观念的烙印。如周庄的前街后河、乌镇的家家枕河、西塘蜿蜒连绵的廊棚，就凸显了古镇物理空间构造的"水"地理特色。在生产方式的统一结构中，生产力发展水平对生活方式不但具有最终的决定性影响，而且往往对某一生活方式的特定形式也发生直接影响，这是决定古镇原住民日常生活空间形态形成的基底。

旅游作为新生产力和新生产方式，其介入使周庄、西塘、乌镇、南浔、角直、朱家角江南社区型文化古镇原住民日常生活方式发生了重大转向。在上述古镇，社会空间生产是以古镇旅游空间为依托，以古镇社会关系的再生产为取向的社会活动。与原生空间中主要以原住民为主体的空间相比，周庄、西塘、乌镇、南浔、角直、朱家角江南社区型文化古镇在旅游介入古镇空间并实施不同开发模式的背景下，逐步形成了地方政府、开发商、社区原住民、游客等多主体并存的格局。如周庄古镇以政府为主、其他主体为辅，形成混合型经营模式；西塘的"全镇全域"保护、"全产业链"创新、"全面多元"协同、"全民参与"模式；乌镇的市场化运作，并出售股权模式；南浔的经营权与所有权分离，并出售经营权模式；角直的公司自主经营模式，以及朱家角自主经营、免费开放、以商养镇的模式，这些模式促使古镇新的公共空间、新的职业空间和新的私人空间发生了不断的生产。

在上述背景下，旅游发展对周庄、西塘、乌镇、南浔、角直、朱家角江南社区型文化古镇原住民生活方式带来巨大影响，这些影响不仅体现在古镇物质生活方面，还体现在古镇更深层次的精神生活方面。在古镇居住层面，旅游开发后部分古镇采取原住民搬出景区的经营模式，如乌镇西栅社区，属于全部外迁类型，原住民不允许居住在古镇内，古镇旅游开发由开发公司负责空间改造与经营；周庄古镇、南浔古镇、角直古镇等的原住民，则可以留在古镇参与旅游开发。在外迁安置类型中，原住民居住环境"被上楼"，居住形式类同城市居民的居住模式；或被独立安置在其他异地小区内的成排楼房。无论在何种模式中，可以看出均异于古镇原住民居住的原生空间模式。在原住民允许留存的古镇类型中，又可以分为两种形式，一种是有能力参与古镇旅游活动的原住民，通常会通过改造自家房屋，并配备现代化的设施设备，引进企业经营理念，投资餐饮业与住宿业，这部分原住民主要体现了旅游开发后投资意识的增强以及消费观念的现代化。在空间实践中，古镇原住民紧紧抓住旅游给他们带来的机遇，筹集资金将自家的房屋改建为旅游接待场所，这些措施使古镇客栈林立，社区经济增收。如在周庄古镇、西塘古镇、朱家角古镇均能看到上述情况。在古镇原住民参与旅游活动方面，典型个案如周庄古镇原住民 XU（FT57-XU-B，女），当年她以清亮甜美的歌喉，边摇船边为游客演唱她编写的《摇船歌》，这不仅改变了自己原来在工厂打工的生计模式，而且还带动了古镇更多妇女参与到旅游开发中。在作者对 XU 的访谈过程中，XU 说："经常得到客人的肯定，一位俄罗斯游客在乘了我的游船后，用相机为我留下了许多摇橹歌唱的镜头，回国后还用英文给我寄来一封信，信中说感谢我美丽的船只和歌声。还有一位美国游客拍摄了我的许多镜头，说回去要在美国宣传，旅游给我带来了生活乐趣。"在采访中作者还得知，作为"万船娘"船队的早期参与者，到目前为止已有中央电视台、上海电视台，以及俄罗斯、日本等国内外媒体为她拍摄了多个宣传专题片。在她家里，还保存着中外游客写来的许许多多的信和照片，在她随身携带且揉得皱皱巴巴的简陋小本子里，一页页都写满了游客们滚烫的留言。另一位和 XU 有类似经历的古镇原住民 LI（FT59-LI-B，女），她以在古镇摇船为自己的职业，并常常赢得游客的高度评价，"每次来周庄，都要带团乘坐 LI 的船，就是感觉她歌唱得好，人可亲"。游客受访中的赞美，使她感到了无限快乐与荣耀。用 LI 自己的话说："旅游不仅使经济收入，更重要的是改变了自己的生活方式。"另一种是没有正式参与到古镇旅游活动的原住民，但也因古镇旅游业的发展，间接改变了自己的生活方式。在南浔古镇，一位没有参加旅游开发的原住民 GU（FT63-GU-B，男）认为："由于游客少，自己参与旅游就会受限，市场基础无法支撑成本，不过生活方式还是因为游客的到来发生了改变。比如，和以前相比，由于交往的广泛性，更加知道了外面游客和外面世界的情况。"角直古镇的原住民 SU（FT65-SU-C，女）认为："现在古镇也是只有少数微企业在经营，游客的到来给自己的摄影爱好提供了前所未有的机会，大家非常喜欢来我这里拍照留念。"乌镇古镇的原住民 YUU（FT66-YUU-A，男）则利用景区游客的溢出效应，经营餐饮和客栈。YUU 在受访中说："虽然无法直接参与旅游经营业务，但是有很多游客会来我这里就餐或住宿，因为我家离景区很近，一些游客晚上住在我家，第二天就可以轻松游景区，游客在增加，我也需要投入自己的全部时间来为他们服务。"

在周庄、西塘、乌镇、南浔、角直、朱家角江南社区型文化古镇旅游开发项目对原住民日常生活影响方面，原住民的地方感知具有文化序列性和程度接纳性。研究认为，旅游开发项目与古镇传统文化价值差异越大，开发规模越大，对原住民的日常生活影响就越大，原住民的认知和接受程度就越小。例如，在周庄古镇，早期在古镇中市街有一家"唐风"酒吧，但是作者在多年的调研中并没有发现原住民具有明显的反对或言语异议，说明该酒吧对原住民日常生活影响有限；在 2014 年前后，周庄古镇开辟 1086 漫步街，该街道上"春去春又回""红庭"等酒吧的开设，则引起了原住民心理层面的反感。酒吧最早是以一种"很文化""很反叛"的姿态出现，是人们对深夜不归的一种默许，成为青年人的天下和亚文化的发生地。在周庄，酒吧的兴起和红火与古镇旅游经济，以及社会文化之变化都有着密不可分的关系，"有音乐，有酒，还有很多的人"，成为许多游客对周庄酒吧的第一评价。在研究中发现，随着游客队伍逐渐壮大和发展，尤其是中小资产阶级游客阶层的壮大发展，他们的社会地位逐渐提高，开始寻求和营造适合自己的古镇公共活动空间和生活方式。正如一位游客在作者调研时谈到的体会："我不了解酒吧的历史，其实我从来也不想去了解什么历史。因为，我喜欢，并不需要什么理由；我体验，并不需要什么历史。对酒吧，我有我的主张，我有我的体验，我有我的想象。"但是，在古镇原住民眼中，酒吧是另一种价值体系。当地文化精英DE（FT68-DE-D，男）先生说："过度的想象与诠释，夸大了西方的一切，使西方的一切成为时尚流行，成为人们心向往之的追求，成为风靡一时的潮流。'吧'字在古镇的风靡流行，便是这种过度想象与过度诠释的产物。""原来古镇是安静的，旅游来了后肯定破坏了白天的安静，只有早上和夜晚是安静的；再后来，酒吧的出现使夜晚的安静也没有了，有时持续到凌晨，还有人在酒吧喝酒唱歌，这对原住民生活质量是严重的影响。"在乌镇西栅，游客消费的后现代性也同样促使了一些酒吧的诞生。乌镇西栅原住民 LHU（FT69-LHU-B，男）先生说："虽然古镇区已没有原住民，但是这种文化还是对当地生活造成了影响，酒吧文化是对传统古镇文化的冲击。"乌镇文化精英 BY（FT71-BY-C，女）说："酒吧就是西方化的过程，西方公共空间里所展示的西方化生活方式，现在成了古镇时尚效仿的对象，以酒吧为导向的发展是对古镇传统生活方式的挤压。"以上案例说明，旅游发展对周庄、西塘、乌镇、南浔、甪直、朱家角江南社区型文化古镇原住民的生活变迁产生了重大影响，导致了古镇传统与现代生活方式的张力。

（三）古镇经济诉求与社会诉求之间的分异

周庄、西塘、乌镇、南浔、甪直、朱家角江南社区型文化古镇旅游作为中国旅游发展类型的重要组成部分，在现实空间实践中无疑具有经济和文化诉求之争，这在根本上指向了效率与公平之争。在社会主义市场经济背景下，效率与公平具有一致性。一方面，效率是公平的物质前提；另一方面，公平是提高效率的保证。效率与公平分别强调了不同的侧面，二者又存在矛盾，这就需要正确处理效率与公平之间的关系。从中国不同类型的空间实践观察，社会主义市场经济主要体现了"效率优先，兼顾公平"的原则。从学理上分析，在特殊背景和特殊阶段下，发展旅游经济对效率追求的工具理性有其"历史的合理性"，先有效率追求，才能为公平追求奠定基础。一般来说，只要有一种价值理性的存在，就必须有相应的工具理性来实现这种价值的预设。在周庄、西塘、乌镇、南浔、甪直、朱家角江南社区型文化古镇，尤其是旅游经济发展较为突出的古镇中，旅游空间生产方式无疑表现出了以经济导向的价值与实践取向。从实际效果来看，这种模式能够集中大量的资本和物力，调动古镇多方面的资源，在短时间内实现古镇的经济发展目标。最典型的案例地当属乌镇，乌镇旅游股份有限公司是由中青旅控股股份有限公司和桐乡市乌镇古镇旅游投资有限公司共同投资经营的股份制企业。公司主要投资乌镇旅游景区、北京密云"古北水镇"景区，拥有员工约 3000 余人。近年来，景区年收入超过 10 亿元，年接待海内外游客 800 万，以及每年拥有众多中高端商务会议团体，之所以有如此经济效益，主要是执行企业开发的公司化理念所致。按照科斯定律，在正交易费用的世界中，产权的配置是非常重要的，实现企业管理组织的现代化，最主要原因是能够实现单一产权结构，所有权、剩余控制权和剩余索取权高度统一，这非常有利于在内部利用权威和行政命令配置资源，自然具有最大的经济效益；而在以周庄为代表的古镇旅游开发中，由于采用了不同于乌镇的旅游经济开发模式，虽然经济实力无法与乌镇相比，但社会普遍认为更具有空间发展的社会性。

虽然公平与效率具有辩证统一性，但在旅游开发实践中，公平与效率的统一常常属于难题，牺牲公平成全效率也会成为部分古镇开发的主要价值导向。马克思主义认为，社会就是人的社会，社会秩序就是人的秩序。作为社会实践的行为主体和社会秩序的相应载体，人的自由全面发展是社会秩序的价值所趋与真实归宿，让社会主体真正地成为社会和自身的主人。在周庄、西塘、乌镇、南浔、角直、朱家角江南社区型文化古镇旅游开发过程中，部分原住民（FT67-XQC-B，男；FT58-WQX-A，女）也朴素地表达了上述观点："事实上，开发中政府不能仅仅以经济作为唯一考核指标，原住民的决策权能、参与权能和利益分享权能也应该成为主要考核内容，毕竟古镇社区不同于传统那些主题公园型景区，还是较为特殊的。"

这从本质上讲，也是周庄、西塘、乌镇、南浔、角直、朱家角江南社区型文化古镇旅游开发经济诉求与文化诉求之间的分异。由于特殊的国情，一些地方常常将旅游在经济中的发展作为经济工具对待，"搞活经济""助推地方经济发展"成为发展旅游的"天然使命"和"初心"。对各级政府来说，一段时间内经济政策更多地体现为实现政府目标的工具手段，GDP 主义的经济发展冲动依然强劲，经济发展是硬道理，一旦经济发展出了问题或者停顿下来，很多问题就变成真的问题，这在一定程度上也是周庄、西塘、乌镇、南浔、角直、朱家角江南社区型文化古镇更倾向强调旅游经济发展诉求的原因。在乌镇古镇，原住民 RT（FT73-RT-B，男）认为："西栅景区应该积极吸纳更多原住民参与其中，生于斯长于斯的原住民在历史的长河中，将自身智慧融于特殊地域，形成并创造了古镇遗产的奇迹，他们的生活、民俗、习俗等，应该成为比外在物质更重要的吸引要素，通过原住民参与旅游开发才能更多地体现旅游经济发展的社会意义。"这种观点与亚当·斯密（Adam Smith）在《国富论》（*The Wealth of Nations*）对"Nations"的界定具有一致性（亚当·斯密，2005）。在该著作中，"Nations"被认为更多指的是人民和民族。乌镇古镇原住民 YI（FT48-YI-B，男）在作者采访时谈起了自己的看法，他认为："在现实情况下，旅游开发在空间效应上并不是公平的，主观可能是好的，但有时在客观上产生着消极作用。旅游景区与社区原住民利益冲突严重，景区建设将当地原住民强行迁出，使当地原住民既失去赖以生存的土地等资源，也不能使用景区的公共设施资源。"在甪直古镇，KYI（FT79-KYI-B，女）女士认为："政府应该出台便民政策，鼓励和培训地方原住民参与旅游开发，这样一方面能解决老百姓的就业问题，另一方面对地方文化传承、地方认同也具有积极作用，现在外地企业在参与方式中营建的文化，常常与地方文化严重不符，一些经济行为势必会影响到老百姓的日常生活。"在多年研究古镇开发的甪直文化精英 YAN（FT76-YAN-B，男）先生看来："古镇在发展旅游经济时，机会应该是均等的，落实在空间上即'人人平等享有'旅游实践中的生产和分配。对空间权益中的正义原则的背离，是公民权益在空间资源配置中被剥夺的表现。"

　　在中国经济进入新常态①之后，人们希望真正能够通过经济结构的调整，以及通过供给侧体制改革，来寻找和激发新的经济发展增长点，在继续把"大饼"做大的同时分好"大饼"，也就是实现社会公平和正义。理想地说，国家的经济政策应当是为全社会创造财富，社会财富的扩张导致国家（政府）财富的增加，从而实现民富和国富的双赢局面。从上述分析可见，周庄、西塘、

---

　　① 中国经济新常态就是经济结构的对称态，在经济结构对称态基础上的经济可持续发展，包括经济可持续稳增长。经济新常态是强调结构稳增长的经济，而不是总量经济；着眼于经济结构的对称态及在对称态基础上的可持续发展，而不仅仅是 GDP、人均 GDP增长与经济规模最大化。经济新常态就是用增长促发展，用发展促增长。经济新常态不是不需要 GDP，而是不需要 GDP 增长方式；不是不需要增长，而是把 GDP 增长放在发展模式中定位，使 GDP 增长成为再生型增长方式、生产力发展模式的组成部分。

乌镇、南浔、角直、朱家角江南社区型文化古镇开发主体越是多元，越能体会制衡思想，也越与社会性理念靠近。毋庸置疑，在本研究案例地古镇旅游开发过程中，上述理念和议题是应该引起包括原住民在内的社会多元主体关注的焦点。

在周庄、西塘、乌镇、南浔、角直、朱家角江南社区型文化古镇旅游经济与文化不同实践取向方面，一些居民表达了自己的看法。西塘古镇原住民GHY（FT80-GHY-C，男）认为："如果把文化遗产过于经济化，或过于功能性地考虑，就会使古镇真实的、永恒的价值受到影响，但同时也要努力使文化遗产成为促进古镇经济社会发展的积极力量。很显然，现在不仅做得不够，还经常成为原住民日常讨论的事情。"角直古镇文化精英YAN认为："文化是古镇的希望，古镇清晰的文化形象，以及一批深入人心的古镇文化项目，就是古镇的经济产业和文化产业；只有这样，才能谈得上古镇文化传承和理性发展。"朱家角古镇的LTU（FT83-LTU-B，男）先生认为："不同的文化对经济的影响也不同，对社会发展的作用也不同，古镇无论采取什么模式，应该体现文化的地方性，只有地方性才是根植于当地的东西，现在古镇的文化模仿性太强，这样会失去古镇的特色。"

由此可见，作为具有传统特质的江南社区型文化古镇，流动性及旅游的介入引起的古镇日常生活空间生产效应，在不同尺度上影响了古镇原住民的情感世界。古镇原住民带着情感生活于此，情感亦是其日常生活空间建构过程中的重要组成部分。从列斐伏尔空间生产经典理论中"空间的实践""空间的表征""表征的空间""三元一体"层面审视，上述古镇原住民的情绪感知，正是古镇空间的实践和空间的表征作用之下表征的情感空间。也可以看出，古镇原住民情感塑造的社会空间是建构古镇社会空间的一个重要维度，情感成为塑造社会关系和空间结构的重要力量。总体来看，在周庄、西塘、乌镇、南浔、角直、朱家角江南社区型文化古镇旅游开发中，原住民对古镇旅游的经济诉求与社会文化诉求存在分异；人们在积极发展古镇旅游经济与保护弘扬古镇传统文化这样一个原本可以整合的发展问题上，无论是理性层面还是实践层面，均还未形成一个理想的模式。

更为需要关注的是，在此表层现象之中，隐藏着更深层次的情感的空间性和社会性问题有待进一步解决。

（四）古镇经济—社会空间尺度构建

随着周庄、西塘、乌镇、南浔、角直、朱家角江南社区型文化古镇旅游地理空间实践的发展和研究的进一步深化，我们逐渐认识到以古镇为媒介的旅游世界是一个主观体验和价值建构叠置的双重世界。这一双重世界中的"人"与其"共同体"之间是"符号—象征"关系，也是对古镇"第三空间"的建构过程。

周庄、西塘、乌镇、南浔、角直、朱家角江南社区型文化古镇"第三空间"充满建构与被建构的结构性矛盾，在此过程中古镇经济—社会空间尺度发生了转换，演变成为经济—社会层面上的"第三空间"。以旅游为媒介的众多流动性合力介入江南社区型文化古镇日常空间，改变了社区形态和原住民的生活习惯，经济活动行为、旅游空间消费、旅游空间交换等，古镇已全面卷入旅游空间生产带来的市场化网络之中。资本、权力对古镇社区社会内部结构和外部结构进行着重新塑造，在此过程中弱势原住民的空间权益被挤占，社区空间内出现不同以往的"区隔现象"和"中心—边缘"问题，基于市场的空间生产和再分配特征，形成了新的社区社会纽带，传统价值观在与现代中西方价值观混杂中也失去了特质和优势。例如，在角直古镇，一些受访的古镇原住民如 GTR（FT82-GTR-C，男）认为："由于经济和技术原因，原住民无法很好参与到古镇旅游经济开发当中，现有的开发小企业基本是由政府以招租方式进入古镇，而且位置大多处于核心地带，在古镇沿河地段和核心文化遗产带最多。"在朱家角古镇访谈中，古镇原住民 BSU（FT78-BSU-C，男）认为："旅游经济替代了传统农业经济形态。旅游作为一种新经济形态，人们认知度较高，但是实际参与度有待提高。"从周庄、西塘、乌镇、南浔、角直、朱家角江南社区型文化古镇日常空间社会结构来看，原住民生活的社会形态、方式和旅游权能获取程度等，不但具有了法国社会学家亨利·孟德拉斯（Henri Mendras）所说的"农民的终结"特质，而且出现了一定程度上的"中心—边缘"地理差异格局（H.孟德拉斯，2010）。权力和资本大规模介入周庄、西塘、乌镇、南浔、角直、朱家角江南社区型文化古镇，使案例地社区从"边界有限"和"功能实在"的物理空间、地域性的社会空间和自治性的文化空间中"解脱"了出来，并被重组进类似形象拼贴的功能网络里，使古镇"地方空间"（space of places）渐趋转变为"流动的网络空间"。在西塘古镇和乌镇古镇，受访者 LRY（FT86-LRY-B，女）和 GOU（FT87-GOU-C，男）分别表达了同样的意思，他们认为："古镇开发旅游这么多年，一些古镇原住民至今还经常与政府、企业在协调关系，这本质上不仅是利益问题，也是社会空间问题。"这些话语传递的含义说明，随着旅游空间实践的深化，周庄、西塘、乌镇、南浔、角直、朱家角江南社区型文化古镇旅游空间的复杂化，也渐趋表现了出来，空间实践带来了政治、经济和社会等方面的形塑、杂化和异化，以往"空间中的矛盾"逐渐变为"空间本身的矛盾"，甚至一些隐蔽性危机也变得逐渐凸显。从本质上说，周庄、西塘、乌镇、南浔、角直、朱家角江南社区型文化古镇的发展，是从基于原生社区"本质意志"向基于建构社区"选择意志"的发展过程，"空间"从"地方"中不断地分离出来，本质是变为"契约差异"的古镇社区。从目前情况判断，周庄、西塘、乌镇、南浔、角直、朱家角江南社区型文化古镇原住民的日常生活空间生产，深深嵌入旅游空间实践过程中，是旅游空间生产带来的"副产品"。古镇日常生活空间生产在不断演进的同时，在一定程度上使"风险承受者"和"制造者"之间张力加大。给我们带来的启发是，畅通的权能表达机制是释放这一危机的主要平台，也有利于降低原住民挫折感和相对剥夺感。对于周庄、西塘、乌镇、南浔、角直、朱家角江南社区型文化古镇原住民来说，增强原住民旅游空间生产权能诉求表达和博弈能力，需要政府和社会组织的自我反省，以及职能的转变，更取决于原住民自身主体性力量的成长和发挥。从内在逻辑和长远角度看，解决古镇原住民民主参与机制及其权能诉求不畅、能力不对称和话语权缺失问题，不仅需要体制机制的重构，更需要防止创新生产中孤立"点"的空间实践。很显然，这需要一个整体性思维和重构的框架。在上述背景下，周庄、西塘、乌镇、南浔、角直、朱家角江南社区型文化古镇日常生活空间实践，需要出现"一种空间演变为另一空间"的现象。在此过程中，新旧空间可能并行，可能杂糅，时而还会生产出更新的、更复杂的新的空间形态。

综上可以这样认为，在原生空间中，如果说周庄、西塘、乌镇、南浔、角直、朱家角江南社区型文化古镇日常空间形态属于"家庭人"或"社区人"社会，那么流动性及旅游经济介入后的新空间形态则属于"社会人"或"关系人"社会。旅游开发背景下周庄、西塘、乌镇、南浔、角直、朱家角江南社区型文化古镇的空间，越来越围绕旅游的"流动"而建构起来，人员、资本、信息、组织性互动的流动，不仅成为社区组织的要素，而且成为一种"新的空间朝圣"。周庄、西塘、乌镇、南浔、角直、朱家角江南社区型文化古镇日常空间概念，被重组进类似形象拼贴的功能网络里，"地方空间"渐变为"流动的网络空间"。现代周庄、西塘、乌镇、南浔、角直、朱家角江南社区型文化古镇日常空间的发展，是从基于原生社区"本质意志"向基于建构社区"选择意志"的发展。"脱域"的本质使周庄、西塘、乌镇、南浔、角直、朱家角江南社区型文化古镇社会关系，在众多合力的作用下从地方性场域中抽离出来，进行了关系的"再联结"，成为"脱域的共同体""流动的共同体"和"后社区共同体"，这在某种意义上是一种新的经济—社会意义上的"第三杂合空间"。

第四节　江南社区型文化古镇文化—心理空间生产

一、基于文化转向的古镇空间生产

"文化空间"或曰"文化场所"（culture place），是联合国教科文组织在保护非物质文化遗产时使用的一个专有名词，指人类口头和非物质遗产代表作的形态和样式，是一种整体性和包容性极强的非物质文化遗产类型（向云驹，2008）。通过对周庄、西塘、乌镇、南浔、角直、朱家角江南社区型文化古镇文化空间横向和纵向详细调查后发现，古镇文化空间形态主要表现在物质文化、制度文化和精神文化等三个方面。研究还发现，江南社区型文化古镇旅游开发后的文化空间生产具有复杂的景象，是一个涉及面广泛且内部结构复杂的社会文化现象，其过程更是一把充满争议的"双刃剑"。随着周庄、西塘、乌镇、南浔、甪直、朱家角江南社区型文化古镇旅游开发的深化，日常生活文化空间的生产将转向文化空间本身的生产，地方文化不仅仅具有一种区域性，而且也会成为一种地方意识形态和新的趋势，表现出文化生产的复杂性。

（一）文化的超越性决定了文化再生产的不可避免性

在长期的案例地调研和总结提炼中发现，文化生命具有自我超越、自我生产、自我参照和自我创造的特征，这一性质决定了文化不可能停留在同一个水平上，这也是文化本身内在活动的固有需要，文化不会满足其自身所具备的特性维持其生命，总是要靠自身的内在生命不断更新和自我扩大才能生存下来，文化再生产是一种文化更新的过程，其再生产不在于强调自身生命力，而在于文化发展的流动性、循环性和动态性。

只有开发古镇，传统文化才能被更多的人知道，才能延续下去，南浔古镇的传统文化，如你们看到的湖上表演等，形式较多；此外，游客最喜欢刻有展现古镇历史、传说、艺术等的工艺品，这些卖得最快了，游客非常喜欢。

——FT36-CNS-A（男，南浔古镇原住民，社区精英）

我们家祖祖辈辈住在古镇里，时代在变化，古镇（文化）也在变化，像我现在开设的这家旅馆，游客很多。现在是国庆期间，游客都要提前预订的，我要接很多电话，这些游客为什么喜欢（我家旅馆）？就是因为我家挖掘了传统文化的内涵，对旅店进行了包装，有水乡的感觉。

——FT37-WY-C（男，周庄古镇原住民，社区精英）

古镇文化的保护，并不意味着古镇传统文化永远不能改变，传统文化出现适应现代社会发展的变化，不应该归于旅游业的负面影响，文化总是不断变化的啊，现在古镇的部分文化其实就是外来文化和本地文化的交融。

——FT39-XUG-A（男，朱家角古镇原住民）

上述事例证明，以旅游为媒介带来的周庄、西塘、乌镇、南浔、角直、朱家角江南社区型文化古镇空间生产方式的转变，促成了古镇地方的"去地方化"，地方逐渐或者快速失去原来的地方特性，文化符号的生产、复制和仿真，成为去地方化的一种手段，符号的生产和怀旧的历史紧密结合在一起，这在一定程度上也说明，符号文化的胜利导致古镇仿真文化的出现和文化表征的"新发明"。

（二）文化的传承性决定了文化再生产的现实可能性

周庄、西塘、乌镇、南浔、角直、朱家角江南社区型文化古镇文化空间生产的实践证明，传承性是文化的本质属性，对古镇文化的保护也应该从传承和发展的角度上去考虑。在流动性和旅游框架内，需要重新培育当地人的文化认同感，恢复与其文化身份相适应的思维方式、价值观念和生活习惯，从而促进顺畅的文化传承机制的形成。一些原住民表达了上述观点，相关话语访谈内容如下：

我前几年去过云南，丽江的泸沽湖原来很封闭，现在大规模开发旅游，当地摩梭人传统的东西不是在发展旅游的契机之下得到重新复活吗？我想这个道理是一样的，因为（发展）旅游也能使文化传下来啊！旅游本身对（传承）文化有好处。每天从上午 8:30 到晚上 7:00，在贞丰街有传统手工艺展，游客很多。

——FT40-WLY-B（男，周庄古镇原住民，社区精英）

　　文化是一个地区、一个城市的政治、经济、社会各方面生活的综合反映，现在古镇"文化搭台、经贸唱戏"，培育了旅游的文化市场，外来文化需要重新培育认同感，因为游客文化的实际需求是多元化的。

——FT41-GTU-A（男，甪直古镇原住民）

　　传统文化通过（一定）方式还是可以传下来的，以前的挑花篮、打莲厢、荡湖船、摇快船、打田财与旅游结合也比较好，游客很喜欢的，最起码有途径（传承）啊。再比如，随着周庄旅游业的发展，古镇已有 200 年历史的宣卷曲艺正在被逐步挖掘和弘扬。每逢重大喜庆、纪念活动，常邀请宣卷艺人来古镇捧场演出，（开发旅游）找到合适的载体还是能传下来的，不然这些东西有的现在我们也不常搞了。

——FT42-GUB-B（男，周庄古镇原住民）

（三）文化的融合性决定了文化再生产的不断适变性

　　文化融合是不同人类文化间的一种交流、相互接纳，以及趋于统一的过程。文化融合过程中会因文化自身发展或与异文化间的接触，造成文化内容和结构的变化。在流动性和旅游开发背景下，案例地古镇文化在"再生产"得以维持自身平衡的同时，也会在既定时空之内朝另一个形态演变，造成文化认同感的弱化、仪式的商业化和内涵的变异化。

　　不管是表现在建筑上、民俗上，还是服饰和饮食上，都要根据旅游（发展而变化），周庄历史悠久，历史文化底蕴也比较深厚，历史名人很多，顾客希望看到原来的（景色），也喜欢了解历史人物故事，但是真正住宿啊、吃饭啊，还是喜欢现代的。

——FT43-YBI-B（男，周庄古镇原住民，社区精英）

　　古镇饮食在旅游开发以后变化也比较大，不过自己家吃饭还是当地的（口味）多吧。

——FT44-ELH-D（男，西塘古镇原住民）

和以前相比嘛，旅游开发后带来了文化的融合，毕竟四面八方的游客都来了，有好就有坏吧，现在都是这样。

——FT38-NX-C（男，周庄古镇原住民）

古镇旅游的开发使原来的文化特色减少了，现在各种各样的文化都有，晚上在西栅可以看到很多酒吧里有表演，其实酒吧文化就是西方的文化，不是我们地方的，这些文化也在和原有的文化相互适应。

——FT45-TIAN-A（女，乌镇西栅搬迁原住民）

可以看出，文化适应是反映文化特性和文化功能的基本概念，既是文化对于环境的适应，也是不同文化各个部分的相互适应。

二、基于记忆的原住民心理空间生产

（一）记忆与空间

"记忆"自古希腊以来就已经成为社会思想家关注的对象。但是，直到 19 世纪末 20 世纪初，学术界才对"记忆"进行了不同视角的研究，而"记忆"成为人文社会科学的一个重要概念，则开始于 20 世纪的 70～80 年代。受社会政治变迁和后现代思潮的影响，特别是在民族国家转向过去寻找合法性的历史背景下，西方社会较早迸发出了对"记忆"超乎寻常的热情和兴趣，西方学界把这个时期的记忆研究热情称为"记忆潮"（memory boom）。社会记忆理论认为，人们的记忆是外在唤起的，记忆是人们对经历过的事情的回忆，借助于集体记忆和记忆的社会框架，重建了关于过去的意象（莫里斯·哈布瓦赫，2002）。如今，记忆研究已逐渐从分析近代民族国家的文化建构，扩展到近代社会文化的整个领域，并为解释当下的文化问题提供了一个可能的方法。从某种意义上说，"记忆"是无法直接认知的，但我们可以借助于"叙述"了解和解读记忆。多元的、不同层面、不同立场、不同角度的记忆的存在，是一个社会最本质的特征；而通过对这些被忘却的记忆的挖掘和整理，可以展现出一个社会的多层性和记忆的多样性。

在人文社会科学领域，法国社会学家莫里斯·哈布瓦赫（Maurice Halbwachs）最早提出了"集体记忆"的概念（莫里斯·哈布瓦赫，2002）。他指出，集体记忆不是一个既定的概念，而是一个社会建构的概念。历史和文化地理学家努阿拉·C. 约翰逊（Nuala C. Johnson）认为，集体记忆是一种物质客体，也是一种物质现实。比如，一尊塑像、一座纪念碑、空间中的一个地点，也是一种象征符号，或某种具有精神涵义的东西，或某种附着于并被强加在这种物质现实之上的为群体共享的东西（Johnson，2004）。莫里斯·哈布瓦赫指出，记忆是一个与他人、社会、环境紧密相关的社会文化现象（莫里斯·哈布瓦赫，2002）。他同时写道："如果我们仔细一点，考察一下我们自己是如何记忆的，我们就肯定会认识到，正是当我们的父母、朋友，或者其他什么人向我们提及一些事情时，对之的记忆才会最大限度地涌入我们的脑海。"

人本主义地理学家认为，地方是人类经历的不可或缺的组成部分，地方作为记忆的仓库，储存了个人的日常活动记忆和官方的历史事件，并能在特定情况下唤起个人和集体的记忆。在西方的学术语境里，"记忆研究"包含了公共记忆、集体记忆、社会记忆、国家记忆、文化记忆等术语。记忆和地方联系密切，记忆是固有的地理活动，地方储存和唤起个人和集体的记忆，二者共同建构或重构个人和集体的认同。

在一定程度上，记忆会演变为对现实的回应与调整。一个人总是多多少少保存着对自己过去生活的记忆，这些记忆在不同情况下通过不同的方式得到再现。记忆的反复重现会建立一种连续性关系，并建构着我们具有连续性的身份。随着现代化和旅游发展的影响，旅游目的地，尤其是社区型目的地原住民的记忆体验更为明显。在不同历史时期，出于不同的利益、兴趣、需求等，记忆往往被有选择地进行社会性重建，旅游等流动要素作为现代化媒介对旅游目的地的介入，使记忆不断重现和再生产。即某些记忆会被强化和保存下来，某些记忆则可能永远被遗忘和尘封（保罗·康纳顿，2000）。

（二）原住民记忆与空间唤起

记忆与空间具有关系，更与日常生活空间紧密相关。在一般情况下，记忆常常被纪念空间唤起，但有时却是记忆"唤起"了空间。纪念空间从社会学的角度分类，可以分为个人与社会两大类。个人纪念空间主要是与家族、地缘、血缘相关联的纪念空间，如建筑、祠堂、墓地、家庙等。公共纪念空间则包括由国家统一修建或由社会捐助修建的纪念场所，用于公共纪念活动。建筑是纪念空间的基础元素，纪念性建筑在空间中都扮演着超越时空、表达永恒价值的角色。也有研究表明，广场、道路、行政区划等非建筑形态的纪念空间也具有纪念价值。在对周庄古镇记忆与空间关系的考察中发现，原住民认为古镇传统的建筑发挥的功能更加多元，现在的比较单一。例如，古镇原住民 WUT（FT90-WUT-A，男）在访谈中认为："旅游的介入使古镇建筑所营造的空间更具有经济性，政府与原住民的民居改造，商铺的设计等均为服务旅游开发，实用性是以服务游客为主，原来空间的亲情感和关系性反而不再优先考虑了。"再如，位于周庄古镇北银子浜底的"沈万三水冢"，如今是周庄古镇的著名景点之一。"沈万三水冢"所在的位置是一条逶迤清洌的小浜，萍红藻绿，芦茭茂密。人们传说银子浜尽头有水一泓，下通泉源，早年不枯，水下有一古墓，非常坚固，埋着沈万三的灵柩。从实地考察看，水冢旁边河面上泛起的粼粼波光，酷似无数碎银在闪烁，笼罩着神秘色彩。古镇开发旅游后，这个地方成为大部分游客休闲观光必到之处。"沈万三水冢"因其具有的特殊性，记忆中的空间本属于神圣空间，但是在现代化影响下，由国家意识倡导和大众媒体塑造的旅游文化也在淡化着其神圣属性。家住沈万三水冢旁边的原住民 GRU（FT93-GRU-B，男）在访谈中认为："一些游客不文明行为较为突出，再加上部分导游的语言渲染，更加剧了这一行为，游客拍照啊、说话啊等都不注意，还有的游客用脚去踩不该踩的地方，我认为这些行为不应该发生，毕竟是神圣的墓地，不是其他类型的地方。"这说明消费主义及现代性的合谋，不仅解构着传统空间中的属性，而且也在建构中使原生空间的价值遭到形塑。在乌镇古镇，原西栅原住民 YIU（FT94-YIU-C，女）谈到空间记忆时认为："原来的老房子、邻里互动、生活方式等完全改变了，现在生活在景区外面的社区，日常生活上了楼，楼上生活空间行为和原来古镇生活空间行为差别当然大了，增加了疏离感，现在还经常怀念小时候的生活环境。""古镇寺庙肯定更加旅游化了，市场有需求嘛，人也多了很多，都是陌生人"，原住民 FIT（FT95-FIT-B，男）在访谈中表达了自己对记忆与空间的体会。事实上，从上述分析可以看出，记忆不仅是"回到过去"的意识，也是一种时空综合体，既具有意义上的"恋旧"，也有空间意义上的"思乡"，以及时空意义上的"杂合"。这充分证明，"地方"被资本的生产体制划分为有异于以往的另一种现实存在，现代性与传统性的断离与融合在一定程度上生发出记忆与空间的疏离与张力，甚至影响着原住民复杂的价值认同和心态观念，记忆作为古镇原住民日常生活中实际存在的心理空间，暗喻了空间是社会建构的产物。

　　甪直古镇的 YAN 先生谈到"甪直水乡服饰博物馆"时认为："甪直水乡妇女服饰的主要特点是显、俏、巧，在用料、裁剪、缝纫、装饰等方面都极其讲究，拼接、滚边、纽襻、带饰和绣花等工艺的巧妙应用堪称一绝，色彩上的组合也不拘一格，这种服饰可以追溯到距今五六千年的稻作农业经济初期。妇女在农田里劳作时，经常受到水生动植物的侵害，于是将衣袖口和裤脚口制作得很小，只能勉强穿进去；在插秧、耘稻、收割的时候，妇女常常被风吹日晒，手脚沾泥，肩部、肘部和袖口等部位最易破损，于是包头、裙、束腰、拼接衫等应运而生，博物馆的建设使传统文化得到了保护，作为当地人，我还是挺高兴的，因为每次看到这些东西，就会让我想起小时候的生活场景，心情非常舒畅。"在甪直文化精英 WUI（FT100-WUI-C，男）看来："对水乡人来说，特有的服饰来源于生活，因地制宜形成的生产、生活习俗服饰，具有浓郁的江南水乡特色，是实用性和艺术性的巧妙结合。以双色相间的三角包头、独特别致的大襟纽襻拼接衣裤、飘逸洒脱的绣裥裙、五彩斑斓的束腰带、瑰丽多彩的百衲绣花鞋、古朴简洁的胸兜、简便实用的卷膀为典型特征，十分适宜水乡妇女农耕劳动，甪直水乡妇女服饰反映了江南吴地历代传统服饰文化的传承和积淀，并表现出本地区域民俗文化的风采，揭示出服饰的产生和发展是从实用的需要出发，又完全超越了实用的需要。博物馆不仅能勾起人们的记忆，让人们想起水乡文化的美好，也有利于传统文化的传承。"这说明，古镇旅游空间的生产虽然在遭遇不可抵抗的现实性时会表现出流变性，但是在有效的空间实践中却会出现完全不同的认同。从上述访谈语料可以看出，对于案例地江南社区型文化古镇多维空间的生产，地方原住民、地方社区精英表现出了不同的认同边界。从深层次角度分析，可以从不同的认同中洞察出不同群体对空间生产的真实心理和状态，产生差异的主要原因有记忆、空间、社会情感、地方性、旅游吸引力等复杂因素。

（三）原住民文化记忆的载体依托

文化记忆是记忆的主要内容之一，文化记忆的载体性是使文化记忆之所以可能，之所以是必然的一个客观依据。文化记忆作为人的主体性活动之一，也是一种对象性活动的记忆，即文化记忆是有着其文化对象或称之为文化载体的记忆。文化记忆所体现的是文化对于记忆的影响，所凸显的是文化所生成的记忆。人的记忆一旦运行开来，特别是那些超出个人或个体性记忆之上的群体记忆或集体记忆，便会给文化带来一定作用。记忆研究的代表人物法国皮埃尔·诺拉（Pierre Nora）使用"记忆之场"概念，研究了在近代民族国家形成过程中记忆如何被唤起和建构起来，并服务于塑造同质的国民性（皮埃尔·诺拉，2015）。他提出了"与记忆一体化的历史的终结"观点，并认为在不断反复的时间中与过去（记忆）共生的集团中（诸如农民集团），那些被认为是典型的被身体化的过去（历史）消失了，这必然会导致"记忆之场"存在的必要。例如，建于 2000 年的周庄古戏台，是以古戏台和走马楼式观演楼、展览馆为主体的古建筑群，如北京之"四合院"，戏台、戏楼布置了上乘的戏曲楹联，古戏台常年演出被列入联合国人类口述非物质遗产代表作的昆曲，使昆曲和古镇两个文化瑰宝竞相辉映，既是旅游体验的项目，也是古镇原住民日常休闲项目和记忆的场所。乌镇原住民 TOU（FT70-TOU-C，男）谈到乌镇西栅书场时认为："随着现代文娱样式的多元化，这些形式较慢的民间曲艺渐渐淡出了人们的视线。但现在已渐渐成为具有民俗特色的旅游项目，书场内的听众席是数十只方木桌，配上几十条木长凳，饮茶的是清一色的茶壶、茶盅，场外货郎也不时地把瓜子、糖果送到茶客桌上。其实，文化的记忆需要载体。"乌镇文化人士 TUT（FT101-TUT-B，男）在访谈中谈到了自己的观点，他认为："在西栅有许多'老底子'的东西，如长达数公里的街港、青石板路、有一半挑在水上的屋子。还有纯手工的东西可以一看，如手工制酱，味道鲜美；如生铁锅，系手工铸造；再如蚕丝，益大丝号始创于光绪初年，游客可以亲手在'老底子'的缫丝机上操作。这些其实代表的就是地方性日常文化及其记忆文化。"可以看出，当古镇作为"地方"时，其意义一旦被消解，原住民更倾向于通过对地方的追忆和怀旧来还原自己的家园，记忆将"从前的信息"加工或重组，呈现出充满意义的记忆地图。在南浔古镇，建于 2015 年的天工桑园将国家级非物质文化遗产项目的"辑里湖丝"手工制作工艺，作为旅游开发中向游客进行展示的项目。南浔原住民 CYU（FT105-CYU-A，男）认为："天工桑园把非遗项目辑里湖丝跟古镇旅游结合起来，游客可以欣赏辑里湖丝成品、观看辑里湖丝制作的全过程，甚至还能自己动手参与辑里湖丝的制作，免费感受传统工艺。另外，天工桑园还请来了辑里湖丝手工制作技艺的省级代表性传承人，由他和天工桑园一起开发旅游纪念品，其实这些是对原生日常空间文化很好的再现方式。"CYU 同时提到了"南浔文园"，他认为："南浔文园中有再现近代江南水乡的传统农业和民俗风貌的农家乐园，也有展示一些历史人物和典故，现在文园是当地老人休闲、儿童游乐、游客购物旅游的新景点和教育的新基地，通过这种方式传统日常文化得到最大活化。"西塘古镇原住民 HMM（FT104-HMM-C，男）在谈到记忆、文化与空间关系时，以古镇的"民间瓦当陈列馆"为例进行了说明，他认为："瓦当作为日常生活中一种材质简陋的建筑装饰配件，由于它不易保存，年代久远，具有一定历史价值。该馆内有花边滴水、筷笼、步鸡、砖雕、古砖、陶俑六大类 300 多个品种，其中有极富美好愿望的传统瓦当；有带宗教色彩的寺庙瓦当，有表明一定历史时期的政治图案瓦当，传统文化借助一定载体进行表达，有利于大家了解地方性文化。"上述事例说明，人的记忆是与文化的自立、自觉、自律、自为有着无可解脱的关联。文化记忆的目的性与其说是来自文化演进的目的性，不如说是来自文化主体与文化客体之间的双向互动，文化记忆的发展既是一个流动生成的过程，也是一个需要借助载体不断上升的进程。但是，与上述情况相反的是，在调研过程中也发现，文化记忆的个体化和具体化关涉到记忆建构过程中观看方式的问题，也有一些文化记忆的再现并没有得到较好的认同。较为典型的如西栅原住民 KE（FT106-KE-B，男）在谈到西栅文化再现的空间时认为："乌镇属于社区型景区，有自己的文化，有自己的历史人物和故事。有原住民的景区才能持久，这是旅游存在的根本，而为了开发把原本不属于核心区的×××（注：作者隐去真实名称）文物搬过去，必然不是真实的，也是对原生日常空间的破坏。"这说明，人的记忆不仅是本能的活动，而且还是人的主体性的活动。因而，人的记忆不可能完全是感性经验或表象的活动，而是也注入了主体对日常生活空间体验的因素，即记忆具有了理性的及目的性的因素。

（四）原住民记忆与权力空间

在社会科学研究中，"权力"已然成为问题分析时的一个难以回避的因素，诸多学科对此进行了各种论述。研究者关注的问题主要有：历史与记忆之间的联系、记忆的选择与组织、传授历史和保存记忆、记忆的责任问题即记忆为谁服务，等等。这些主要议题中包含了一个基础而核心的问题，即记忆中的权力问题。米歇尔·福柯也曾说过："记忆是斗争的重要因素之一……谁控制了人们的记忆，谁就控制了人们的行为的脉络。因此，占有记忆，控制它，管理它，是生死攸关的"（米歇尔·福柯，2004）。在周庄、西塘、乌镇、南浔、甪直、朱家角江南社区型文化古镇调研中还发现，记忆的另一面确实证实了关于"权力的交替、社会的变迁、文化导向的转移"的观点。作者在乌镇中心街胡同对在外闯荡多年返乡的 WXS（FT48-WXS-D，男）调研时，他认为："乌镇原来属于'死胡同'，比较封闭，也正因为这样，原始景观才得以保留下来。市场经济渗透到基层后，这里（旅游空间）变成了可以交换的商品，政府与开发商占有权力和资本，置换了原住民的产权。"在乌镇古镇，一些原本用于"祈愿求福"的文化载体和传统文化形式，在手持政治、经济和新兴媒介"权杖"的人们的住持下，需要面对"他者"的审视，需要附和游客的口味和媒体的要求，变为"依附性"极强的表演形式和时代符号。原住民 QAZ（FT112-QAZ-C，男）说："一些能代表水乡经典民俗的舞蹈，或多或少具有了配合旅游开发的成分。"与此同时，新兴文化表现出了强势的侵入性。为了迎合商业发展和游客体验的需要，同质化的商业空间不断涌现，经济上的支配力量衍生出文化权势，这种支配性力量随着资本嵌入旅游空间生产并衍生出文化权势，随着旅游化的深入在不同程度渗透进入乌镇社区。在朱家角古镇，原住民 WXS 认为："市场经济渗透到基层后，朱家角社区旅游空间由原来居住空间变成了可交换的商品，政府与开发商占有权力和资本。"与此同时，一个更加碎化和分异的社区空间变得明显，核心景区的"精品化"和镇域公共区域的"衰退化"对比尤为突出。在采访中，原住民 ZXZ（FT64-ZXZ-D，男）认为"出现这种状况主要是核心景区比中心街资源更有包装价值所致，在空间地租上存在差异"。在此背景下，朱家角古镇多元主体之间的关系也出现层化、空间权益挤占、古镇绅士化中的"中心—边缘"、权力博弈与冲突、空间的疏离和隔阂等诸多严重的空间悖论。这些空间社会景观就像原住民 XDS（FT113-XDS-B，男）认为的那样："景区面积越来越大，名气是大了，但老百姓只能看着来来往往的游客，却不能很好地去参与，景区也进不去，旅游发展成果怎样才能更好地实惠百姓，原住民参与权利也应该考虑。"这表明旅游开发影响了原有场域结构、关系的生产和空间的地方感，原来维系社区原生日常生活空间团结的"血缘""亲情"等，被"利益""契约"和"个人价值"取代，旅游成为了各种权力介入的媒介。在西塘古镇调研时，文化精英 AHU（FT114-AHU-C，男）认为："记忆中的古镇具有很强的地方性，原住民也具有主体性。旅游和流动性背景下古镇社区空间的生产，使地方空间进入持续的重构状态，权力协调和资本推动使古镇社区核心地带的现代'绅士化'进程加快，政府和企业更有能力进入空间中心位置，占据最核心的资源，原住民则逐步退出至空间的边缘地带，无缘旅游资源开发，一些非正义现象随之涌现。在此过程中，利益主体对旅游权能空间的争夺使传统的'差序格局'变成了'团体格局'，并进而形成'属地格局'。"另一文化精英 FDS（FT116-FDS-D，男）认为："许多重叠和相互渗透的场域遵循自身发展动力，形成一个个'群岛'、一个稳定和秩序连接的'集群'，原来的景观意象很难再找到。"这种现象在周庄古镇也同样存在。例如，周庄古镇原住民 GHU（FT119-GHU-C，女）认为："在旅游开发背景下，政府、开发商等介入古镇原生空间内，古镇社区公共空间的主体不再以原住民为主体，由于旅游的需求，大部分公共空间变为游客参观的场所和活动的舞台（即周庄原住民与游客混合）。"由此可以看出，在此空间生产过程中，作为弱势的原住民由古镇生产过程和历史运动的自由自觉的主体沦为被动的、消极的客体或旅游空间"追随者"，原有特性、主体创造性"理所当然"地被旅游空间生产过程的理性原则排斥。另一位周庄古镇原住民 DRT（FT120-DRT-C，男）说："其实在古镇'井'字形河流布局中，就可以看到这些差异，'井'字周边基本上属于核心区，但是大多被有势力的企业占据，如最近出现的星巴克就是一个例子。此外，还有一些政府支持的店铺，也是在核心区经营，而原住民经营的店铺就要偏僻一些。但是，我们记忆中的古镇与现在肯定不一样。"这些案例充分说明，周庄、西塘、乌镇、南浔、角直、朱家角江南社区型文化古镇空间形态的社会性，不仅强调空间集合的几何特性，更重要的是蕴含其间的社会权力意义。由于对稀缺资源的争夺，古镇多主体格局并存自然意味着多元权能诉求差异化成为可能，或者说多主体格局必然导致这种变化的产生。

对记忆唤起"空间"、记忆的文化载体再现、记忆与权力三个方面进行解读后，可以得出如下结论：周庄、西塘、乌镇、南浔、角直、朱家角江南社区型文化古镇日常生活空间在旅游开发过程中，原住民日常生活社会文化—心理空间中的记忆是日常生活空间很重要的组成部分，为我们理解古镇空间的社会建构提供了一种追忆过往的机会和可能，它从来不是单维度的活动，也不是一个抽象的概念，而是体现在古镇原住民日常生活的衣食住行中，与空间存在着互构关系，记忆空间在完成一系列建构性元素的排列后，即发挥着塑造历史记忆的作用，并影响着古镇原住民社会文化—心理空间的生产。

三、基于情感的原住民心理空间生产

（一）情感空间与地方

现代化、全球化和城市化催生了当代的怀旧现象，怀旧已成为一种极其普遍的社会文化景观，并成为国内外学界关注的重要话题。在现代社会，人们越来越向往对自然世界的开发和占有，承担和存留人类群体文化信念的传统却在这一发展趋势中被遗忘了，"现代性的碎片化"生存状态暗示出了现代生活的瞬时性、无序性和流动性（戴维·弗里斯比，2003）。在社会经济和文化全球化的推进过程中，彰显地方文化个性显得尤为迫切和重要，而怀旧之情的前提是人们现在所处的地方不知为何不太像"家"（Steinwand，1997）。

怀旧与情感紧密相联，怀旧式的反应正是伴随着世界经济全球化、大众媒介和消费文化的扩张对地方造成的明显破坏而来的，也可以说是利用这些方式来重建一种地方感（迈克·弗瑟斯通，2009）。从心理学的角度讲，怀旧是一种特殊的情感，情感是态度这一整体中的一部分，它与态度中的内向感受、意向具有协调一致性，是态度在生理上一种较复杂而又稳定的生理评价和体验。情感包括道德感和价值感两个方面，具体表现为爱情、幸福、仇恨、厌恶、美感等。根据价值的正负变化方向的不同，情感可分为正向情感与负向情感。正向情感是人对正向价值的增加或负向价值的减少所产生的情感，如愉快、信任、感激、庆幸等；负向情感是人对正向价值的减少或负向价值的增加所产生的情感，如痛苦、鄙视、仇恨、嫉妒等。根据价值的主导变量的不同，情感可分为欲望、情绪与感情。当主导变量是人的品质特性时，人对事物所产生的情感就是欲望；当主导变量是环境的品质特性时，人对事物所产生的情感就是情绪；当主导变量是事物的品质特性时，人对事物所产生的情感就是感情。根据价值的动态变化的特点，可分为确定性情感、概率性情感。确定性情感是指人对价值确定性事物的情感；概率性情感是指人对价值不确定性事物的情感，包括迷茫感、神秘感等。人的情感系统有着十分复杂、严密而有序的层次结构，各层次之间有着严格的逻辑递进关系，且每个层次又分为两类相对独立的情感。也就是说，情感是人脑对于价值关系的主观反映，情感的客观目的在于满足人的价值需要，因此情感的层次结构在根本上取决于价值的层次结构。由此可见，情感对人类的重要性不言而喻，影响着人对过去、现在和未来认知的方式。

情感地理学是在人本主义地理学、女性主义地理学、文化地理学、时间地理学、城市地理学等传统人文地理学分支学科对情感与空间关系关注的基础上，逐渐发展而来的一个新兴的跨学科研究领域。早期地理学视角的情感研究很大程度上受人本主义地理学、女性主义地理学和非表征地理学的影响（Bondi，2005）。伴随着情感对社会空间生活和人地关系影响的重要性日益得到体现，情感地理越来越成为人文地理研究的重要领域（Davidson *et al.*，2005）。情感地理学的代表人物乔伊斯·戴维森（Joyce Davidson）等尝试从情感定位于身体和地方，即情感所处的位置、人与环境的情感联系和情感地理的具象化三个方面构建情感地理学的研究内容（Davidson *et al.*，2005）。情绪地理是带有并影响情绪的空间知识，情绪地理学重点关注人、情绪与场所三者之间的相互关系和影响模式。1947 年，地理学者约翰·K. 怀特（John K. Wright）提出"地方"概念，他在《未知的土地：地理学中想象的地方》一文中定义，地方是承载主观性的区域（Wright，1947）。20 世纪 70 年代，随着地理研究的文化转向，人本主义地理学家开始探讨人与地方的情感关联，描述人地情感关联的概念相继被提出，如敬地情结、恋地情结、社区依恋、社区感、地方依恋、地方依赖、地方认同、地方感等（Yi-Fu Tuan，1974；Gerson *et al.*，1977；Stokols and Shumaker，1981；Proshansky，1987；Hummon，1992）。

1970 年代以后，以段义孚、雷尔夫等学者为代表的人文主义地理学者才重新将"地方"引入到人文地理学或文化地理学研究中。以段义孚为代表的人本主义地理学的兴起，使人对地方与空间的体验与感觉得到了地理学家的广泛关注。段义孚在《空间与地方：经验的视角》（*Space and Place: The Perspective of Experience*）一书中专门介绍了空间如何成为地方，概言之，空间被赋予文化意义的过程就是空间变为地方的过程，这个过程也可以说是"人化"的过程。人归属于这一地方，形成一种归属感或"地方感"。也就是说，一个地方的文化积累需要人来进行，没有人的区域不能称为"地方"；或者说一个由欧几里得距离度量出来的空间，经人们赋予功能、情感的意义后则成为一个"地方"（周尚意等，2011）。在情绪与场所意义和精神的讨论中，研究者认为"场所"（place）是"一个对人有意义的地理区域"，场所意义连接着场所的物理属性和情感纽带强度，因而场所不但具备功能意义，还具备情感意义（Galliano and Loeffler，1999；Stedman，2003）。

在段义孚提出的"恋地情结"（topophilia）概念中，人与地方或环境之间的情感联结是人对场所的爱（Yi-Fu Tuan，1974）。人生活在具体的地方中，地方是与人们日常生活密切相连的重要环境，人与其生活和经历的地方之间存在深深的心理和情感联系。比如，短暂的视觉快乐、触觉快乐、对亲密熟悉之地的情结、对值得美好回忆的家之爱，对引发骄傲和自豪之感的地方之爱、看到健康和活力之物时的快活之情，等等。段义孚指出"恋地情结主要表现在审美反应、触觉上的快乐、家园感"三个方面。其中，"审美反应"和"家园感"与人们心理空间生产具有较大关联。其一，审美反应。这种反应会使人从风景中感悟到短暂愉悦，或是突然显现的美能给予震撼的美感，短暂的审美与人文事件联系在一起时，人们对景观的欣赏更具有独特性和持久性。审美对人的生活之所以重要，在于审美并非"附加之物"，不是满足我们基本需求之后的生活点缀，而是"生活本身"。审美之本义是感受，其反义词意味着"无所感"。其二，家园感。段义孚认为人对熟悉的地方容易产生钟爱之情和归属感，这种感情的产生有几个原因，如一个人的物品是他身份的延伸，如果失去这些物品，就会感到不自在。除此之外，在人的生命历程中，一个人把感情投入到他的家，家之外就是街坊邻居。理解家的用途，出发点也许不是某物质体现，而是一种观念。

与恋地情结相对应的概念是"地方恐惧"（topophobia），表示对一个地方场所的恐惧。在著作《无边的恐惧》（*Landscape of Fear*）一书中，段义孚谈道："恐惧是由一个个独立的个体感觉到的，在这个意义上可以说恐惧的感觉是主观的；不过，有些恐惧显然来自于对个体具有威胁性的外在环境……可以说它是一种复杂的感觉，在这种感觉中，有两种紧张的担忧清晰可辨：一是警觉，一是焦虑"（段义孚，2011）。比如，段义孚认为孩子的世界是事实和幻想的脆弱构建物，随着岁数增长，孩子们对恐惧的感觉就会丢失在脑后，但跟着又会出现新的恐惧。在谈到对城市的恐惧时，他认为建造城市的原本是为了矫正自然中明显存在的混乱与混沌，但结果是城市自身却变成一个让人不知所措，甚至迷失方向的自然环境。在对乡村的认知中，他认为乡村的诸如暴力事件等会动摇藏在人们内心中的美好想象。段义孚在谈到对混沌的恐惧时，他认为人类其实与"未知的地方"都有着情感关系，在这些关系中，恐惧是最主要的成分，混沌的、不清晰的状态都令人感到困惑与费解，人们总是试图找到清晰和明朗。很显然，情感的变化具有心理生产的特征和过程。

通过对上述相关知识的梳理，我们可以体会到，人对环境天然有一种依赖感，人既需要"地方"，也需要"空间"，人类生活就是庇护与冒险、依附固守与自由的辩证运动，"地方"与"空间"共同奏响了人类生活的变奏曲，二者的交替出现共同建构了人的美好生活。

（二）原住民活动的情感空间格局

在对研究案例地基于情感的原住民心理空间生产调研中发现，古镇原住民在不同场所有不同的活动经历，所产生的情感体验也必然有差异，由此便具备了独特的情感空间格局。在原住民参与度相对较高的古镇旅游开发模式中，如周庄古镇和西塘古镇，原住民对文化空间生产的情感体验较深，典型事例如外来餐饮文化和酒吧文化的进入，部分原住民在访谈中表现出"自己更爱自己文化"的倾向，也有相当部分原住民体现出"崇拜外来文化"的倾向，也有部分原住民持另一种开放态度，认为要以自己的文化为本，客观地审视外来文化，接受外来文化里有益于自己的成分，并认为充分地吸收外来文化不仅不会使自己原有的文化传统中断，而且会大大促进自身文化传统更快更健康地发展。周庄古镇原住民LYI（FT121-LYI-C，男）认为："外来文化像一把双刃剑，有利也有弊，外来文化的引入导致古镇民族文化面临文化殖民的好多威胁，民族文化意识正在变形。"而在古镇原住民无法参与的旅游开发模式中，原住民对经济获取感知较深。如在乌镇调研访谈中，当地文化精英DTY（FT122-DTY-B，男）认为："古镇旅游开发应该处理好地方原住民利益分享、文化主体和社会关系等问题，现在企业开发模式具有排他性，开发主体越多，产权越复杂，利益分配和其他事情等相对都比较麻烦。"这一说法在对原住民 LOO（FT124-LOO-C，男）访谈时也得到了印证，原住民 LOO认为："现在原住民无法直接参与，经济获取能力小，原住民自然有想法。"在用直古镇，HTY（FT125-HTY-D，男）先生在提到此问题时，也认为"政府应该动员和培训更多原住民参与其中，因为地方文化的载体属于原住民，也应该体现更多的文化主体性和社会主体性，原住民没有参与，无法保证地方的活化和发展"。

　　调研中也发现，建成环境即地理空间的第二本性对原住民情感空间的生产具有深刻的影响。建成环境是指与古镇土地利用、交通系统、基础设施等多种物质环境要素相关联的空间组合，尤其指那些可以通过旅游开发政策和游客的行为加以改造的环境（鲁斐栋、谭少华，2015）。建成环境在空间上有着多样化的尺度，小至古镇的房间、原住民居住的家、古镇社区等均可成为情感所依附的空间单元（Yi-Fu Tuan，1980）。可以这样认为，古镇建成环境是具有地方性的物理载体，承载着江南社区型文化古镇物质要素与空间精神状态，物质环境能够在多大程度上满足人的生理与心理需求，将直接影响到古镇原住民的精神状态。在朱家角古镇调研时，原住民GYT（FT129-GYT-B，男）认为："开发古镇进行建设规划是必需的，但是一些建筑只是为了吸引旅游而建，并没有按照传统建筑文化的内涵去设计，建筑作为景观，要讲究内在美的传承，美的建筑才能让人看上去更舒服。"西塘古镇原住民 KTR（FT128-KTR-A，男）在访谈中说："国家大力倡导新型江南社区型文化古镇的建设，在此背景下西塘古镇旅游的版图正在东扩，将建起文化艺术旅游综合体、当代艺术馆，还将配套建起高端精品酒店、商业等，形成一个特色度假小镇，进一步的商业化建筑是活化古镇的基础，其实也是争议较多的话题。"由此可见，江南社区型文化古镇建成环境的建设与发展，也是造成原住民心理认同空间生产的另一个因素。朱家角的原住民 JUI（FT130-JUI-B，男）认为："在前几年古镇还是一派古色古香，可是经济浪潮毕竟太过汹涌，不过几年，朱家角的容颜已经大改，这个已逾 500 年的小镇，就在来往的人潮中悄悄地发生了变化，虽然原本水色清幽，古建筑保存完整的气象依然，可是隆重的商业气息和一些现代建筑掩盖了这里许多的色彩，地方不是不可以开放，但是开放应该有个度。"周庄古镇的 HIU（FT133-HIU-A，女）也谈到了类似观点："目前对古镇和原住民的心理影响，是旅游开发中面临的挑战，这涉及文化的传承、景观意义以及原住民心理认同的生产。"原住民 NBV（FT132-NBV-C，男）认为："在江南社区型文化古镇现代化背景下，旅游活动的深入使古镇原汁原味的风貌受到严重威胁，为了发展旅游，古镇中的古民居、古街区改造的过程中，对文物建筑'修旧如旧'的原则把握不够，对地方开放的理解存在差异，很多建筑为了旅游增添了现代化的瓷砖和铝合金玻璃门，严重破坏了古镇的原真性和美感，如何合理处理，应该好好思考一下。"

从上述访谈可以看出，在旅游开发背景下，周庄、西塘、乌镇、南浔、角直、朱家角江南社区型文化古镇的部分建筑所代表的文化意义、当代功能解读和符号的现代表征存在不统一，这说明古镇建成环境传递的符号隐喻着其所应该代表的文化的解构，这种解构自然会在原住民心理形成投射。可以这样认为，基于建成环境的古镇第二地理本性关涉地方性特质，更与古镇原住民心理空间的生产具有密切联系。

（三）原住民情感、行为与抵抗

在周庄、西塘、乌镇、南浔、角直、朱家角江南社区型文化古镇调研中，作者还发现，古镇原住民的情感、行动主义（activism）、抵抗（resistance）之间具有密切联系，这在一定程度上证实了古镇原住民情感空间的另一种再生产。譬如，据乌镇西栅原住民 WTY（FT136-WTY-A，男）反映，在乌镇开发初期，由于古镇规划之外迁需要，就引发了政府与原住民之间的权益冲突。受访乌镇原住民 YDW（FT138-YDW-C，男）形容说："当时场面就像电视里面看到的拆迁场景一样。"古镇原住民 KTZ（FT137-KTZ-B，男）回忆："拆迁方发布公告一天后，就开始拆，原住民一点心理准备也没有，很明显其实就是走走过场。"郭文在总结江南社区型文化古镇空间生产时认为，由于社区空间被当作像商品一样可追逐的对象，权力与资本力量的结合使旅游的"经济性"长期占据主导地位，理念上"以旅游推动地方经济发展"被赋予了重要的社会功能和地位，旅游开发使资本主导下的核心区发生原住民置换问题，从而出现旅游地普遍绅士化现象，古镇作为特殊的人文社区从一个先前以社会团结为特征的"内源性自生式本体空间"逐渐过渡为一个多元要素互构共在的"外源性嵌入式建构空间"，市场逻辑下资本的渗透导致古镇在转型背景下无法形成广泛的"互容利益"，表现出"利益主体间不相容"的特征（郭文，2016）。事实上，即使在经历 20 多年旅游发展的周庄古镇，社区原住民在"政府主导+企业开发+社区参与"模式下，表面上看似解决了原住民参与旅游发展的机会，但实质上却出现了"有参与，不能深入""有机会，缺少能力""有平台，缺乏引导"的深层次问题，这在本质上凸显出一种新时代旅游发展中的"低质权能陷阱"新现象和新问题。在古镇旅游开发中，诸如此类问题其实不胜枚举，这些古镇旅游社会空间问题的出现，证明在过度以增长为导向的旅游资源配置中，物质性空间生产与社会性空间生产呈现生产与需求的断裂，不仅容易生产出景观空间，具有物理—地理空间的生产，还会生产出复杂的社会空间，具有经济—社会空间和文化—心理空间的社会性（关系的）生产的特质。这些旅游地理空间的实践说明，资本与权力合谋介入古镇旅游空间在一定程度上导致资本主导下的古镇旅游空间过度生产，资本围绕最大限度攫取剩余价值原则，对一些古镇旅游空间进行重构时，在一定程度上出现了旅游开发中的（物质或利益的）属地化运动。这也证实了列斐伏尔及其后续研究者明确或暗示性地强调的空间的生产带来的非正义性，可以使冲突者卷入某种"斗争"的观点，这一认识暗含了反抗操控和扬弃异化的作用，对任何旅游空间的地理实践均具有相当大的启发性和警示性（Lefebvre，1991b）。

（四）原住民情感空间生产的地方认同

情感的空间生产与古镇作为地方的认同是调研中发现的另一条原住民心理空间生产线索。地方作为承载人的社会关系和特殊经历的社会文化空间，蕴含着人类丰富的情感。戴维森等认为情感定位于身体和地方，情感地理学关注情感呈现在典型的日常生活地方中的方式（Davidson *et al.*，2005）。从前面提到的段义孚提出的"恋地情结"理论分析可知，人们基于情感、认知、行动的纽带关系，可以分为地方依靠和地方认同两部分进行认知，其中地方依靠反映的是当地的休闲设施对于提高人们的精神愉悦的重要功能。情感与认同具有内在关联，地方认同作为一种精神性依恋，是某个特定地方被认为是人们生命中的一部分，并对其持有持久浓厚的情感。现代以来，"无感增长"作为盛行的发展主义（developmentalism）意识形态开始受到关注，其内涵主要强调老百姓感受不到经济高增长的好处和快乐，或者出现似乎经济增长与自己无关的感觉。而改变此结果的理想目标是必须要让老百姓"有感发展"，增强人们的幸福感、人文关怀和社会帮助。这在西塘古镇和南浔古部分原住民的话语中得到了体现和印证。例如，原住民 DOP（FT140-DOP-B，男）认为："旅游开发是文化的传承载体，这是必要的，旅游开发也应该有原住民更多的经济参与。""旅游开发有利于游客在猎奇经历中对话'他文化'，古镇原住民参与其中，对文化传承具有推进作用，也能够通过参与体会到获得感，希望能够优化现在的模式。""资本、企业进来对地方保护有好处，但是，（我们）并没有从古镇开发中得到参与和获利机会。"这说明，原住民对旅游开发存在认同中的忧虑，之所以认同是因为旅游介入给古镇带来了机会和变化；而之所以存在忧虑，是因为原住民自身对旅游开发存在一种"无感增长"。在对未来的期盼中，原住民 FR（FT72-FR-B，男）说出了大部分人的看法："原住民的参与、文化调适、权能分享也应成为主要考核内容，毕竟古镇社区不同于其他景区，原住民应该因旅游获得利益的增长。"

通过上述访谈事例可以看到，人们基于不同的认识，会呈现出不同的认同倾向。从现象学哲学视角看，地方与自我会在不断互动过程中形成一种亲密的相互联系（Casey，1997）。对于任何地方来说，人们不会仅有单一的认同建构方式，也会充满认同分异乃至冲突（Massey，1994）。在一个流动的世界里，人们所面对的可能是一个权力与社会关系造就的无地方空间形态（Castells，1996）。不同社会群体如绅士与本地原住民，对于地方意义就有着截然不同的诉求，他们对地方认同有着明显的断裂（May，1996）。地方经由主观性重建成为一种充满意义的社会与文化实体，而地方认同正是一系列社会文化符号和隐喻共同作用下产生的结果（朱竑等，2012）。在特定社会关系与经济结构关系中形成的地方传统文化，会因与外界文化的交流互动而不断进行调适与重构，地方文化认同的内涵与特质也将会发生变化。从根本上讲，认同是自身建立的一种文化理念（胡大平，2012）。

四、基于身体的原住民心理空间生产

（一）身体与空间生产

空间的生产最后落脚点无疑要回归到身体。但是，经验事实表明，身体作为最小的尺度空间，人们对身体的认知可以说既熟悉，又非常陌生。一直以来，人们关于对身体的认知和研究，还存在较大的空间有待进一步挖掘。如何看待身体？这确实是一个复杂的问题，也无法用简短的语言来回答。虽然我们在日常生活中与自己的身体朝夕相处，但我们对身体的神秘现象又缺乏深刻的认知。不过，人们对身体的认知从未放弃努力。在传统形而上学和神学理念中，身体并没有自己的语言，它被与之对应的一系列价值所压抑和变形，身体如同机器一般被认为是可以被处置的，与灵魂不相干或者平行。在本研究对身体的界定中，我们可以这样认为，身体充满了各种各样的秘密。

身体要表达自身，就必须找到能够表达自身的语言。人们普遍认为，20世纪属于身体登场的世纪，身体出场的呼吁促使西方学术研究领域出现了著名的"身体转向"。例如，以莫里斯·梅洛-庞蒂（Maurice Merleau-Ponty）为代表的哲人开始重视感性的意义，这些研究者的努力企图推动学术研究回到身体、实践和生活世界（Merleau-Ponty，1998）。理论界把身体作为研究的一项主题，无疑是社会科学领域的一项拓展，身体一旦出场，或者身体本身开始思考，就是身体以自身的重量，以心、手、耳等器官来思考；身体自身的思考，是真正身体的思考，是思想回到自身的思想的事情；身体开始思考自身，是感受到自身的质量和重量之间的语源的感受关联。也就是说，身体只有感受到自身时，身体才会（能）出场。身体的自身表达，是身体感受性的彼此接触，从可以触摸的或不可触摸的，从触摸的或触摸性的身体，都是身体感受性的重要内容。身体社会学认为，人的身体观念是一个二重的观念：物质（自然）的身体和社会的身体。身体的自然经验又总是受到社会范畴的修正，通过这些社会范畴修正，自然的身体才会被人们知晓，并保持一种特殊的社会存在方式（Entwistle，2000）。

对身体更多的思考，也可以从埃德蒙德·古斯塔夫·阿尔布雷克特·胡塞尔（Edmund Gustav Albrecht Husserl）的现象学出发，因为主体性的现象学其实有着对传统形而上学的内在继承。一般认为，胡塞尔对身体的关注是随着建构空间出现的，任何对空间性的显现之物总是要从一个类似透视点的角度，或从一定距离来看待，并没有所谓纯粹的观点和全视的点，而只有一种身体化的观看点。由于主体正是因为其身体的体现而占有一个空间位置，胡塞尔才能够宣称空间对象只能够对一个被体现的主体显现，并由此而构成。这就意味着身体是对空间性对象的知觉以及其作用的可能性条件，而且任何世界性的经验都已经以我们身体为中介了，并因为身体化而成为可能。身体的现象学，突出了身体自身之为质料，以及身体自身的感受性。在梅洛-庞蒂那里，身体就是最原始的空间，空间性是一种属于身体本身的先天性，实践所产生的场所的空间性只有放到与身体空间的关系中才能得到理解。

身体的空间性究竟是一个什么样的空间？身体空间不是一个有确定方向的空间，但它是一个有定向能力的空间，它本身就是作为一个绝对的"这里"（表示起始坐标的位置）而起作用的。身体的空间性是在活动中实现的，当我们谈论任何外界物体的空间性时，它已经不言而喻地假定了以人的身体作为基点的原始空间坐标系。也正因为如此，身体是物体得以显现的背景和界域，任何图像都是在外在空间和身体空间的双重界域上显现的。可以这样认为，身体是一个统一的身体，它不是各个器官的外在组合，而是其各个部分相互包涵。我们可以说，身体自身携带着它自己的"方向"（即"意义"）。而且，身体还能将这种"方向"（意义）投射到外部世界中，使在那里也产生出一种相对确定的空间形式，这种空间形式反过来又影响人的身体的内容空间。由上述，我们看到了身体空间和外部空间之间的一种辩证关系，外部的均质的形式空间之所以能解释身体空间的意义，是因为它已经从身体空间中获得了意义，意义就是方向，赋予意义的过程也就是创立方向、开辟空间的过程，由此所开创出来的习惯空间或场所空间，也就是我们身体空间的扩展和延伸。可见，身体不但能够开辟出一个实际的生存空间，而且也能在实际空间之外开辟出各种可能的或想象的空间，这就是主观空间。

人是在世界中存在的，人的身体的存在具有实体和文本性等多维解读。在实体空间上，身体可以被认为是个人所占据的地方、位置，或者场所；在隐喻性空间理解上，身体是社会关系和自我认同的枢纽；在情感上，身体是包括幸福、痛苦等各种情感建构的场所。通过上述对身体的社会属性梳理，我们可以窥见个体的身体在向社会的身体转化的过程中，身体是如何在符号斗争领域参与对欲望的使用，以及身体如何参与符号的流通与消费，这对我们理解身体及其空间实践具有较大的启发。

（二）基于身体的空间理解

从上述针对身体与空间之间的复杂论述，我们可以将其进一步具体化，并从以下视角进行解析。一是依托身体，来理解身体之外的世界，在此可以称之为"基于身体的空间理解"，即从身体的感知来解读空间的意义。联系身体和基于身体的空间理解，可以重新打开一个新的思考维度。

在周庄、西塘、乌镇、南浔、角直、朱家角江南社区型文化古镇，由于特殊的地理环境，原住民日常生活与水具有密切关联。例如，在周庄古镇，"镇为泽国，四面环水，咫尺往来，皆须舟楫"，如此特殊的地理环境，造就了当地原住民独特的生产生活惯习与技能。在原住民日常生活实践中，"划船"

便是其中之一。作者在调研中得知，20 世纪 80 年代末，周庄旅游兴起时，一些游客迷恋周庄特有的水上风情，便常常邀请当地原住民为其摇船，因此乘船并进行水上游览便成为旅游者游览活动中的一项重要体验活动。1991 年，本为周庄古镇渔家女的 WXY（FT97-WXY-C，女）成为第一个划船的船娘，她经过短暂的技能学习后，用 856 元钱买下一条小船，因为能说会唱，天赋极佳，她逐渐受到媒体和外界的关注，并迅速成为当地名人。用 WXY 的话说："旅游应该是致富的产业，自己也一定能通过旅游获得更多收益，通过参与旅游自己确实出名了，找我的人很多，我也非常开心。"在她的启发和示范带动下，周庄古镇更多的农家妇女操起了"手摇船"的绝活。在这支特殊的队伍中，另一位值得关注的原住民是 XMZ（FT81-XMZ-C，女）。在采访时，她娓娓道来："我以前在一家鞋厂当炊事员，后来自己买了一条船，努力学习经营旅游业务的知识，我还进过培训班，后来就（在周庄'井'字河里）拉些零星游客，那时候价格没有规定，3 块（钱）、5 块（钱）、6 块（钱）、7 块（钱）都行，我给人家唱歌，人家就随意给点就是，不给也行，无所谓，我从来不跟游客主动要。从收入来看，尽管每一次游客付的价格不高，但是总体收入还是不错的；更重要的是我通过划船，展示了技能，理解了身体带来的乐趣，获得了无比的快乐。"可以看出，船队成员通过依靠自己的身体劳动获得的成果维持生计，她们把自己的一部分"劳动果实"贡献给自身依托的旅游社会空间；另一方面，身体自身要投入空间生产，就需要先解决身体本身的生产和再生产，即身体通过空间实践带来的愉悦感知和进一步的身体实践。

事实表明，成功的旅游产业实践也会成为其他主体实践的参照，甚至成为原住民空间表达的事项。在西塘古镇，受旅游经济知识增长的影响，原住民 GRT（FT147-GRT-C，女）以自筹方式进行了自家民居的转型和升级改造，并进行了自主性经营，GRT 的民宿经营模式属于家庭式经营，也就是普通原住民充当民宿的主人，直接为游客提供产品和服务，这种形式有效地保持了民宿的本原性和纯真性，使西塘古镇独特的地方文化得以传承，其效果也是其他任何形式的商业模式无法达到的。但多元化、高标准、高质量的市场要求，越来越让 GRT 捉襟见肘，甚至有点跟不上时代的发展。在理解"多元化、高标准、高质量"的含义时，原住民 GRT 认为："民宿主留在民宿是必要的前提条件，不能雇佣别人来经营，我就是住在自己的民宿内，这样可以随时为游客提供服务，游客也喜欢这种模式。"而被问起如何才能达到"多元化、高标准、高质量"时，GRT 说自己"选择了去专业机构进行服务质量、人际沟通、古镇导览、解说表达及安全照护方面的教育培训，这样才能更好地开发自己的技能，更好地为游客服务"。在深度访谈中，GRT 表达了自己为什么经营民宿，以及如何经营民宿的朴素看法："要积极争取参与旅游业，从事旅游业是一种新的生活方式，现在都在争创魅力民宿，其实经过这几年的探索，我认为民宿需要的不仅仅是资金，更需要新的思路、想法和艺术品位，经营者的思维模式、创新意识尤为重要。只有不断创新，不断提升民宿的品质才能吸引游客'一而再，再而三'地来消费度假，也只有这样的经营者才是一个合格的民宿主；在此过程中，民宿主自己不能忽略。"这一案例说明，古镇原住民 GRT 在实践中理解了自己身体实践的重要性，也是对本研究提出的"基于身体的空间实践"理念的重要阐释。

（三）基于空间的身体理解

除依托身体外，还可以依托空间来理解空间之中的身体，在此可以称为"基于空间的身体理解"，即从空间出发，探讨蕴含于身体的社会权力关系。作为典型案例，在此继续以周庄古镇妇女参与"万船娘"船队进行说明。1994年，政府成立周庄旅游开发公司。1997 年，镇党委和政府对"万船娘"船队进行统一管理和经营。2001 年，由古镇妇女组成的"万船娘"船队开始正式组建，这支船队由周庄东浜、龙凤和南湖三个村约 200 户村民组成，主要工作任务是为外地游客游览周庄时进行摇橹划船，协助游客在水中深度体验古镇历史风貌和人文景观。周庄古镇由于属于政府主导开发模式，因此古镇空间受控于政府进行的旅游产业实践，古镇妇女作为"万船娘"船队成员，在政府及公司安排下轮流参与划船接待。在划船中，"万船娘"船队成员表现出了鲜明的身体实践特征。作者在对船队成员调研时发现，在日常工作时，"万船娘"船队成员按照规则轮流穿行于周庄四条河道、八条街道形成的"井"字河道中，身穿蓝白相间蜡染布衫，头裹青角白底三角包头。根据游客体验需求，"万船娘"船队成员立于船上，双脚稳稳地扣着船板，不紧不慢地摇橹，丰满健美的身体，随着船橹前俯后仰，富于节奏和美感。由于具有相互竞争性，摇橹常常伴以歌曲进行空间的身体实践，最典型的身体实践是船员划船时展演小调《摇船歌》：

摇船要唱《摇船歌》，先生姑娘船中坐。碧绿小河像彩带，穿梭小船像蝶儿飞。千年河道百年屋，明清风貌眼前见。小船穿过双桥门，国际瑰宝中外闻。双桥边上银子浜，沈万三花园遗址藏。

"万船娘"船队成员载着游客的欢声笑语，通过特殊空间之身体展演，成了周庄古镇旅游空间中最动人的风景。在周庄古镇，船员划船作为一种"身体的空间行动"，是分析船队成员意义世界的介质与基底。本研究认为，周庄古镇船队成员的"身体空间实践行动"具有"初源性"和"意义性"之分。

"初源性"行动属于个体生存论视角中的社会行为，是从物质角度对个体行动作物质取向的还原性追索，体现了个体行动初始动力的物质性和调适性。

你们坐船我来唱歌，唱歌要稍微"赏"点零钱，唱一首两块钱，好不好？[游客（齐声）：好！]，我来唱个几首，先唱个《摇船歌》。
——FT46-OYU-A（女，周庄古镇原住民）

我们很多人也没有什么其他技术，从事这个（划船）职业还是考虑到生活会比以前更好一点吧！
——FT10-FGE-B（女，周庄古镇原住民）

而个体行动"意义性"区别于"初源性"最大的不同点，是强调行动的认识论意义和行动的认识论作用。站在周庄古镇旅游开发的视角分析，周庄船队成员个体行动意义，反映在该群体是古镇旅游开发的重要推动力量和一种身体的符号性建构。在采访游客 KIY 时，她认为：

> 她们（周庄古镇船娘）的服装很漂亮，很有地方特色，服务也很好，很周到，她们的歌声地地道道的，很有味道，原汁原味，感觉太好了！
>
> 不管从哪个角度讲，她们（周庄古镇船娘）肯定是古镇的形象代表，人人都说古镇景色美，她们也是古镇重要的风景啊！
>
> ——FT7-KIY-A（女，游客）

作者在对甪直古镇、南浔古镇的船队成员进一步访谈时，也印证了原住民船员身体内心意义世界的空间表达：

> 从事这个工作十几年了，以前有很多不懂的知识，现在生活变得丰富又充实了。过去，普通话只会说几句，现在不仅能讲普通话，还能说一些英语、日语的日常会话，"欢迎来甪直"是"Welcome to LUZHI"，挺开心的。
>
> ——FT12-FSD-B（女，甪直古镇原住民）
>
> 但是现在从事（这工作）的基本上是像我这样四五十岁的人，需要年轻人，二三十岁的人却招不到，真不晓得等老一辈船工干不动了，这个事（为游客摇橹）将如何下去。
>
> ——FT47-LAO-A（女，南浔古镇原住民）

除此之外，朱家角古镇和西塘古镇的原住民，表达了参与旅游活动的自我感受，他们认为通过为游客服务，获得了"我者"与"他者"的区分，重新认识了自我价值，因获得自豪感而使自信心大增，身体的空间实践实现了自我身份的认同。比如，朱家角古镇的原住民 OQZ（FT139-OQZ-C，男）说："我以前只知道上海周边有昆山、苏州，现在知道世界上还有许多国家，也学到了很多外面的优秀文化、礼仪和习俗等，这些都是我和游客交流过程中获得的，知道得越多，越开心。"

研究表明，景观再造与情感怀旧往往连在一起，景观是地方的重要内容，一个地方文化的独特性和地方意义，通常会以景观呈现的形式表现出来。在此可以列举南浔古镇一个典型的水上表演队的展演过程来进行说明。在旅游开发后，南浔古镇组建了一支由地方社区原住民组成的表演队，该表演队在古镇内定时给游客进行演奏、唱歌，或者舞蹈展演。在这支队伍中，大部分成员是以古镇原住民的身份参与旅游开发，并以细腻温和的服务、柔韧的态度、亲切娴熟的展演深得游人赞赏。来自湖北的游客 DDY（FT141-DDY-A，男）在访谈中认为："他们的服务方式、语言、服饰和活动行为等，都成为旅游者眼中最佳的旅游资源，许多被遗忘、甚至快消失的非物质文化遗产通过他们得以再生产，从而被人们记住了，身体展演起了很大作用，身体就是地方的独特景观。"在朱家角，作者对游客 LJI（FT143-LJI-C，女）进行访谈时，她认为："游客来自不同社会、不同种族、不同国家或地区，可以说是五湖四海，这些旅游者有着不同的文化背景。旅游本质就是一种不同领域的文化交流，从此意义讲，地方原住民身体所承载的是文化符号。古镇原住民亲自参与旅游开发也是古镇'非物质文化遗产'保持'活态性'和'真实性'的重要实践途径。更重要的是，当游客对表演者报以热烈的掌声时，能够看得出表演人员的自豪感，这其实就是一种通过在空间中的身体展演带来的文化的自信。"

在西塘古镇，以"婚礼"为主题的别样风情展演，同样能够让游客体验一把江南水乡的热闹情景，以及特有的身体展演的地方性。当表演队伍经过表演区时，观赏者可以看到船身结扎着大红的长绸带，船篷顶端正中系着大红花，边沿上悬挂着长串红爆竹和红灯笼，"新郎""新娘"身穿大红袍，从婚船内抛出了一把把"喜糖"，惹得岸上的游客你捡我抢，欢声笑语一片。通过身体再现的古镇传统婚礼习俗，让不少游客大开了眼界，深受游客喜爱。可以看出，古镇以特殊活动为载体，以身体展演的活动过程，正是获得一种意义的过程，一种具有"原始景观表征"的展演，其含义是在古镇社区叙事中生产出来的，这些过程除了对景区创造者具有经济或文化含义，还会对古镇空间主体（如原住民等）传达"我"在空间中的身体感知含义。

事实上，空间的身体性还表现在原有职业与现代化职业的对比方面。在谈到参与旅游活动获得的感受并与之前从事其他行业相比时，乌镇古镇原住民 GUY（FT142-GUY-C，男）认为："旅游服务业最大的特点是与游客近距离的接触，这就决定了我们与游客沟通的能力很重要。沟通过程中还需要一些礼仪礼貌，如果会说英语等语言就更加完美了，因为现在有很多老外（指外国旅游者）会来古镇，世界互联网大会后国外旅游者来得更多了。所以我们对不同类型、不同国家的人都得了解，这个真的很重要哦。对不同的人有不同的应对（服务）方式，开朗乐观的态度是做好旅游服务业的前提，这和以前也不一样了。"从这些访谈语料可以看出，在空间之中的身体感知中，身体及其建构的内容在特定情境下是可以转换和传递的，具有一定外展性。

五、基于 EFA 和 CFA 的古镇文化—心理空间结构性生产

（一）古镇原住民心理空间结构探索背景

周庄、西塘、乌镇、南浔、角直、朱家角江南社区型文化古镇作为一类特殊的文化旅游地，以此为载体进行的旅游开发，本质上是一种空间商品化，（生活、社会、心理）空间置换和空间被开发、设计、使用，以及改造的实践过程。通过 CNKI 平台，作者对涉及古镇空间形态的相关研究进行了检索和分析，发现这些研究多倾向于对物理空间的研究，少部分涉及文化空间。古镇空间的形成与成长过程是研究较多的领域（陈汉波，2000；屈德印、黄利萍，2006；刘炜、李百浩，2008）。此外，还有针对古镇乡土古民居及其聚落形态的研究（常蓓，2011）。在旅游感知研究方面，研究成果中的研究对象以游客为主，主要集中在探究游客古镇感知顺序（王艳等，2007）、旅游地游客感知结构模型（黄燕玲、黄震方，2008）、游客满意度与游客感知之间的关系（张安民，2009）、游客忠诚模型（李文兵，2011）、古镇品牌个性特征对游客重游意愿的影响（唐小飞等，2011）。在旅游发展中，古镇保护中的原真性和社区参与问题得到了反思（唐春媛等，2007；刘小方，2006），原住民参

与古镇旅游开发对古镇文化空间转型的问题也得到了重视（王朝辉，2011）。在影响和态度研究方面，主要集中在古镇社区原住民对旅游业经济的影响（惠红、程乙昕，2010）、古镇文化旅游开发过程中对当地社区原住民生活的影响（郭一丹，2007）、不同类型原住民对旅游开发的态度（张兴华等，2010）、旅游开发的原住民满意驱动因素（汪侠等，2010）和社区归属感对乡村旅游地原住民参与的影响（杜宗斌、苏勤，2013）。一些研究认为，古镇只有传承地方知识和族群传统才能实现持续稳健发展（杨明华，2008）。针对古镇旅游的发展与空间生产，研究认为旅游地原住民生活空间置换是旅游地空间商品化的手段和结果（李鑫、张晓萍，2012），应该建立一个包容性的社区（郭文等，2012）。

综上认为，在现阶段针对社区型古镇空间形态的研究，多聚焦在物理或文化空间形态方面，内容主要涉及"开发"与"保护"，或因此衍生出的模式论和产品论、社区参与的重要性等方面。在感知研究方面，以游客为主的研究居多。一些以影响和态度为主的研究则多集中在经济、文化、环境方面。在本研究的长期调研中发现，周庄、西塘、乌镇、南浔、角直、朱家角江南社区型文化古镇在流动性和旅游介入，并引起古镇原生空间发生变迁的过程中，原住民在访谈中谈及的话语除古镇物理空间、文化空间之外，更加重视古镇社会空间和心理空间的生产，谈话内容也较多涉及于此。反观学界理论研究现状，研究者在揭示作为社区主人的原住民社会空间感知结构、心理空间感知结构模式和规律方面的实证研究还非常薄弱，缺少必要的学术跟进，这一"研究缺口"为本研究探索案例地古镇原住民心理空间结构提供了足够的空间。

由于周庄、西塘、乌镇、南浔、角直、朱家角江南社区型文化古镇旅游地理空间实践的时间过程和空间过程具有差异性，作者在调研时发现，作为中国最早开发旅游的周庄古镇，其旅游开发的"政府+企业+原住民"模式及其带来的原住民地方感知具有一定的典型性，这一模式在解决原住民参与的基础上，表面上看似使原住民获得了参与旅游发展的机会，但实质上却出现了前述表达的"有参与，不能深入""有机会，缺少能力""有平台，缺乏引导"的深层问题，这在本质上凸显出一种旅游发展中的"低质权能陷阱"新现象和新问题。这些旅游社会空间问题的出现表明，在以增长为目的的旅游资源配置中，古镇物理—地理空间生产与社会—文化空间生产之间呈现出了生产与需求的断裂，这些地方旅游开发不仅生产出景观空间，具有物理—地理空间的生产，还生产出了复杂的社会文化与心理空间景观。由此可见，周庄古镇具有一定的典型性，根据此发现与背景，作者在研究中首先选取了周庄古镇作为个案进行前测调研与研究。

（二）基于周庄古镇原住民的文化—心理空间结构的前测探索

1. 样本开发及调研过程

通过对相关文献（Gursoy and Kendall，2006；杜宗斌等，2013；衣传华、黄常州，2013）梳理和研判后发现，目前理论界对感知研究的方法论主要有传统正向负向二分法、理论衍生法，或采用预设如经济、文化、环境等领域，再进行模块式指标分类法，这些方法在指标生成的方法上多采用指标预设进行研究，在具体操作上多借鉴国内外前人类似分析指标或结合案例地进行指标增减。作者对上述研究分析后认为，社会文化—心理空间感知研究作为较新的研究领域，简单借鉴或机械生搬其他指标，并不能理想地阐述本研究案例地原住民因旅游空间生产带来的社会空间感知情况，这就需要结合实际形成新的测量指标。

扎根理论作为一种质性研究（qualitative research）方法，在 1967 年由伯尼·格拉泽（Barney Glaser）和安塞尔姆·斯特劳斯（Anselm Strauss）提出。该方法的特点是在研究开始之前一般没有理论假设，强调理论来源于实践，从下往上直接从实际观察入手，从原始资料中归纳出经验概括（冯生尧、谢瑶妮，2010）。由于其精确和有用以及实证主义假设而为人所知，灵活性和合法性吸引着不同理论和实质兴趣的质性研究者采用此方法。扎根理论的思想为本案例地原住民感知测量指标及生成方法的构建提供了一套比较适用的操作程序。借鉴该方法的精神以及在此领域以往研究的经验积累，本研究涉及的测量因素采用了上下结合的方式探索完成。

首先先后选择周庄古镇 50 位原住民在轻松、平等的环境下对旅游开发后的社会文化—心理空间感知进行焦点访谈（访谈时间为 2011 年 9～10 月、2012 年 3 月、2013 年 5 月）。其中，20 位属于"探索性/饱和"人员，30 位作为"验证性/认同"人员，访谈平均持续时间在每人 30 分钟左右，访谈后马上进行编码，使得数据的收集和随后分析工作能够很好地连接起来。访谈中将没有发现比较集中的新情况以访谈饱和次数记录下来，再集中另一组"验证性/认同"人员访谈，找出在指标上出现认同概率低于平均概率的临界点，以此方式初步确认预选指标。然后邀请 15 位从事旅游及相关行业专家和学者对剩余因子的实际重要性进行判断，通过反复问答式交流，最终达成一致意见。最后形成的样本问卷由三部分组成，第一部分设计为原住民的基本情况；第二部分为原住民社会空间感知维度测量题项，主要涉及原住民对参与旅游开发、利益获取、社区变化、对旅游开发的态度的指标，并采用李克特五点法计分，"完全不同（1）""不是（2）""不清楚（3）""基本是（4）""完全是（5）"。

2012 年 3 月，抽调 12 名具有旅游管理和社会学专业背景，且有调查经验的学生在周庄古镇进行小规模前测研究，并根据研究情况对问卷题项进行适当修订，之后编制正式问卷（见附录 6）。同年 10 月份，又组织人员进行了为期七天的实地调查。样本抽样地点为周庄富贵路、贞丰街、中市街、全福路、全功路等原住民生活点。抽样方法采用随机抽样，以户为单位进行。在 2013 年、2015 年和 2016 年，调查人员分别进入案例地，并在实际参与原住民日常社会生活中进行观察和补充调研，具体过程采用圈定式访谈和推荐式访谈相结合的方式对访谈者进行质性调查，记录旅游空间生产情况、开发模式、原住民生活及其影响等，并对先期获得的第一手资料进行补充。田野调研时间累计共四个月。

2. 样本结构

调研共发放问卷 350 份，回收 343 份，剔除原住民回答不全等无效问卷 13 份，共得到有效问卷 330 份，有效回答率 94.26%。根据统计显示，在本次调查的原住民人口统计学特征中，男性比例略高于女性；年龄结构上大致在 40～60 岁，其中以 40～49 岁居多；由于涉及原住民调查，学历以初高中较多；在家庭结构上，"已婚，有小孩"占大多数。月收入以4000元左右为主（表4—10）。

表4—10 人口统计特征

项目	类别	频数	有效百分比（%）	项目	类别	频数	有效百分比（%）
性别	男	170	51.52	家庭结构	未成家	24	7.27
	女	160	48.48		已婚，无小孩	70	21.21
年龄	≤18	16	4.85		已婚，有小孩	230	69.70
	19～39	85	25.76		其他	6	1.82
	40～49	120	36.36	月收入	1000元及以下	16	4.85
	50～59	89	26.97		1001～2000元	40	12.12
	≥60	20	6.06		2001～3000元	64	19.39
学历	初中及以下	190	57.57		3001～4000元	102	30.91
	高中	70	21.21		4001～5000元	80	24.24
	大学专科或本科	55	16.67		5001～8000元	25	7.58
	研究生	15	4.55		8000元以上	3	0.91
地点	富贵路、贞丰街、中市街、全福路、全功路等原住民生活点						

3. 研究方法

本研究对周庄古镇社区原住民总体社会空间感知的测量主要依靠 SPSS 18.0 和 Amos 17.0 软件，分析时将一部分问卷采用 SPSS 18.0 进行探索性因子分析（exploratory factor analysis，EFA），将众多的测量变量浓缩成数目较少的精简变量，并将杂乱无章的变量进行重新组合，测量数据的可靠性和适切性，在潜在构念中萃取共同因素并推导出相应模型。运用 Amos 17.0 软件对另一部分问卷进行验证性因子分析（confirmatory factor analysis，CFA），通过界定测量模型、结构模型、抽样调查、参数判断及模型修正等程序，构建原住民心理空间生产测量的结构方程模型。根据需要，研究还使用了频数分析、均值分析、显著性分析等方法。在对不同职业和不同类型原住民心理空间分析时采用了 SPSS 18.0 和 Excel 相结合的分析方法。

4. 信度与效度检验

信度（reliability）是评价结果的前后一致性。效度（validity）是能够测验所预测心理或行为特质到何种程度。通过可靠性分析，测得整体样本的 Cronbach's α 值为 0.888（表 4—11）。一般来说，Cronbach's α 的系数越接近 1，则信度越高。当 Cronbach's α≥0.7 时，属于高信度（Straub，1989）。本研究样本超过 0.7，属于高信度。KMO 的取样其值介于 0～1 之间，KMO 越接近 1 时，表示变量间的共同因素越多，变量间的净关系数越低，越适合进行因素分析。本研究 KMO 值为 0.845，根据 Kaiser 结论（余建英，2003），适合做因素分析。Bartlett 的球形度检验近似卡方值 1326.965，df 为 190，p 值接近 0，小于显著性系数 0.05，拒绝了球形检验零假设，相关系数矩阵存在显著差异，该样本数据适合因素分析。

表 4—11　样本数据的可靠性统计量与效度检验

可靠性统计量			KMO 和 Bartlett 的检验			
Cronbach's α	基于标准化项的 Cronbach's α	题项	取样足够度的 Kaiser-Meyer-Olkin 度量	Bartlett 的球形度检验		
				近似卡方	df	Sig.
0.888	0.892	20	0.845	1326.965	190	0.000

5. 探索性因素分析

通过 SPSS 18.0 进行降维因子分析，即在保证数据信息丢失最少的原则下，对高维变量空间进行降维处理，这样在一个低维度的解释系统，能够做到对数据的解释。在指标选择上，系数显示绝对值载荷选择 0.5，对任何因子上都大于 0.5 或者多个因子上负载大于 0.4 的题项进行删除（Straub，1989）。以此为据，删除了"利益关联的心理认知"指标中的"内心认同旅游就业"，"价值效能的心理感知"指标中的"内心认同能够有结交新朋友"和"情感眷恋心理变迁"指标中的"这个地方比其他地方更好"。

再次对数据进行探索性因素分析，得到 KMO 值为 0.845，Bartlett 的球形度检验近似卡方 3024.499，自由度为 136，p 值接近于 0，达到了显著性水平，拒绝零假设而接受备择假设，证明样本适合进行因素分析。通过标准化最大方差正交旋转，17 个测量因子汇集为 3 个特征根大于 1 的有效因子。从结果来看，累积解释了 69.607% 的信息，高于 60% 的最低标准（吴明隆，2010a）。

根据探索性因素分析结果，在第一个公因子 F1 上，有较高负载量的六个变量，X1：从内心认同能真正进入到旅游开发的体制中、X2：内心感觉有参与旅游开发的决策行为、X3：能从参与旅游中获得知识教育与机会的心理认同、X4：参与旅游心理活动与表征、X5：内心深处感知能自主进行旅游项目开发、X6：社区旅游收益的获得感。可以理解为旅游开发中社区原住民内心深处关注的利益情况，命名为"利益关联的心理认知"。在第二个公因子 F2 上，有较高负载量的六个变量，X7：内心融入感、X8：发自内心的文化自觉、X9：旅游空间实践的认同与接受、X10：旅游开发带来生活压力、X11：社区社会交往心理认知、X12：社区社会形态变化的内心承受。可以理解为旅游开发对社区原住民价值效能的心理感知，命名为"价值效能的心理感知"。在第三个公因子 F3 上，有较高负载量的五个变量，X13：对社区具有特殊的地方感、X14：认同原先以心理契约组成的社区关系、X15：厌倦现在热闹的社区、X16：具有融入社区的强烈归属感、X17：社区旅游开发的心理深层感受。可以理解为与旅游大规模介入前比较，原住民的情感感知状态，这种情感感知含有与原来对比的内涵，命名为"情感眷恋的心理变迁"。

6. 验证性因素分析

根据探索性因素分析结论，运用 Amos 17.0 将上述公因子及其对应的测量指标构建一阶验证模型，对数据进行模型适配并修正。以最大似然法（maximum likelihood）对原住民社会感知维度进行验证性因素分析，将 17 项指标作为研究观察变量，将 3 个价值维度作为潜在变量，对计算模型进行拟合度评估。由于卡方 χ^2 易受样本影响，容易拒绝假设模型。在研究时，对其他指标进行了检测（荣泰生，2009）。$\chi^2/df=2.79<3$、GFI$=0.94>0.9$、AGFI$=0.96$、RMSEA$=0.034<0.05$、NFI$=0.92>0.9$、PNFI$=0.701>0.5$、CFI$=0.92$

>0.9、RFI=0.91>0.9、PGFI=0.567>0.5，测量模拟对数据的拟合较理想。标准化路径系数均在 0.5～0.95。按照计算公式（$\sum$标准化因素载荷）^{2}/[（$\sum$标准化因素载荷）^{2}+$\sum$误差方差]和（$\sum$标准化因素载荷）^{2}/[（$\sum$标准化因素载荷^2）+$\sum$误差方差]，分别得到潜在测量变量 F1、F2 和 F3 的组合信度 CR 分别为 0.895、0.916 和 0.863，平均方差抽取量 AVE 为 0.60、0.653 和 0.566（表 4—12），数值均符合大于 0.6 和 0.5 的规定（吴明隆，2010b）。综合 Amos 17.0 验证性因素分析的各项指标，假设模型基本符合适配标准，可以被接受。

表 4—12　探索性因素分析（EFA）与验证性因素分析（CFA）结果

变量	EFA 因素载荷		CFA 因素载荷	提取公共因子	特征根与旋转后方差载入/%	Cronbach's α	CR	AVE
X1	0.872		0.98	F1 利益关联的心理认知	7.091/25.670	0.907	0.895	0.60
X2	0.862		0.96					
X3	0.803		0.72					
X4	0.801		0.69					
X5	0.734		0.59					
X6	0.666		0.60					
X7		0.941	0.96	F2 价值效能的心理感知	2.745/24.356	0.916	0.916	0.653
X8		0.920	0.95					
X9		0.902	0.92					
X10		0.678	0.67					
X11		0.673	0.69					
X12		0.574	0.57					
X13		0.897	0.95	F3 情感眷恋的心理变迁	1.995/19.581	0.859	0.863	0.566
X14		0.838	0.84					
X15		0.772	0.65					
X16		0.713	0.67					
X17		0.710	0.59					

在观测变量均值统计基础上，进一步得到古镇原住民心理空间生产维度均值。

7. 原住民心理空间感知维度评价

从均值分析结果可以看出（表 4—13），原住民对"X4：参与旅游心理活动与表征（3.50）""X5：内心深处感知能自主进行旅游项目开发（3.66）""X12：社区社会形态变化的内心承受（3.43）""X14：认同原先以心理契约组成的社区关系（3.86）"及"X15：厌倦现在热闹的社区（3.76）"感知分值较高。分值较低的集中在"情感眷恋的心理变迁"中的"X13：对社区具有特殊的地方感（2.91）"和"X16：具有融入社区的强烈归属感（2.06）"。

表 4—13　测量指标重要性及均值

测量变量	均值	重要性	一致性	社会感知维度	社会感知维度均值
X1	3.27	0.1834			
X2	3.27	0.1657			
X3	3.12	0.1957	$\lambda_{max}=5.2227$	F1	
X4	3.50	0.2368	CI=0.05567	利益关联的	3.979
X5	3.66	0.1738	CR = 0.0497	心理认知	
X6	3.34	0.2281			
X7	3.31	0.2494			
X8	3.26	0.1155			
X9	3.27	0.0624	$\lambda_{max}=6.5325$	F2	
X10	3.37	0.2365	CI = 0.1065	价值效能的	3.370
X11	3.27	0.1282	CR = 0.0859	心理感知	
X12	3.43	0.2179			
X13	2.91	0.2577			
X14	3.86	0.2361	$\lambda_{max}=5.3376$	F3	
X15	3.76	0.1917	CI = 0.0844	情感眷恋的	3.217
X16	2.06	0.1311	CR = 0.0754	心理变迁	
X17	3.08	0.1834			

在"利益关联的心理认知"维度上，原住民心理空间生产较高的是"X5：内心深处感知能自主进行旅游项目开发（3.66）"和"X4：参与旅游心理活动与表征（3.50）"，较低的是"X3：能从参与旅游中获得知识教育与机会的心理认同（3.12）"，说明原住民具有参与旅游的权能和较自由宽松的旅游权能空间，但是知识层面权能的获取有待提高。

在"价值效能"层面，原住民对"X12：社区社会形态变化的内心承受（3.43）"和"X10：旅游开发带来生活压力（3.37）"感知较高，说明旅游介入社区使社区空间形态发生了较大变化，社区的开放性使自身眼界得到拓展；较低的是"X8：发自内心的文化自觉（3.26）""X9：旅游空间实践的认同与接受（3.27）"和"X11：社区社会交往心理认知（3.27）"，说明原住民参与旅游文化保护的自觉性还未形成，旅游对社区的功能整合和强化生活交往方式未得到认可。

在"情感眷恋的心理变迁"层面，原住民对"X14：认同原先以心理契约组成的社区关系（3.86）"和"X15：厌倦现在热闹的社区（3.76）"感知较高，说明受访原住民在心理层面还未完全认可旅游开发。

原住民心理空间生产三个层面上呈现"利益关联心理认知（3.979）→价值效能心理感知（3.370）→情感眷恋心理变迁（3.217）"递减规律，凸显较为明显的分层状态，本质上反映了一种由经济表层→社会感知→心理感知从外而内的心理空间生产递减规律。空间作为社会关系的载体和容器，其形式是生产方式的产物，原住民感知作为一种对自身身处前后空间体验的认知，本质上是原住民在旅游空间生产体系中的一种关系状态反映。进一步对指标内容及其代表的内涵分析，"利益关联的心理认知"更多涉及原住民参与旅游开发的资格和利益获取状态，代表着原住民在心理空间生产系统中旅游经济权能获取情况；"价值效能的心理感知"更多聚焦于旅游开发对社会及社区影响层面，代表原住民对空间生产的社会感知；而"情感眷恋的心理变迁"则属于原住民参与旅游开发更深层次的心理体验，代表原住民深层次的心理活动状态。

上述受测指标的排序说明，从总体来看，周庄旅游开发的"政府+企业+

原住民"模式在凝聚"企业"和"社区力量"的同时，能够重视本地社区原住民利益，注重原住民参与和利益的本地化积累，反映了旅游开发中经济利益联结的模式是一种"共生模式"，这是原住民社会感知较高的根本原因所在。但同时也应看到，这种模式下的社区参与表面上解决了原住民不能参与旅游开发的问题，实质上在参与机会下面还隐藏着深层次的现实困境，即原住民对价值效能和情感眷恋认同度的低下。具体来说，原住民感知旅游开发不但带来了生活压力，而且社区社会结构也发生了变化，原住民对社区旅游空间生产、旅游对社区的整合力度、原住民的文化自觉行为以及情感归属和认可等方面与先前比较还未得到全面认可。旅游带来了社区空间的置换和生产，这些变化使古镇原住民归属感呈现缺失状态，而较低的社会空间感又淡化了原住民对地方的眷恋。对于原住民来说，旅游开发前，古镇社区具有明显的"闭合性"，原住民对社区生产、生活等活动主导能力较强，更具有自主性；旅游开发后，原住民的上述活动在一定程度上从属于政府和企业主导的空间生产体系，更具有从属性。原住民社会空间感知的分异状态是传统古镇社区在被设计和开发为现代旅游社区的同时，在新的社会关系中感悟到的另一种社会空间体验。

通过 SPSS 18.0 和 Amos 17.0 数据统计软件对周庄原住民心理空间生产背景下的多维感知进行了统计和处理，通过探索性因素分析和验证性因素分析，构建了原住民感知的测量模型，并进行测度研究，结果显示：

其一，原住民的心理空间感知是原住民对旅游空间生产的一种直观评价，也是"再现空间"的关系体现。通过研究认为原住民对旅游空间生产背景下的心理空间生产包括利益关联的认知、价值效能的感知和情感归属的心理变迁三个测量维度。在受测指标的具体排序上，总体呈现"利益关联心理认知→价值效能心理感知→情感眷恋的心理变迁"递减规律，具有较为明显的分层状态。从原住民心理空间生产角度分析，上述三维结构及其递减规律说明原住民的心理空间生产是一个充满矛盾的认知结构，周庄旅游开发的"政府主导+企业开发+原住民参与"模式在目前更多体现出来的是以经济性为主，原住民的社区参与体现了原住民旅游权能获取的机会程度，但原住民并未因为能真正进入旅游开发体制内而表现出对旅游开发的全面认同，在心理空间生产认同层面还有待深化。

其二，结合三个心理空间生产层面的指标作深层次分析可知，旅游介入周庄古镇打破了原住民对原空间感知中基于血缘、文化和地缘特征结成的相对静止形态，这暗示了旅游介入后新的社区结构的变化，反映出产生了以旅游为媒介的新的社会空间性关系。受访原住民认为，与先前相比自身从传统社区的生产方式进入另一种生产方式中，卷入了旅游开发的体系中并与政府、开发商和游客等形成新的空间关系。从空间形态变迁和关系结构深层角度分析，周庄古镇空间生产本质上是资本、权力和利益等政治经济要素和力量对旅游空间进行重新塑造，并以其作为底板、介质或产物，形成空间的社会化结构和社会的空间性关系过程。这一结论和列斐伏尔认为"当一种生产方式转移到另一种生产方式时，必然伴随新空间的产生（Lefebvre，1991b）"的结论相吻合。

其三，原住民高质量的心理空间生产是一个全面的认知结构，上述三维不平衡结构对增进旅游空间生产的社会凝聚能力提出新的诉求。结合国内一些成功案例的经验，社区旅游的可持续发展是包括原住民在内的多元主体共同作用的结果，旅游开发和社区建设作为一种持久的存在，社区原住民的有效参与、融入程度和心理状态是影响旅游开发能否可持续的重要因素。周庄古镇原住民对"利益关联的心理认知"空间维度的高体验说明目前社区旅游开发模式是一种相对理想的模式，这种模式保障了原住民的"社会融入"。而从社区旅游的整体发展角度来讲，原住民旅游权能的秩序优化不仅仅是只解决原住民的参与治理的机会问题，而是要进一步提升原住民参与权能的深层次空间问题。增进旅游空间生产的社会凝聚能力，有必要进一步强化强势力量和弱势力量之间的合理融合，发挥政府自上而下的引领功能和协调功能，在现有模式基础上强化政府和原住民之间的深层互动，按照"有限参与→发展参与→充分参与"的路径提升原住民空间参与层次和参与感，培育原住民对旅游知识和市场经济知识的认知，更新思想观念，培养与新秩序相适应的新型社区原住民，提升原住民参与旅游开发的文化自觉性、心理满足感和幸福感。

（三）西塘、乌镇、南浔、甪直、朱家角古镇原住民心理空间结构探索

1. 研究过程

2013 年 3～4 月、2014 年 7～8 月、2015 年 8 月，作者组织成员将江南社区型文化古镇原住民社会文化—心理空间结构的探索范围，扩展至周庄古镇之外的西塘古镇、乌镇古镇、南浔古镇、甪直古镇和朱家角古镇，并在上述古镇进行了长期跟踪调查。2015 年 9～12 月和 2017 年 8 月，研究人员再次进入案例地记录空间布局、原住民生活、开发模式等，对获得的第一手资料进行补充。研究过程为深入西塘古镇的古戏台、游船码头、烟雨长廊、送子来凤桥等，乌镇古镇的东栅、南栅和西栅，南浔古镇的南东街、东大街、西大街等，甪直古镇的迎宾路、保圣寺、万盛米行等，朱家角古镇的北大街、大新街、新溪路、西井街、东市街等进行实地调研，在实际参与古镇原住民日常社会文化生活中进行观察，采集数据，并对访谈者进行质性调查。

在调查选项正式确定时，采用在周庄古镇的研究方式，先后选择了西塘古镇（60 位）、乌镇古镇（60 位）、南浔古镇（46 位）、甪直古镇（50 位）、朱家角古镇（40 位）的原住民，在轻松、平等的环境下对旅游开发后的社会空间感知进行焦点访谈。在确定"探索性/饱和"人员和"验证性/认同"人数中，基本保持了在周庄古镇的方法，即 20 位属于"探索性/饱和"人员，其余作为"验证性/认同"人员，访谈平均持续时间保持在每人 20 分钟左右，访谈后马上进行编码，使得数据的收集和随后分析工作能够很好地连接起来。访谈中将没有发现比较集中的新情况即访谈饱和次数记录下来，再集中另一组"验证性/认同"人员访谈，找出在指标上出现认同概率低于平均概率的临界点，以此方式初步确认预选指标。然后邀请 17 位从事旅游及相关行业的专家和学者对剩余因子的实际重要性进行判断，通过反复问答式交流，最终达成一致意见。问卷结构基本和在周庄古镇保持一致，即第一部分设计为原住民

的基本情况；第二部分为原住民社会文化—心理空间感知维度测量题项，根据上述过程和古镇实际情况，题项增加为 23 项（经对问卷进行效度检验后，正式问卷题项保留为 20 项）

2. 样本结构与研究方法

作者组织人员在上述古镇一共发放问卷 4000 份（问卷见附录 7），回收 3975 份，剔除古镇原住民回答不全或其他情况的无效问卷 25 份，共得到有效问卷 3950 份，有效回答率 98.75%。和在周庄古镇的研究思路一样，采用 SPSS 18.0 统计软件进行分析，西塘古镇、乌镇古镇、南浔古镇、角直古镇、朱家角古镇调查的古镇原住民人口统计学特征如表 4—14。在本次调查中，女性有效百分比为 50.30%，略高于男性；在年龄结构上，19～39 岁与 40～49 岁有效百分比为 78.15%。其中，在 19～39 岁的居多；在学历结构调查中，

表 4—14　案例地人口统计特征

项目	类别	频数	有效百分比（%）	项目	类别	频数	有效百分比（%）
性别	男	1963	49.70	家庭结构	未成家	203	5.14
	女	1987	50.30		已婚，无小孩	899	22.76
年龄	≤18	265	6.71		已婚，有小孩	2760	69.87
	19～39	1623	41.09		其他	88	2.23
	40～49	1464	37.06	月收入	1000 元及以下	79	2.00
	50～59	301	7.62		1001～2000 元	90	2.28
	≥60	297	7.52		2001～3000 元	1012	25.62
学历	初中及以下	2600	65.82		3001～4000 元	2357	59.67
	高中	876	22.18		4001～5000 元	311	7.87
	大学专科	207	5.24		5001～8000 元	78	1.98
	本科	188	4.76		8000～10000 元	13	0.33
	研究生	79	2.00		10000 元以上	10	0.25
地点	西塘古镇的古戏台、游船码头、烟雨长廊、送子来凤桥等，乌镇古镇的东栅、南栅和西栅，南浔古镇的南东街、东大街、西大街等，角直古镇的迎宾路、保圣寺、万盛米行等，朱家角古镇的北大街、大新街、新溪路、西井街、东市街等						

古镇原住民在"初中及以下"有效百分比最大（65.82%），"研究生"最少
（2.00%）；对家庭结构的调查显示，"已婚，有小孩"有效百分比最大
（69.87%）；在月收入的结构调查中，根据情况变化，增加了"10000元以上"
选项，结果显示3001～4000元有效百分比最大（59.67%），10000元以上最
少（0.25%）。

　　在研究方法上，西塘古镇、乌镇古镇、南浔古镇、甪直古镇、朱家角古
镇研究也采取了和周庄古镇同样的处理方法，一部分问卷采用SPSS 18.0进
行探索性因素分析，同时运用Amos 17.0软件对另一部分问卷进行验证性因
素分析，通过界定测量模型、结构模型、抽样调查、参数判断及模型修正等
程序，构建原住民社会文化—心理空间感知的结构方程模型。

　　在信度与效度检验的检验中，西塘古镇、乌镇古镇、南浔古镇、甪直古
镇、朱家角古镇的KMO值为0.86，根据Kaiser结论，具备了做因子分析的
条件。Bartlett的球形度检验近似卡方值1367.974，df为190，p值接近0，小
于显著性系数0.05，拒绝了球形检验零假设，相关系数矩阵存在显著差异，
该样本数据适合进行因子分析（表4—15）。

表4—15　样本数据的可靠性统计量与效度检验

可靠性统计量			KMO和Bartlett的检验			
Cronbach's α	基于标准化项的Cronbach's α	题项	取样足够度的Kaiser-Meyer-Olkin度量	Bartlett的球形度检验		
				近似卡方	df	Sig.
0.889	0.898	18	0.86	1367.974	190	0.000

　　在探索性因子分析过程中，通过SPSS 18.0进行降维因子分析，以此为
据，删除了"利益关联的心理认知"指标中的"就业带来了高收入"，"价值
效能"指标上的"结交新朋友"，保留了题项选项中的"这个地方比其他地方
更好""具有地方情感性""比较投入现在的工作"三项内容。

　　根据探索性因子分析结果，第一公因子和第二公因子与在周庄古镇测量
时大致保持一致，具体为：在第一个公因子F1上，有较高负载量的五个变量，

X1：从内心认同能真正进入到旅游开发的体制中、X2：内心感觉有参与旅游开发的决策行为、X3：能从参与旅游中获得知识教育与机会的心理认同、X4：参与旅游心理活动与表征、X5：内心深处感知能自主进行旅游项目开发。可以理解为旅游开发中社区原住民对利益的关注情况，命名为"参与关联的心理认知"。在第二个公因子 F2 上，有较高负载量的六个变量，X6：内心融入感、X7：发自内心的文化自觉、X8：旅游空间实践的认同与接受、X9：旅游开发带来生活压力、X10：社区社会交往心理认知、X11：社区社会形态变化的内心承受。同样可以理解为旅游开发对社区原住民的价值效能，命名为"价值效能的心理感知"。和周庄古镇测量时相比，变化较大的是第三个公因子 F3，在此公因子中，有较高负载量的七个变量，X12：对社区具有特殊的地方感、X13：认同原先以心理契约组成的社区关系、X14：厌倦现在热闹的社区、X15：经常回忆以前生活方式、X16：这个地方比其他地方更好、X17：具有地方性情感性、X18：比较投入现在的工作。可以理解为与旅游大规模介入前比较，原住民的情感感知状态，这种情感感知暗含了与原来对比的内涵，命名为"情感眷恋的心理变迁"。

在验证性因子分析中，根据探索性因子分析结论，运用 Amos 17.0 软件将上述公因子及其对应的测量指标构建一阶验证模型，对数据进行模型适配并修正。以最大似然法对原住民社会感知维度进行验证性因素分析，将 18 项指标作为研究观察变量，将 3 个维度作为潜在变量，对计算模型进行拟合度评估。最后测得 $\chi^2/df=2.83<3$、GFI=0.90＞0.9、AGFI=0.94、RMSEA=0.048＜0.05、NFI=0.94＞0.9、PNFI=0.763＞0.5、CFI=0.96＞0.9、RFI=0.94＞0.9、PGFI=0.580＞0.5，测量模拟对数据的拟合较理想。原住民心理空间生产总体感知在三个层面上呈现"利益关联的心理认知（3.848）→价值效能的心理感知（3.506）→情感眷恋心理变迁（3.143）"逐步递减规律。

通过上述探索可以发现，在对西塘、乌镇、南浔、角直、朱家角江南社区型文化古镇的大规模数据测量中，"利益关联心理认知""价值效能心理感知""情感眷恋心理变迁"三个维度，均具有同周庄古镇大致类似的结构，虽然在命名中采用了同样的名称，但是深入分析能明显感到，西塘、乌镇、南浔、角直、朱家角五个古镇在"情感眷恋的心理变迁"维度上变化最大。通过对指标深入分析认为，该题项指标所涉及的主要是与"记忆""情感""身体"具有高度关联的因子。这种潜在结构的存在，说明随着旅游发展的持续深入，西塘、乌镇、南浔、角直、朱家角江南社区型文化古镇旅游空间生产，引发了原住民关于"记忆""情感""身体"心理空间深层次的生产。研究也证明，西塘、乌镇、南浔、角直、朱家角原住民心理空间在古镇空间生产层面，也形成了不同程度的空间结构，而且更加深入到了原住民空间体验的内心层面。

第五节　江南社区型文化古镇空间生产认知、比较与启示

一、古镇空间生产与地方性的重构与消解

（一）地方性及其相关概念解析

在传统区域地理学研究中，"地方"常常被看作是一系列彼此间具有显著差异的区域单元，这在认知上更多倾向于对地方物理空间的理解和阐释。作为人文地理学理论和实践中的一个重要概念，"地方"在受到越来越多的重视后，以"地方"为单位的研究被公认为一种研究传统单位的范式革命。本研究从周庄、西塘、乌镇、南浔、角直、朱家角江南社区型文化古镇空间的地方性生产切入，研究流动性及旅游对地方性的重构与消解。首先，需要对"地方""地方性""地方感""地方依恋""地方认同"之间的逻辑关系进行简要梳理。

虽然早在 1947 年怀特就提出"地方"（place）概念，但从深层次角度分析，"地方"的提法把一个日常生活中司空见惯的词语上升为学术概念，表示的是人或事所占据的一部分地理空间。事实上，从"人的地理学"来看，每

个人心中都有一个地方，每个人的地方才是他（她）最具有意义的行为世界。很显然，地方会构成个人对世界的认知，甚至会影响到个体的行为。用海德格尔的话说，地方构成了人的一种存在方式，是人存在的外部限定和其自由与现实的深度。

关于"地方"含义的理解，群体和个体主观境况和知识背景具有决定意义，因此从群体和个体差异性能更好掌握其内涵。在理论界，地方被认为是感知的价值中心，是社会和文化意义的载体，地方的建构主要经由主观性和日常生活的体验完成（Tuan，1974）。"地方"作为"被感知的价值中心"，超越了单纯的物质性，是充满意义且不断变化中的社会与文化实体。从人本主义的角度来看，地方暗示的是一种"家"的存在，是一种美好的回忆与重大的成就积累与沉淀。当代华裔地理学家段义孚在《空间与地方：经验的视角》一书中专门介绍了空间被赋予文化意义的过程，并认为这个过程就是空间变为地方的过程，而这个过程也可以说是"人化"的过程（Yi-Fu Tuan，1977）。

事实上，地球上的每一个地方都有其特色，我们都可以称之为"地方性"，其本质含义为特定地方长期积累的文化和人们长期形成的文化认同（迈克·克朗，2003），或者可以解释一个地方本身有别于其他地方的内涵与意义。从文化地理学的视角解释，一个地区长期积累的文化，以及人们对这些长期积累的文化认同，就使该地区形成了地方性。1976 年，雷尔夫指出："地方性的建构和维持不仅需要独特的地理景观，以及语言、地名和影像等可视化的文化符号，更离不开主体在长期与景观和文化符号的密切接触中无意识产生的情感"（Relph，1976）。这说明，文化认同和情感等是地方性形成的基础因素。从经济地理学的视角解释，一个地区与外界建立功能联系时，它所具有的其他地方所不具备的内在（经济、资源等）条件就是地方性（Cooke，1989）。上述这两种地方性的定义虽然不同，但是其本质都是强调一个地方所具有的特殊性。

地方感是一个非常具有包容性的概念，是人与地方相互作用的产物。地方感研究从人的感知、态度、价值观等角度来探讨人与环境的关系，包括人在特定地方中的体验和人与特定地方的情感联结关系。1970 年代，以段义孚为代表的人文主义地理学者重新将"地方"引入人文地理学研究以来，地方感即成为人文地理研究的一个重要概念。一般认为，地方感是一种满足人们基本需要的普遍的情感联系，地方感所体现的是人在情感上与地方之间的一种深切的联结，是一种经过文化与社会特征改造的特殊的人地关系。从这个意义上说，地方感包括两个维度：地方根植性与地方依恋。戴维·M. 哈蒙（David M. Hummon）在研究中将地方感划分为不同的层次，即根植性、异化、相对性和无地方性（Hummon，1992）。社会环境因素是地方感的最主要影响因素，主要包括基础设施、社会联系等。艾利森·威廉斯（Allison Williams）和彼得·基申（Peter Kitchen）认为地方感受诸如环境、社会经济地位、福利和健康、社会分层等是影响地方认同一重要因素（Williams and Kitchen，2012）。自地方感概念提出以来，该概念作为地方研究的重要维度，其价值在原生空间环境和空间感知等方面得到了广泛的关注与认可。

基于上述辨析，可以得出这样的结论：作为"人—地"活动的基本单位，地方（place）不仅具有特殊的地理意蕴，还具有丰富的文化内涵、情感意义（袁振杰、朱竑，2013）和社会意义（Cresswell，1996）。地方、地方性、地方感是既有区别，又有紧密联系的一组概念体系。地方是地方性形成的基础，地方感是对地方性的主观体验结果。一个地方通过地理空间的第一本性、第二本性和第三本性不同要素层累后，就会形成一个地方的综合特性，人们对地方特性的主观体验又会形成基于个人基础上的地方感。

（二）"地方性—空间生产"之结构与辩证分析

本研究认为，由绝对性（空间的自然禀赋）、相对性（空间的实体要素）、关系性（空间的交互系统）构成的周庄、西塘、乌镇、南浔、角直、朱家角江南社区型文化古镇的第一地理本性、第二地理本性和第三地理本性，是案例地古镇地方性形成的依托和基础，可称之为古镇的"地方空间特性"。

受列斐伏尔"空间的生产"理论的启发，以及根据周庄、西塘、乌镇、南浔、角直、朱家角江南社区型文化古镇现代旅游空间实践的特征分析，可将古镇旅游空间实践活动对接列斐伏尔，及其后续研究者的系列理论内涵进行抽象。第一层次可抽象为古镇"旅游空间的实践",指古镇旅游地景观或文化物质载体的开发实践,是一切旅游实践活动的现实条件和物质载体,以"实在的自然空间"为基础,属于旅游物理—地理社会空间实践形态。第二层次为古镇"旅游空间的再现",指通过策划、规划等手段使旅游景观符号系统呈现的过程,是由各种功能系统交织耦合在一起的旅游社会经济系统,不同主体在旅游经济交往中形成不同组织形式,属于旅游社会—经济空间形态,如古镇旅游策划规划的表达、古镇旅游开发活动、目的地文化符号的对外展示、旅游利益分配形式等。第三层次为古镇"再现的旅游空间",即情感、信念和意志的空间,与游客和利益相关者联结,属于旅游文化—心理空间形态。在此基础上,则形成的"(物理—地理)感知的""(经济—社会)技术规制的"和"(文化—心理)体验的旅游空间"是测量古镇地方性生产的三个维度,可称为"地方空间特性生产结构"。前者相对后者而存在,后者基于前者而延伸;反逻辑观之,后者也相对前者而存在,前者也基于后者而延伸,逻辑循环,互塑形态。

1. 古镇物理—地理空间之地方性的辩证生产

在本研究案例地周庄、西塘、乌镇、南浔、角直、朱家角江南社区型文化古镇的空间生产中,地方性的生产且富有意义的表征是物理—地理空间的"地方"(在地)与"无地方"(飞地)的建构(Arefi, 1999),体现了空间生产的积极性和狭隘性。

回顾周庄、西塘、乌镇、南浔、角直、朱家角江南社区型文化古镇旅游地理空间的实践过程发现,各类型模式的开发主体利用古镇社区型文化旅游地为载体进行的旅游开发,本质上是一种古镇空间商品化、(生活、社会、心理)空间置换和空间被开发、设计、使用以及生产的实践过程。在马克思主义关于资本主义生产方式的简约化表述中,资本总是向非资本地区转移,全球或地方的空间生产过程需要资本、劳动力和生产资料的投入,商品的使用价值在向交换价值转移过程中需要经过剩余价值的再生产流程。列斐伏尔在空间生产理论体系中也认为,资本主义正是通过空间的不断生产和再生产来获得新的空间形态,空间的生产就如同任何商品生产一般,占有空间并生产空间成为其常态，空间被利用生产剩余价值，空间就成为了生产工具的一部分。戴维·哈维也认为，资本的地理转移过程不会是一个简单的、线性的转移过程，有时甚至是"危机的地理转移"（大卫·哈维，2016）。实践证明，周庄、西塘、乌镇、南浔、甪直、朱家角江南社区型文化古镇在将传统物理—地理空间"古为今用"，并伴随其空间形态从"封闭空间"到"流动空间"的转变过程中，首先是基于古镇地理第一本性的物理—地理空间的生产。在此过程中，古镇空间经过规划者、执行者与其他空间生产主体之间的协调策划后，成为被利用生产剩余价值的基础。

作者在江南社区型文化古镇长时间调研后发现，在周庄、西塘、乌镇、南浔、甪直、朱家角古镇，这些古镇空间最基本的形态是能够代表古镇的物质载体，这也更容易成为最具地方挖掘的特色符号，古镇整体风貌和古建筑就是承载此功能的主要物质形式。在流动性和旅游背景下，古镇原生空间所代表的传统物理—地理空间符号，均被不同程度地用以旅游规划和空间开发，古镇物理—地理空间生产促进了传统古镇空间整体风貌和古建筑的修复。在古镇物理—地理空间生产过程中，最典型的被用于生产的区域是重要的名人故居、历史事件的发生地、河道以及以河道走向形成的街弄等。在古镇空间开发程序上，空间管理者和实践者先是将景观从空间物体中进行抽离，经过对象的能指和所指进行符号神圣化的二次转化，并建立理想与价值、旅游吸引物与旅游者之间的双重匹配。第一重意义转移是人们将社会世界中的神圣价值和理想转移到旅游客体上，使这一客体成为承载某种神圣价值与理想（意义）的符号与象征，从而成为旅游吸引物。第二重意义转移是旅游消费者在体验旅游吸引物的过程中，将旅游吸引物所代表的神圣价值和理想（意义）转移到身上。依据上述逻辑，周庄、西塘、乌镇、南浔、甪直、朱家角江南社区型文化古镇原生空间成为空间表征的地理基础，古镇被空间策划者或规划实践者高度浓缩为由点、线、面组成的旅游文化开发地。在案例地古镇社区修复方面，旅游开发促进了整体风貌的改善。在此方面的案例不胜枚举，例如，在古镇保护中，乌镇首创和成功运作了"管线地埋""改厕工程""清淤工程""泛光工程""智能化管理"等保护模式。在空间实践过程中，昔日的江南明珠拂去了它的灰尘，重新焕发出了动人的光彩。乌镇古镇的修旧如故、管线地埋、地方传统文化挖掘、控制过度商业化、选择管理运作模式等做法，很好地保护了千年古镇的原貌和韵味。乌镇的旅游产业开发，主要由传统作坊区、传统民居区、传统文化区、传统餐饮区、传统商铺区和水乡风情区组成。在传统作坊区，又分为"米酒作坊""蓝印花布染店作坊""布鞋作坊""藤作坊"，等等，这些要素在古镇空间生产中的使用，造就了联合国教科文组织专家誉为的"乌镇模式"。再如，在朱家角古镇改造启动后，政府投资上亿元修建了三万吨污水处理厂，排污管道直铺至每家每户，投资数千万实施"三线"（电缆、电话、广播）落地工程，且先后组建古镇环保、绿化和养护等辅助队伍，净化了古镇镇容镇貌。在角直古镇，流动性背景下的旅游开发重在保护古镇的历史格局和整体风貌、各级文物与历史建筑、古树古桥、古镇周边历史水系等历史环境要素，从而有效保护了古镇的优秀传统文化和整体风貌。

从周庄、西塘、乌镇、南浔、角直、朱家角江南社区型文化古镇建筑形态来看，这些建筑属于经济、技术、艺术、哲学等要素的综合体，具有较为显著的时空性和地方性，属于地方的本性之一。从案例地古镇建筑本身分析，其结构多为穿斗式木构架，墙面多粉刷白色，墙底部为碎石，室内铺石板，房屋外部的木结构多为褐、黑或墨绿色，与白墙灰瓦相映，形成独具特色的江南古镇特色风貌。从文化的深层结构分析，周庄、西塘、乌镇、南浔、角直、朱家角江南社区型文化古镇建筑是特定地域之下的特殊之物，首先反映的是人与自然的和谐关系，利天利人的文化基因主导着古镇传统文化体系，天人合一的观念在江南社区型文化古镇普遍存在。其次，江南社区型文化古镇从建筑的选址到建筑具体布局，无不显示了其与风水伦理之间的关系，这一文化传统本质上也反映的是人与自然的关系。再次，从建筑本身意蕴来讲，案例地古镇都蕴含着一定的象征性文化意境，凸显了古镇地方原住民主体审美的能动性。

在旅游空间生产中，旅游的市场增值性是将旅游作为具有像商品一样的特征来看待，商品的两个重要因素——使用价值和价值（价值实体和价值量）

同样存在于旅游空间实践和空间运动过程当中。一般来说，作为旅游资源吸引物，周庄、西塘、乌镇、南浔、甪直、朱家角江南社区型文化古镇传统建筑，往往具有深厚的文化内涵，这些资源是旅游开发得以深化的基础。以古镇古建筑为代表的实体性旅游资源是由有形资产（土地、景观的使用权）和无形资产（景观利用权）构成的，具有增值性，当古镇古建筑作为旅游资源被进行空间生产和再生产时，也就构成为资本在古镇空间循环中的投入对象，这是建筑作为资本增值的内在逻辑。在周庄、西塘、乌镇、南浔、甪直、朱家角江南社区型文化古镇旅游开发中，无论采用何种开发模式，无不是把建筑作为重要景观吸引物进行空间生产。例如，周庄古镇沈厅，西塘古镇的西园和醉园，乌镇的西栅，南浔古镇的小莲庄、张静江故居、颖园和嘉业堂藏书楼，甪直的沈宅、万盛米行、萧宅以及王韬纪念馆，朱家角的城隍庙、童天和药号、渔人之家、席氏厅堂等空间的旅游化实践或规划，均是上述理念和逻辑的体现。此外，案例地古镇历史建筑的核心价值体现在它的永续利用中，历史建筑的保护也是一项专业性较强的系统工程，历史建筑的保护与修缮，通常主要体现在设计和施工两个层面，科学的勘查是保护的前提和基础，优秀的设计是保护的重要保障，正确施工是保护的重要途径。作者在调研中发现，无可置疑，未来上述古镇建筑的保护，不但需要科学性作为支撑，而且需要花费大量的人力、物力和财力作为保障，这并非个体或社区能够独自承担。事实上，在江南社区型文化古镇旅游开发过程中，古镇建筑风貌的保护和整治在本着保护街区环境风貌和空间格局原则基础上，充分考虑了现状和可操作性，空间开发者在对建筑现状综合评价的基础上，将街区内所有建筑分为文物建筑、历史建筑、一般建筑和新建建筑等类型，旅游开发过程积极探索了古镇建筑风貌的保护方法。从另一个视角观察，那些没有很好地进行旅游化实践的古镇街区，如乌镇的南栅和北栅，其传统古镇风貌的修缮、管理和利用实效其实并不明显。实践证明，周庄、西塘、乌镇、南浔、甪直、朱家角江南社区型文化古镇的古建，尤其是对那些濒临毁灭的传统建筑来说，旅游空间的资本化是历史建筑和历史环境保护的重要途径之一。

从古镇旅游空间生产的另一层面分析，旅游开发在使周庄、西塘、乌镇、南浔、角直、朱家角江南社区型文化古镇空间生产方式转变的同时，也促使了古镇地方的"去地方化"。所谓古镇的"去地方化"，是古镇在流动性和旅游背景下重新建构了新的经济模式、建筑营造模式和象征体系，从而使古镇逐渐失去原生空间地方特性的空间生产过程。在旅游经济推动下，案例地一些古镇外形（建筑、街区等）的修旧如旧并非完全根植于传统，许多基于商业特征的空间外观体现了刻意生产和拼贴的痕迹，这些符号的生产和复制成为古镇空间生产中最典型"去地方化"的手段。例如，一些古镇建筑处理的做法，是将符号的生产与怀旧的历史、消费的快感结合在一起，其本质上是一种商业的、流行的和大众文化对传统文化的侵占，甚至是庸俗化在空间扩展的结果。在商业竞争驱使下，那些光鲜炫耀的、现代性连锁品牌的"标志"可以正当地出现在江南社区型文化古镇的古街区，而传统文化馆如民间作坊、地方餐饮建筑却受到过度挤压，部分空间和建筑沦为新贵养生和炫耀身份的"名片"，这在一定程度上使古镇肌理从特殊性（地方性）滑向了普遍性（大众化），符号文化的胜利导致了一个仿真世界的出现，建构的真实消解了现象与真实之间的差别，古镇物理—地理空间的重塑成为各种意识形态和文化政治的表征，空间生产的狭隘性在此过程中得以体现。

2. 古镇经济—社会空间之地方性的辩证生产

历史视域中的周庄、西塘、乌镇、南浔、角直、朱家角江南社区型文化古镇，是一种具有栖居性特征的社区型文化遗产地，古镇社区原住民生于斯，长于斯，是名副其实的古镇空间关系、生产关系和经济关系的主体。从本质上分析，传统社区是一种以物理空间为基底，围绕原住民并基于社区血缘、文化和地缘特征结成的微社会纽带空间。一定社会历史阶段的各种社会关系构成社会关系系统，即地方性社会形态。在这种系统中，诸种经济—社会关系不是杂乱无章的堆积，而是具有一定秩序与规律的有机整体。其中，生产关系构成经济基础，反映古镇经济基础的要求和特点的各种思想关系是地方集团权力意志。在历史的长河中，周庄、西塘、乌镇、南浔、角直、朱家角江南社区型文化古镇不同的经济—社会关系之间，存在着从属、包含、相互渗透和相互制约的关系，它们各自居于一定的地位，分别起着不同的作用。

从经济—社会关系的主体和范围分析，江南社区型文化古镇个体与个体之间，群体与群体之间的经济—社会关系是其主要关系；从经济—社会关系的不同领域分析，经济关系、政治关系、法律关系、伦理道德关系、宗教关系，等等，均属于古镇原生空间内部生产生活形态。

无论周庄、西塘、乌镇、南浔、甪直、朱家角江南社区型文化古镇个体社会关系，还是古镇经济—社会关系系统都具有历史性，都是随着历史条件的变化而演变的。其演变的规律大致是：生产力的发展直接促使物质关系发生变化，进而要求种种思想关系相应地发生变化，最终导致经济—社会关系系统的根本变化。20 世纪 80 年代末以来，伴随古镇物理—地理空间的生产，周庄、西塘、乌镇、南浔、甪直、朱家角江南社区型文化古镇陆续进行的旅游大开发，使古镇经济—社会空间发生了前所未有的生产，古镇空间生产正经历着从单纯的物理—地理空间生产到经济—社会关系生产的嬗变。

一方面，古镇经济—社会地理空间的生产促进了古镇整体经济社会的发展。现代旅游既是一种高层次的精神文化享受，又是一种高消费的经济行为和社会行为活动。旅游者的移动作为一种流动体和中介体，建立起了旅游目的地与客源地之间的联系，引起了流动性要素对两地的参与和渗透。从总体上来讲，旅游业是凭借旅游资源和设施，专门或者主要从事招徕、接待游客，为其提供交通、游览、住宿、餐饮、购物、文娱等环节的综合性行业。随着周庄、西塘、乌镇、南浔、甪直、朱家角江南社区型文化古镇旅游空间实践的进一步深化，旅游业已成为古镇经济—社会中发展势头最为强劲和规模最大的产业之一，以旅游业带动现代服务业及相关产业发展，形成了具有古镇特色的产业经济发展模式和社会空间生产主要诱导因素。随着旅游的发展和深化，旅游业在古镇经济—社会发展中的产业地位逐步增强，旅游业对古镇经济的拉动性、社会就业的带动力，以及对古镇文化与环境的促进作用日益显现。同时，由于旅游业具有特殊的产业功能，发展旅游业所产生的乘数效应对提高古镇全社会的经济效益和社会效益作用变得更为明显。旅游业的大发展，有利于促进周庄、西塘、乌镇、南浔、甪直、朱家角江南社区型文化古镇在人流、物流和资金流等方面的融合。例如，周庄古镇从 20 世纪 90 年代年平均有 50 万人次左右进入古镇，到现在年平均上百万人次，旅游带动的第三产业增加值已占生产总值的 80% 以上，成为名副其实的支柱产业。在乌镇古镇，由于东栅和西栅景区对相关吸引物的开发，年门票收入均已用亿来计算。此外，旅游业是劳动密集型行业，既表现在它能吸纳大量直接从事旅游活动的劳动人员，也表现在它能带动相关行业的发展，吸纳大量间接为旅游企业服务的劳动人员，还表现在直接及间接从事旅游工作的人员在购买生活消费品、服务、教育等方面的投入所创造的新就业机会。这方面的案例也比较典型，例如，通过调查得知，在周庄古镇中服务于旅游业的原住民大约有 130 名。其中，70% 由女性组成，30% 为男性；年龄介于 45～55 岁者居多。在南浔古镇，服务于旅游业的原住民大约有 80 名。其中，65% 由女性组成。在朱家角古镇，从事旅游业的原住民大约有 96 名，68% 由女性组成，32% 为男性，年龄介于 40～56 岁。在角直古镇，原住民大约有 90 名，73% 由女性组成，27% 为男性，年龄介于 45～60 岁。在西塘古镇，原住民大约有 85 名，50% 由女性组成，50% 为男性。

周庄、西塘、乌镇、南浔、角直、朱家角江南社区型文化古镇旅游经济本身的特性，决定其最容易吸引外商的投资；与其他工业项目相比，旅游项目有投资少、风险小、见效快的特点，对外投资吸引力较大。在案例地古镇实地调研中发现，在周庄古镇核心地带的双桥、全功桥以及全福路、中市街等区域，大部分具有"现代性"的旅游开发项目均被外地人垄断，如"字画""丝绸""文化特色项目"等，而且这些项目由于具有"外来技术和本地文化的融合性，可能更符合古镇发展新业态的取向，会更有市场"（FT144-LAD-A，女）。在西塘古镇的永宁桥、狮子桥一带，朱家角的北大街、大新街、美周路等，旅游企业也都由外来者主体进行经营。这说明，旅游业是一个和外来旅游者打交道的行业，是具有特殊优势的外向型经济，通过发展古镇旅游业不仅重塑了周庄、西塘、乌镇、南浔、角直、朱家角江南社区型文化古镇原住民日常空间实践的行为，而且使古镇空间管理者和公众的开放、服务意识更加强烈，上述力量推动了古镇整体经济的提升和社会的交流。

从本质上讲，"经济增权"意指旅游开发能为当地古镇社区带来持续的经济收益，发展旅游所赚来的钱被社区中原住民共同分享，并能使原住民生活水平明显提高。当前周庄、西塘、乌镇、南浔、甪直、朱家角江南社区型文化古镇的旅游开发，是以古镇地方性为本底和依托而发展起来的，走的是一条具有本地特色的经济发展路子，这在带动古镇经济社会发展的同时，也必然促使当地资源价值观念的转变和增收途径的拓展。事实证明，在上述江南社区型文化古镇中，部分古镇原住民，尤其是古镇内的经济精英在参与旅游开发过程中，实质上获得了旅游利益的分配和再分配。此外，旅游空间实践的事实还证明，古镇原住民参与旅游开发的经济增权的就地非农化，解决了古镇原住民自身近距离就业问题，这成为古镇原住民旅游减贫的有效方式。

在古镇社会关系方面，旅游开发引发了古镇原住民与传统社区人际关系和产业模式的变迁，取而代之的是以网络空间为形态的契约化人际交往模式，以及与之匹配的新兴业态的空间实践。在本研究案例地，相对于原生空间，以旅游为媒介的商品经济产生和存在的一般条件，其一是旅游业的社会分工，其二是生产资料和旅游产品需要属于不同的利益主体所有。在江南社区型文化古镇以旅游业为主导的经济发展过程中，旅游经济的发展关系属于典型的分工基础上的商品契约交换行为。第一，按一般原理认知，商品经济的本质是交换经济。在旅游商品经济条件下，旅游生产要素和消费资料的全部或大部分都要通过市场交换来获得，旅游商品生产者以追求价值为目的，并通过市场交换来实现。这一经济形态本质上是开放型经济，以社会分工为基础，强调生产过程中的分工与协作，在此背景下主体与客体之间、生产者之间，以及生产单位之间的经济联系随着旅游商品经济的发展而日益紧密，范围也日益扩大。旅游商品生产者为了追求更多的经济利益，并在优胜劣汰的竞争中处于有利地位，必然竞相改进技术或采取新技术，以此提高劳动生产率。例如，在西塘古镇，企业投资者基于追求旅游经济利益的内在动力和市场竞争的外在压力，不断地激发着具体商品生产者的开拓进取精神和创新精神，但同时这也是旅游微企业生产行为出现同质化的重要原因。此外，旅游商品经济以扩大再生产为特征，为了获得更多的价值和在竞争中处于有利地位，旅游生产主体必然不断增加投入、改进技术和改善旅游业的经营管理理念，以此范式促进旅游生产规模的不断扩大。典型案例如周庄古镇兴起于 2010 年后的古镇社区民宿的改造"风潮",就是遵循了上述逻辑而展开。从理论上来讲,民宿是利用原住民自用住宅空闲房间,结合当地人文景观、自然景观、生态环境资源及地方性生产活动,以家庭副业方式经营,提供旅客乡野生活之住宿的处所。由于民宿体验需要有别于传统概念上的旅馆或饭店的特质,空间营造也需要异于传统饭店或旅馆,不仅如此,还需要能让人体验到当地风情、感受民宿主人的热情与服务,这些应是其不同于传统住宿业的最大特点。研究表明,在周庄古镇,一些地方的经济和文化精英在全国性旅游民宿兴建风潮中,将原来属于低度发展的住宿业进行了基础设施的个性化、通信设施的网络化、经营理念的现代化等方面的升级改造,创造出另一片欣欣向荣的空间景象,改写了案例地旅游住宿业的形态。

在古镇空间绅士化层面,由于古镇的绅士化破坏了原来多样化的社区功能,古镇传统以熟悉、同情、信任、相互依赖和社会关联为特征,以及基于社区最具有价值,也是现代社会倡导的情感、温暖、亲密、共性、参与和聚集等,在旅游经济背景下为"契约、对等和分裂性"所替代,从而使空间共同体变得虚化,也使一些原住民搬离古镇核心区。这给了我们暗示,地方性的空间样态,应该是利益分化主体所建构的文化、制度等方面的空间再现,而不是因冲突且异常复杂的差异性关系表征的地方性。在旅游开发过程中,由于资本与权力的共同作用,社区原住民进行了生活空间置换并相应地处于边缘位置,原住民在生活方式或在生产方式方面发生了变化;原住民的空间参与权能、感知效能、情感认同和文化保护等方面的低度感知,反映了古镇绅士化带来了空间的社会问题,在空间生产感知和情感认同方面出现的不和谐现象,本质上是原住民对旅游经济开发持何种价值观和开发方式的主观反映。

3. 古镇文化—心理空间之地方性的辩证生产

首先,文化—心理空间的生产促进了案例地古镇传统文化活化和心理结构的生产。在古镇文化—心理空间生产中,感受和体验目的地特有的文化是促使旅游者产生旅游动机的诱因之一,高品位且有突出个性的文化无疑是目的地吸引旅游者前来观光休闲的重要条件。因此，目的地在开发旅游资源，发展旅游产业的过程中会充分重视对本地传统文化的保护、发掘和利用，以便能够增强对旅游者的吸引力，从而促使目的地旅游业的发展。在此背景下，目的地一些几乎已经消失的文化活动和文化事项又重新得到保护和完善，一些珍贵的文化遗产也得到妥善维护。

随着周庄、西塘、乌镇、南浔、甪直、朱家角江南社区型文化古镇旅游业的蓬勃发展，传统民俗文化旅游也迅速发展起来，并以不同形态得以表现。例如，在旅游背景下，周庄古镇的贞丰斋、江南丝竹、张记铁铺、陶土作坊、圆木铺、草艺坊等，成为了地方文化活化的典范。江南古镇文化在空间主导者的规划下荟萃于古镇新空间，游客既能有效观赏，又可亲自参与体验。例如，从历史角度看，周庄传统文化竹编生产历史悠久，清代在镇北就形成了"篾竹埭"，生产筐、箕、箩、匾、榻、桶、席、篮等生产和生活用具。周庄竹编细密、坚实耐用，闻名四乡八邻。近年来，为配合旅游业发展，小巧玲珑又实用的竹编工艺品就深受空间规划者的重视和游客的青睐。再如，具有独特水乡人文环境意蕴和以丰厚的文化底蕴孕育的"打莲厢""挑花篮"等舞蹈就更具有经典性，往往是游客参与最积极的活动，其实诸如此类文化活化事例不胜枚举。又如，乌镇东栅的高杆船俗称"蚕花船"，是蚕农们用来祈求蚕茧丰收使用的船。此活动最早始于清乾隆年间，每年清明时节，村民们都会轮番在高杆上表演各种高难度动作：杆梢倒立、双手脱杆、独卧杆身、凌空旋转等，都是模仿蚕宝宝上山、吐丝、作茧的过程。自旅游开发后，东栅景区恢复了此表演，该活动因观赏性强，兼具水乡、蚕乡特色，深受游客喜爱，传统文化在此过程得到了展演和再现，地方文化的空间生产也得以体现。在南浔古镇，游客在游览中西合璧的嘉业堂藏书楼、小莲庄以及有"江南第一巨宅"之称的张氏旧宅建筑群时，均能够体会到中国传统民居布局与西方古典建筑样式融为一体的建筑文化之美。在甪直古镇，水乡妇女传统服饰历史悠久、工艺独特，文化内涵深厚，顺应了稻作农业的需要，创造了拼接拆卸技艺，显现出吴地劳动人民的创造才能。在旅游背景下，水乡妇女服饰博物馆因旅游业的发展得到了进一步的开发，这种地方文化的展演以文化的互动设计与现场表演的方式，向游客展示了水乡妇女服饰独特的神韵，并用文字、图片、实物等分门别类系统传递了角直水乡妇女服饰的内涵。再如，具有中国"纽扣之乡"的西塘，纽扣生产企业近五百家，西塘纽扣馆位于西街上，展厅有古代纽扣展示区、近代纽扣展示区、现代纽扣展示区、贝壳纽扣生产工艺流程展示区、纽扣应用区、中国结展示区。在旅游发展中，这些地方性文化和旅游业的融合，进一步弘扬了纽扣文化及其内涵。在西塘古镇，传统的瓦当也是地方性文化的重要组成部分，目前古镇瓦当馆有花边滴水、筷笼、步鸡、砖雕、古砖、陶俑六大类 300 多个品种。其中，有极富美好愿望的传统瓦当，有带宗教色彩的寺庙瓦当，有表明一定历史时期的政治图案瓦当，这些组成了瓦当文化的传承和展示窗口。由于旅游是不同国家、不同宗教、不同种族，以及不同生活方式的人们之间直接交往的手段，因此，现代旅游发展以来，大量旅游者进入西塘古镇，这些游客携带的文化与古镇传统瓦当文化进行接触，使不同文化之间发生交流与碰撞。总之，可以这样认为，周庄、西塘、乌镇、南浔、角直、朱家角江南社区型文化古镇传统文化的活化展示，有助于增进外界对古镇文化的了解，这种交流是不同群体之间直接的文化交流，而不是以文字、实物等为媒介的间接交流，以新方式形成的交流实践，使传统文化展演的有效性大大提高。可以看出，通过文化交流，案例地古镇不仅找到了传统文化活化的渠道，更重要的是传统文化展示的自信得到了前所未有的提升。

但是，在案例地古镇原住民文化—心理空间生产层面，也产生了新的心理认同空间。社会普遍认为，江南文化作为一个地域范畴文化融入日常生活是在明清时期，这一时期由于社会经济发展的繁荣，形成了较为成熟的江南区域文化，也形成了江南文化的文雅、精致等特色，文化元素作为一个复杂的系统，相互交融构成了一个具有特色的区域文化圈，在诸多文化形态中，商业文化突出的特征是存在大量的地域性商业思潮和商业业态，但是商业形态与业态对古镇原住民日常生活的渗透尺度总体上有限。在流动性背景下的旅游业发展以来，周庄、西塘、乌镇、南浔、角直、朱家角江南社区型文化古镇传统社区也夹杂了复杂的文化和价值观的重塑，这改变着原本和谐且封闭的社区意义和价值体系。

正如本研究在"江南社区型文化古镇文化—心理空间生产"之下基于 EFA 和 CFA 的古镇文化—心理结构性生产分析的那样，无论是在早期开发旅游业的周庄古镇，还是在后续陆续开发旅游业的西塘、乌镇、南浔、角直和朱家角古镇，旅游业的介入打破了原住民对原空间感知中基于血缘、文化和地缘特征结成的相对静止形态，这不仅暗示了旅游介入后新的社区结构的变化，也反映出了以旅游为媒介的新的社会空间性和文化—心理的认同关系。古镇原住民文化—心理结构生产呈现出"利益关联心理认知→价值效能心理感知→情感眷恋心理变迁"的结构及其递减规律，均凸显了古镇原住民在旅游发展中较为明显的文化—心理分层状态，这在本质上反映了一种由"经济表层→社会感知→心理感知"从外而内的文化—心理空间生产的递减规律。周庄、西塘、乌镇、南浔、角直、朱家角江南社区型文化古镇原住民对前后空间体验的认知，本质上是原住民在旅游空间生产体系中因文化—心理辩证生产带来的心理状态的反映。

（三）古镇"第三空间"的浮现

1. "第三空间"的提出与基本内涵

伴随着全球化和信息化进程的不断演进，"第三空间"的概念应运而生。米哈伊尔·巴赫金（Mikhail Bakhtin）[①]较早在现代主义文学领域中提出一个与文学翻译有关的"杂合性"概念，其内涵分解后可以分为下列两层含义：一是指语言内部的杂合，即一个话语单位内不同的音调、意识、意义等的杂合；二是指语言外部的杂合，即两种语言的混合，两种不同的语言意识的相遇。该概念原本用于文学翻译领域，后来被广泛应用于社会科学领域，喻指交流的双方具有各自特点，又不同于双方简单的混合体。"杂合性"概念经研究者的推广，使用范围在不断扩大，在语言、文化、身份、性别、种族，甚至意识形态等方面，均成为可结合该概念进行研究的领域。

---

① 米哈伊尔·巴赫金（1895～1975），苏联著名文艺理论家、批评家。

　　著名后殖民学者霍米·K. 巴巴（Homi K. Bhabha）将该概念引入到了后殖民研究，并提出了"第三空间"概念（Bhabha，1994），其含义主要指异域文化的"他性"与本土文化的"同性"两极之间存在的空间形态，也就是既非这个，也非那个，而是之外的某物。事实上，我们如果要深刻理解霍米·巴巴"第三空间"的含义，就需要先理解"第三空间"形成的基础。如果"第一空间"指可以感知的空间，"第二空间"指想象中的空间，那么"第三空间"则是建立在"第一空间"和"第二空间"基础之上的一种新的空间形态，这一空间不是前述空间的独立存在之物，而是包含在这两个空间之中（属于"之中之物"），并在原有基础上形成的一个超越性空间，这个空间具有开放性和包容性。回到霍米·巴巴，他认为在这个空间中，不同性质的文化在此相遇，并通过相互碰撞而发生作用，所以这个空间应该是一个杂合性空间，这是其本意。进一步解析，就其性质而言，具有杂合性的"第三空间"可能存在如下几种可能：一是外来文化对原有文化的超越；二是两种文化相互吸收，处于平衡状态；三是原有文化被外来文化侵蚀。在针对"第三空间"的认知方面，霍米·巴巴认为，在这个空间里如果两种文化处理得当，抛去双方不平等的权力地位的影响，可以达到矛盾冲突的理想化解，最终混杂产生一个和谐、统一、公平的"他者"。可以看出，霍米·巴巴的第三空间思想更加关注空间特性、空间特征与使用人群的关系，以及不同文化与行为习惯对空间的影响。

　　20 世纪 70 年代以后，西方人文社会科学领域出现的"空间转向"被认为是人文社会科学知识和政治发展中的重要事件。在空间研究成为显学以后，研究者对空间的思考大体呈两种向度。空间既被视为是具体的物质形态，可以被标示、被分析，同时又是精神的建构，是关于空间及其生活意义表征的观念形态。在这场空间转向中，美国当代著名后现代地理学家爱德华·W. 苏贾的后现代批判地理学占有重要的地位（爱德华·W. 苏贾，2005）。他在研究中将传统的政治经济学和当前兴盛不衰的文化研究方法结合起来，集中探讨了阶级、种族、性别、性趋向等问题与社会生活空间性的关系，并认为人们必须预测未来，控制当前的一味盲目发展。否则，失衡失调的局面势必将变本加厉，有增无减。针对上述问题的回应，他围绕历史性、空间性、社会性三者为一体进行了辩证性思维，并对以洛杉矶为代表的当代大都市进行了批判性研究，尝试用灵活的术语来尽可能地把握观念、事件、表象，以及它们的意义依托的不断变化位移的社会背景，且提出了自己的"第三空间"理论和"作为他者化的第三化"的批评策略。

在苏贾那里，他认为"第三空间"正是重新评估了这一二元论的产物，根据苏贾的解释，他把空间的物质维度和精神维度同时包括在内，又超越了前两种空间，并呈现出极大的开放性。苏贾在分析空间认识论时表示，第一空间认识对象主要是列斐伏尔所说的感知的、物质的空间，可以采用观察、实验等经验手段来直观认知，如建筑、村落、城市、地区、国家乃至世界经济，等等。很显然，第一空间认识论偏重客观性和物理性，力求建立关于空间的形式科学。第二空间认识论可视为第一空间认识论的封闭和强制客观性质的反动。苏贾认为它是假定知识的生产主要是通过话语建构的空间再现完成，是构想的空间，而不是感知的空间。这一空间形式从构想的或想象的地理学中获取观念，进而将观念投射向经验世界。一般认为，这一空间与哲学家、规划家、艺术家等具有更大关联。从上面论述可以清晰地看出，第一空间认识论偏重于空间的物理性，第二空间论是对第一空间论进行认识论方面的批判产生的，强调知识的生产主要通过话语或社会建构，属于构想的空间。在苏贾第三空间认识论中，他认为第三空间是对第一空间和第二空间的解构，又是对前两个空间的重构。一切汇集在一起：主体性与客体性、抽象与具象、真实与想象、可知与不可知、重复与差异、精神与肉体、意识与无意识、学科与跨学科等，不一而足。无论是第三空间本身，还是针对第三空间的认识论，都保持着一种开放的姿态（爱德华·W. 苏贾，2005）。

更全面、更深刻地理解第三空间，必须运用三元空间辩证思维。在此框架中，空间性、历史性和社会性被看作是适用于从本体论到认识论，从理论建构、经验分析到社会实践知识构成的所有层面。其实，在列斐伏尔那里，历史性和社会性在更多时候被概念化为一种无所不包的本体论和认识论的二元形式，即历史性和空间性（常见说法是历史和地理），以充满问题的关系交织在一起，从而产生另一个探索与阐释的关键领域，这是按照空间—时间辩证法或历史地理的辩证法进行的。苏贾在第三空间中，将空间存在上升为历史的、社会的、空间的存在，认为是单个或集体主动地参与到历史、地理、社会的建构或生产中去。

苏贾的第三空间，既是对空间转向追根溯源及影响的探讨，也是把理论研究扩张到实践方面的一次努力。第三空间是源于第一空间和第二空间二元论的肯定性解构和启发性重构，这样的第三化不仅是为了批判第一空间和第二空间的思维方式，还是为了通过注入新的可能性来使它们掌握空间知识的手段恢复活力。针对第三空间的提出，苏贾的战略起点是从认识论回到本体论，尤其是回到空间性、历史性、社会性的本体性三元辩证法，让第三空间认识论保持开放性姿态。过去人们总是纠结于种种二元对立：主体与客体、中心与边缘、同一与矛盾、在场与缺席、能指与所指。后现代的空间理论是对西方传统人文理念的批判和超越，其理论指向之一即在物质世界与精神世界之间，存在着另一种空间。"第三空间"可以被描述为一种创造性的重新组合和拓展的空间，它的基础是聚焦于"真实"物质世界的"第一空间"视野，以及根据空间性"想象"表征来阐述此一现实的"第二空间"视野。但是，苏贾的"第三空间"对于列斐伏尔的"表征的空间"又是一种超越（爱德华·W.苏贾，2005）。

2. 流动性和旅游背景下江南社区型文化古镇空间的杂合性

无论是霍米·巴巴，还是爱德华·苏贾等，他们对"第三空间"的思想论述均为周庄、西塘、乌镇、南浔、角直、朱家角江南社区型文化古镇空间的杂合性分析提供了理论参照和指导。自 20 世纪 80 年代末开发旅游以来，本研究案例地古镇在资本选择性投资行为下，一些新的主题娱乐设施和新型建筑、旅游中介企业、流行音乐设施等为代表的外部异质文化逐步进入古镇核心空间，这使原本承载地方历史文化的空间容器被打破秩序，取而代之的是一系列具有麦当劳化、表象化和模式化的新空间产品，这些融合了复古前现代、现代和后现代主义的空间特质，由于依然处在不断调整变化中，既不同于一般大众文化，也有别于古镇社区传统文化，是一种"自我"与"他者"

的互动与杂糅。旅游介入古镇在消解传统文化边界的同时，又生成一个"嵌入文化"大于"地方文化"的第三空间文化。例如，2014 年前后，在现代消费推动下，周庄古镇"逸飞之家"以北路段通过空间转换，变为以酒吧为特色的 1086 漫步街区，这是一个非常典型的例子。这些酒吧从外表空间景观审视，与城市中常见的酒吧几无异样，但内部出售产品具有外来文化与地方特色文化混合的特征，吧内既提供啤酒、葡萄酒、鸡尾酒等酒精类饮料，也提供经包装后的阿婆茶等地方特产，这说明酒吧呈现的文化不仅具有杂合性，也存在结构性（图 4—66、图 4—67）。

图 4—66　周庄古镇"红庭"酒吧　　　图 4—67　"红庭"酒吧服务项目

　　从文化特征层面来分析，历史上酒吧的确是以一种很"文化"、很反叛的姿态出现的。在流动性和旅游背景下，它悄悄地但却是越来越多地出现在江南文化古镇，并成为游客中的青年人建构亚文化的重要场所。在乌镇古镇的西栅社区，近年来类似周庄的咖啡吧和酒吧产业也得到了迅猛的发展，这些新兴业态已经成为地方的重要活动（如节假日派对、单身派对等）场所，也自然成为游客用来消遣和放松的第三空间。作者在调研中发现，这些酒吧大多装饰美观、典雅、别致，具有浓厚的欧洲或美洲风格，酒吧视听设备也比较完善，并备有足够的靠柜吧凳，酒水、载杯及调酒器具等，种类齐全，摆设得体，特点突出。乌镇西栅许多酒吧的另一特色是具有各自风格的乐队表演，或向客人提供飞镖游戏。来西栅消费的客人大多是来享受音乐、美酒，以及无拘无束的人际交流所带来的乐趣。作者在采访一位酒吧客人 DER（FT145-DER-A，男）时，他说道："酒不醉人人自醉，这就是吧台的魅力吧。围绕着吧台魅力，人们不仅点起酒来非常方便，还可以跟服务员闲聊上几句。"另一位被访者 LTY（FT146-LTY-A，男）认为："西栅吧台的魅力几乎发挥到了淋漓尽致的地步，这魅力的背后是商业时尚的浸染，是商店柜台橱窗风格的植入，是商业消费时代生活方式的时尚流行。顺应它、迎合它，意味着从'仆'变成了'主'，从'附属'变成了'主题'，从'次要'变成了'显要'，吧台的魅力显示着商业时尚的魔力。"

在周庄古镇的沈厅①对面，新设立的星巴克既保持了自身统一的外观，同时又加入了地方性元素，建筑外观利用中西结合风格体现特色，创造了嗅觉、视觉、听觉、触觉和味觉冲击，这些要素共同塑造了周庄星巴克咖啡馆浪漫与杂合的情调（图 4—68、图 4—69）。受访者 GTP（FT148-GTP-C，男）认为："这样的消费，就是让游客在消费一种文化中催醒游客内心某种也许已经消失的怀旧情感。"在另一位受访的地方文化精英 YIO（FT149-YIO-B，男）看来："这样的格调就属于真实与想象、重复与差异，就是两种文化的合体，并不是简单的外来文化与传统文化的相加了。"从调研中发现，周庄古镇星巴克的产品不单是咖啡，咖啡只是一种载体，正是通过咖啡这种载体，星巴克把一种独特的格调传送给了顾客。受访者 PTY（FT150-PTY-C，男）认为："这里的星巴克其实就是为顾客营造了一种正式与非正式的中间状态的第三

---

① 位于周庄富安桥东堍南侧的南市街上，坐东朝西，七进五门楼，大小房屋共有一百多间，分布在一百米长的中轴线两旁，占地两千多平方米，为江苏省重点文物保护单位。沈厅原名敬业堂，清末改为松茂堂，由沈万三后裔沈本仁于清乾隆七年（公元 1742 年）建成。

空间，咖啡是西方的，星巴克是美国的，而星巴克的咖啡文化却是全世界的，正是在融合陌生文化的市场中，星巴克丰富了自身，古镇丰富了自身，让顾客置身于星巴克或古镇有一种既陌生又熟悉的新鲜感觉。"一部分原住民认为："政府和资本（星巴克）的结盟，主要是政府提供地利，企业注入资本，这是周庄星巴克开发建设的关键性因素。"这说明，周庄星巴克咖啡的消费很大程度上是资本推动下的一种文化层次上的第三文化消费，文化的沟通需要的就是咖啡店所营造的环境文化能够感染顾客，让顾客享受并形成良好的互动体验。

图4—68　周庄星巴克咖啡馆外景　　　图4—69　周庄星巴克咖啡馆内景

事实上，20世纪70年代以来，消费主义和体验经济催生了这种第三空间，这些空间鼓励以闲逛、社交、娱乐休闲为主导的公共生活，使得公共空间与私有空间的界限变得模糊。与酒吧、星巴克性质类似的外来文化空间在江南社区型文化古镇不胜枚举，歌厅就是又一典型案例。在西塘古镇，一些免费的K歌厅成为游客消遣的场所，每晚人满为患。游客AYU在留言簿上回忆道："我们背着相机，追逐着水色天光小桥流水人家幸福地跑，穿街巷钻弄堂，计家弄、叶家弄、苏家弄，街巷不长却寂寥清幽；窄窄的石皮弄，尽头是怡静轩，让人不想调头，晚上去'唐朝''西风瘦马''忆江南''那时花开''今夜你会不会来''单身情歌'，这一连串是塘东街能免费K歌的酒吧名字，离开时心里不断地自问：今夜你会不会来？会不会来？我想，夜里我不会再来，要来也是'明朝再来'！"（图4—70、图4—71）还有的受访者GTY（FT77-GTY-C，男）认为："很不错的K歌厅，很有味道，是时尚的代表词，休闲娱乐散心好去处。"很显然，这是一个经人们赋予功能和情感的意义后成为一个"地方"的过程。通过对西塘古镇这些免费K歌厅的调研和分析发现，这些空间建筑外观复古，内部装饰完全服务于现代化和旅游发展之需，甚至发生部分改造，这在本质上是一种商业的、流行的和大众文化对传统文化的杂合。

图4—70　西塘"唐朝"歌厅　　　　图4—71　西塘"忆江南"歌厅

从问卷调查和访谈信息可知，周庄、西塘、乌镇、南浔、甪直、朱家角江南社区型文化古镇作为一个"地方"包括多个层面：其一，是与物质外在空间联系在一起的景观；其二，是在原住民或游客心中树立的空间景观。在对"地方"的表述中，一部分人以结构主义为特征，这一文化空间的本质是以特定的区位、资源等衍生为特别的价值，从而成为有特色的第三杂合空间；另一部分人以人本主义为驱动机制，倡导以道德、情感、想象等核心要素为特征，注重一切事物的诠释皆基于人的思想、感觉与经验，是以人作为出发点定义的地方；还有一些人持后现代观念，第三空间被认为是一个意义不断被剥离和再被赋予，具有怀旧的/现代的、本地的/全球化的、放松的/危险的一系列对立观念的空间生产过程。总体来看，这些融合了复古前现代、现代和后现代主义的第三空间，具有既不同于一般大众文化，也有别于古镇社区传统地方文化，而是一种在"自我"与"他者"互动杂糅，甚至依然处在不断调整变化中的新兴文化形态特质。可以这样认为，在流动性背景下，旅游业介入周庄、西塘、乌镇、南浔、甪直、朱家角江南社区型文化古镇，外来文化在消解传统文化边界的同时，又与本地文化一起生成一个第三空间文化。与古镇传统空间相比，新兴的第三空间更加具有信息密集性、功能多样性、开放性、共享性与空间弹性。

　　总体来说，在全球化背景下，伴随着经济、信息、技术、劳动力等资本要素的不断流动，古镇的地方性也在地方与人、地方与外在文化的交流与互动过程中持续地发生解构与重构。古镇旅游"社会—空间"的辩证生产，即旅游空间实践生产旅游社会空间，旅游社会空间制约旅游空间实践（旅游空间的社会化过程及其表现形式）。古镇旅游空间是旅游实践的产物，体现了古镇旅游空间的本体论。古镇旅游空间负载着社会性，旅游经济发展、旅游文化生产、原住民身份认同等铭刻于古镇旅游空间，这个空间可以被认知和解读，体现了旅游空间的认识论。古镇旅游空间是发展变化的，不仅有物理—地理空间的生产，还有经济—社会空间、文化—心理空间及其关系的生产和再生产，体现了古镇旅游空间的发展论。三元视角分类研究，将古镇旅游空间实践置于"社会—空间"分析范畴中，通过分析古镇旅游空间实践背后的社会和文化意义、塑造古镇旅游空间生产的动力以及旅游空间与社会的辩证关系来审视旅游空间实践活动，阐述了"旅游社会空间是旅游空间实践的产物"的观点，体现了古镇旅游空间实践的社会性。旅游"社会—空间"辩证分析范式，在方法论上反映了古镇旅游社会空间各功能系统交织耦合起来的空间形态，静态上可以体现古镇旅游空间实践的空间结构和空间样态，动态上可以体现古镇旅游空间的重组与关系转换，有利于在认知和区分关于古镇旅游空间实践中"（物理—地理）感知的""（经济—社会）技术规制的"和"（文化—心理）体验的"旅游空间之间的差别。周庄、西塘、乌镇、南浔、甪直、朱家角江南社区型文化古镇空间的解构与重构说明，旅游经济对古镇空间的融入，使古镇原生空间不再是通常几何学和传统地理学的概念，而是一个社会关系的重组与社会秩序实践性的建构性空间；古镇原生空间不是一个同质性的抽象逻辑结构和既定的先验性统治秩序空间，而是一个动态的矛盾的异质性实践空间。

二、古镇空间生产的逻辑与动力机制

（一）两种不同观点及其缺陷

在梳理空间生产发生的机制中，我们发现在列斐伏尔之后，理论界对空间生产动力机制的分析存在不同的视角。一种观点是采用空间化的辩证法来解释，这一观点的背景来源于对列斐伏尔三元辩证空间思想的延伸。如苏贾提出的"第三空间"理论，基本上强调了体验空间、感知空间和想象空间之间的辩证关系，承认了"第三空间"扮演着一个与空间性实践密切相关的生产力角色，突出了空间性想象在辩证法思想中也具有核心地位，但是也存在对马克思主义物质生产实践决定论的解构（王志刚，2015）。另一种观点主要是明确坚持历史—地理唯物主义在空间问题研究中的基础地位，如罗莎·卢森堡（Rosa Luxemburg）在早期研究"空间生产"的根本动力时，提出了"资本主义的发展离不开非资本主义"的观点，意为资本总是会去寻找能使自己增值的空间（卢森堡，1959）。哈维在谈到空间生产动力机制问题时，认为资本积累的三个回路之间的结构性关系是最具有解释性的工具，空间的生产是一个包括资本三次循环在内的体系，即资本投资于一般生产资料和消费资料的初级循环，资本投资于建成环境的第二级循环，资本投资于科教和社会领域的第三级循环（Havery，1982）。三次循环不断流动和转移，本质上是资本为了占有空间并生产相应空间形态的"不动产动产化"的过程，土地、建筑、文化等因此被卷入资本的洪流中，变成了流动的财富。上述三循环的实质是空间的"使用价值"让位于"交换价值"，即与前资本主义相比，资本主义从事的是"交换价值"的生产。这一基本判断和认识，可以扩展至资本主义与一切非资本主义生产之间的区别。哈维的"空间的生产"逻辑体系，将"空间"生产力和生产资料看作是一种巨大的社会资源，更侧重于从基于资本循环的空间本身的生产和权力方面进行解析，本质上反映了一种超越空间内部物质生产的政治行为和社会过程。从根本上讲，空间生产在一定程度上造成的边缘现象是资本本性不断积累的结果。但是，哈维总体上过于强调资本积累和资本循环等因素对空间生产的决定作用，忽视了人的主体能动性，因为如认同、情感、参与建构以及空间抗争也是空间生产的重要动力因素。无论如何，这两种观点代表了晚期马克思主义内部对历史唯物主义空间化解释蕴含的深层逻辑分歧。

（二）中国语境下空间生产的特殊性

在全球化、流动性和快速城镇化语境下，中国空间实践也建立了一个不断自我生产和膨胀的社会复杂体系。与此同时，空间实践进入复杂化后就不再是一个抽象的地理空间，而是具有了非常丰富的社会属性，表现出了新的空间特征。

1. 空间的生产使空间具有政治性（或意识形态性），主要源于空间的生产与权力存在密切关联

例如，在一些"地方空间"对资本的吸引过程中，人们早就意识到制度与空间发展的关联，制度不是作为常态表现为一种共同遵守的"规范"，而是作为吸引资本的特殊权力，为资本的进驻提供各种各样的便利条件。再如在行政规划中，当空间成为重要的生产资料和特殊部门时，不同的空间组合会使资本的空间生产表现为不同的结果，带来不一样的利润。在此逻辑下，空间的重组成为经常看到的事实，国家空间以及国家次空间，如跨区域组合、各类大小都市圈、城市群带、城乡一体化等不断出现。从本质上分析，资本指导了权力对空间的管制和生产，空间则变成了权力、经济和地域的混合体，具有了新的管理方式和新型空间组织体系。如同上述背景和逻辑一样，江南社区型文化古镇空间的主导者也会积极创造具有特质的各种空间场所，推动地方空间进入流动性空间关系的竞争序列中。

2. 空间中的"权力空间化"助推资本的空间拓展，资本的空间生产又常常得到"权力的帮助"

在中国，权力对旅游空间生产的影响主要体现为旅游发展及其空间实践属于一种国家选择行为。除前述分析的旅游发展的政策导向外，旅游空间实践常常深嵌于另一大背景中。20 世纪 90 年代市场经济确立后，中国财政包干和分税制不仅重构了中央与地方的权力关系，也使地方财政压力的化解变为更积极履行发展经济职能。"政府主导型战略"成为追寻产业化梦想的开始（董观志、张银铃，2010）。旅游空间策划、规划、开发等实践活动和旅游产业性质定位，也更加突出了政府主导痕迹，甚至"旅游为经济服务"成为很多地方长期进行旅游空间实践的指导思想。新税制"将商品批发零售环节营业税改为增值税"，使第三产业更集中为旅游行业的发展，地方从发展旅游业中获得的利益更直接，发展旅游的积极性也空前高涨，旅游收益甚至成为分税制条件下很多地方财政收入的重要来源。不同类型、不同尺度的旅游空间规划建设、以旅游为导向的目的地形象和环境建设、以旅游为媒介的投融资活动行为等，不仅成为旅游自身发展、旅游带动相关产业发展的实践形式，而且也成为一些地方以旅游拉动国内生产总值贡献的主要途径。例如，在中国东部长三角发达地区，近年来低成本工业发展方式的外部效应逐渐彰显新一轮产业转移的新趋势，这使得地方越发重视旅游带动的第三产业的发展，各种以旅游开发为导向的土地收益成为营业税、城建税、土地增值税等多个地方税收的来源，依赖于旅游土地经济收益（旅游空间变为资本积累的工具）成为创收重要渠道。米歇尔·福柯明确表示过："不管在哪种形式的公共生活里，不管在哪种形式的权力运作中，空间都是根本性的东西。"这其实已经说得很清楚，权力在为空间服务，空间中的权力"空间化"了。权力通过对个人、地方空间的控制，表现出一种强制性，达到控制个人或地方，进而为资本服务的目的。"权力的空间化"反映了权力为资本进入空间提供了特殊作用。

3. "空间的生产"与利益空间

资本、权力等要素在推动现代空间生产的同时，也以自己的逻辑改造了旧的生产关系，形成了具有资本特性的"中心—边缘"空间关系，这是由资本的本性决定的。空间生产暗示着空间内涵的丰富与深化，有什么样的空间生产，决定着有什么样的空间利益及其分享格局。从空间生产的层次看，空间发展的首要含义是物理空间的发展和基本财富的增加。随着资本的进一步扩展，资本成为空间联结的纽带和"总导演"，资本通过对土地、空间功能区分等方式，建立了符合自身特性的秩序。在权力的介入和作用下，产生了一个个"中心空间"，并不断固化着这一格局的持久性。资本运行于空间，由于资本在空间中的不平衡发展，一方面完成了空间的生产，另一方面还会创造与"中心空间"不同的"边缘空间"，引起空间层级和贫富分化现象。例如，空间权利被侵犯、空间机会被剥夺、空间结果被挤占，以及人们被排除在中心体系之外，出现"见地不见人"的"增长主义模式"。但是，这一现象的出现必然暗含了反抗操控和扬弃异化的作用，如本研究在对古镇物理—地理空间、经济—社会空间和文化—心理空间的生产分析中，均证实了古镇旅游开发中"中心空间"与"边缘空间"的存在，这些"边缘空间"的存在，在现实空间实践中本质上也是规则构建的重要力量，这一新的认知不仅承认空间生产具有被宏大结构性力量主宰的作用，而且也必须承认社会空间内部维度的分析，这也是研究空间生产不可或缺的重要要素。

（三）古镇空间生产动力机制的综合性分析

通过上述对空间生产的过程对比分析，可以为分析江南社区型文化古镇空间生产提出一个新的解释分析框架（图4—72）。

1. 古镇空间生产的时空分离

时空分离强调的是使得跨越广阔时空领域（乃至全球体系）的社会关系发生联结之条件（安东尼·吉登斯，2016）。全球化和流动性作为20世纪90年代以来的重要趋势，已在全球不同尺度空间显示出强大的生命力，并对世界各国经济、政治、军事、社会、文化，甚至思维方式等均造成了巨大的冲击。全球化的历史被看作就是广义上的空间结构、社会存在与地方、文化等之间的紧张关系，其显著特征之一就是处于外延性和内在意向性两极之间日渐增多了相互关联。在此过程中，任何"自我"并非一个被外界影响决定的被动实体，不管任何地方特定背景多么具有地方性，都会带来全球性社会影响所起的促进和增加作用。在全球化、流动性及旅游背景下，周庄、西塘、乌镇、南浔、角直、朱家角江南社区型文化古镇空间的生产是资本创新场景的必然结果。旅游产生于市场经济，本质上也是全球化的结果之一。旅游空间参与者通过古镇空间获得经济利益和价值增值，本质上正如哈维在"资本循环"模型过程中分析的那样，也是经过古镇内外不同尺度循环的一个复杂体系。

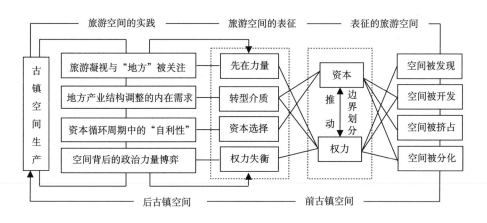

图 4—72　古镇空间生产的综合动力机制

此外，工业化社会生活的高节奏需要相应的高情感补偿，这也使得人们在后生产主义时代更加追求淳朴的短期生活方式和更为原始的"异质"文化。20 世纪 90 年代后，周庄、西塘、乌镇、南浔、角直、朱家角江南社区型文化古镇陆续作为具有不同于城市景观基因的"地方空间"，契合了个体发现"地方"和凝视"地方"的基础条件，在"反向的生活性"驱使和旅游凝视力的作用下，古镇的一些最初爱好者，如"驴友"、摄影家、探奇者、文化爱好者等通过原生文化符号的选取、抽离、改造等不同建构方式，推动了古镇从"地方"转向大众凝视地。其次，充当古镇转型的另一个介质是地方产业优化和文化用以彰显"地方"的推动力量。古镇空间被当作像商品一样交换的场所，这是周庄、西塘、乌镇、南浔、甪直、朱家角江南社区型文化古镇得以生产和形态转型，并从传统社区转向现代社会空间的时代因素。

审视周庄、西塘、乌镇、南浔、甪直、朱家角江南社区型文化古镇旅游业的发展，一方面可以认为是国家经济社会发展战略的组成部分，另一方面也可以认为是都市人面对经济、社会、环境和精神多重压力，触发了灵魂深处的逃避主义功能，古镇旅游所凸显的新旅游（new tourism）和后现代旅游（post-modern tourism）特质不断从现代旅游中分离出来，并表现在对生态、乡村、自然、复古、甚至怀旧情结等目标的诉求中，这些成为周庄、西塘、乌镇、南浔、甪直、朱家角江南社区型文化古镇旅游发展的巨大市场推力，旅游者的凝视也由此产生，并成为一种组织化行动的"惯习"，游客的性情倾向、趋向等通过时空转换和文化背景的倒置成为古镇空间"被构造"的驱动力，旅游者是构成古镇旅游场域最原始的、最根本的场域推动者。这是广义上全球化、现代性、流动性在古镇的体现，也是古镇传统时空生产的重要前提。

2. 古镇空间生产的脱域机制

这一机制由象征标识和专家体系构成（二者合在一起即抽象体系），它使得空间互动摆脱了场所的特殊性。在早期社会，周庄、西塘、乌镇、南浔、甪直、朱家角江南社区型文化古镇空间的生产具有"自然成长"的特性，水乡土地和劳动等要素属于统一体，人们在相对较小的区域内从事生产实践活动，由于劳动分工没有形成，不同地域中人们之间的交换尚未产生，空间的生产主要属于自然积累过程，空间的"使用"优于"交换"。伴随流动性背景下中国工业化的推进和旅游业对古镇的渗透，一些新理念、新信息和新技术的支撑使古镇空间生产在客观上必然打破古镇原来"空间中的生产"的限制，实行以"空间本身生产"的新方式进行资本积累（武廷海，2013）。

在此过程中，古镇空间生产背后的政治力量及其博弈，是古镇发生脱域的重要原因之一。皮埃尔·布迪厄（Pierre Bourdieu）的场域理论认为，行动者的权力、资本和关系网络等形塑着空间，在互动中影响并制约空间改变的方向（皮埃尔·布迪厄，2004）。如果借用布迪厄的观点来审视，我们会发现贯穿于旅游场域和行动者的动力原则之一，就是行动者个人和群体之间的权力关系，这种权力关系始终通过场域中客观存在的资本力量的相互博弈而呈现出来。一个不争的事实是，不同的行动者依托自身携带的不同的资本，占据不同的位置，不同主体常常因权能背景不同而影响空间生产的力度和实际效果，谁掌握了空间生产背后的主导权，谁就支配着空间的生产。

在周庄、西塘、乌镇、南浔、角直、朱家角江南社区型文化古镇旅游开发过程中，古镇以"政府主导，成立开发公司，旅游带动整体经济发展"为主导的模式，以及开发中倡导多主体参与，这些对古镇空间的旅游化实践具有较大的推进力度。在市场导向下，政府、开发商作为权力和资本的拥有者，在联盟过程中成为古镇空间实践背后的控制力量参与着空间的生产，并成为推进古镇空间形态更新演变的主要力量。

值得注意的是，在这个关系网络中，古镇原住民也有自身的利益诉求，这往往又形成了有着独立利益和多元行动者之间对立冲突、合作妥协的复杂关系，他们依据其各自惯习（性情倾向），参与场域中资源的争夺与资本的转换过程，从而对古镇旅游场域的生成与再生产施加不同程度的影响，并贡献各自的力量。此外，在古镇开发面对的市场经济条件下，社区精英的示范效应具有较强的传播功能和感染效果，对市场中的"观望行为人"起着比较大的影响。在周庄、西塘、乌镇、南浔、角直、朱家角江南社区型文化古镇中，社区精英分为政治精英、经济精英和社会精英。其中，经济精英是指那些"嗅觉灵、能力高、下手早"的旅游开发成功实践者，他们成为旅游开发致富的先行者，属于不同利益诉求主体中的目标行动者，在获得不菲的经济回报后，他们成功的事例对社区其他"观望者"产生了重要示范作用。

另一方面，旅游专家的规划通过技术性知识的利用，将古镇传统时间和空间、传统地方性与现代性联结起来，也是推动江南社区型文化古镇空间生产的重要因素。旅游规划对旅游资源保护和利用、旅游产品开发、旅游服务质量提升、旅游文化建设、旅游形象推广、旅游基础设施和公共服务设施建设具有促进作用，专家及其带有的技术，推动了古镇旅游目的地的空间生产。

对地方产业结构优化和古镇文化复兴的内在诉求，也是古镇空间生产的另一因素。古镇旅游产业能适应现代人和现代城镇化发展需求，由此引发了经济扩展对各类尺度空间的形塑。在此背景下，周庄、西塘、乌镇、南浔、用直、朱家角江南社区型文化古镇文化性资源属性具备了经济渗透的条件，这加速了古镇不断在物理—地理、经济—社会、文化—心理等方面的空间生产，在此过程中古镇具有的富集旅游资源成为交换的中介，也满足了资本在传统空间中的流动，且很快成为加快古镇经济增速和原有产业转型升级的要素。周庄、西塘、乌镇、南浔、用直、朱家角江南社区型文化古镇旅游空间生产被看作一种新的经济发展方式，这正是利用了旅游具有空间消费特性和旅游产业关联度高、带动系数强、综合效益好的特点，旅游的综合功能是政府在地方产业结构调整和扩大内需中考虑的重要因素。

总体来说，周庄、西塘、乌镇、南浔、用直、朱家角江南社区型文化古镇空间中行动者（政府、社区、开发商、专家、旅游者等）的行动，行动者构成的社会网络（古镇利益相关者组成的权力网、利益网等），以及行动者和网络间经过相互支持、互构或博弈等形式，形成了案例地古镇旅游开发的社会组织和运作动力，这些因素共同推动了案例地古镇从"本体空间"到"构建空间"的生产。

3. 古镇空间生产的制度化反身性

制度化反身性即定期把知识应用于社会生活之情境中，并成为社会生活组成和转型的建构性要素（安东尼·吉登斯，2016）。该理念强调的是主体自身的自我意识或自我对主体自身的认识。在流动性和旅游背景下，周庄、西塘、乌镇、南浔、用直、朱家角江南社区型文化古镇的时空转型与脱域机制，促使古镇空间在体现空间资本化合理层面的同时，也凸显了古镇生活生产以及空间消费脱离理想规则的控制，这是古镇旅游开发中反身性因素得以产生的背景。任何制度安排并非十全十美，在周庄、西塘、乌镇、南浔、用直、朱家角江南社区型文化古镇旅游开发中，古镇旅游的空间实践和旅游经济的开发，也同样凸显了古镇社会空间的合理性与非正义性。从地理角度分析，旅游可以被认为是以时间换取空间的异地文化体验行为。在此过程中，旅游使古镇地理区域形成空间关系，空间关系致使古镇地理尺度发生重组，进而无可置疑地会带来古镇旅游地景观尺度重组和古镇多维空间的地理生产。除此之外，在周庄、西塘、乌镇、南浔、甪直、朱家角江南社区型文化古镇中心区对旅游资本的追逐过程中，古镇传统文化与尺度制度也在发生转移，原住民生计与日常空间结构也会因旅游经济发展而发生让渡，改变传统格局，甚至在社会交往中慢慢发生消解。由于级差地租、绝对地租以及地方参与程度差异的存在，会使古镇原住民的旅游获得感和文化认同感均出现较大的空间差异，部分区域还会出现无助感和恐惧感。原住民不得不与地方政府和企业不断发生或明或暗的对抗，产生文化—心理空间的生产。面对周庄、西塘、乌镇、南浔、甪直、朱家角江南社区型文化古镇旅游发展产生的新地理景观，一些古镇在利益主体协调中形成了原住民的"基于能力的参与"（不限制参与，但技术和内容有限，如周庄等）和"基于条件的参与"（在既有框架下的有限参与，如乌镇允许原住民以员工招聘方式进入西栅参与旅游业开发）机制。此外，类似的做法还有以古镇旅游经济增长的持续性寻求古镇旅游开发体制机制的合理性，这种做法认为只要经济增长就是好的旅游发展模式。这些调节在表面上是对原住民作为弱势群体的关注，实质上有限增权或话语体系的制高点潜在维护了现有旅游空间生产的体系。换句话说，反身性作为一种新的现代性诊断视角，虽然主体的理性能力极其有限，反身性的作用同样有限，但是作为对古镇旅游开发机制体制的自我完善与修补，针对古镇旅游空间生产异化的反身性行为成为了制度反思的重要体现，在一定程度上弱化了人们对古镇旅游空间生产异化焦点和程度的关注，进而成为古镇空间再生产的修复性动力机制。

三、不同模式下古镇空间生产的认知与规律

从历史唯物主义的观念来看，周庄、西塘、乌镇、南浔、甪直、朱家角江南社区型文化古镇旅游的空间化实践及其空间的生产，体现着古镇的历史发展逻辑，总体来讲是古镇原生空间开放性生产的过程。一方面，服务于古镇生产消费的空间生产与当代服务于旅游消费空间的生产之间的界限日益模糊化；另一方面，古镇空间的社会问题日益突出。周庄、西塘、乌镇、南浔、

角直、朱家角江南社区型文化古镇空间问题的当代性，首先表现为古镇空间在旅游背景下有了复杂的空间变化，更为重要的是古镇旅游空间实践对古镇社会关系和社会生活的建构与重塑，人们改造古镇空间的活动日益从功能性建构走向功能性与社会性建构。在此过程中，空间生产造就了古镇日益发展的生产力和社会生产水平，以及古镇日益丰富和复杂的社区社会关系。认知周庄、西塘、乌镇、南浔、角直、朱家角江南社区型文化古镇旅游空间生产的进程和发展，有利于把握流动性和旅游背景下案例地古镇空间关系和空间性质的变化，及其呈现出来的社会意义和社会空间影响。

（一）开发模式的差异造就地理空间的差异

在旅游开发以来，周庄、西塘、乌镇、南浔、角直、朱家角江南社区型文化古镇从相对"封闭空间"到"流动空间"再到"社会空间"，经历了基于地方性的旅游凝视、以政府为主导模式的社区改造与资本介入，以及资本与异质文化对新空间跟进等多重不同性质的旅游空间生产过程。这一过程因旅游的逐步介入充溢着各种意识形态和社会生产关系，承载着旅游空间中社会关系的空间抽象和生产，是一个针对社区社会关系重组与秩序的建构过程，本质上是古镇社会空间关系的再生产，其逻辑背后潜藏的是经济和国家控制下的"大系统"渗透到传统地方生活世界的象征性再生产。周庄、西塘、乌镇、南浔、角直、朱家角江南社区型文化古镇空间生产的差异，表明了古镇发展与空间生产关系之间复杂的互动关系。通过综合分析，本研究认为，周庄、西塘、乌镇、南浔、角直、朱家角江南社区型文化古镇旅游空间生产实践在本质上有以下四种模式。

1. 政府主导模式

这种模式的特点是政府运用掌握的古镇规划审批权力，对古镇旅游开发进行宏观管理，开发资金的投入主要依赖地方财政，但是对古镇空间公共设施的投入引入了相关的市场机制，对游客通过门票形式收取费用，对具体的旅游开发项目不作具体干预。在这种开发模式中，空间生产力的推动力量主要是政府，由于企业介入成分有限，这种模式的空间动员能力和组织能力相对于有企业介入的古镇来说略显微弱。在本研究案例地中，甪直古镇的旅游开发属于这种模式的代表。

2. 经营权出让模式

这种模式的特点是地方政府将管辖范围内的旅游景点开发出来后，通过出让旅游开发经营权方式，吸引投资商介入古镇旅游开发。由投资商根据自身的需要及优势，结合市场对外融资进行旅游开发，政府在此过程中比较倾向在行业宏观层面上对投资商进行管理。这是一种由政府出资源，企业出资金，政企共同受益的治理模式，体现了公共性资源、企业化经营、专业化管理、市场化发展的特点，其核心内涵即所有权与经营权分离。在此模式中，由于较好地吸纳了社会资本的参与，因此保证了古镇空间生产能力的提升，又由于此模式采取出让经营权的做法，古镇开发的利益导向变得明显。在本研究案例地中，南浔古镇旅游开发属于此类模式。

3. 政府主导的项目公司模式

在此模式中，常见的做法是政府成立相应的旅游开发公司，相关资产以政府财政划拨的形式注入项目公司，或者以资产作价形式出资，资产所有者拥有项目公司相应的股权，项目公司以政府组织注入的资产为抵押，向银行借款，获得的资金用于古镇旅游项目开发。在这种模式中，政府主导项目公司开发，既保证了空间生产力的提升，又保证了空间组织动员能力。在本研究案例地中，乌镇和朱家角更偏向这一模式。

4. 多主体参与的网络复合治理模式

政府成立相应的旅游开发公司，相关资产以政府财政划拨的形式注入项目公司，允许社区原住民以适当的方式参与旅游开发，多元行动者共同分享旅游经济收益。在这种模式中，既能有效保障古镇空间生产力的提升，又能兼顾古镇空间的综合效能。在本研究案例地中，周庄古镇、西塘古镇属于此类旅游开发模式。

综上所述，本研究认为，在不同旅游开发模式中，由于利益相关者权力和能力的差异，导致了古镇各利益主体在空间资源占有中存在差异。相对来说，单纯政府开发或企业开发模式有利于空间生产要素的聚集，实现空间密集生产、建构与发展，但对原住民的排他性较高。事实上，在社区型文化古镇旅游开发中，原住民的参与机会越高，原住民在日常生活中的获得感就越强。这表明，古镇原住民参与感知与古镇旅游开发实践模式存在密切关系，本研究相关内容也证实了这一观点。

（二）权能建设薄弱导致权能获取的低下

在社区参与旅游研究中，彼得·E. 墨菲的"社区参与式旅游发展"理论较为详细地阐述了旅游业对社区的影响和社区对旅游发展的响应，以及如何从社区角度去开发和规划旅游。墨菲把"社区方法"（community approach）的理念与旅游发展思路相结合，旅游被看作一个社区产业，从社区利益出发，由社区确定发展目标，控制开发过程，追求社区经济、社会、文化与生态之间的平衡，最终实现社区的发展，社区参与被认为是实现旅游开发可持续发展的重要途径之一。但是，作者在周庄、西塘、乌镇、南浔、角直、朱家角江南社区型文化古镇研究中发现，由于部分古镇旅游开发被外来投资者和政府所控制，社区常常被排除在利益主体之外，现实中不论是旅游发展与社区的相互关系，还是社区参与机制、模式或类型，人们更多的是将社区参与视作达致目标的一种技术手段或行动纲领，普遍忽略了社区参与是社区在旅游发展过程中通过与外部力量的抗衡取得某种程度的控制权的过程，较少去理解社区空间政治以及权力关系在社区参与过程中的重要性。

周庄、西塘、乌镇、南浔、角直、朱家角江南社区型文化古镇所进行的旅游开发，不仅仅是古镇社区的一项经济活动，更应该看作由经济活动引发的政治、社会、制度、信息、心理等多要素协同发展整体推进的古镇社会构建过程。在周庄、西塘、乌镇、南浔、角直、朱家角江南社区型文化古镇，根据作者大量的社区访谈和问卷统计分析显示，由于受诸多因素的制约，社区权能建设薄弱是古镇旅游开发最具外显性的特征。对古镇原住民来说，原住民由于自身文化层次、实践经验等素能和管理权能建设的缺失，导致原住民总权能建设的薄弱。在未来一段时间，古镇社区整体权能的发展高度依赖于旅游资源的开发及其空间生产方向。研究也可以判断出，旅游开发不仅会越来越成为古镇社区的主导产业和原住民收益的重要来源，而且也会进一步成为促进古镇社区权能建设的主导因素。从此角度讲，周庄、西塘、乌镇、南浔、角直、朱家角江南社区型文化古镇社区旅游权能建设的意义，并不单单局限在古镇旅游范畴之内，古镇"旅游权能建设"的内容往往与古镇社区中的"社区权能建设"内容高度重叠，并决定着古镇"社区权能建设"的推进程度。此外，研究还发现，不同开发模式的介入导致了权能建设的先后次序，这也是古镇原住民对权能认同总体呈现差异化的直接原因。从此角度看，古镇旅游权能建设的最终实现有待模式的适度调适。

（三）结构性与非结构性力量塑造了空间的不平衡

从前述分析可知，周庄、西塘、乌镇、南浔、角直、朱家角江南社区型文化古镇旅游空间的生产，隐含着复杂且具有联结性的网络推动结构。其中，旅游凝视与"地方"被发现是江南社区型文化古镇被构建的原生力量，产业结构调整的内在需求是古镇空间被生产的转型介质，资本循环周期中的"自利性"是古镇空间被挤占的资本因素，政治力量博弈是古镇空间被分化的权力因素。上述因素的共同作用，致使案例地古镇空间呈现出多元化的空间状态，从本质上讲是资本、权力和利益等政治经济要素和力量对古镇旅游空间的重新塑造，并以其作为底板、介质或产物，形成空间的社会化结构和社会的空间性关系过程。但我们更应该看到，任何空间都是政治性的、社会性的，同时也是伦理性的，不同的开发模式具有不同的利益参与主体，不同的利益参与主体又会形成参与模式中主体力量之间的不均衡，这是旅游空间生产中必然会形成的空间结构。

在周庄、西塘、乌镇、南浔、角直、朱家角江南社区型文化古镇旅游开发中，资本循环周期中的"自利性"是弱势空间主体被挤占的重要原因。这说明，空间生产的性质与其参与空间生产者的身份存在极大关联。在古镇旅游开发过程中，政府是空间生产的主导者。政府主导下的旅游空间实践，需要借用资本不断地从流通领域进入生产过程，再从生产过程进入流通领域实现价值的增值。其中，最核心的是戴维·哈维曾经对"资本周转的时间"和

"周转的速度"的阐述。资本循环内在规律一是可以采用"时间转移"方式，投资基于社区性的众多项目或原住民本身，以最终在下一轮循环中服务于资本自身；二是以"空间转移"方式，投资旅游资源配套项目。与资本急速聚集的天性相比，这两种转移方式存在"周期过长"和"投资有限"的问题，具有一定程度的局限性，不利于短期循环。这在本质上解释了周庄、西塘、乌镇、南浔、角直、朱家角江南社区型文化古镇中旅游空间生产资本选择偏利外来实力企业，而在部分古镇不允许原住民参与开发的现象。旅游空间生产中偏向于古镇社区的公共福利性行为的削弱和限制原住民资本进入的原因，也正是上述机制所致，这是案例地江南社区型文化古镇在深层次上造成空间关系和利益格局的非均衡性，并使原住民处于边缘性空间的经济原因。

空间形态的生产和变迁还基于政治力量的博弈，政治力量博弈是弱势空间被分化的权力力量。江南社区型文化古镇以不同模式对旅游开发进行投入和整合资源，地方政府和开发商作为权力和资本拥有者，在联盟过程中成为周庄、西塘、乌镇、南浔、角直、朱家角江南社区型文化古镇实践、空间生产和空间形态更新演变的主导力量，这种依靠外来资本投入而形成"外生性"开发模式，具备了现代企业组织结构性质，开发资金主要以外部注入为特点。在此关系网络中，政府、商户和游客是新空间的受益者，原住民由于"缺少权利→缺少权力→缺少制衡→权利（力）的非均衡性"，被排斥在外围空间，不能参与旅游开发并获得旅游权益，且成为新空间的让渡者。也正是这种空间生产背后的政治力量博弈，更使空间生产主导者有力量携带优势资本，将空间本身而非空间中的事物作为生产工具，从而主宰了空间的主导权，形成了新的空间生产关系，并以此支配着周庄、西塘、乌镇、南浔、角直、朱家角江南社区型文化古镇空间生产的方向。

四、古镇空间生产带来的启示

本研究认为，在流动性与旅游背景下，周庄、西塘、乌镇、南浔、角直、朱家角江南社区型文化古镇空间的资本化，把一切空间要素都纳入到旅游经济发展过程中，以资本生产的方式规划和利用这些要素，最大限度地发挥要素组合的功能效度，客观上促进了古镇经济社会的发展。与此同时，古镇旅游经济发展也凸显出了空间的狭隘性，在众多空间问题中最为突出的是古镇原住民因参与旅游空间生产权能低下，失去了古镇旅游空间生产权益，继而表现出不同程度的旅游空间生产参与权利的缺失，这一特殊人权——发展权——的缺失，使古镇原住民降低，甚至失去了作为古镇社区主人应有的"我们感"。事实上，古镇旅游空间生产使物理—地理空间进一步景观化，社会空间的契约化进一步割裂了传统社区人际关系调节的感性存在，在此基础上叠加文化—心理空间的结构化，致使地方转为真实和想象的第三空间。周庄、西塘、乌镇、南浔、甪直、朱家角江南社区型文化古镇旅游空间生产的过程说明，社区型文化古镇的空间应该是一个结构性的存在，古镇物理—地理、经济—社会、文化—心理空间也应该是一个复杂而有机的统一体。这给我们带来启发，旅游开发强调市场在资源配置中起决定性作用的同时，纵向上需要兼顾传统与现代的边界及其合理利用，横向上需要协调社区不同类型空间的平衡生产。反思周庄、西塘、乌镇、南浔、甪直、朱家角江南社区型文化古镇的发展及地方性传承，本研究认为"融入"而非"替代"是古镇空间保持地方性和地方感的前提，"均衡"而非"失衡"是古镇空间实现正义的根本所在。旅游空间实践、空间的正义呼唤，以及作为弱势主体的原住民旅游空间生产权能的获取，这是需要反思和亟待解决的社会性空间问题。

从多年来的旅游空间实践和空间生产可知，周庄、西塘、乌镇、南浔、甪直、朱家角江南社区型文化古镇的日常生活空间是古镇地方性的守护平台，流动性与旅游背景下的古镇空间转型使古镇原生空间发生不同程度的消解，新空间不断生产，社区空间权利在重新分配的同时，古镇原住民的日常生活也在随之改变。马克思主义认为，人类的一切诉求是随人类由自我意识向意识自我的演进，以及生产方式的进步。江南社区型文化古镇旅游空间实践及其带来的不同尺度的空间异化现象，促使我们在社会空间层面上对古镇旅游及其后果进行重新思考，江南社区型文化古镇日常生活空间价值和地方性之内涵，不在于基于文化景观价值之上的达尔文主义的空间竞争，而在于其地方文化基因、优秀制度的建构、文化的合理再造与有效传承，以及古镇社区平衡性生产和包容性发展。也就是说，古镇社区生存发展逻辑和古镇旅游空间生产的历史逻辑应该具有内在统一性，如何自洽，不取决于过度沉迷于旅游为平台的消费主义文化，而要从旅游作为古镇日常生活形态是否包含社会、经济、文化和政治等多维度来理解，以及未来能否将其内嵌于古镇空间平衡生产过程之中。基于此，周庄、西塘、乌镇、南浔、甪直、朱家角江南社区型文化古镇旅游空间实践，应该基于古镇社区发展或有效兼顾古镇社区发展，这不仅是一个涉及古镇旅游空间实践中工具理性和价值理性统一的问题，而且也是关涉古镇旅游空间生产的伦理性问题。在流动性和旅游背景下，周庄、西塘、乌镇、南浔、甪直、朱家角江南社区型文化古镇空间生产方式，决定着古镇社区空间实践模式及其"空间再现"的形态，古镇旅游空间实践的终极指向，应该强调古镇空间正义与生态弥合，在空间资源、空间产品、空间占有和空间分配等方面，需要合理利用和协调，这是现代性、流动性、中国后改革时代以及旅游产业发展背景下江南社区型文化古镇空间生产应该引起关注的问题。

（一）多维驱动：古镇空间生产及其形态重构的本土认识

从本研究可知，在经济全球化和旅游产业化内外部环境影响下，周庄、西塘、乌镇、南浔、甪直和朱家角江南社区型文化古镇从 20 世纪 80 年代末以来，陆续进入了空间生产的集聚期。梳理江南社区型文化古镇旅游空间实践发展历程和空间形态演化发现，权力、资本等对古镇空间的统摄越来越成为一种必然。结合全球化和流动性背景以及中国市场经济本土实践特征，本研究认为新时期江南社区型文化古镇的空间实践，在历史大趋势背景下进行着重大重构，并以此改变着古镇原住民的日常生活方式。多维性驱动力量主要包括以下因素：一是新旧全球化的历史更替，重构着不同尺度地理空间的形态。资本的全球流动、资本主义向非资本主义区域输出危机、知识资本由"西（方）"向"东（方）"的转移，这些大背景使发达国家不断将工业产业、制造业向相对欠发达国家或地区转移，这加速了后者从传统农业实践转移为工业生产、空间生产和空间消费为特征的城镇空间实践，并成为全球网络体系中的一个个节点。作为发展中国家，中国工业化和发达国家的"去工业化"在逻辑和时间上具有耦合性。改革开放以来，江南社区型文化古镇的空间实践本质上就是全球空间生产及其不同实践理念在不同地方的承接过程。也就是说，江南社区型文化古镇旅游空间实践，表征了旅游作为新兴业态带来的资本和权力等要素在中国不同地方小尺度空间的实践过程。其次，在全球化体系和流动性背景下，中国作为后发国家，国内产业结构的内在特点需要重构城乡关系。在传统视域中，中国的乡土性质决定了"乡土关系"是主导社会的主要形态，与其对应的封闭空间生产关系在遭遇现代工业空间生产和转型过程中也凸显了自身转型问题；在世界民族丛林中的知识资本控制体系下，加强自主创新能力，占据全球产业分工链的上端，本质上塑造了中国在不同尺度上以空间拓展、土地流转、空间实践等用途为主的生产运动。在转变经济发展方式过程中，社会各个领域都会发生反响和变化，旅游产业在此过程凸显了自身具有的优势。可以这样认为，旅游产业转型是经济发展方式转变在旅游领域的具体体现。在中国当代全面建成小康社会进程中，旅游产业可以直接刺激出刚性的旅游市场需求，也是人民群众获得幸福生活的重要标志。旅游产业快速工业化，可以催生大量的度假旅游、商务旅游、特种旅游需求，这必然打破以传统观光旅游为主的格局，向"+旅游"和"旅游+"的模式递进，并带动国民经济及相关产业转型升级。再次，如前所述，在宏观尺度上，案例地古镇旅游化的空间实践过程受到了全球化和流动性（热拉尔·迪梅尼尔、多米尼克·莱维，2015），以及地理想象和中国政治经济体制的影响，古镇中具有比较优势的旅游景观作为一种社会使用价值的媒介，不仅影响着古镇旅游资本积累和生产关系，而且还调节着人们的旅游消费行为。在微观尺度上，由于过度强调市场的能力，不断创造地理景观作为古镇空间使用价值的表现，使古镇旅游物体系的自主化结构成为被旅游者消费，甚至过度消费的对象，消费便成了关系的主动模式（不仅是人与物的关系，也是人与世界的关系），古镇市场的繁荣刺激了人们消费水平的提升，以前单一的实用消费转为"符号"和"图像"等消费形式，古镇空间具有的消费内涵使其纳入到消费体系中并成为新的消费理念。这些因素是导致代表古镇旅游者消费被控的官僚社会和代表旅游目的地社区原住民主人意识形态、地方文化系、日常生活和社会空间领域生产与异化的深层次原因。

（二）问题逻辑：古镇空间生产及其后果的诠释起点

在周庄、西塘、乌镇、南浔、角直和朱家角传统古镇社区，空间的生产和被建构并不意味着空间具有社会性，资本并未通过大规模的社会成员活动而成为集体的产物。在新的历史背景下，以旅游经济为媒介的空间实践活动，促使古镇空间成为流动的空间和社会性空间。依据戴维·哈维资本循环理论，对江南社区型文化古镇空间生产逻辑进行解析，本研究认为古镇旅游空间实践过程其实也是关乎资本循环的过程，在此过程中劳动力、资本、信息流动和地缘性阶级（权力）联盟在古镇的形成成为一种历史必然。在江南社区型文化古镇旅游空间实践中，中国特色的政治经济制度决定了资本和权力必定成为空间生产的推动力量，空间作为新的要素进入江南社区型文化古镇营造的资本生产模式充满着意识形态，同时也被用来生产剩余价值。由于资本的本性使然，古镇空间的资本化存在必然生产出非正义的空间现象，正所谓空间生产社会关系，也被社会关系所生产。回顾周庄、西塘、乌镇、南浔、角直和朱家角江南社区型文化古镇的发展路径，可以发现古镇旅游发展与经济增长、社会进步和各类社会问题相随相伴，古镇旅游发展是全球资本现代化与空间的生产占支配环境下的地方空间变迁过程，资本、权力对古镇社会空间的重新塑造，也是一个涉及众多群体利益和矛盾突发期的过程。类似古镇环境恶化、空间权益挤占、原住民低收入群体生活保障、古镇空间内的新二元结构和"区隔现象"、古镇核心区绅士化带来的"中心—边缘"问题、古镇原住民的"伪旅游化"问题、权力博弈与冲突问题等严重的空间占有不平等和悖论，等等，这种空间格局的形成又会反过来强化古镇空间关系的新形态。周庄、西塘、乌镇、南浔、角直和朱家角江南社区型文化古镇的空间生产，既是古镇生产过程中"生产方式"的变革,也是生产结果被使用和消费的社会产品。古镇在空间生产中,除积极因素(如解决古镇工业化、原住民就业、收入等问题)产生良好的社会效应外,那些坚持资本取向的古镇空间规划也将会加剧贫富分化和社会心理空间排斥的发生,进而造成古镇原住民日常生活的各种异化。这些问题如果解决不好,维持江南社区型文化古镇的可持续发展又何以可能?很显然,这是亟须理论诠释和需要解决的时代性新问题。

(三)空间正义:古镇空间实践的价值取向

事实上,在周庄、西塘、乌镇、南浔、甪直和朱家角江南社区型文化古镇旅游开发过程中,古镇社区旅游与社区构建互为因果,谁掌握了古镇社区旅游发展的主导权,谁就掌控了古镇社区权能建设的主导权,把权能建设通过社会合力引入社区旅游可持续发展分析之中,将为我们探索古镇社区参与的有效途径和推动新时期古镇全面建设提供一个全新的理论视角和突破口,这一具有人文关怀的新思想,应该成为社会广泛支持的支撑性理据。但是,它能在多大程度上有效实现以及如何实现,取决于制约古镇社区权能建设诸要素的协同程度。列斐伏尔及其跟随者强调,空间的生产带来的非正义性可以使冲突者卷入某种"斗争",这一认识暗含了反抗操控和扬弃异化的作用,对无论是"空间区隔",还是"异化现象"等将会带来的或可能带来的结果,均具有相当大的启发性和警示性,这对中国社会主义空间生产和江南社区型文化古镇发展进程更具有深刻意义,值得特别引起注意。近年来,国家提出"关于旅游作为国民经济的战略性支柱产业和人民群众更加满意的现代服务业""旅游产业转型升级""旅游可持续发展""让大众享受到旅游开发带来的成果"等各类表述,落实上述精神的关键是在古镇旅游地理空间实践中,处理好政府、市场、社会以及古镇社区多元利益主体之间的平衡关系。江南社区型文化古镇发展及其带来的空间异化,促使我们产生了对古镇空间正义的探索,这一认识不仅进一步激活了江南社区型文化古镇进行新型空间实践的诉求,同时凸显了我们对江南社区型文化古镇空间的理解,也要相应进入空间的政治经济学批判阶段。

江南社区型文化古镇的空间正义，涉及空间生产实践中的伦理性问题，需要具有新的时代内涵和新的空间哲学。从历史唯物主义文化观来认识，江南社区型文化古镇的实践，本质上意味着空间由"被支配"到"被利用"的转变，是使用价值具有优先性的新型生产方式，需要强调江南社区型文化古镇空间生产过程中工具理性和价值理性的统一，以及不同主体能够相对自由平等地享有公共空间权益。面对实践中存在的诸多空间冲突问题，我们需要借助新马克思主义空间哲学理论作为指导，促进资本充分地向第三次循环转移，发挥古镇原住民的主体实践性，在权力协调下赋予古镇空间生产产品的社会性。在古镇空间生产中，摒弃空间异化实践和扬弃日常生活不合理因素的前提，需要建立人文主义立场，甚至后人文主义立场，注重古镇空间权利、机会和结果的平等性，从根本上平衡旅游背景下古镇发展中"资本"与"人本"的关系，明确古镇空间生产效能"以人为本"的需求面向，在土地开发模式、空间调节机制和政策等诸多方面协调人与空间的关系，构造属于"人"的空间。换句话说，江南社区型文化古镇空间的实践，不仅仅是古镇物理—地理空间环境的变化，古镇人口结构的转变和机械转移，还应该是包括城乡关系重组、城市文明辐射、人的思想观念、价值追求、权能实现等核心要素在内的人的全面现代化的过程，在发展价值上应该更多考虑"发展为了谁"的本源问题。此外，重视古镇旅游空间生产的社会性，倡导工具理性和价值理性的统一，适度引导权力、资本对旅游空间实践的正当介入，从而使不同主体能够相对自由平等地享有古镇旅游公共空间权益，实现"让每个人梦想成真""让好地方更精彩""让目的地走向世界"（吴承照，2009）。

（四）空间共享：未来古镇空间实践的期盼

客观地讲，在周庄、西塘、乌镇、南浔、甪直和朱家角江南社区型文化古镇旅游空间实践进程中，空间资本化是资本创新场景的必然结果，也是空间物质生产的必然过程，这是必要的。但是，未来古镇发展定位需要驾驭资本异化现象。近年来，国内外学界对"空间的生产"研究的关注，根本上反映了空间实践及其带来问题域亟须解决的紧迫性。案例地古镇旅游空间实践作为空间实践的一种特殊类型，同样需要在理论上对其产生的社会化问题进行关照。学界之前倡导的诸如生态旅游理论、旅游影响研究（尤其是传统积极消极二元论）、利益者相关理论、社区参与理论和增权理论等，对规范旅游社会空间问题起到了一定作用，但对于解释江南社区型文化古镇旅游空间实践的生产问题及其关系生产等一系列新社会空间问题时，因其理论内涵的单指性和局限性将难担重任。马克思主义辩证法告诉我们，事物发展由主要矛盾的主要方面推动，矛盾在不同阶段又会表现出不同特征。当江南社区型文化古镇旅游空间实践在基于"空间中的事物生产"（如资源导向时期）导向"空间的生产"现象时，旅游空间也就成了蕴涵旅游政治、经济和社会意义的空间；相应地，学界也应积极探索新时期古镇旅游空间实践的"空间—社会"分析范式，将江南社区型文化古镇不同旅游空间生产的过程、驱动机制、社会空间问题和未来指向作为自觉关照的对象进行研究。

从空间的内涵可知，空间在本质上可以被看作是根植于人们的社会实践活动，周庄、西塘、乌镇、南浔、甪直和朱家角江南社区型文化古镇空间的生产本质，既是旅游背景下古镇自然转型生产的过程，也是古镇资本的积累和增值带来的日常生活空间的生产过程。从总体上来讲，案例地古镇空间的生产是在以旅游为媒介的现代性、流动性以及资本与权力联结等因素影响和作用下，使传统古镇空间和社区社会结构发生的变迁。这些因素在消解古镇旧空间并生产新空间的同时，也重新分配了古镇社区空间权利，并与当下原住民日常生活紧密联系在一起。20 世纪 70 年代，埃里克·科恩（Erik Cohen）曾说过："旅游作为重要收入来源，对当地可能引起损害……从这方面讲，我们完成了先辈征服者和殖民者的事业"（Cohen，1972）。据此，应该意识到，舍弃对古镇原住民"权利"的充分性表达而以"经济"为王牌，并不能真正带来古镇原住民对旅游空间实践的认同。本研究经过分析已经证实，案例地古镇旅游空间的生产，不只是社会生产力的发展途径，它还是社会生产关系再生产的途径，具有双面性，正所谓有什么样的生产方式，将会伴随生产出什么样的社会关系。事实表明，在古镇旅游发展中，资本在充当增值手段实

现自身目标时，符合了最大限度的占有性和现实性逻辑，却容易忽略将弱势
主体的发展作为终极价值目标。而由此产生的社区风险却有可能构成新的社
区社会危机，甚至会消解社区建设的既存成果。事实还证明，倾向弱势主体
的旅游核心价值观的匮乏，是旅游空间正确生产的信念障碍；阻断权能诉求
表达机制，是增加潜在风险的重要变量。在具有特殊性的社区型文化遗产地，
旅游空间正义的推进，取决于上下渠道的合力和有效的集体行动。因此，呼
吁旅游空间生产的正义性，就是呼吁旅游发展的核心价值。审视旅游空间生
产带来的问题，首要的不是只急于肯定由"工具理性"带来的旅游经济发展
问题，而是需要超越其狭隘性，反思旅游空间生产的伦理问题，并能健全集
体参与模式。

　　周庄、西塘、乌镇、南浔、甪直、朱家角江南社区型文化古镇旅游化空
间实践及其带来的异化现象，促使我们进一步认识到，这是一个涉及旅游介
入古镇引发社区空间生产的伦理性问题，也是涉及空间实践中工具理性和价
值理性如何统一、不同利益主体如何厘清权力边界，并相对自由平等地享有
公共空间权益的问题，应该引起理论界和实践界的关注。本研究秉持这样的
观点：如果不能较好地处理好案例地旅游空间问题，古镇旅游地的差异地理
过程在结构性作用力的驱使下，终将固化为差异的地理空间社会，表现为新
的空间间性（郭文，2013）。用地理学家戴维·哈维的观点解释，即"一旦把
它放入政治经济学领域进行分析，就会发现它被现代生产关系形塑，并且反
过来改变生产关系"。由此可以得出这样的认知，市场主义制度具有成功性，
但并非十全十美，也有待完善的地方。周庄、西塘、乌镇、南浔、甪直、朱
家角江南社区型文化古镇旅游空间生产的案例证明，在全球化、现代性、流
动性，以及中国对新自由主义的混合实践背景下，古镇权利和财富更为集中
的"非均衡性"，既给古镇带来了机遇，也带来了障碍（Brenner and Theodore，
2002）。此观点进一步延伸，可以表述为任何地方的非正义对任何地方的正义
都是一个威胁，这一地理实践深刻影响和改变着当代社会批判理论的阐述视
野，也将催生更新的空间实践可能，因为任何地方只有发展体现出文化和人
文的品格，才能进入更高阶段的发展。

江南社区型文化古镇不仅仅是一个物性的存在，其自身发展有历史、自然、经济和社会特征。一定程度上讲，"工具理性"是人幸福的必要非充分条件，比起古镇旅游地理过程的差异性，还有远为高尚的前景有待去实现；比起空间生产运行的权能城堡机制，还有更为有价值的治理体系有待去建立，那种"简单的现代性思维"，是不能承担案例地古镇"旅游的中国责任"的，充其量只是一种"尚未完成的设计"。

第五章 重塑江南社区型文化古镇旅游空间生产的治理措施

空间的重塑就是要建立一个不同于以往的新的空间形态。在空间重塑的哲学认知层面，人们除了看到旅游经济对地方的重要性之外，应该更多地去深度思考是什么原因导致空间生产的差异性及其本质所在，公共空间的人地关系、空间主体的构成方式，地方的可见性，以及变迁中原住民社会心理的时代性调适是构筑理想未来的重要基石。在旅游背景下空间与地方道德边界对话的立足点越来越需要不同主体对道德规范的协商，其调适的机制更需要超越不同主体利益及其价值观之上的道德妥协与让渡，在此基础上共建具有情感投射的空间意义与地方互动行为。本章基于上述理念，呼吁对江南古镇空间价值结构进行耦合认知，并在制度政策、体制机制、价值的空间安置、利益协调机制和权能建设等方面，协调"资本"与"人本"的关系，重塑江南古镇空间平衡生产的治理措施。

第一节 社会空间排斥、驱逐与重塑：一个解释框架

一、内涵与边界划分

共同体生活是人类生活的基本模式，自从人类开始在共同体内生活，就存在着排斥现象和被排斥的群体。从此角度讲，排斥现象可谓自古有之。近

代以来，尤其是 20 世纪下半叶以来，西欧国家的经济生产方式逐步实现了从福特主义时代向后福特主义时代的转型，经济的辉煌时期渐渐逝去，在此背景下的社会结构发生了巨大改变，并出现了一些突出的社会性问题，如失业、团结性削弱、边缘性加大、社会分层等（Ruud et al., 2002）。根据对上述现象的认知与分析，人们普遍认为，这些社会性问题的出现主要是经济重建过程中人们认为将要消失的贫困问题又开始浮现，这自然引起了研究者的关注。法国一些政治家、活动家和学者经常在意识形态上模糊地提到穷人是"受排斥者"。之后，法国学者勒内·勒努瓦（Rene Lenoir）首次在学术界提出了"社会排斥"（social exclusion）概念。所谓社会排斥，最早是针对大民族完全或部分排斥少数民族的各种歧视或偏见问题提出的，后来意在强调个体与社会整体之间的断裂。这种偏见和歧视建立在一个社会有意达成的政策基础上，当主导群体已经握有社会权力，不愿和别人分享之时，便产生了社会空间排斥现象（景晓芬，2004）。

关于社会排斥的研究在学术界形成的成果较多，这一术语被广泛认为是一个涉及社会经济问题的概念。譬如，该概念常常与身体缺陷、过失、单亲父母、多问题家庭、边缘群体等不适应社会环境者相关；更有研究者将此范围扩大，认为就业、收入、住房、教育、文化、社会参与、社交活动出现的不平等、不理解、不尊重等均属于社会排斥范畴。事实上，追溯"社会排斥"的思想和概念渊源，其主要起源于对贫困问题和社会不平等的研究，经过认识的不断深化，人们重视的是一个人不应该被排斥于某些社会关系之外。在19 世纪 70 年代，社会排斥被用来指许多人因长期失业而被排斥在市场之外；19 世纪 90 年代后，这一概念的涵义被不断拓宽，指某些群体部分或全部出局，享受不到人类权利（陈方玺，2011）。从社会排斥词源演变的过程来看，社会排斥本身就是能力贫困的一部分，其真正含义在于社会文化层面，强调主体间关系特征所引起的能力剥夺、空间不均衡，以及由此引起的社会经济贫困问题。

社会排斥是一个多维度的概念。英国伦敦政治经济学院的社会排斥分析中心认为，社会排斥包括消费、生产、政治参与及社会互动等四方面（Burchard *et al*.，2002）。例如，地方景观被权力部门控制与包装，从而使地方真正拥有者消费欠佳，地方主体尤其是相对弱势者不能参与到强权力塑造的新的生产关系之中而游离于外，行为者不能进入决策的活动体系，以及社会互动欠融入现象等。也有研究认为，社会排斥同时也是一个结构性概念，所以关于社会排斥发生的机制，应该从结构性视角来进行探讨。在结构主义者和功能主义者看来，该概念具有不同的内涵。结构主义者认为，社会排斥现象是一个系统性所为的结果，如受到资本、权力等方面的因素影响；功能主义者认为，社会排斥是指被排斥的个体、群体或组织因为自身功能上的欠缺，而处于一种被排斥的状态，这些被排斥者因其拥有的个人资源与社会资源不足，无法使他们进入正常的社会空间循环之中。从排斥的类型来分析，一种类型是通过制度、政策、法律、习俗的规定，将一部分人排除于享受正常的社会权利之外，可称之为显性排斥；还有一种与此对应，是在一些看似平等的游戏规则之下，但在执行过程中造成实际上的排斥现象，可称之为隐性排斥。从排斥的方向来看，又可以从被动排斥与主动排斥层面进行分析，前者指不是出于自己的愿望，却被边缘化的现象；后者指自己的主动选择而导致的排斥性行为。

从社会结果视角分析，被排斥于某些社会关系之外，可能会导致更大程度的社会隔离，因而进一步限制了人们的生活机会，这在程度上是区别于"排斥"，而又比"排斥"更大的社会空间现象，在此可称为"社会空间驱逐"。如果说社会排斥是指某些个人、家庭或社会群体，由于社会政策及制度安排等原因丧失其参与权利，无法参与正常活动或参与不足，导致被边缘化及情感疏离的机制和过程的话（孟昉、黄佳豪，2009），那么，社会空间驱逐便是一个由于上述原因引发，而完全丧失参与权利，不能参与正常活动，导致被完全边缘化及情感隔离的机制和过程。相比较而言，"排斥"本质上排除在某一"系统之内"，而"驱逐"则属于"系统之外"。无论是"排斥"还是"驱逐"，其意均强调"偏离系统"或"不在正常轨道之内"。作为一个分析框架，我们需要将社会空间驱逐和更为人们熟知的社会空间排斥区分开来，如前所述，"排斥"本质上属于排除在"系统之内"，这意味着它可以被减弱，或被改善；"驱逐"则属于"系统之外"，事实上是发生在系统的边缘，甚至边缘的边缘之外。英国学者鲁姆·格雷厄姆（Room Graham）曾指出，社会排斥是作为一个社会构成物的组织和社区偏离系统的过程。很显然，社会空间排斥的发展也将是一个脱离被赋予的权利和义务的过程，这一过程从内涵上分析，也将是个体置身于一定的组织之外，并无法实现自身权利的过程（Graham，1995）。这一空间区隔现象一旦发生，就属于精神层面或心理空间的不良变化，也意味着这些人对他们与社会之间的距离由感知演进到认知，由不自觉发展到自觉，其后果将会引发不同程度的社会对抗或社会冲突。

基于上述分析，本研究认为，"社会排斥"的特征可作如下分析：其一，主体不能完全参与社会经济过程；其二，无法参与社会经济服务，以及无法分享社会带来的福利；其三，可用指隐喻性理解，如不稳定、边缘化等。无论从哪种情况看，在某种意义上需要我们提出更高于上述概念的新的解释方案，以此来作为对社会良性运行和协调发展的条件和机制的行动指南。因此，"重塑社会空间"是应该被关注并能用以指导空间秩序良性且理性发展的重要概念。就其本质而言，重塑社会空间就是"推翻以前，重新定位"，本质上意味着某种改变。重塑社会空间，就是要所有网络行为者处于系统之中，提高个体的主体性和主动性，通过客体与主体互动的不断循环和空间构建，赋予或充实个人或群体具有能够执行的实质性权力。从此角度讲，重塑社会空间，可以理解为是一个匡正性的社会概念。

二、现实的复杂性与回应

在理论研究中，一些研究者将社会排斥概念纳入到旅游研究中，这些文献关注的重点多为旅游开发或旅游产业政策制定等带来的社会排斥现象。例如，奥尔维格（Olwig）对美属维尔京群岛土著圣约翰人在旅游开发过程中权力悬殊状况进行了分析（刘晖，2005）；汤姆·莫迪尤（Tom Mordue）、希拉·阿加瓦尔（Sheela Agarwal）和保罗·布伦特（Paul Brunt）也对旅游目的地发展中的社会排斥问题进行了探讨（Mordue，2005；Agarwal and Brunt，2006）。

国内也有就乡村旅游社区原住民社会排斥的多维度感知进行分析的案例（郭华、甘巧林，2011）。然而，在本研究案例地周庄、西塘、乌镇、南浔、角直、朱家角江南社区型文化古镇，尤其是针对这些古镇日常生活空间方面的社会空间排斥和社会空间驱逐问题还未引起足够重视。

事实上，通过本研究分析我们会发现，在周庄、西塘、乌镇、南浔、角直、朱家角社区型文化古镇中，旅游业作为新兴经济形态在古镇的开发及其深化发展，改变了古镇社区原生空间的经济生产力和生产方式，也使古镇空间呈现了极大的开放性，这个新的空间不仅仅是空间中物理要素的简单重组，而且也是以旅游为媒介的古镇社会空间实践和原生空间的历史性超越。在流动性和旅游背景下，周庄、西塘、乌镇、南浔、角直、朱家角江南社区型文化古镇的"去生活化"景象、古镇优秀族群文化的异化转向、古镇传统仪式从民俗到商业景观的变迁、古镇旅游空间中"人"的权能的非均衡发展、强势者对旅游空间权益的挤占、古镇旅游空间区隔现象、旅游空间绅士化带来的空间关系再生产等造成的"中心—外围"困局、旅游社会空间关系的杂化和再生产、古镇旅游社区原住民基本权利保障缺失、因权力与资本结合造成的原住民相对剥夺感和冲突等社会空间问题等，伴随着古镇整体风貌和古建筑修复、经济社会发展、文化复兴等活化过程不断得到呈现。案例地古镇空间实践的结果表明，流动性和旅游背景下的古镇空间具有空间生产力的作用，古镇空间及日常生活形态在休闲景观的社会建构下，也成为一种可以被消费的商品，资本、人员、信息的流动将古镇相对静止的原生空间变为流动性的社会空间，在某一种程度上，物理空间中的流动导致了社会空间的空前流动，这深深影响了江南社区型文化古镇原住民社会角色的分配和身份认同的展演。

同时，我们也可以看到，古镇空间一向是被各种历史的、自然的元素塑造，但此过程也是空间政治和文化政治的实践过程。事实证明，流动性和旅游背景下的周庄、西塘、乌镇、南浔、角直、朱家角江南社区型文化古镇原生空间及其旅游化空间实践，是以一种与权力有关的、既定的、空间组织的特殊向度呈现在人们面前。古镇空间生产的新形态说明，空间是被创造、形塑、改造出来的新的空间，这是空间实践的结果，也是主观意识强加于自然的产物，因此空间就具有了政治意味，空间应该被当作一种政治经济学加以解释。上述事例说明，在流动性和旅游背景下，周庄、西塘、乌镇、南浔、角直、朱家角江南社区型文化古镇社会生活的根本动力，是生产力的发展以及围绕生产力及自身的再生产，是既复杂又充满矛盾的空间实践过程，在此过程中古镇空间已经不再是一个经验性的设置，更成为一种社会秩序的空间政治化生产过程。

本研究同时认为，案例地江南社区型文化古镇空间生产，不仅是一个物质空间的生产过程，也是一个社会空间的生产过程，更是权力、资本及文化相互作用的结果。江南社区型文化古镇在逐步改变自身物理—地理空间形态的同时，旅游的社会空间属性也逐渐显现，空间破碎化和空间分异开始出现，旅游空间生产改变了空间形态，旅游空间形态变化反过来又形塑着空间性质，渐变中的空间流动性增加、异质性凸显、理性化加剧、社会关联度降低，充分体现了空间的复杂性。但是，当古镇原住民对空间权能不能完全分享时，便会彰显出旅游空间生存论的旨趣。人文关怀的理念作为中国传统儒家文化的精华，其科学本质核心是人文精神，其思想主要是以"观乎人文以化成天下"，突出文化所特有的实用理性和直观体验式的思维方式。基于此，健康空间的发展与生产，需要多问"旅游发展为了什么的"问题。

列斐伏尔认为："哪里有空间，哪里就有存在"（Lefebvre，1991b）。周庄、西塘、乌镇、南浔、角直、朱家角江南社区型文化古镇空间生产优化的关键是提高空间质量，包容性发展应成为空间实践的诉求。在未来发展中，案例地江南社区型文化古镇空间生产变化方向，将由其内外部因素合力共同决定。不管是前文对旅游空间体验的整体分析、分项分析，还是全要素分析，给我们带来了一些思考：当空间变为多元性、异质性和杂合性空间时，更需要关注全要素协调发展，实践和研究需要关注从"外壳"的空间过渡到"空间里面的空间"，从"表象的空间"过渡到富含意义的"深层次空间"，在经济广泛基础的增长上，关注古镇原住民利益友善的增长和共享式增长。按照马克思主义的观点，发展归根结底是人的发展。从古镇社区经济可持续发展角度讲，包容性发展并非通过牺牲经济效率追求社会公平，其实质提倡所有个体分享参与经济发展和获取经济发展成果。由此可以得出这样的推断：在周庄、西塘、乌镇、南浔、甪直、朱家角江南社区型文化古镇空间生产过程中，衡量古镇社区质量好或坏的标准，就在于古镇社区发展为社区原住民全面发展创造了怎样的社会质量，发展的构建是一个高质量社区，还是一个低质量社区。基于这样的认知，本研究认为，化解周庄、西塘、乌镇、南浔、甪直、朱家角江南社区型文化古镇在旅游空间生产中的社会排斥，促进古镇社会包容发展和空间的平衡生产，应该成为古镇日常空间重塑和制定古镇社区社会政策的出发点和归宿。

三、弥合分裂的解释框架

空间社会学的开创者之一盖奥尔格·齐美尔（Georg Simmel）曾说："空间总是被占据性使用，占据一旦形成，空间就会有自己的边界，就会产生某种程度的排他性"（盖奥尔格·齐美尔，2002）。在学术文献研究中，关于排他性的解释虽然较多，但本研究所言的排他性更倾向集中于一种物品具有可以阻止其他人使用该物品的特性，或指特定客体上的利益只能由特定权利人排他地实现，即任何其他人均被排除于该客体利益的实现可能之外。笼统地讲，物权、人身权等均具备排他性。排他性的本质其实就是一种区隔，这种区隔导致了空间占有的不平衡性。因此，化解这种排他性，需要从理论和实践方面加以行动。

推动空间转向的进展是理论和实践领域的共同期待，因为空间的战略性前景拓展了过去没有被充分发现的研究领域。反过来，许多值得关注的研究者为此作了许多努力，为走向一种新的空间意识提供了理论指导，这也为开拓新思路和改进空间走向新平衡提供了参考。在此方面，一些研究者提出了自己的看法。米歇尔·福柯认为："社会是通过空间来管制社会，在这个社会里，埋伏着自动而匿名的权力"（汪民安，2006b）。戴维·哈维则直接将资本主义的经济发展和空间的改造联系起来，指出空间组织和结构是资本生产的需要和产物（Harvey，1982）。爱德华·苏贾提出了自己的看法，认为"在空间生产中，权力的实现必须面对权力的力量，但这并非对抗权力，可以重塑权力"（爱德华·W. 苏贾，2004）。

除此之外，在一些新社会文化地理学者看来，权力结构中的统治阶层需要通过社会文化意义来维持既有的社会关系，而底层社群亦需要通过意义和价值的系统来适应、协商，甚至抵抗生存现状（Williams，1958、1977）。例如，具有唯物主义文化观的爱德华·帕尔默·汤普森（Edward Palmer Thompson）认为，底层阶级具有其积极的文化意识与身份认同，其内部形成并共享的激进主义、阶级团结、集体主义、互相扶助等文化形式或文化价值，都体现了工人阶级自我塑造的能动性，是对资本主义生产关系与社会关系的响应（E. P. 汤普森，2013）。这表明，研究者在微观层面也开始关注群体如何通过日常生活实践来建构文化意义，并以此表达或实现一定的诉求。这一策略采取的是一种和宏观制度及结构视角不一样的看法，认为空间问题除了生产方式和基本矛盾等深层次社会力量作用之外，底层空间的社会实践、参与、建构，甚至抗争，也是重构平衡空间的必要环节和动力因素。

上述典型论述极大地拓展了我们对空间及其解放认识的视域，也使我们更加明确：空间不仅仅是物质容器，可以被当作商品进行生产，过程可能弥漫着权力关系和博弈过程，但空间的生产同时也是底层"实践和生态"的结合。这些论述给我们重要启发，如同空间和时间的关系一样，空间中不同尺度的社会性和空间性彼此推动，互为因果，从而辩证性地融合在一起。基于这样的认知，本研究认为，在宏观与微观视角结合中，厘清社会空间排斥、社会空间驱逐、社会空间重塑之间的复杂关系，这是匡正或引导案例地江南社区型文化古镇旅游空间生产管理从排他性现象到空间平衡生产的弥合模式（图5—1）。

在此模式中，本研究将周庄、西塘、乌镇、南浔、角直、朱家角江南社区型文化古镇空间生产与空间共享之间的路径解析为三种模型，即：①从古镇原生（生活）空间→古镇（生活）空间共享。在此模式中，空间主体之权力及权利基本具有一贯性；②从古镇（生活）空间生产→古镇（生活）空间占有→古镇（生活）空间共享。在此模式中，空间部分主体之权力及权利基本具有一贯性；③从古镇原生（生活）空间→古镇（生活）空间生产→古镇（生活）空间排斥→日常（生活）空间驱逐→空间的价值认知、耦合和治理→日常（生活）空间重塑→古镇（生活）空间占有→古镇（生活）空间共享。在此模式中，空间主体之权力及权利的获取，需要通过价值认知、价值耦合和治理，重塑空间生产关系及空间形态，以此占有空间，并实现空间共享。

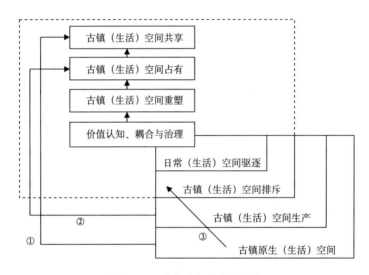

图 5—1　弥合分裂的解释框架

从本质上讲，弥合分裂的解释框架探讨的重心，是倡导一种新的空间实践方式，即实现价值是空间由被支配到被取用的转向方式，这意味着将空间使用置于空间交换之上。其核心理念正如列斐伏尔认为的那样，社会主义空间生产是使用价值具有优先性的生产，在此空间形态实践中，是探索克服工作空间、生活空间与商品空间之间的区隔或分离的有益尝试，有助于日常生活空间的转向，也有助于以社会而非其他方式来定义未来空间的发展。

第二节　江南社区型文化古镇空间价值结构与治理

一、空间的价值结构认知

在全球化、流动性和中国市场经济影响下，周庄、西塘、乌镇、南浔、角直、朱家角江南社区型文化古镇受到了以旅游产业为媒介的资本、权力等政治经济要素对古镇空间的塑造，古镇因此被重组进类似形象拼贴的功能网络中，新形态古镇空间以"保持外形样态、重新包装内容"为特征，以形式上"再地方化"和内容上"去地方化"的空间生产与形塑，在导致古镇物理—地理空间商品化、社会化和复杂化的同时，也使现代或后现代为主体的异质文化重新对传统空间进行了再造，这一变化在一定程度上削弱了古镇原生空间地理本性和地方性的存在。

空间平衡生产需要对空间结构价值有新的认知，空间结构的价值认知需要回到空间本身。20 世纪 80 年代以前，无论从物理—地理空间、经济—社会空间观察，还是从文化—心理空间审视，周庄、西塘、乌镇、南浔、角直、朱家角江南社区型文化古镇，均凸显出了鲜明的地方性和社区性。1881 年，德国学者斐迪南·滕尼斯在提出"社区"概念时认为，社区是由自然意志形成的，具有特殊的"本质意志"，属于以熟悉、同情、信任和社会粘着为特征的社会共同体组织。作为具有鲜明社区特点的江南社区型文化古镇，奠定了其本质属性也具有鲜明的社区内涵。但是，事实证明，20 世纪 80 年代以来，周庄、西塘、乌镇、南浔、角直、朱家角江南社区型文化古镇在陆续开发旅游产业以来，人们对古镇社区的本质，以及对如何合理利用社区的认识，始终存在结构性理解。大体上来说，不同主体针对古镇物理—地理空间出现资本的空间化形态，社会—经济空间非共同体化、联结的业缘化、流动性的增强、主体泛化下功能和交往的社会性，以及文化—心理空间出现混合嵌套并存结构现象表现出了不一样的认知倾向。空间主导者、原住民、社会精英、游客等不同主体，也表现出了主客不同的认同边界。归纳起来大致可分为三种类型：一是基于人本主义的认知，包括原住民、社会精英和部分游客，侧重主观性构建的内生认同；另一种是基于结构主义的认知，包括空间开发主导者、开发商和另一部分游客，认同不具有领域性，更侧重从一种再生产的视角观察问题，强调以过程和建构为主；还有一类属于以"价值认同，情感不认同"和"价值不认同，情感认同"为特征的"中间型"认同建构。从深层次角度分析，不同的认同倾向凸显出了不同群体对空间生产真实的空间价值安置观，产生差异主要是各主体基于自身利益、社会情感、地方性、主体性等因素所致。由此可见，认同的本质是个体对地方作为社会角色的自我及空间价值的感知，这种感知对地方的建构和传播起着重要作用。

从本研究得出的结论看来，在周庄、西塘、乌镇、南浔、角直、朱家角江南社区型文化古镇原住民空间认知方面，也出现了"不要无感增长，需要有感发展"的倾向，这应该引起高度重视。从根本上分析，出现这一结果是旅游发展中采用旧式现代性的必然产物，实质反映了旅游开发的成果能否反馈于原住民，并能否共同分享的问题。长期的"无感增长"会使古镇社区原住民感觉到无法分享旅游开发带来的成果，由此会削弱原住民对旅游开发的认同感和信任感，并带来负的旅游开发效应和社会效应，最终造成旅游开发和空间发展的不可持续性。

基于对空间的价值结构认知分析得出的事实表明，周庄、西塘、乌镇、南浔、角直、朱家角江南社区型文化古镇旅游空间生产还改变了社区的生活形态、原住民的生活习惯、经济活动和空间消费等行为，这自然更需要引起我们反思。消费主义与工具理性接管的旅游空间生产使古镇在商品化、同质的空间中异化为符号性存在，资本、权力等对古镇社区社会内部结构和外部结构进行重新塑造的同时，也使弱势原住民的空间权益被挤占，致使社区空间内出现不同以往的"区隔现象"和"中心—边缘"问题。在此背景下，基于市场的空间生产和再分配特征形成了新的社区社会纽带，随之而来的是传统价值观、文化基因、地方感，以及地方性在与现代中西方价值观混杂中也失去了优势。在旅游开发过程中，模式的本质是权力及权力主导下的利益网络，而权力网络中力的均衡程度往往决定着开发的方向和结果，这本质上指向了谁是空间的主体，谁是空间的客体。探讨并反思周庄、西塘、乌镇、南浔、角直、朱家角江南社区型文化古镇旅游空间实践与空间生产以及背后的运作机制，给我们提出了如何更加充分而有效地发挥传统资源的文化价值，如何形成包括古镇原住民在内的主体间良性互动与空间多赢的诸多问题，这也使我们认识到，均衡而非失衡是空间实现正义的根本，也是古镇旅游空间生产最应该提倡的基本逻辑。

二、空间的价值结构耦合

厘清空间价值结构的认知对实现空间价值结构耦合大有裨益，实现空间价值结构耦合需要厘清社会经济思想对不同尺度空间结构的塑造和影响。20世纪70年代中期以来，主张在新的历史时期维护个人自由，调解社会矛盾，维护自由竞争的新自由主义，对全球空间结构塑造具有重大影响。新自由主义的实质和核心宣扬资本主义和市场自由的普遍性，反对社会主义，维护资本主义私有制度，实质上是撇开人们的社会属性和在生产关系中的地位不谈，脱离经济基础和上层建筑，制造一种抽象的"理想市场"作为理论前提。新自由主义认为，市场的自动调节是最优越和最完善的机制，通过市场进行自由竞争，是实现资源最佳配置和实现充分就业的唯一途径。世界经济的工业化和新后福特主义改革所释放出的巨量增长和创新效应，在很大程度上推动了全球城市地区经济基础的发展。中国对新自由主义的政治经济思想进行的探索性实践，叠加中国政治经济体制和官员晋升模式，形成了具有中国式的混合型新自由主义实践模式，这使得现实空间不仅具有了生产性，同时还具有深刻的政治性。

事实上，周庄、西塘、乌镇、南浔、角直、朱家角江南社区型文化古镇旅游空间实践在小尺度上也受到了全球和国家社会经济过程的影响。一些研究也表明，在"政府用行政命令手段代替市场机制"的时代语境中，作为弱势主体的原住民权利常常存在"灭失现象"。"权利灭失"是权利所有人对权利的放弃，或权利从属的本体的消失导致的权利灭失，而权利灭失的原因之一是"权利具有从属性"（陈红岩、尹奎杰，2012a）。基于上述探讨和现实观察，本研究认为，周庄、西塘、乌镇、南浔、角直、朱家角江南社区型文化古镇空间生产权利的缺失与权力固化存在复杂关系，"权利灭失"也可能是因强权力作用于弱权力的结果，这本质上涉及空间民权的可进入性问题。在对空间正义的理论探讨方面，大卫•休谟（David Hume）认为："正义是一种尊重财产权的人为美德"（何建华，2004）。约翰•博德利•罗尔斯（John Bordley Rawls）认为："正义就是公平，并且通过合理的制度安排，使所有社会价值——自由和机会、收入和财富、自尊的基础都要平等分配"（约翰•罗尔斯，1988）。在罗伯特•诺奇克（Robert Nozick）看来："任何他人和团体都不能以任何理由侵犯个人的权利，即使这种侵犯是为了较大的社会利益"（罗伯特•诺奇克，2008）。这些观点的本质内涵揭示了"正义在于坚持人的权利"。实际上，在一些发达国家，政治哲学认同的正义思想也主要是在自由权优先下平等优先于效率和福利。从以上典型论述可以看出，在正义论的讨论中，关于时空关系的理念认为，社会平等、自由、公正的关系会随着社会发展的张力发生变化，现代人本社会的发展就是要由重视空间权利、空间平等向尊重社会公正方向演进。公正理念的建构是社会良性运行的基本前提，社会的供给价值必须和空间供给价值耦合。这些观点在中国学术界也得到了认可，一些研究者也认为："现代意义上的社会公正，基本理念集中体现了以人为本、自由、平等的价值取向，一是要让全体社会成员共享社会发展成果，二是要为每个社会成员的自由发展提供平等、充分的机会"（吴忠民，2012）。不难看出，研究者对空间正义的论述，在本质上也反映了人们对权力和权利问题的深刻反思，对空间平衡生产的关注凸显了以公众为本位的空间权利正义，体现了空间科学发展观的必然要求。

　　基于此，本研究得出这样的结论性认知，案例地古镇空间生产不能只注重经济效率，还应顾及空间平衡与空间正义问题。空间正义的探索为空间权利的获取提供了理论基础。一般来讲，空间权利是一种"参与空间实践的可能性和程度"。空间权利包括应当享有的"应然权利"和实际享有的"实然权利"两方面（陈红岩、尹奎杰，2012b）。空间权利又是一个递进概念，由空间权能和空间权益叠加复合组成。回到案例地江南社区型文化古镇旅游开发现实中，可以这样认为，"旅游空间生产权能"是"旅游空间生产权利"的要素和具体内容，"旅游空间生产权能"的实现有利于（并非必然）"旅游空间生产权益"的实现，"权能"和"权益"的实现构成了"旅游空间生产权利"实现的基础。古镇原住民既是社会阶层的重要组成部分，也是社区主人，理应享有旅游空间生产中经济、社会、文化、公民和政治等权利。

实现周庄、西塘、乌镇、南浔、甪直、朱家角江南社区型文化古镇空间价值的结构耦合和空间平衡生产，应该坚持空间的公正性、空间的可进入性和空间价值性的统一，这是古镇空间实践中物理—地理空间、经济—社会空间、文化—心理空间理性治理和公正性治理的主要基础。

三、空间结构的公正治理

马克思主义认为，人类的一切诉求是人类由自我意识向意识自我的演进以及生产方式的进步。把空间正义作为制度性规范和规则，而不是作为一种道德意识，是马克思主义思考正义和权利问题的重要视角，也是他对特定正义和权利实现条件现实性关怀的表达。斐迪南·滕尼斯在回答"我们是什么，我们在哪里，我们是什么时候来到这里，我们将要到哪里去"时认为，具有相同习俗和价值观念的共同体的核心是感知、联结、意志和效能。在海德格尔那里，倡导作为居和根的家园的地方建设，应该摆脱技术合理化和资本积累的渗透和控制，以恢复人们对地方的忠诚。事实上，我们在对西方马克思主义学者关于资本主义社会再生产研究的知识考察中，也会发现无论是格奥尔格·卢卡奇（Ceorg Lukacs）、安东尼奥·葛兰西（Antonio Gramsci）、列斐伏尔、尤尔根·哈贝马斯（Jürgen Habermas）、路易斯·阿尔都塞（Louis Althusser），还是马克斯·霍克海默（Max Horkheimer）等人，都不主张仅仅将传统范式和技术路线作为可供参照的指南（衣俊卿，2012）。在周庄、西塘、乌镇、南浔、甪直、朱家角江南社区型文化古镇的空间实践中，社区型文化古镇之内涵不在于基于文化景观价值之上的达尔文主义的空间竞争，而在于其文化基因、优秀制度的传承和社区包容性发展（Harvey，1996）。也就是说，社区生存发展逻辑和空间生产的历史逻辑具有内在统一性，该如何自治，不取决于不平衡的空间实践模式和过度沉迷于消费主义文化，而要看旅游作为日常生活新方式是否能有效融入空间实践的社会、经济、文化和政治等多维度，以及能否将其内嵌于空间平衡生产过程之中。基于此，江南社区型文化古镇的旅游空间实践，应该基于古镇社区发展的历史，并有效兼顾社区发展现实，这不仅是一个涉及旅游空间实践中工具理性和价值理性统一的问题，而且也是关涉旅游空间生产的伦理性问题。

　　正如前面所言，空间价值结构的耦合是空间结构公正治理的重要基础。那么，在现实操作中如何实现空间结构的公正治理呢？约翰·博德利·罗尔斯、亚里士多德，以及马克思主义哲学家等众多研究者认为："保护权利、维持正义是政府的基本责任，政府可通过合理规划空间，或以恰当的公共政策引导等实现空间正义"（钱玉英、钱振明，2012）。问题的关键是，在"政府主导"占空间主流治理框架下，如何保证政府政策"免于偏颇"？在此方面，亚里士多德认为："防止政治行为偏向，那就是相互制约"（亚里士多德，1965）。米歇尔·福柯的思想或许可以给我们进一步启发，在他看来："权力具有无主体性、不稳定性和流动性，是一个无中心的网络，社会与知识（各种知识、话语、真理、规范等）结盟、提取、占用、分配或保存，通过'对权力的抵抗'，生产出自身运作的逻辑和图式"（米歇尔·福柯，1997）。这说明权力虽然可以制约权利，但也并非永远按照"强—弱"逻辑进行运作，权力本质的虚无性给弱势主体实现权利提供了可能性。这一观点说明，空间既不是一个起点，也不是一个终点，权力实施者越多，权力效能将体现得越充分，动态性创造出新的权力的"场力结构"关系，便能更加显示"自我"。此外，不同模式之下空间实践的空间生产力和生产权能存在显著差异，如何兼顾二者之间的张力？如何在此背景下实现空间价值的耦合？这一系列问题对研究和实践提出了更深入的思考。

　　在周庄、西塘、乌镇、南浔、甪直、朱家角江南社区型文化古镇旅游空间生产实践中，旅游空间生产方式决定着社区空间实践模式及其"空间再现"的形态，旅游空间生产的终极指向，应该强调空间正义与生态弥合，在空间资源、空间产品、空间占有和空间分配方面需要合理利用和协调，这是社区型文化遗产地旅游开发应该引起的关注点。本研究认为，空间结构价值耦合是空间和谐的基础，周庄、西塘、乌镇、南浔、角直、朱家角江南社区型文化古镇空间的价值结构耦合需要关注如下要点：

其一，需要基于空间和谐理念和人地关系协同发展的导向，推动江南社区型文化古镇旅游开发中"社会—空间"辩证研究的进展，并在已有理论成果的基础上，采用"社会—空间"系统论观点，探索新的空间结构价值导向。

其二，聚焦空间结构的人本价值，将古镇旅游开发中的社会平等与空间公正结构的探索，纳入到以利益主体为行为导向的社会行为中，最大效益呈现空间网络和谐，最终达到古镇旅游开发的社会发展功能。基于此，应该倡导"差异正义"原则，在平等性作为首要伦理诉求的基础上，协同空间实践的"平等正义观"和"差异正义观"，同时兼顾古镇旅游空间生产的效率和公平。

其三，在空间的指引性层面，应建构各利益主体具有平等、存在感和获得感的空间平衡生产结构，以期指导古镇未来旅游空间生产，化解空间矛盾，实现古镇空间的平衡性生产。

第三节　江南社区型文化古镇空间的权利与共享

一、空间生产的需求导向

在周庄、西塘、乌镇、南浔、角直、朱家角江南社区型文化古镇，旅游空间生产是古镇经济社会发展的重要来源，新空间价值耦合与空间治理也关系着新空间关系的建立，这是本研究倡导的旅游空间实践的历史—地理唯物主义范式观点之一。如果周庄、西塘、乌镇、南浔、角直、朱家角江南社区型文化古镇旅游开发与空间生产依托的是以古镇物理—地理空间为基础的不动产的动产化，在新的古镇空间权利塑造过程中，要求建立空间生产与各利益相关者之间的积极联系，古镇空间生产从获得空间交换价值，转变为服务于空间的使用价值，这一过程体现了使用价值的空间生产关系是一种社会主义性质的新的空间生产关系。

纵观历史过程，周庄、西塘、乌镇、南浔、甪直、朱家角江南社区型文化古镇空间从相对"封闭空间"到"流动空间"，再到"社会空间"生产，经历了基于地方性的旅游凝视、以政府为主导模式的社区改造与资本介入，以及资本与异质文化对新空间跟进等多重不同性质的旅游空间实践过程。这一过程因旅游的逐步介入充溢着各种意识形态和社会生产关系，承载着旅游空间中社会关系的空间抽象为单纯的符号性存在，是一个针对社区社会关系重组与秩序的建构过程，本质上是古镇社会空间关系的再生产，其逻辑背后潜藏的是经济和国家控制下的系统，渗透到传统生活世界的象征性再生产。案例地江南社区型文化古镇日常生活空间生产的需求导向，就是要校正古镇空间生产的目的，使空间生产回归使用价值的创造。

周庄、西塘、乌镇、南浔、甪直、朱家角江南社区型文化古镇空间生产的需求导向，需要在空间的平衡度上作出纠正性尝试。从某种程度上讲，以系统性和科学性相对缺失的制度为背景，以国内生产总值（GDP）增速作为长期价值导向的古镇空间实践，自然会发生空间发展的不平衡问题，出现一部分人对另一部分人空间权益的挤占，被排斥的人群成为社会边缘者和弱势群体。在此方面，塞缪尔·亨廷顿（Samuel Huntington）在研究中也认为，政治发展与经济发展是矛盾的对立统一体（塞缪尔·亨廷顿，2008）。一方面，经济发展会提高社会满足人们期望的能力，减少社会挫折感和政治动乱；另一方面，经济发展也为不安定的产生提供必要条件，以更快的节奏增加着人们的社会挫折感。从本质上讲，周庄、西塘、乌镇、南浔、甪直、朱家角江南社区型文化古镇空间生产正符合了上述逻辑，在此过程中也体现了古镇的"去空间化"和"去地方化"，"再空间化"和"再地方化"，"占有空间并生产出相应空间形态"等生产特征。古镇空间实践之所以受到批判，乃是由于其具有这样的价值预设：经济增长能够自动实现生活水平的提高、平等的扩大和社会的进步。也就是说，经济增长变成了社会进步与政治发展的先决条件。从现实空间实践审视，这恰恰也是案例地江南社区型文化古镇旅游空间生产需要作出的批判。

二、生产关系与空间权利

列斐伏尔认为，物理—地理空间的变迁只是一种表象，背后隐藏着复杂的社会权力和社会关系，空间生产方式的历史变化是权力关系推动的结果，空间不是空的，而是真正充斥着各种意识形态的产物，是带有意图和目的、被策略性和政治性地生产出来的。在空间生产过程中，空间和空间组织表现为各种社会关系，但反过来又会作用于这些社会关系，存在着一种基本的双向辩证关系。

空间生产关系与空间权利之间存在着辩证关系。在此有必要先厘清生产力、生产关系的基本内涵。按照唯物史观的基本原理，生产力是最活跃最革命的因素，是社会发展的最终决定力量。生产力与生产关系、经济基础与上层建筑的矛盾，构成社会的基本矛盾。这个基本矛盾的运动，决定着社会性质的变化和社会经济政治文化的发展方向。生产关系是生产力发展的社会条件，生产关系的具体形式必须适应生产力发展的要求。一般认为，狭义的生产关系是指人们在直接生产过程中结成的相互关系，包括生产资料所有制关系、生产中人与人的关系和产品分配关系。广义的生产关系是指人们在再生产的过程中结成的相互关系，包括生产、分配、交换和消费等诸多关系在内的生产关系体系。从周庄、西塘、乌镇、南浔、甪直、朱家角江南社区型文化古镇日常生活空间生产实践过程和结果来看，空间生产的不正义正是根源于资本主义式的生产方式。反过来，案例地古镇空间生产过程在面对权力、资本、文化等外力因素时，往往倾向于基于政治及经济利益等目的进行开发，政府主导在目前阶段仍然是以经济发展为导向，注重经济发展的数量，这说明特殊空间生产主体的主导，使古镇空间格局发生重构，空间变迁和重构并非一个均质化的过程。这也说明，在某种程度上，生产关系是空间权利获取程度的重要因素，空间权利的获取也同样会因为空间生产关系的固化而固化。

空间权利的获取与空间生产关系存在一定的内在联系，空间生产方式的调适有利于空间权利的获取。那么，如何抵抗不平衡的空间生产方式？历史上从马克思到戴维·哈维等人，都提供了无数路径和可能的回答。受后现代主义影响，人们更倾向抛弃传统的阶级思维和斗争理论作为一种宏大叙事，而是主张以宏观制度与结构视角，以及权力抗争取而代之，或以多中心的文化抗争和基层认同与民主建构，对资本异化进行反抗，这被认为是对传统阶级政治的替代方案，也对现实空间权利提供了重要启示。

从更深层次角度透视，全球化和地方化背景下的江南社区型文化古镇社区空间生产关系，确实也存在于复杂的空间资本、权力结构之中。本研究认为，在中国现行政治经济制度和当下社会发展转型时期，周庄、西塘、乌镇、南浔、角直、朱家角江南社区型文化古镇空间权利的获取，可以通过空间旅游权能建设的获取作为切入点，实现古镇空间平衡生产和可持续生产。空间旅游权能建设，是一个事关古镇社区整体权能建设能否有效实现的大问题，也是新型特色小镇建设绕不开的课题，这就有必要超越理论层面上的呼吁，站在古镇社区整体发展制高点来理性思考，建设与社区发展阶段相吻合，且有利于旅游权能和社区整体权能协同发展的模式。在这些古镇社区，一个基本事实是社区旅游与社区构建互为因果，谁掌握了社区旅游发展的主导权，谁就基本上掌控了社区权能建设的主导权，把权能建设通过社会合力，引入周庄、西塘、乌镇、南浔、角直、朱家角江南社区型文化古镇旅游地理空间实践可持续发展分析之中，将为我们探索江南社区型文化古镇社区参与、空间平衡生产的有效途径、空间转型升级以及古镇综合建设提供一个全新的理论视角和突破口，这一具有人文关怀的新思想应该成为社会广泛支持的支撑性理据。

三、空间实践与空间共享

对空间权利实践的争取一直是理论研究的焦点。在理论界，国外学者总结了旅游发展以及旅游主客体相互作用对社会文化的影响（Brunt and Courtney，1999），认为只有充分考虑旅游地传统文化，以及历史发展过程中的各种社会关系，才能更好地把握社会经济文化方面的运作（Kneafsey，2001）。有研究表明，原住民对旅游发展带来的损益度影响着对旅游发展的支持度（Dogan *et al.*，2002）。也有研究表明，旅游文化商业化对传统文化和空间具有影响（Medsn，2003）。一些研究者认为，文化身份脆弱性的社会建构和旅游影响的空间分异应该引起重视（姜辽、苏勤，2014；李东和等，2007）。了解社区历史和结构有助于更好地理解社区如何适应并参与管理旅游发展（Horn and Simmons，2002），协同管理更是社区型文化遗产地发展的重要途径（Cochrane，2008）。少部分文献结合古镇出现的社会性空间问题进行了探索，内容主要为呼吁旅游规划和空间生产的本土化（李琼，2009）、新空间需求和转型问题以及空间生产的理论构建（郭文等，2012）等。这些研究为调适流动性和旅游背景下周庄、西塘、乌镇、南浔、甪直、朱家角江南社区型文化古镇空间生产及旅游空间实践的包容性发展和平衡发展提供了实践参考。

普遍认为，空间平衡生产和社会包容性发展，关乎社区原住民平等的权利和价值。从本研究分析结果可以看出，周庄、西塘、乌镇、南浔、甪直、朱家角江南社区型文化古镇空间生产，致使原住民在社区就业结构、社区整合程度和社区空间等方面出现"融入欠缺"，可见提升空间包容量应成为需要关注的内容。在理论上，"空间平衡生产""包容性发展"都是两个基于行动导向的概念，它是在"广泛基础的增长"（broad-based growth）、"对穷人友善的增长"（the growth friendly to the poor）以及"共享式增长"（public-benificial growth）等概念的基础上，完善和发展而形成的经济发展主题。与之前的经济发展概念不同，空间平衡生产和包容性发展理念是一种新的空间实践哲学，强调经济发展要普惠穷困群体，重视共享经济成果，把发展的概念扩张到整个社会经济体制的转型和重构中。江南社区型文化古镇旅游空间实践的"平衡生产""包容性发展"导向，必须强调"参与"和"共享"，而且必须是在空间生产与消费者之间，探索社区整合的关联中才能够"参与"和"共享"，这样古镇社区旅游开发才具有空间的积极意义。

第四节　江南社区型文化古镇旅游空间生产的治理措施

在上述新的空间哲学理念导向下，提升周庄、西塘、乌镇、南浔、甪直、朱家角江南社区型文化古镇旅游空间平衡生产、包容性发展和可持续发展，应该在制度政策支持、体制机制、价值的空间安置、利益协调机制和权能建设等方面，重塑古镇空间的生产治理措施。

一、构建并强化江南古镇社区差异空间正义制度基础和政策支持

空间正义是衡量一个国家或社会文明发展的重要标准，其思想有非常深厚的历史底蕴，但从严格意义上是直到最近十几年才被作为专门术语进行讨论，在旅游研究和实践领域则是近几年才有零零星星的文献涉及于此。虽然每个人对空间正义的解读存在差异，但可以肯定的是，对空间不同角度的理解，就会形成不同的空间正义概念。可以说，在人类历史上，有什么样的空间正义观，就会产生什么样的空间实践观，空间正义观与空间实践观密不可分。在人类发展史上，"正义"曾经获得过许多人的赞美。柏拉图（Plato）的正义观，强调的是一种美德（柏拉图，2003）。在当代西方，约翰·博德利·罗尔斯认为："正义就是公平，并且通过合理的制度安排，使所有社会价值——自由和机会、收入和财富、自尊——的基础都要平等分配"（约翰·罗尔斯，

1988）。在罗伯特·诺奇克看来："任何他人和团体都不能以任何理由侵犯个人的权利，即使这种侵犯是为了较大的社会利益"（罗伯特·诺奇克，2008）。这些观点的本质内涵，揭示了"正义在于坚持人的权利"。在政治哲学研究中，和谐合理的社会关系的价值追求和制度安排又是关注度较高的两个探讨维度。很显然，空间正义具有多重面向。

　　本研究认为，在社会建设和发展过程中，空间正义是一种社会空间正义，必须落实到社会空间或者空间生产实践的语境中才能得到正确解释。从主体性视角出发，空间正义就是一种符合主体伦理精神的空间形态和空间关系，为此应该关注主体的发展问题。在中国国情背景下，政府具有强大的政治权力，作为与之对应的外界力量的民众参与和社会监督，仍然需要得到更大的发挥空间，缺乏相应的制衡力量在某种程度上等于缺乏空间价值观安置的制衡力量。在经济发展哲学指导理念上，古镇旅游空间化实践中政府"企业化"倾向与资本的联姻，不仅是空间生产力提升的原因，也是差异地理产生的主要原因。在新的古镇空间权利塑造过程中，如前所述，要求建立空间生产与各利益相关者之间的积极联系，古镇空间生产从获得空间交换价值，转变为服务于空间的使用价值，这就要求思考逐步建立起一种以差异正义和公正为价值取向的制度和政策支持体系，提倡具有"善"的与"浪漫地理"的空间价值安置观，兼顾"平等的正义"和"差异的正义"，以此制约周庄、西塘、乌镇、南浔、角直、朱家角江南社区型文化古镇在旅游空间生产中，旅游资本、权力、权利等造成的差异空间之间的冲突，协同并融合利益相关者的不同价值取向，实现古镇空间的平衡生产。

二、重构适合古镇社区旅游权能与社区权能协同发展的体制机制

　　从本研究结论中不得不承认这样的事实，在全球化和现代性语境下，周庄、西塘、乌镇、南浔、角直、朱家角江南社区型文化古镇旅游空间实践，在享有日益扩大空间体量的同时，也建立了一个不断自我生产和膨胀的社会复杂体系。相对于理论式的概念而言，周庄、西塘、乌镇、南浔、角直、朱

家角江南社区型文化古镇旅游地理空间实践在进入复杂化后，就不再是一个抽象的物理—地理空间，而是具有了非常丰富的社会空间属性，这使诸如旅游社会文化异化、旅游空间非均衡发展、旅游社会经济空间区隔等问题，成为阻碍古镇空间平衡生产和可持续发展的因素。这就需要在根本上调适古镇旅游空间生产的体制机制，重塑能适应市场应变能力和兼顾古镇内涵式发展，而非单纯以旅游经济增长为发展动力的模式。

实践和研究表明，体制机制的重构是一个寻求适合本地发展的过程。制度的创新必须建立在全面研究古镇社区态势和尊重现实科学规律的基础上。从古镇旅游空间实践模式观察，周庄、西塘、乌镇、南浔、角直、朱家角江南社区型文化古镇社区权能建设的转型升级，依靠任何一方力量都较难现实，在更多的情况下取决于包括政府、开发商和社区等关系的合力，或社区和外界力量之间的政治博弈和权力较量。据此，有必要探索一条旅游开发和权能建设的创新之路，现阶段可由政府、企业、社区和社会形成空间平衡生产的协商机制，特别突出政府在政策法规制定、桥梁搭建、协调干预等方面的有限引导，由多方共同推动并解决权能建设中"空间效率"与"空间公平正义"的统筹问题。

三、通过价值安置和空间整理实现古镇社区社会空间的平衡生产

价值安置是空间价值在具体空间中的落实。周庄、西塘、乌镇、南浔、角直、朱家角江南社区型文化古镇社区的集约化开发，是提高古镇空间生产效率和社区权能建设的重要切入点。在周庄、西塘、乌镇、南浔、角直、朱家角江南社区型文化古镇中，目前权能建设进程存在的突出问题，在于如何使社区空间在总收益增长的基础上更多地倾向于原住民方，改变权能建设的不平衡地理现象，以及从目前存在偏向经济权能建设现状，向其他权能建设层面逐步转移。据此，可以引导古镇旅游空间实践建立一个包容性发展的范式，从而进入弱势他者的社会文化世界。空间道德观的冲突，实质是"我者"与"他者"对特定地方（place）的认识不同。这种不同并非仅仅是"家园"

和"旅游地"的功能差别，更为本质的差别是不同群体的空间道德和文化差异（周尚意，2017）。没有价值实践的合理注入，空间道德的实践将很难实现。

空间价值的安置，需要具有切实可行的空间载体。本研究认为，零碎的空间（要素）利用，往往造就低级别的古镇社区旅游开发，而基于古镇空间要素整理基础上的参与式或协作式规划，这比基于行政力量参与更具有操作性和持续性。在新政策和新形势背景下，实现古镇社区空间集约化开发，是古镇社区走向现代化和可持续化的根本。江南社区型文化古镇旅游空间的实践整理，需要有以空间正义为基础的价值安置，更需要古镇原住民自身力量在空间中的发挥，以此实现"自上而下"的主体参与和自我管理的空间融入，基层原住民平等地参与到古镇旅游空间生产过程是古镇空间效益能否普惠的基础。正如戴维•哈维所言："空间生产的过程，需要有民众积极的空间参与"（Harvey，1992）。这本身即为空间道德的实践体现。空间要素的整理和集约化开发，尤其是针对古镇弱势原住民群体空间的利益关照，是空间价值安置理念在古镇旅游开发中的具体体现，也是优化古镇空间权能结构，提高古镇社区空间实践水平，促进古镇平衡生产的具体保障。

四、以利益让渡形式逐步形成社区旅游合作方利益分配协调机制

在周庄、西塘、乌镇、南浔、角直、朱家角江南社区型文化古镇旅游空间平衡生产决策过程中，确保利益分配的公正性，事关古镇空间生产和再生产的公共过程，除一般意义上所讲的决策程序和内容集体参与外，更重要的是需要深入古镇具体空间生产内部，找到空间权益分配的关键问题所在。江南社区型文化古镇旅游空间生产权能，是一个涉及主体权力结构、权力行为和权益结果的系统性概念。在此结构体系中，权能的实现有利于（并非必然）权益的实现，权利的实现又更多依靠充当与某种生产关系相联系的角色来保障，只有理解权力、资本等要素对旅游目的地及日常空间的操纵方式，才能探寻反抗和改变现实的可能性力量。如果没有资本关系再生产以及资本社会关系再生产的重塑，就不可能找到旅游发展目的之"使用"对"交换"替代

的真正落脚点。在具体实践中，那些坚持通过经验主义或者实证主义范式等逻辑进行的干预或调节，更容易使"旅游地危机"陷入概念框架的抽象意念中，在方法论和方法上不可能为古镇旅游空间平衡生产和可持续发展提供指导。

利益协调机制的建立，需要强化古镇旅游空间生产中原住民的社会经济保障措施。社会经济保障指向的是社会正义，离开这个根本前提，古镇社区原住民生存和发展的基本权利就无从保障，那样的社区也就不可能是一个高质量的旅游社区。古镇旅游空间生产如何使社区经济财富更加合理地发生转移，使古镇社区能够最大程度地共享成果，这应该成为未来关注的重要问题。在周庄、西塘、乌镇、南浔、甪直、朱家角江南社区型文化古镇旅游开发中，着眼解决并平衡利益相关者的利益关系是协同旅游权能建设和社区整体权能建设的关键。在古镇空间集约化开发中，可以将旅游经济利益分配和旅游生产要素利用有机结合，让生产要素在市场机制作用下自由流动与合理组合，以此形成古镇空间权益让渡机制；其次，应该发挥政府的协调作用，通过各方利益让渡，建立古镇社区旅游合作方利益分配协调机制，保证各利益主体获得的利益大于其合作成本，确保收益合理分配。其中，古镇社区原住民可以尝试在土地经营权方面探索更多机制，在租金和经营利益分享等方面形成保障体系。

五、提升原住民权能建设能力并增进旅游空间生产社会凝聚能力

从学理上分析，权能是权利的要素，是权利的具体内容，是权利的作用或实现方式，是权利人为实现其权利所体现的目的利益依法所能采取的手段，更是体现权利人意识支配力的方式。从本研究结论可以看出，周庄、西塘、乌镇、南浔、甪直、朱家角江南社区型文化古镇原住民对旅游空间生产的权能获取最为缺失，原住民参与古镇空间生产过程中形成的边缘化、半边缘化等状况，与其自身空间实践技能、旅游知识、管理能力等低下存在较大关系，这说明提升古镇原住民参与权能建设的能力，增进古镇旅游空间生产的社会

凝聚能力，是改善或优化古镇社区原住民参与旅游发展机会和改善地理不平衡的措施之一。一言以蔽之，社区原住民参与能力的提升是权能建设的有效保障。

周庄、西塘、乌镇、南浔、角直、朱家角江南社区型文化古镇空间生产的重塑，有必要加强原住民教育培训，更新原住民思想观念，培养与空间实践新模式相适应的新型社区原住民，增强原住民参与的主观能动意识；还可以在制度激励方面，通过新体制机制模式的运作，将强势力量和弱势力量均衡地安排在一个限制性框架内，解决古镇社区原住民信息不对称问题，增强古镇原住民话语权、自信心和对社区权能建设的认可感。从社会学角度讲，赋权的含义就是增能，它意味着使个体能够控制自己的生活，能够利用各种机会，增加空间权能的选择。包容性社区的营造，需要原住民在一定程度上自主或被赋予相应权能。周庄、西塘、乌镇、南浔、角直、朱家角江南社区型文化古镇空间生产发生的空间失范现象，从侧面反映了社区关系在何种程度上的整体性维系及其基本价值规范程度，如果古镇旅游空间生产凝聚力得不到增进，未来将会产生低质量的旅游社区空间。基于此，周庄、西塘、乌镇、南浔、角直、朱家角江南社区型文化古镇空间凝聚能力的增强，应该强调以团结为基础的集体认同和协调认同，强化基于共享价值和规范基础之上的社会空间关系。

结 束 语

在增长全球化和全球本土化语境下，人们在享有日益扩大和完善的生活环境的同时，传统"地方"也在流动性要素作用下建立了一个不断自我生产和膨胀的复杂社会体系。从空间视角切入，对江南社区型文化古镇空间生产与重塑的研究是为了回应传统"地方"遭遇的时代性问题。以往人们出于对时间的优先性偏爱而表现出对空间不经意的遮蔽和忽视，空间的实质被看作是刻板和静止的对象。这一理念在江南社区型文化古镇以往研究方面也得到了较好的印证，这使得学界针对江南社区型文化古镇的研究范式推进缓慢。源自西方人本主义新马克思主义"空间的生产"理论将马克思的社会历史辩证法翻转为历史辩证法的"空间化"，阐述了马克思主义政治经济学研究领域重要的理论进展，由于其直面这些问题的独特性和解释力度，成为最合适的分析工具。引介西方空间的生产理论，对市场经济语境下江南社区型文化古镇旅游空间实践，尤其是针对旅游空间实践出现的社会化问题进行解析，能够建起一座沟通"空间的生产"与"旅游空间生产"的桥梁，有效推进对江南社区型文化古镇旅游地理空间实践研究的深化。

在深入梳理空间思想和深刻分析空间内涵的基础上，本研究系统地创立了"旅游空间实践的历史—地理唯物主义"分析范式，并针对江南社区型文化古镇的特质，强调从物质动因出发来说明古镇空间形态的发展，把古镇物理—地理空间形态的发展，看作是古镇发展的基础动因，在此背景下再在生产关系和生产方式的矛盾中阐释古镇经济—社会、文化—心理空间形态的发展。这一分析范式的内涵可以表述为，在一定时间单元和外部条件下，旅游空间实践生产旅游社会空间，旅游社会空间制约旅游空间实践（旅游空间的社会化过程及其表现形式)。具体到本研究案例地,可以进一步认为,江南社区型文化古镇空间形态的生产,不仅需要时间和历史向度的阐释,也需要空间向度的阐明。没有时间,构不成历史和社会;没有空间,社会结构不能成立。从空间生产的本体论、认识论和发展论的视角,阐述"旅游社会空间是一定时期内旅游空间实践的产物"的观点,静态上体现江南社区型文化古镇原生空间及其旅游化实践空间结构和空间样态,动态上体现了江南古镇空间的重组与关系转换。相对于学术界以往对古镇的研究范式,新的范式是对江南社区型文化古镇空间生产正向作用的颂扬和反向作用批判的认识,以及重塑的操作工具。

在盛极流动性背景下,江南社区型文化古镇既可以是"空间",也可以是"地方"。空间是被实践的地方,地方是被表征的空间。地方边界的稳固性和空间的移动性之间的张力是地方与空间转换中的实践矛盾,也是未来思考如何重塑空间的重要切入点。江南社区型文化古镇新空间的生产在本质上意味着空间由"被支配"到"被使用"的转变,这是一种使用价值具有优先性的新型空间实践方式。基于此,江南社区型文化古镇空间生产的重塑就是要揭露空间资本化给人们日常生活和精神世界带来的困顿,一方面要利用资本促进旅游生产力的发展,另一方面要有效防止权力、资本对旅游空间实践的另类牵引。空间生产与重塑的指向是对空间生产权能的获取,空间生产权能是一个涉及主体权力结构、权力行为和权益结果的系统概念。在此结构体系中,权能的实现有利于(并非必然)权益的实现,权利的实现又更多依靠充当与某种生产关系相联系的角色来保障。从此角度讲,那些企图通过经验主义或者实证主义范式表现出的空间描述性阐释、逻辑性干预与调节,更容易使江南社区型文化古镇空间问题陷入概念框架的抽象意念中,甚至会更加隐蔽地掩饰现有空间关系以及问题根本所在,因此也不可能为江南社区型文化古镇未来空间生产与重塑提供理想的方案。只有深刻理解空间生产及其权能获取的运作逻辑,熟知权力、资本等要素对旅游目的地及日常生活空间的操纵方式,才能正确定位空间的道德和价值安置观,设立空间修复的体制机制,探寻改变现实的可能性力量,找到江南社区型文化古镇旅游发展目的之"使用"

对"交换"替代的真正落脚点。

1763 年，康德在其长文《论优美感和崇高感》中用寥寥数语表达道："美有两种，即崇高感和优美感。崇高感感动人，优美感迷醉人。一切真正的美，必须是既崇高而又优美，二者兼而有之，二者相颉颃而光辉。"康德透露出一种重要倾向，两者的结合不但需要审美，还需要道德和制度。重塑希望的空间，我们应该不断地培养并追求更高的美。

参考文献

Agarwal, S. and P. Brunt 2006. Social Exclusion and English Seaside Resorts. *Tourism Management*, Vol. 27, No. 4, pp. 654-670.

Akama, J. S. 1996. Western Environmental Values and Nature-based Tourism in Kenya. *Tourism Management*, Vol. 17, No. 8, pp. 567-574.

Arefi, M. 1999. Non-place and Placelessness as Narratives of Loss: Rethinking the Notion of Place. *Journal of Urban Design*, Vol. 4, No. 2, pp. 179-193.

Bălan, M. and C. Burghelea 2015. Rural Tourism and Its Implication in the Development of the Fundata Village. *Procedia-Social and Behavioral Sciences*, Vol. 188, pp. 276-281.

Bhabha, H. K. 1994. *The Location of Culture*. New York & London: Routledge.

Bondi, L. 2005. Making Connections and Thinking Through Emotions: Between Geography and Psychotherapy. *Transactions of the Institute of British Geographers*, Vol. 30, No. 4, pp. 433-448.

Brenner, N. and N. Theodore 2002. Cities and the Geographies of Actually Existing Neoliberalism. *Antipode*, Vol. 34, No. 3, pp. 349-379.

Brunt, P. and P. Courtney 1999. Host Perceptions of Sociocultural Impacts. *Annals of Tourism Research*, Vol. 26, No. 3, pp. 493-515.

Burchard, T., J. L. Grand and D. Piachaud 2002. Degrees of Exclusion: Developing a Dynamic Multidimensional Measure. In: Hils, J., J. L. Grand and D. Piachana, *Understanding Social Exclusion*. Oxford: Oxford University Press, pp. 30-43.

Burns, P. M. and M. M. Sancho 2003. Local Perceptions of Tourism Planning: The Case of Cuéllar, Spain. *Tourism Management*, Vol. 24, No. 3, pp. 331-339.

Casey, E. S. 2001. Between Geography and Philosophy: What Does it Mean to Be in the Place-world? *Annals of the Association of American Geographers*, Vol. 91, No. 4, pp. 683-693.

Castells, M. 1983. *The City and Grassroots*: *A Cross-Cultural Theory of Urban Social Movements*. London: Edward Arnold.

Castells, M. 1996. *The Rise of the Network Society*. Oxford: Blackwell.

Certeau, M. D. 1984. *The Practice of Everyday Life*. Berkeley, Los Angeles, London: University of California Press.

Cochrane, J. 2008. Tourism, Partnership and a Bunch of Old Fossils: Management for Tourism at the Jurassic Coast World Heritage Site. *Journal of Heritage Tourism*. Vol. 2, No. 3, pp. 156-167.

Cohen, E. 1972. Toward a Sociology of International Tourism. *Social Research*, Vol. 39, No. 1, pp. 164-182.

Cooke, P. 1989. *Localities: The Changing Face of Urban Britain*. London: Unwin Hyman.

Crang, M. 2009. Metholodogy. In: Gregory, D., R. Johnson and G. Pratt, *et al. The Dictionary of Human Geography (5th Edition)*. Oxford: Wiley-Blackwell.

Cresswell, T. 1996. *In Place/Out of Place: Geography, Ideology, and Transgression*. Minneapolis: University of Minnesota Press.

Davidson, J., L. Bondi and M. Smith 2005. *Emotional Geographies*. Burlington VT and Aldershot: Ashgate.

Dogan, G., C. Jurowski and M. Uysal 2002. Resident Attitudes: A Structural Modeling Approach. *Annals of Tourism Research*, Vol. 29, No. 1, pp. 79-105.

Dunae, K. and B. Blaine 2004. *The Brand Science Guide for Destination RFPs*. Brand Strategy, Inc.

Entwistle, J. 2000. *The Fashioned Body*. Cambridge: Polity.

Forman, R. T. T. 1995. Some General Principles of Landscape and Regional Ecology. *Landscape Ecology*, Vol. 10, No. 3, pp. 133-142.

Foucault, M. 1972. *The Archaeology of Knowledge & The Discourse on Language*. New York: Pantheon Books.

Foucault, M. 1980. Questions on Geography. In Gordon C. (ed.). *Power/Knowledge: Selected Interviews and Other Writings 1972–1977*. New York: Pantheon Books, pp. 66-77.

Galliano, S. J. and G. M. Loeffler 1999. *Place Assessment: How People Define Ecosystems*. Portland, OR: U.S. Department of Agriculture, Forest Service, Pacific Northwest Research Station.

Garay, L. and G. Cànoves 2011. Life Cycles, Stages and Tourism History: The Catalonia (Spain) Experience. *Annals of Tourism Research*, Vol. 38, No. 2, pp. 651-671.

Gerson, K., C. A. Stueve and C. S. Fischer 1977. Attachment to Place. In: Fischer, C. S., R. M. Jackson, and C. A. Stueve, *et al. Networks and Places: Social Relations in the Urban Setting*. New York: The Free Press.

Ghaderi, Z. and J. C. Henderson 2012. Sustainable Rural Tourism in Iran: A Perspective from Hawraman Village. *Tourism Management Perspectives*, Vol. 2-3, No. 4-7, pp. 47-54.

Graham, R. 1995. *Beyond the Threshold: The Measurement and Analysis of Social Exclusion*.

Bristol: The Policy Press.

Gregory, D. 2009. *Imaginative Geographies*. In: Gregory, D., R. Johnston and G. Pratt, *et al. The Dictionary of Human Geography* (*5th Edition*). Oxford: Wiley-Blackwell.

Gursoy, D. and K. W. Kendall. 2006. Hosting Mega Events: E Modeling Locals Support. *Annals of Tourism Research*, Vol. 33, No. 3, pp. 603-623.

Harvey, D. 1982. *The Limits to Capital*. Oxford: Blackwell.

Havery, D. 1992. Social Justice, Postmodernism and the City. *International Journal of Urban and Regional Research*, Vol. 16, No. 4, pp. 588-601.

Harvey, D. 1996. *Justice, Nature, and the Geography of Difference*. Oxford: Blackwell Oxford.

Hepper, E. G., T. Wildschut and C. Sedikides, *et al.* 2014. Pancultural Nostalgia: Prototypical Conceptions Across Cultures. *Emotion*, Vol.14, No.4, pp. 733-747.

Horn, C. and D. Simmons 2002. Community Adaptation to Tourism: Comparisons Between Rotorua and Kaikoura, New Zealand. *Tourism Management*, Vol. 23, No. 2, pp. 133-143.

Hummon, D. M. 1992. Community Attachment: Local Sentiment and Sense of Place. In: Altman I. and S. M. Low. *Place Attachment*. New York and London: Plenum Press.

Ismagilova, G., L. Safiullin and I. Gafurov 2015. Using Historical Heritage as a Factor in Tourism. *Social and Behavioral Sciences*, Vol. 188, pp. 157-162.

Johnson, N. C. 2004. Public Memory. In: Duncan, J. S., N. C. Johnson and R. H. Schein. *A Companion to Cultural Geography*. Malden, Oxford: Blackwell, 2004.

Joseph, C. A., A. P. Kavoori 2001. Mediated Resistance: Tourism and the Host Community. *Annals of Tourism Research*, Vol. 28, No. 4, pp. 998-1009.

Kemperman, A. D. A. M., A. W. J. Borgers and H. J. P. Timmermans 2009. Tourist Shopping Behavior in a Historic Downtown Area. *Tourism Management*, Vol. 30, No. 2, pp. 208-218.

Kneasfey, M. 2001. Rural Cultural Eeonomy: Tourism and Social Relations. *Annals of Tourism Research*, Vol. 28, No. 3, pp. 762-783.

Knoop, H. H. and A. D. Fave 2013. *Well-being and Cultures.* Netherlands: Springer.

Krugman, P. R. 1991. First Nature, Second Nature and Metropolitan Location. *Journal of Regional Science*, Vol. 33, No. 2, pp. 129-144.

Lefebvre, H. 1971. *Everyday Life in the Modern World*. New York: Harper & Row Publishers.

Lefebvre, H. 1976. *The Survival of Capitalism*. London: Allison & Busby Limited.

Lefebvre, H. 1991a. *Critique of Everyday Life*. London and New York: Verso.

Lefebvre, H. 1991b. *The Production of Space*. Malden: Blackwell.

Lefebvre, H. 2005. *Critique of Everyday Life*: *From Modernity to Modernism* (*Towards a Metaphilosophy of Daily Life*)(*Vol. 3*). London and New York: Verso.

Leong, A. M. W., S. S. Yeh and Y. C. Hsiao, *et al.* 2015. Nostalgia as Travel Motivation and Its

Impact on Tourists' Loyalty. *Journal of Business Research*, Vol. 68, No. 1, pp. 81-86.

Mantecón, A. and R. Huete 2007. The Role of Authenticity in Tourism Planning: Empirical Findings from Southeast Spain. *Tourism*. Vol. 55, No. 3, pp. 323-333.

Marks, R. 1996. Conservation and Community: The Contradictions and Ambiguities of Tourism in the Stone Town of Zanzibar. *Habitat International*, Vol. 20, No. 2, pp. 265-278.

Massey, D. 1994. *Space, Place and Gender*. Minneapolis: University of Minnesota Press.

May, J. 1996. Globalization and the Politics of Place: Place and Identity in an Inner London Neighbourhood. *Transactions of the Institute of British Geographers*, Vol. 21, No. 1, pp. 194-215.

Mead, G. H. 1934. *Mind, Self, and Socity from the Standpoint of Social Behaviorist*. Chicago: University of Chicago Press.

Medina, L. K. 2003. Commoditizing Culture: Tourism and Maya Identity. *Annals of Tourism Research*, Vol. 30, No. 2, pp. 353-368.

Merleau-Ponty, M. 1998. *Notes de cours sur L'origine de la géométrie de Husserl. Suivi de Recherches sur la phénoménologie de Merleau-Ponty*. Paris: Presses Universitaires de France.

Michalos, A. C. 2012. *The Psychology of Quality of Life*. Springer kordrecht Heidelberg New York London.

Mitchell, C. J. A. and M. Shannon 2018. Exploring Cultural Heritage Tourism in Rural Newfoundland Through the Lens of the Evolutionary Economic Geographer. *Journal of Rural Studies*, Vol. 59, No. 4, pp. 21-34.

Mitchell, W. J. T. 2002. *Landscape and Power*. Chicago: The University of Chicago Press.

Moore, R. S. 1995. Gender and Alcohol Use in a Greek Tourist Town. *Annals of Tourism Research*, Vol. 22, No. 2, pp. 300-313.

Mordue, T. 2005. Tourism, Performance and Social Exclusion in "Olde York". *Annals of Tourism Research*, Vol. 32, No. 1, pp. 179-198.

Muffels, R. J. A., P. Tsakloglou and D. G. Mayers 2002. *Social Exclusion in European Welfare States*. Cheltenham and Northampton: Edward Elgar.

Murphy, P. E. 1985. *Tourism: A Community Approach*. New York and London: Methuen.

Oren, U., D. G. Woodcock and T. Var 2001. Sustainable Tourism Development: A Case of Cumalikizik, Turkey. *Tourism Analysis*, Vol. 6, No. 3-4, pp. 253-257.

Proshansky, H. M. 1987. The City and Self-Identity. *Environment and Behavior*, Vol. 10, No. 2, pp. 147-170.

Relph, E. 1976. *Place and Placelessness*. London: Pion.

Routledge, C., T. Wildschut and C. Sedikides, *et al.* 2013. Nostalgia as a Resource for Psychological Health and Well-Being. *Social and Personality Psychology Compass*, Vol.

7, No. 11, pp. 808-818.

Scheyvens, R. 1999. Ecotourism and the Empowerment of Local Communities. *Tourism Management*, Vol. 20, No. 2, pp. 245-249.

Sessa, A. 1988. The Science of Systems for Tourism Development. *Annals of Tourism Research*, Vol. 15, No. 2, pp. 219-235.

Smith, N. 1984. *Uneven Development: Nature, Capital and the Production of Space*. Oxford: Blackwell.

Soja, E. W. 2010. *Seeking Spatial Justice*. Minneapolis: University of Minnesota Press.

Stedman, R. C. 2003. Is It Really Just a Social Construction? The Contribution of the Physical Environment to Sense of Place. *Society and Natural Resources*, Vol. 16, No. 8, pp. 671-685.

Steinwand, J. 1997. The Future of Nostalgia in Friedrich Schlegel's Gender Theory: Casting German Aesthetics Beyond Ancient Greece and Modern Europe. In: Pickering, J. and S. Kehde(eds.). *Narratives of Nostalgia, Gender and Nationalism*. London: Palgrave Macmillan.

Stokols, N. and S. A. Shumaker 1981. People in Places: A Transactional View of Settings. In: Harvey, J. H. *Cognition, Social Behavior and the Environment*. New Jersey: Erlbaum.

Straub, D. W. 1989. Validating Instruments in MIS Research. *MIS Quarterly*, Vol. 13, No. 2, pp. 147-169.

Tosun, C. 2002. Host Perceptions of Impacts: A Comparative Tourism Study. *Annals of Tourism Research*, Vol. 29, No. 1, pp. 231-253.

Utsumi, S. 2017. Influence of the Tourism Business on the Facades of Townhouses in the Case of Hanoi's Ancient Quarter. *Journal of Asian Architecture and Building Engineering*, Vol. 16, No. 3, pp. 573-579.

Walpole, M. J. and H. J. Goodwin 2000. Local Economic Impacts of Dragon Tourism in Indonesia. *Annals of Tourism Researeh*, Vol. 27, No. 3, pp. 559-576.

Wickens, E. 2002. The Sacred and the Profane: A Tourist Typology. *Annals of Tourism Research*, Vol. 29, No. 3, pp. 834-851.

Williams, A. and P. Kitchen 2012. Sense of Place and Health in Hamilton, Ontario: A Case Study. *Social Indicators Research*, Vol. 108, No. 2, pp. 257-276.

Williams, R. 1958. *Culture and Society, 1780-1950*. London: Chatto &Windus.

Williams, R. 1977. *Marxism and Literature*. Oxford: Oxford University Press.

Wright, J. K. 1947. Terrae Incognitae: The Place of the Imagination in Geography. *Annals of the Association of American Geographers*, Vol. 37, No. 1, pp. 1-15.

Yi-Fu Tuan. 1974. *Topophilia: A study of Environmental Perception, Attitudes, and Values*. New Jersey: Prentice-hall.

Yi-Fu Tuan. 1977. *Space and Place: The Perspective of Experience*. Minneapolis: University of Minnesota Press.

Yi-Fu Tuan. 1980. Rootedness Versus Sense of Place. *Landscape*, Vol. 24, No. 1, pp. 3-8.

[美]爱因斯坦著，许良英等编译：《爱因斯坦文集》，商务印书馆，1975 年。

[美]爱因斯坦著，杨润殷译：《狭义与广义相对论浅说》，上海科学技术出版社，1964 年。

白理刚："成都周边古镇特色及古镇开发中的问题初探"，《科技咨询》，2007 年第 29 期。

[古希腊]柏拉图著，王晓朝译：《柏拉图全集》，人民大学出版社，2003 年。

包伟民：《江南市镇及其近代命运 1840—1949》，知识出版社，1998 年。

鲍蕊："浅析古镇旅游产品的深度开发"，《绵阳师范学院学报》，2011 年第 6 期。

[法]皮埃尔·布迪厄、[美]华康德著，李猛、李康译：《实践与反思——反思社会学导论》，中央编译出版社，2004 年。

[英]马克·布劳格著，石士钧译：《经济学方法论》，商务印书馆，1992 年。

曹春梅、陈范华、常智敏："李庄古镇的文化价值与旅游开发探究"，《宜宾学院学报》，2009 年第 11 期。

曾静："历史文化传承视阈下的柘皋古镇旅游开发"，《湖北经济学院学报》（人文社会科学版），2019 年第 1 期。

常蓓："安徽乡土古民居及聚落研究——以绩溪石家村和肥西三河古镇为例"，《安徽建筑》，2011 年第 3 期。

常青、齐莹、朱宇晖："探索风土聚落的再生之道——以上海金泽古镇'实验'为例"，《城市规划学刊》，2008 年第 2 期。

陈方玺："社会排斥概念研究综述"，《天水行政学院学报》，2011 年第 2 期。

陈汉波："论江南古镇的文化特征及其成因"，《中共浙江省委党校学报》，2000 年第 5 期。

陈红岩、尹奎杰："论权利的灭失"，《光明日报》，2012 年 11 月 20 日 a。

陈红岩、尹奎杰："权利思维方式视阈下的中国农民土地权利——基于农村征地纠纷的思考"，《兰州学刊》，2012 年第 11 期 b。

陈修颖：《江南文化：空间分异及区域特征》，中国社会科学出版社，2014 年。

陈志刚、黄建安："现代性批判：权力和资本的不同视角——福柯与马克思现代性批判思想的比较"，《浙江社会科学》，2015 年第 1 期。

褚当阳、姜大云："日常生活的主体迷失与重新占有——列斐伏尔的日常生活批判理论探析"，《社会科学战线》，2011 年第 12 期。

大地乡村建筑发展基金会调查组："苏南水乡古镇保护调查"，《小城镇建设》，1991 第 5 期。

戴彦："对巴渝古镇聚居形态的整合思考"，《重庆建筑大学学报》，2007 年第 2 期。

[法]热拉尔·迪梅尼尔、[法]多米尼克·莱维著，魏怡译：《新自由主义的危机》，商务印书馆，2015 年。

董波："江南古镇旅游开发中的几个问题——以上海市练塘镇为例"，《小城镇建设》，

2000 年第 10 期。

董观志、张银铃：“中国旅游业、旅游学和旅游规划的 30 年述评”，《人文地理》，2010 年第 3 期。

杜宗斌、苏勤：“社区归属感对乡村旅游地居民社区参与的影响——以浙江安吉为例”，《旅游科学》，2013 年第 3 期。

杜宗斌、苏勤、姜辽：“乡村旅游地居民社区归属感模型构建及应用——以浙江安吉为例”，《旅游学刊》，2013 年第 6 期。

[美]段义孚著，王志标译：《空间与地方：经验的视角》，中国人民大学出版社，2017 年。

[美]段义孚著，徐文宁译：《无边的恐惧》，北京大学出版社，2011 年。

费孝通：《乡土中国》，上海人民出版社，2006 年。

冯雷：《理解空间：现代空间观念的批判与重构》，中央编译出版社，2008 年。

冯生尧、谢瑶妮：“扎根理论：一种新颖的质化研究方法”，《现代教育论丛》，2001 年第 6 期。

[法]米歇尔·福柯著，严锋译：《权力的眼睛——福柯访谈录》，上海人民出版社，1997 年。

[法]米歇尔·福柯著，刘北成、杨远婴译：《规训与惩罚》，生活·读书·新知三联书店，2004 年。

[法]米歇尔·福柯著，谢强、马月译：《知识考古学》，生活·读书·新知三联书店，2010 年。

[英]戴维·弗里斯比著，卢晖临等译：《现代性的碎片》，商务印书馆，2003 年。

伏六明：“湖南古城、古镇、古村旅游开发对策思考”，《中南林业科技大学学报》（社会科学版），2011 年第 3 期。

[英]迈克·弗瑟斯通著，杨渝东译：《消解文化——全球化、后现代主义与认同》，北京大学出版社，2009 年。

傅守祥：《文化正义：消费时代的文化生态与审美伦理研究》，上海人民出版社，2013 年。

傅娅：“传统·积淀·重生——邛崃平落古镇保护与发展”，《四川建筑》，2003 年第 S1 期。

高梧：“四川古镇文化的传承与创新”，《绵阳师范学院学报》，2006 年第 1 期。

顾厚德：“新区开发与古镇保护——昆山市周庄镇的调查”，《苏南乡镇企业》，1994 年第 6 期。

顾永良、肖飞：“对苏南古镇旅游深度开发的思考”，《旅游学刊》，1997 年第 6 期。

郭华、甘巧林：“乡村旅游社区居民社会排斥的多维度感知——江西婺源李坑村案例的质化研究”，《旅游学刊》，2011 年第 8 期。

郭文：“‘空间的生产’内涵、逻辑体系及对中国新型城镇化实践的思考”，《经济地理》，2014 年第 6 期。

郭文：《旅游空间生产：理论探索与古镇实践》，科学出版社，2015 年。

郭文：“空间的生产与分析：旅游空间实践和研究的新视角”，《旅游学刊》，2016 年第 8 期。

郭文、黄震方："基于场域理论的文化遗产旅游地多维空间生产研究——以江南水乡周庄古镇为例"，《人文地理》，2013 年第 4 期。

郭文、黄震方、王丽："文化旅游地空间生产背景下居民社会空间感知模型与实证研究——基于对周庄古镇的调查"，《地理研究》，2015 年第 4 期。

郭文、王丽、黄震方："旅游空间生产及社区居民体验研究——江南水乡周庄古镇案例"，《旅游学刊》，2012 年第 4 期。

郭一丹："古镇旅游开发对当地居民的影响——洛带个案调查研究"，《长江师范学院学报》，2007 年第 6 期。

[德]哈贝马斯著，张博树译：《交往与社会进化》，重庆出版社，1989 年。

[法]莫里斯·哈布瓦赫著，毕然、郭金华译：《论集体记忆》，上海人民出版社，2002 年。

[美]大卫·哈维著，高泳源等译：《地理学中的解释》，商务印书馆，1996 年。

[美]大卫·哈维著，王钦译：《新自由主义简史》，上海译文出版社，2010 年。

[美]大卫·哈维著，许瑞宋译：《资本社会的 17 个矛盾》，中信出版集团，2016 年。

[美]戴维·哈维著，胡大平译：《正义、自然和差异地理学》，上海人民出版社，2010 年。

韩德信："日常生活：背景、观点与意义"，《贵州社会科学》，2007 年第 9 期。

何芙蓉："基于慢城理念的古镇旅游发展研究"，《武汉商学院学报》，2017 年第 2 期。

何建华：《经济正义论》，上海人民出版社，2004 年。

[匈]阿格妮丝·赫勒著，衣俊卿译：《日常生活》，重庆出版社，2010 年。

何雪松："社会理论的空间转向"，《社会》，2006 年第 2 期。

[美]塞缪尔·P. 亨廷顿著，王冠华、刘为等译：《变化社会中的政治秩序》，上海人民出版社，2008 年。

侯全华、邱茜、胡向东："传统古镇聚居形态的传承——西安楼观古镇规划设计"，《城市规划》，2006 年第 3 期。

侯宣杰、夏秋丽："古镇旅游开发中的利益协调与社区和谐——以广西扬美古镇为例"，《河池学院学报》，2016 年第 3 期。

胡大平："地方认同与文化发展"，《苏州大学学报》（哲学社会科学版），2012 年第 3 期。

胡大平："空间生产：当代人文社会科学新的理论生长点"，《中国社会科学报》，2009 年9 月 1 日。

黄江平："上海古镇文化保护与开发的宏观思考"，《社会科学》，2003 年第 9 期。

黄文："水乡古镇同里"，《建筑学报》，1983 年第 12 期。

黄燕玲、黄震方："农业旅游地游客感知结构模型与应用——以西南少数民族地区为例"，《地理研究》，2008 年第 6 期。

黄玉理、何方永："社区参与与洛带古镇的可持续发展"，《成都大学学报》（自然科学版），2009 年第 2 期。

惠红、程乙昕："社区居民对旅游业经济影响感知研究——以千年古镇磁器口为例"，《重庆科技学院学报》（社会科学版），2010 年第 6 期。

[英]安东尼·吉登斯著，夏璐译：《现代性与自我认同：晚期现代中的自我与社会》，中国人民大学出版社，2016年。

贾佳、周波："贵州青岩古镇空间形态解析"，《贵州民族学院学报》（哲学社会科学版），2009年第2期。

贾玉芳、林梅英："社区参与中原古镇旅游开发的现状分析"，《长春教育学院学报》，2015年第18期。

江泓、张四维："生产、复制与特色消亡——'空间生产'视角下的城市特色危机"，《城市规划学刊》，2009年第4期。

江五七、陈豫："江南水乡古镇旅游传统遗韵的开发与保护"，《商业研究》，2003年第8期。

姜辽、苏勤："古镇文化身份脆弱性的社会建构及其意义——多元话语分析模式的尝试"，《地理科学》，2014年第7期。

蒋坤富、张述林、唐为亮等："古镇旅游心理商业容量研究——以重庆磁器口古镇为例"，《顺德职业技术学院学报》，2010年第2期。

金敏丽、谢巧红："江南水乡古镇的保护与发展研究——以湖州市新市古镇为例"，《黑龙江科技信息》，2008年第25期。

景晓芬："'社会排斥'理论研究综述"，《甘肃理论学刊》，2004年第2期。

[德]康德著，李秋零译：《纯粹理性批判》，中国人民大学出版社，2004年。

[德]康德著，韦卓民译：《纯粹理性批判》，华中师范大学出版社，2007年。

[美]保罗·康纳顿著，纳日君力戈译：《社会如何记忆》，上海人民出版社，2000年。

康玉庆："青龙古镇旅游开发研究"，《太原大学学报》，2012年第1期。

[英]迈克·克朗著，杨淑华、宋慧敏译：《文化地理学》，南京大学出版社，2003年。

柯丽芳、邓学芬、刘传辉："古镇开发的理性思考——以成都为例"，《中国建设信息》，2008年第6期。

孔璎红、廖蓓："古镇旅游开发中利益相关者理论的运用研究"，《广西社会科学》，2013年第10期。

[英]A. R. 拉德克利夫-布朗著，丁国勇译：《原始社会的结构与功能》，中国社会科学出版社，2009年。

李储林、霍晓丽："贵州土司古镇旅游文化产业开发探析——以敖溪土司古镇为例"，《贵州社会科学》，2016年第3期。

李春敏：《马克思的社会空间理论研究》，上海人民出版社，2012年。

李琮："政治经济学视角下的旅游空间生产——消费模式"，《湖北经济学院学报》（人文社会科学版），2009年第1期。

李东和、张捷、赵玉宗等："基于旅游地原住民感知和态度的旅游影响空间分异研究——以安徽省三河镇为例"，《地理科学》，2007年第4期。

李贺楠："天伦之居，古韵悠然——江南水乡名镇周庄民居的艺术特色"，《中国房地产》，

2002 年第 11 期。

李建国："江南古镇旅游开发基础分析"，《湖州职业技术学院学报》，2005 年第 4 期。

李倩、吴小根、汤澍："古镇旅游开发及其商业化现象初探"，《旅游学刊》，2006 年第 12 期。

李强：《社会分层十讲》，社会科学文献出版社，2011 年。

李文兵："古村落游客忠诚模型研究——基于游客感知价值及其维度视角"，《地理研究》，2011 年第 1 期。

李晓明："浅谈古镇的文化运作——以平乐与黄龙溪为例"，《大众文艺》，2008 年第 12 期。

李鑫、张晓萍："试论旅游地空间商品化与古镇原住民生活空间置换的关系及影响"，《旅游研究》，2012 年第 4 期。

梁觉、周帆："跨文化研究方法的回顾及展望"，《心理学报》，2010 年第 1 期。

廖丹："古镇的情感空间、管理空间及其旅游开发——以天府古镇黄龙溪为例"，《四川建筑科学研究》，2010 年第 3 期。

[法]亨利·列斐伏尔著，王志弘译："空间：社会产物和使用价值"，见夏铸九、王志弘编译：《空间的文化形式与社会理论读本》，明文书局，1994 年。

[法]亨利·列斐伏尔著，谢永康、毛林林译：《马克思的社会学》，北京师范大学出版社，2013 年。

[法]亨利·列斐伏尔著，叶齐茂、倪晓晖译：《日常生活批判——日常生活社会学基础》第 1 卷，社会科学文献出版社，2018 年 a。

[法]亨利·列斐伏尔著，叶齐茂、倪晓晖译：《日常生活批判——日常生活社会学基础》第 2 卷，社会科学文献出版社，2018 年 b。

林红梅："论跨文化旅游交际"，《黑龙江社会科学》，2005 年第 4 期。

刘成、朱创业、王绍东："社区参与理论的古镇旅游商业模式设计——以广元市青溪古城为例"，《企业导报》，2011 年 3 期。

刘德谦："古镇保护与旅游利用的良性互动"，《旅游学刊》，2005 年第 2 期。

刘宏梅、周波："乡土聚落的多元文化融合——泸州市福宝古镇范例"，《工业建筑》，2006 年增刊。

刘怀玉："日常生活批判：走向微观具体存在论的哲学"，《吉林大学社会科学学报》，2007 年第 5 期。

刘怀玉：《现代性的平庸与神奇——列斐伏尔日常生活批判哲学的文本学解释》，中央编译出版社，2006 年。

刘晖："旅游对民族地区的社会文化影响研究"（博士论文），兰州大学，2005 年。

刘沛林、刘春腊、邓运员等："中国传统聚落景观区划及景观基因识别要素研究"，《地理学报》，2010 年第 12 期。

刘清春、王铮："中国区域经济差异形成的三次地理要素"，《地理研究》，2009 年第 2

期。

刘天曌、刘沛林、王良健："新型城镇化背景下的古村镇保护与旅游发展路径选择——以萱洲古镇为例"，《地理研究》，2019 年第 1 期。

刘炜、李百浩："湖北古镇的空间形态研究"，《武汉理工大学学报》，2008 年第 3 期。

刘喜梅、卢润德、潘立军："基于旅游影响感知的南岳古镇居民类型划分"，《安徽农业科学》，2008 年第 28 期。

刘小方："世界遗产视野下的洛带古镇保护问题"，《成都大学学报》（社会科学版），2006 年第 5 期。

[德]卢森堡著，彭尘舜，吴纪先译：《资本积累论》，生活·读书·新知三联书店，1959 年。

鲁斐栋、谭少华："建成环境对体力活动的影响研究：进展与思考"，《国际城市规划》，2015 年第 2 期。

陆扬："空间理论和文学空间"，《外国文学研究》，2004 年第 4 期。

罗超、楚超超："欠发达地区古城镇历史文化保护与发展的一种模式评价——以云南束河、黑井古镇为例"，《建筑与文化》，2011 年第 9 期。

[美]埃弗里特·M. 罗吉斯, [美]拉伯尔·J. 伯德格著，王晓毅、王地宁译：《乡村社会变迁》，浙江人民出版社，1988 年。

[美]约翰·罗尔斯著，何怀宏、何包钢、廖申白译：《正义论》，中国社会科学出版社，1988 年。

[英]杰西·洛佩兹、[英]约翰·斯科特著，允春喜译：《社会结构》，吉林人民出版社，2007 年。

[德]马克思、恩格斯著，中共中央马克思恩格斯列宁斯大林著作编译局译：《共产党宣言》，人民出版社，2015 年。

[德]马克思、恩格斯著，中共中央马克思恩格斯列宁斯大林著作编译局译：《马克思恩格斯全集（第 3 卷）》，人民出版社，1960 年。

[德]马克思、恩格斯著，中共中央马克思恩格斯列宁斯大林著作编译局译：《马克思恩格斯全集（第四十六卷下册）》，人民出版社，1979 年。

马秋穗："符号想像与表征：消费理论视阈下的古镇景观生产"，《社会科学家》，2010 年第 10 期。

[法]H. 孟德拉斯著，李培林译：《农民的终结》，社会科学文献出版社，2010 年。

孟昉、黄佳豪："'社会排斥'概念内涵及其本土化探讨"，《长江论坛》，2009 年第 5 期。

苗力田：《古希腊哲学》，中国人民大学出版社，1989 年。

[英]牛顿著，王克迪译：《自然哲学的数学原理》，北京大学出版社，2006 年。

农兴强、杨荣翰、韦祖庆："古镇旅游发展与生态文化理念——以贺州黄姚古镇为例"，《广西社会科学》，2007 年第 4 期。

[法]皮埃尔·诺拉著，黄艳红译：《记忆之场：法国国民意识的文化社会史》，南京大学
　　出版社，2015 年。

[美]罗伯特·诺奇克著，姚大志译：《无政府、国家和乌托邦》，中国社会科学出版社，
　　2008 年。

彭靖："江南水乡古镇的桥文化解读"，《科教文汇》，2006 年第 1 期。

[德]盖奥尔格·齐美尔著，林荣远译：《社会学——关于社会化形式的研究》，华夏出版
　　社，2002 年。

钱玉英、钱振明："走向空间正义：中国城镇化的价值取向及其实现机制"，《自然辩证
　　法研究》，2012 年第 2 期。

邱盼、李为之："把握自身特色，合理适度开发——以安仁镇为例谈中国古镇开发"，《安
　　徽建筑》，2009 年第 6 期。

屈德印、黄利萍："浙江古镇聚落空间类型分析"，《装饰》，2006 年第 6 期。

权小勇："江南古镇南浔旅游资源开发刍议"，《湖州师范学院学报》，2008 年第 1 期。

任道丕："贵州古民居保护策略探析——以郎岱古镇为个案"，《贵州教育学院学报》，
　　2007 年第 5 期。

任平："空间的正义：当代中国可持续城市的基本走向"，《城市发展研究》，2006 年第
　　5 期。

荣泰生：《AMOS 与研究方法》，重庆大学出版社，2009 年。

阮仪三、曹丹青："永葆水乡古镇的风采——苏南古镇甪直保护规划"，《新建筑》，1989 年
　　第 4 期。

阮仪三、邵甬："江南水乡古镇的特色与保护"，《同济大学学报》（人文社会科学版），
　　1996 年第 1 期。

[美]爱德华·W. 萨义德著，王宇根译：《东方学》，三联书店，1999 年。

[法]米歇尔·德·赛托著，方琳琳、黄春柳译：《日常生活实践 1. 实践的艺术》，南京大
　　学出版社，2015 年。

[美]桑德斯著，徐震译：《社区论》，福建人民出版社，1982 年。

申葆嘉：《旅游学原理：旅游运行规律研究之系统陈述》，中国旅游出版社，2010 年。

[英]亚当·斯密著，唐日松等译：《国富论》，华夏出版社，2005 年。

宋伟轩、朱喜钢、吴启焰："城市滨水空间生产的效率与公平——以南京为例"，《国际
　　城市规划》，2009 年第 6 期。

宋玉蓉："洛带古镇游客行为特征分析"，《乐山师范学院学报》，2008 年第 8 期。

[美]爱德华·W. 苏贾著，王文斌译：《后现代地理学——重申批判社会理论中的空间》，
　　商务印书馆，2004 年。

孙大江、刘建、孙大远："传统古镇文化旅游研究与发展建议——以雅安市上里古镇为例"，
　　《四川建筑》，2008 年第 4 期。

孙萍："江南古镇旅游文化资源评价"，《今日科苑》，2008 年第 2 期。

孙艺、李秀："古镇保护方法实证研究——以成都市青白江区城厢古镇规划为例"，《新西部》，2009 年第 9 期。

孙艺惠、陈田、张萌："乡村景观遗产地保护性旅游开发模式研究——以浙江龙门古镇为例"，《地理科学》，2009 年第 6 期。

孙正聿：《马克思主义辩证法研究》，北京师范大学出版社，2012 年。

谭志蓉："浅议社区参与与古镇旅游可持续发展的关系"，《宜宾学院学报》，2007 年第 10 期。

[英]E. P. 汤普森著，钱乘旦等译：《英国工人阶级的形成（上下册）》，译林出版社，2013 年。

唐春媛、刘明、黄东海等："古镇保护与更新模式探析——以闽北和平古镇为例"，《重庆建筑大学学报》，2007 年第 6 期。

唐小飞、黄兴、夏秋馨等："中国传统古村镇品牌个性特征对游客重游意愿的影响研究——以束河古镇、周庄古镇、阆中古镇和平遥古镇为例"，《旅游学刊》，2011 年第 9 期。

[德]斐迪南·滕尼斯著，林荣远译：《共同体与社会：纯粹社会学的基本概念》，北京大学出版社，2010 年。

田海宁："浅谈青木川古镇旅游资源开发"，《科技信息》，2009 年第 18 期。

田喜洲："论古镇旅游开发中的问题与对策"，《社会科学家》，2004 年第 2 期。

汪民安："空间生产的政治经济学"，《国外理论动态》，2006 年第 1 期 a。

汪民安：《身体，空间与后现代性》，江苏人民出版社，2006 年 b。

汪侠、甄峰、吴小根等："旅游开发的居民满意度驱动因素——以广西阳朔县为例"，《地理研究》，2010 年第 5 期。

王朝辉："洛带古镇的开发模式与思考"，《旅游纵览》（行业版），2011 第 4 期。

王大悟、郑世卿："论古镇旅游开发的五种关系"，《旅游科学》，2010 年第 4 期。

王荻、袁尽辉、许劼："历史城镇非物质文化遗产的旅游开发模式浅析——以码头古镇为例"，《上海城市规划》，2010 年第 3 期。

王娟洋、邰巍："历史文化古镇的保护和开发实践——以浙江省廿八都镇为例"，《现代装饰（理论）》，2011 年第 1 期。

王莉、陆林、童世荣："江南水乡古镇旅游开发战略初探——浙江乌镇实证分析"，《长江流域资源与环境》，2003 年第 6 期。

王林："'原真性'民俗文化之于古镇旅游的价值——以广西大圩古镇为例"，《青海民族研究》，2008 年第 1 期。

王如东："苏州古镇旅游进一步发展的对策建议"，《经济师》，2005 年第 2 期。

王艳、张捷、史春云等："基于公众媒介信息的水乡古镇景观意象研究"，《北京第二外国语学院学报》（旅游版），2007 年第 9 期。

王云才、石忆邵、陈田："江南古镇商业化倾向及其可持续发展对策——以浙北三镇为例"，《同济大学学报》（社会科学版），2007 年第 2 期。

王铮、韩钰、胡敏等："地理本性进化与全球地缘政治经济基础探析"，《地理学报》，2016 年第 6 期。

王志刚："民生幸福：社会主义城市空间生产的价值旨归"，《社会主义研究》，2012 年第 1 期。

王志刚：《社会主义空间正义论》，人民出版社，2015 年。

[德]马克斯·韦伯著，林荣远译：《经济与社会》，商务印书馆，1997 年。

[德]马克斯·韦伯著，胡景北译：《社会学的基本概念》，上海人民出版社，2000 年。

韦浩明："古镇旅游资源开发与社区和谐机制的构建——以广西贺州市黄姚古镇为例"，《桂林师范高等专科学校学报》，2009 年第 1 期。

[奥]路德维希·维特根斯坦著，贺绍甲译：《逻辑哲学论》，商务印书馆，2002 年。

韦祖庆、陈才佳："黄姚古镇旅游开发现状分析与保护对策"，《广西社会科学》，2009 年第 1 期。

韦祖庆："生态美学是古镇文化旅游的重要依托——以贺州市黄姚古镇为例"，《旅游论坛》，2009 年第 2 期。

吴承照："中国旅游规划 30 年回顾与展望"，《旅游学刊》，2009 年第 1 期。

吴明隆：《结构方程模型——AMOS 的操作与应用》，重庆大学出版社，2010 年 a。

吴明隆：《问卷统计分析实务——SPSS 操作与应用》，重庆大学出版社，2010 年 b。

吴启焰："新自由主义城市空间重构的批判视角研究"，《地理科学》，2011 年第 7 期。

吴忠民："以社会公正奠定社会安全的基础"，《社会学研究》，2012 年第 4 期。

武廷海："建立新型城乡关系　走新型城镇化道路——新马克思主义视野中的中国城镇化"，《城市规划》，2013 年第 11 期。

夏海斌、王铮："中国大陆空间结构分异的进化"，《地理研究》，2012 年第 12 期。

夏圣雪、严欢、张雅玮等："长江三角洲古镇旅游环境容量分析——以浙江乌镇西栅景区为例"，《安徽农业科学》，2013 年第 10 期。

向明："社区旅游视角下古镇可持续发展研究——以四川平乐古镇为例"，《商业文化》（学术版），2010 年第 10 期。

向云驹："论'文化空间'"，《中央民族大学学报》（哲学社会科学版），2008 年第 3 期。

肖笃宁、布仁仓、李秀珍："生态空间理论与景观异质性"，《生态学报》，1997 年第 5 期。

肖笃宁：《景观生态学研究进展》，湖南科学技术出版社，1999 年。

谢怀东："三沙古镇港综合开发方案探讨"，《福建建筑》，1997 年第 1 期。

谢雄："从黄龙溪古镇保护看传统的继承"，《四川建筑》，2009 年第 S1 期。

熊明均、郭剑英："西部古镇旅游发展的现状及开发模式研究"，《西华大学学报》（哲学社会科学版），2007 年第 3 期。

[古希腊]亚里士多德著，张竹明译：《物理学》，商务印书馆，1982 年。

[古希腊]亚里士多德著，吴寿彭译：《政治学》，商务印书馆，1965年。

阳立军、杨波："江南水乡古镇文化景观变异与社会网络结构变迁——以上海郊区古镇金泽镇与练塘镇为例"，《福建建筑》，2005年第2期。

杨明华："人类学视野下的洛带古镇旅游"，《成都大学学报》（社会科学版），2008年第4期。

杨云源："云南楚雄州古镇旅游开发初探"，《广西城镇建设》，2008年第10期。

姚斌："关于大圩古镇保护性开发的思考"，《广西城镇建设》，2006年第10期。

姚春雷："苏州古镇古村保护的实践与探索"，《苏州科技学院学报》（社会科学版），2009年第1期。

叶超、蔡运龙："地理学方法论变革的案例剖析——重新审视《地理学中的例外论》之争"，《地理学报》，2009年第9期。

叶素文："古镇（村）旅游经济开发与人文价值协调发展的对策——以柿林古村丹山赤水风景区为例"，《生态经济》，2005年第10期。

衣传华、黄常州："旅游地居民对主题景区旅游影响的感知与态度——以常州环球恐龙城为例"，《地理研究》，2013年第6期。

衣俊卿：《现代化与日常生活批判》，人民出版社，2005年。

衣俊卿等：《20世纪新马克思主义》，中央编译出版社，2012年。

余丹："我国古镇旅游的开发利用"，《资源开发与市场》，2005年第4期。

余建英、何旭宏：《数据统计分析与SPSS应用》，人民邮电出版社，2003年。

余琪："从体验经济视角探求古镇旅游产品的深度开发——以西塘古镇为例"，《江西科技师范学院学报》，2008年第2期。

俞绳方："水乡古镇周庄"，《建筑学报》，1987年第1期。

袁振杰、朱竑："跨地方对话与地方重构——从'炼狱'到'天堂'的石门坎"，《人文地理》，2013年第2期。

云生、顺泉："茅盾家乡——乌镇杂考"，《嘉兴师专学报》，1982年第1期。

张安民："南浔古镇游客满意度前因研究"，《北方经贸》，2009年第11期。

张佳：《大卫·哈维的历史—地理唯物主义理论研究》，人民出版社，2014年。

张克让："鄂西古镇——资坵"，《城市规划》，1983年第1期。

张梅、李厚羿："空间、知识与权力：福柯社会批判的空间转向"，《马克思主义与现实》，2013年第3期。

张文明："古镇周庄整顿水上旅游市场"，《中国水运》，2000年第7期。

张晓帆、谢芳："反营销理论在旅游资源群环境承载力调控中的应用——以江南水乡古镇旅游资源群为例"，《哈尔滨学院学报》，2016年第5期。

张兴华、韩宝平、史春云等："基于旅游影响感知与态度的原住民类型划分——以周庄古镇为例"，《淮海工学院学报》（自然科学版），2010年第3期。

张一东："江南水乡古镇空间形态与行为的互动性研究"，《浙江万里学院学报》，2007年第 4 期。

赵光辉："沙湾古镇的保护与改造初探"，《城市规划》，1987 年第 3 期。

赵荣、王恩涌、张小林等：《人文地理学（第 2 版）》，高等教育出版社，2009 年。

赵万里、穆滢潭："福柯与知识社会学的话语分析转向"，《天津社会科学》，2012 年
第 5 期。

钟士恩、章锦河："从古镇旅游消费看传统性与现代性、后现代性的关系"，《旅游学刊》，
2014 年第 7 期。

周尚意、孔翔、朱竑：《文化地理学》，高等教育出版社，2009 年。

周尚意、孔翔、朱华晟等：《地方特性发掘方法——对苏州东山的地理调查》，科学出版
社，2016 年。

周尚意、唐顺英、戴俊骋："'地方'概念对人文地理学各分支意义的辨识"，人文地理，
2011 年第 6 期。

周尚意："旅游与空间道德碰撞"，《旅游学刊》，2017 年第 4 期。

朱竑、钱俊希、吕旭萍："城市空间变迁背景下的地方感知与身份认同研究——以广州小
洲村为例"，《地理科学》，2012 年第 1 期。

朱松节、刘龙娣："江南古镇旅游可持续发展的困境与对策——以周庄古镇为例"，《高
职论丛》，2010 年第 2 期。

庄孔韶：《人类学通论》，山西教育出版社，2002 年。

庄友刚："西方空间生产理论的逻辑、问题与趋势"，《马克思主义与现实》，2011 年
第 6 期。

附录 1：江南社区型文化古镇原住民社区内涵指标评价问卷

调查日期：_____　　　　　　　　问卷编号：_____

尊敬的先生/女士：

您好！

为了解旅游开发情况，我们正展开一项旅游调研。本次调查采用匿名方式进行，所得资料不用于牟利，其研究结论对改善您的旅游体验至关重要，您的意见对我们的研究很重要，真诚希望您能给我们准确、真实、完整的信息反馈。

我们将按照国家《统计法》的规定，对您提供的信息予以严格保密。谢谢您的大力支持！

调研说明：

◆ 涉及带有"□"的问题，在"□"上打钩即可。

◆ 如无特殊说明，所有的题目只选择一个选项。

一、基本情况

1.您的性别：□男　　　　□女

2.您的年龄：_____岁

3.您的教育程度：□初中及以下　　□高中（中专）　　□大学专科或本科　　□研究生

4.您的职业：□工人　□普通居民　　□知识分子　　□学生　□管理者

　　　　　　□白领　□私营业主　　□个体

5.您的家庭阶段：□未成家　　□已婚，无小孩　　□已婚，有小孩　　□其他

6.您是否参与旅游开发：□参与　　□没有

7.您的家庭人均月收入是：＿＿＿＿＿＿＿元

二、社区内涵指标评价

评价内容	程度值				
血缘认同	完全认同（5）□	比较认同（4）□	认同（3）□	不认同（2）□	完全不认同（1）□
地缘认同	完全认同（5）□	比较认同（4）□	认同（3）□	不认同（2）□	完全不认同（1）□
业缘认同	完全认同（5）□	比较认同（4）□	认同（3）□	不认同（2）□	完全不认同（1）□

调查到此结束，再次感谢您的配合。祝您生活愉快、阖家幸福！

附录 2：江南社区型文化古镇旅游空间生产原住民评价问卷

调查日期：_____   问卷编号：_____

尊敬的先生/女士：

您好！

为了解旅游开发情况，我们正展开一项旅游调研。本次调查采用匿名方式进行，所得资料不用于牟利，其研究结论对改善您的旅游体验至关重要，您的意见对我们的研究很重要，真诚希望您能给我们准确、真实、完整的信息反馈。

我们将按照国家《统计法》的规定，对您提供的信息予以严格保密。谢谢您的大力支持！

调研说明：

◆涉及带有"□"的问题，在"□"上打钩即可。

◆如无特殊说明，所有的题目只选择一个选项。

一、基本情况

1.您的性别：□男　　　　□女

2.您的年龄：_____岁

3.您的教育程度：□初中及以下　　　□高中（中专）　□大学专科或本科　　　□研究生

4.您的职业：　　　□工人　　□普通居民　　□知识分子　　□学生　　□管理者

　　　　　　　　　□白领　　□私营业主　　□个体

5.您的家庭阶段：□未成家　□已婚，无小孩　□已婚，有小孩　□其他

6.您是否参与旅游开发：□参与　　　　□没有

7.您的家庭人均月收入是：_____元

二、调查内容

JJQ

调研内容		程度值				
JJQ1: 社区经济发展方式显著改变	开发之初：	完全是 (5) □	基本是 (4) □	不清楚 (3) □	不是 (2) □	完全不是 (1) □
	目前阶段：	完全是 (5) □	基本是 (4) □	不清楚 (3) □	不是 (2) □	完全不是 (1) □
JJQ2: 带来了社区经济总体收入	开发之初：	完全是 (5) □	基本是 (4) □	不清楚 (3) □	不是 (2) □	完全不是 (1) □
	目前阶段：	完全是 (5) □	基本是 (4) □	不清楚 (3) □	不是 (2) □	完全不是 (1) □
JJQ3: 社区发展依赖旅游经济形态	开发之初：	非常满意 (5) □	满意 (4) □	一般 (3) □	较满意 (2) □	不满意 (1) □
	目前阶段：	非常满意 (5) □	满意 (4) □	一般 (3) □	较满意 (2) □	不满意 (1) □
JJQ4: 旅游经济改变个体生计方式	开发之初：	非常满意 (5) □	满意 (4) □	一般 (3) □	较满意 (2) □	不满意 (1) □
	目前阶段：	非常满意 (5) □	满意 (4) □	一般 (3) □	较满意 (2) □	不满意 (1) □
JJQ5: 参与旅游经济发展机会	开发之初：	非常满意 (5) □	满意 (4) □	一般 (3) □	较满意 (2) □	不满意 (1) □
	目前阶段：	非常满意 (5) □	满意 (4) □	一般 (3) □	较满意 (2) □	不满意 (1) □
JJQ6: 参与旅游经济发展行为	开发之初：	非常满意 (5) □	满意 (4) □	一般 (3) □	较满意 (2) □	不满意 (1) □
	目前阶段：	非常满意 (5) □	满意 (4) □	一般 (3) □	较满意 (2) □	不满意 (1) □
JJQ7: 参与旅游发展区位选择	开发之初：	非常满意 (5) □	满意 (4) □	一般 (3) □	较满意 (2) □	不满意 (1) □
	目前阶段：	非常满意 (5) □	满意 (4) □	一般 (3) □	较满意 (2) □	不满意 (1) □
JJQ8: 旅游增加就业机会	开发之初：	非常满意 (5) □	满意 (4) □	一般 (3) □	较满意 (2) □	不满意 (1) □
	目前阶段：	非常满意 (5) □	满意 (4) □	一般 (3) □	较满意 (2) □	不满意 (1) □

续表

	调研内容		程度值				
JJQ	JJQ9: 旅游带来个体经济收入	开发之初:	非常满意 (5) ☐	满意 (4) ☐	一般 (3) ☐	较满意 (2) ☐	不满意 (1) ☐
		目前阶段:	非常满意 (5) ☐	满意 (4) ☐	一般 (3) ☐	较满意 (2) ☐	不满意 (1) ☐
	JJQ10: 旅游收入能被家庭共同分享	开发之初:	非常满意 (5) ☐	满意 (4) ☐	一般 (3) ☐	较满意 (2) ☐	不满意 (1) ☐
		目前阶段:	非常满意 (5) ☐	满意 (4) ☐	一般 (3) ☐	较满意 (2) ☐	不满意 (1) ☐
	JJQ11: 旅游生活得到显著提高	开发之初:	非常满意 (5) ☐	满意 (4) ☐	一般 (3) ☐	较满意 (2) ☐	不满意 (1) ☐
		目前阶段:	非常满意 (5) ☐	满意 (4) ☐	一般 (3) ☐	较满意 (2) ☐	不满意 (1) ☐
	JJQ12: 生活依赖旅游经济程度	开发之初:	非常满意 (5) ☐	满意 (4) ☐	一般 (3) ☐	较满意 (2) ☐	不满意 (1) ☐
		目前阶段:	非常满意 (5) ☐	满意 (4) ☐	一般 (3) ☐	较满意 (2) ☐	不满意 (1) ☐
	JJQ13: 外来投资使旅游收益漏损	开发之初:	非常满意 (5) ☐	满意 (4) ☐	一般 (3) ☐	较满意 (2) ☐	不满意 (1) ☐
		目前阶段:	非常满意 (5) ☐	满意 (4) ☐	一般 (3) ☐	较满意 (2) ☐	不满意 (1) ☐
ZZQ	ZZQ14: 认同旅游开发模式	开发之初:	非常大 (5) ☐	很大 (4) ☐	一般 (3) ☐	较小 (2) ☐	很小 (1) ☐
		目前阶段:	非常大 (5) ☐	很大 (4) ☐	一般 (3) ☐	较小 (2) ☐	很小 (1) ☐
	ZZQ15: 增强对模式的信任感	开发之初:	非常大 (5) ☐	很大 (4) ☐	一般 (3) ☐	较小 (2) ☐	很小 (1) ☐
		目前阶段:	非常大 (5) ☐	很大 (4) ☐	一般 (3) ☐	较小 (2) ☐	很小 (1) ☐
	ZZQ16: 拥有参与旅游决策的机会	开发之初:	非常大 (5) ☐	很大 (4) ☐	一般 (3) ☐	较小 (2) ☐	很小 (1) ☐
		目前阶段:	非常大 (5) ☐	很大 (4) ☐	一般 (3) ☐	较小 (2) ☐	很小 (1) ☐
	ZZQ17: 拥有参与旅游决策的权力	开发之初:	非常大 (5) ☐	很大 (4) ☐	一般 (3) ☐	较小 (2) ☐	很小 (1) ☐
		目前阶段:	非常大 (5) ☐	很大 (4) ☐	一般 (3) ☐	较小 (2) ☐	很小 (1) ☐

续表

调研内容		程度值				
		非常大 (5)	很大 (4)	一般 (3)	较小 (2)	很小 (1)
ZZQ18：能够发表对旅游开发的看法	开发之初：	□	□	□	□	□
	目前阶段：	□	□	□	□	□
ZZQ19：意见能被开发主导方重视	开发之初：	□	□	□	□	□
	目前阶段：	□	□	□	□	□
ZZQ20：主导方能够提供参与环境	开发之初：	□	□	□	□	□
	目前阶段：	□	□	□	□	□
ZZQ21：主导方能协调处理社区问题	开发之初：	□	□	□	□	□
	目前阶段：	□	□	□	□	□
ZZQ22：利益诉求能得到满足	开发之初：	□	□	□	□	□
	目前阶段：	□	□	□	□	□
ZZQ23：能提高参与事务的地位	开发之初：	□	□	□	□	□
	目前阶段：	□	□	□	□	□
ZZQ24：具有参与归属感	开发之初：	□	□	□	□	□
	目前阶段：	□	□	□	□	□
ZZQ25：具有参与自豪感	开发之初：	□	□	□	□	□
	目前阶段：	□	□	□	□	□

ZZQ

续表

SHQ	调研内容		程度值				
			非常大（5）	很大（4）	一般（3）	较小（2）	很小（1）
	SHQ26：旅游开发导致社区分化	开发之初：	□	□	□	□	□
		目前阶段：	□	□	□	□	□
	SHQ27：收入拉开贫富差距	开发之初：	□	□	□	□	□
		目前阶段：	□	□	□	□	□
	SHQ28：增进居民之间的关系	开发之初：	□	□	□	□	□
		目前阶段：	□	□	□	□	□
	SHQ29：导致物价变化	开发之初：	□	□	□	□	□
		目前阶段：	□	□	□	□	□
	SHQ30：社会风气变得更好	开发之初：	□	□	□	□	□
		目前阶段：	□	□	□	□	□
	SHQ31：思想观念变化程度	开发之初：	□	□	□	□	□
		目前阶段：	□	□	□	□	□
	SHQ32：对旅游开发的信心	开发之初：	□	□	□	□	□
		目前阶段：	□	□	□	□	□
	SHQ33：提升自身素质	开发之初：	□	□	□	□	□
		目前阶段：	□	□	□	□	□
	SHQ34：旅游与社会地位	开发之初：	□	□	□	□	□
		目前阶段：	□	□	□	□	□

续表

调研内容		阶段	程度值				
			非常大（5）□	很大（4）□	一般（3）□	较小（2）□	很小（1）□
SHQ	SHQ35：旅游与就业	开发之初：	非常大（5）□	很大（4）□	一般（3）□	较小（2）□	很小（1）□
		目前阶段：	非常大（5）□	很大（4）□	一般（3）□	较小（2）□	很小（1）□
	SHQ36：旅游与物理空间流动	开发之初：	非常大（5）□	很大（4）□	一般（3）□	较小（2）□	很小（1）□
		目前阶段：	非常大（5）□	很大（4）□	一般（3）□	较小（2）□	很小（1）□
	SHQ37：旅游与社会空间流动	开发之初：	非常大（5）□	很大（4）□	一般（3）□	较小（2）□	很小（1）□
		目前阶段：	非常大（5）□	很大（4）□	一般（3）□	较小（2）□	很小（1）□
	SHQ38：维护民族文化	开发之初：	非常大（5）□	很大（4）□	一般（3）□	较小（2）□	很小（1）□
		目前阶段：	非常大（5）□	很大（4）□	一般（3）□	较小（2）□	很小（1）□
	SHQ39：对旅游充满希望	开发之初：	非常大（5）□	很大（4）□	一般（3）□	较小（2）□	很小（1）□
		目前阶段：	非常大（5）□	很大（4）□	一般（3）□	较小（2）□	很小（1）□
	SHQ40：地方总体变迁	开发之初：	非常大（5）□	很大（4）□	一般（3）□	较小（2）□	很小（1）□
		目前阶段：	非常大（5）□	很大（4）□	一般（3）□	较小（2）□	很小（1）□
ZDQ	ZDQ41：有有序参与旅游开发的保障机制	开发之初：	非常大（5）□	很大（4）□	一般（3）□	较小（2）□	很小（1）□
		目前阶段：	非常大（5）□	很大（4）□	一般（3）□	较小（2）□	很小（1）□
	ZDQ42：有收入分配相应制度规范	开发之初：	非常大（5）□	很大（4）□	一般（3）□	较小（2）□	很小（1）□
		目前阶段：	非常大（5）□	很大（4）□	一般（3）□	较小（2）□	很小（1）□
	ZDQ43：有平衡责任和义务的制度安排	开发之初：	非常大（5）□	很大（4）□	一般（3）□	较小（2）□	很小（1）□
		目前阶段：	非常大（5）□	很大（4）□	一般（3）□	较小（2）□	很小（1）□

续表

调研内容		程度值				
		非常大 (5)	很大 (4)	一般 (3)	较小 (2)	很小 (1)
ZDQ44: 有规范约束行为的制度	开发之初:	□	□	□	□	□
	目前阶段:	□	□	□	□	□
ZDQ45: 对参与旅游开发保障机制的认同	开发之初:	□	□	□	□	□
	目前阶段:	□	□	□	□	□
ZDQ46: 对收入分配相应制度规范的认同	开发之初:	□	□	□	□	□
	目前阶段:	□	□	□	□	□
ZDQ47: 对平衡责任和义务的制度安排的认同	开发之初:	□	□	□	□	□
	目前阶段:	□	□	□	□	□
ZDQ48: 对规范约束行为的制度的认同	开发之初:	□	□	□	□	□
	目前阶段:	□	□	□	□	□
ZDQ49: 对文化保护制度的认同	开发之初:	□	□	□	□	□
	目前阶段:	□	□	□	□	□
ZDQ50: 对社会和谐制度的认同	开发之初:	□	□	□	□	□
	目前阶段:	□	□	□	□	□
XXQ51: 了解旅游开发模式	开发之初:	□	□	□	□	□
	目前阶段:	□	□	□	□	□
XXQ52: 了解社区旅游开发决策	开发之初:	□	□	□	□	□
	目前阶段:	□	□	□	□	□

ZDQ

XXQ

续表

调研内容		程度值				
			非常大 (5)	很大 (4)	一般 (3)	较小 (2)	很小 (1)
XXQ	XXQ53：了解社区旅游开发运作程序	开发之初：	非常大 (5) □	很大 (4) □	一般 (3) □	较小 (2) □	很小 (1) □
		目前阶段：	非常大 (5) □	很大 (4) □	一般 (3) □	较小 (2) □	很小 (1) □
	XXQ54：了解旅游总体收益	开发之初：	非常大 (5) □	很大 (4) □	一般 (3) □	较小 (2) □	很小 (1) □
		目前阶段：	非常大 (5) □	很大 (4) □	一般 (3) □	较小 (2) □	很小 (1) □
	XXQ55：了解旅游收益分配情况	开发之初：	非常大 (5) □	很大 (4) □	一般 (3) □	较小 (2) □	很小 (1) □
		目前阶段：	非常大 (5) □	很大 (4) □	一般 (3) □	较小 (2) □	很小 (1) □
	XXQ56：了解旅游发展趋势	开发之初：	非常大 (5) □	很大 (4) □	一般 (3) □	较小 (2) □	很小 (1) □
		目前阶段：	非常大 (5) □	很大 (4) □	一般 (3) □	较小 (2) □	很小 (1) □
	XXQ57：了解周边古镇开发情况	开发之初：	非常大 (5) □	很大 (4) □	一般 (3) □	较小 (2) □	很小 (1) □
		目前阶段：	非常大 (5) □	很大 (4) □	一般 (3) □	较小 (2) □	很小 (1) □

调查到此结束，再次感谢您的配合。祝您生活愉快、阖家幸福！

附录 3：江南社区型文化古镇旅游空间生产游客评价问卷

调查日期：_____　　　　　　　　问卷编号：_____

尊敬的先生/女士：

您好！

为了解旅游开发情况，我们正展开一项旅游调研。本次调查采用匿名方式进行，所得资料不用于牟利，其研究结论对改善您的旅游体验至关重要，您的意见对我们的研究很重要，真诚希望您能给我们准确、真实、完整的信息反馈。

我们将按照国家《统计法》的规定，对您提供的信息予以严格保密。谢谢您的大力支持！

调研说明：

◆涉及带有"□"的问题，在"□"上打钩即可。

一、基本情况

1.您的性别：□男　　　　□女

2.您的年龄：_____岁

3.您的家庭所在地（具体到县市即可）_____。

4.您的教育程度：□初中及以下　　□高中（中专）　□大学专科或本科　　□研究生

5.您的职业：□工人　　□普通居民　　□知识分子　　□学生　　□管理者

　　　　　　□白领　　□私营业主　□个体

6.您的家庭阶段：□未成家　　□已婚，无小孩　　□已婚，有小孩　　□其他

7.您的家庭人均月收入是：_____元

二、调查内容

1.古镇的景观价值评价_____
_____
_____

2.古镇的景观特色_____
_____
_____

3.没来古镇前对古镇的想象_____
_____
_____

4.为什么来古镇_____
_____
_____

5.对古镇餐饮特色的评价_____
_____
_____

6.对古镇地方特色的评价_____
_____
_____

7.对古镇市场秩序的评价_____
_____
_____

8.对古镇娱乐特色的评价_____
_____
_____

9.对古镇居民服务态度的评价_____

_____

_____

10.古镇是否能使人舒缓压力（含理由）_____

_____

_____

11.古镇与其他类型旅游目的地比较_____

_____

_____

12.对古镇的满意程度_____

_____

_____

13.是否推荐古镇给他人（含理由）_____

_____

_____

调查到此结束，再次感谢您的配合。祝您生活愉快、阖家幸福！

附录 4：江南社区型文化古镇旅游空间生产原住民访谈提纲

调查日期：_____　　　　　　　　问卷编号：_____

尊敬的先生/女士：

您好！

为了解旅游开发情况，我们正展开一项旅游调研。本次调查采用匿名方式进行，所得资料不用于牟利，其研究结论对改善您的旅游体验至关重要，您的意见对我们的研究很重要，真诚希望您能给我们准确、真实、完整的信息反馈。

我们将按照国家《统计法》的规定，对您提供的信息予以严格保密。谢谢您的大力支持！

调研说明：

　　◆涉及带有"□"的问题，在"□"上打钩即可。

一、基本情况

1.您的性别：□男　　　　□女

2.您的年龄：_____岁

3.您的教育程度：□初中及以下　　□高中（中专）□大学专科或本科　　□研究生

4.您的职业：　　□工人　　□普通居民　　□知识分子　　□学生　　□管理者

　　　　　　　　□白领　　□私营业主　　□个体

5.您的家庭阶段：□未成家　□已婚，无小孩　□已婚，有小孩　□其他

6.您是否参与旅游开发：□参与　　　□没有

7.您的家庭人均月收入是：＿＿＿＿＿＿元

二、访谈内容

1.古镇空间开发情况＿＿＿＿＿＿＿＿＿＿＿＿＿＿＿＿＿＿＿＿

＿＿＿＿＿＿＿＿＿＿＿＿＿＿＿＿＿＿＿＿＿＿＿＿＿＿＿＿＿＿＿＿

＿＿＿＿＿＿＿＿＿＿＿＿＿＿＿＿＿＿＿＿＿＿＿＿＿＿＿＿＿＿＿＿

2.旅游开发对古镇文化的影响＿＿＿＿＿＿＿＿＿＿＿＿＿＿＿＿

＿＿＿＿＿＿＿＿＿＿＿＿＿＿＿＿＿＿＿＿＿＿＿＿＿＿＿＿＿＿＿＿

＿＿＿＿＿＿＿＿＿＿＿＿＿＿＿＿＿＿＿＿＿＿＿＿＿＿＿＿＿＿＿＿

3.古镇旅游开发是否有利于文化保护＿＿＿＿＿＿＿＿＿＿＿＿＿

＿＿＿＿＿＿＿＿＿＿＿＿＿＿＿＿＿＿＿＿＿＿＿＿＿＿＿＿＿＿＿＿

＿＿＿＿＿＿＿＿＿＿＿＿＿＿＿＿＿＿＿＿＿＿＿＿＿＿＿＿＿＿＿＿

4.古镇旅游开发对文化的保护措施＿＿＿＿＿＿＿＿＿＿＿＿＿＿

＿＿＿＿＿＿＿＿＿＿＿＿＿＿＿＿＿＿＿＿＿＿＿＿＿＿＿＿＿＿＿＿

＿＿＿＿＿＿＿＿＿＿＿＿＿＿＿＿＿＿＿＿＿＿＿＿＿＿＿＿＿＿＿＿

5.古镇旅游开发后的邻里关系＿＿＿＿＿＿＿＿＿＿＿＿＿＿＿＿

＿＿＿＿＿＿＿＿＿＿＿＿＿＿＿＿＿＿＿＿＿＿＿＿＿＿＿＿＿＿＿＿

＿＿＿＿＿＿＿＿＿＿＿＿＿＿＿＿＿＿＿＿＿＿＿＿＿＿＿＿＿＿＿＿

6.古镇旅游开发后的日常生活＿＿＿＿＿＿＿＿＿＿＿＿＿＿＿＿

＿＿＿＿＿＿＿＿＿＿＿＿＿＿＿＿＿＿＿＿＿＿＿＿＿＿＿＿＿＿＿＿

＿＿＿＿＿＿＿＿＿＿＿＿＿＿＿＿＿＿＿＿＿＿＿＿＿＿＿＿＿＿＿＿

7.古镇原住民参与旅游开发情况＿＿＿＿＿＿＿＿＿＿＿＿＿＿＿

＿＿＿＿＿＿＿＿＿＿＿＿＿＿＿＿＿＿＿＿＿＿＿＿＿＿＿＿＿＿＿＿

＿＿＿＿＿＿＿＿＿＿＿＿＿＿＿＿＿＿＿＿＿＿＿＿＿＿＿＿＿＿＿＿

8.旅游开发后原住民经济收入变化＿＿＿＿＿＿＿＿＿＿＿＿＿＿

＿＿＿＿＿＿＿＿＿＿＿＿＿＿＿＿＿＿＿＿＿＿＿＿＿＿＿＿＿＿＿＿

＿＿＿＿＿＿＿＿＿＿＿＿＿＿＿＿＿＿＿＿＿＿＿＿＿＿＿＿＿＿＿＿

9.旅游开发后原住民心理变化＿＿＿＿＿＿＿＿＿＿＿＿＿＿＿＿＿

＿＿＿＿＿＿＿＿＿＿＿＿＿＿＿＿＿＿＿＿＿＿＿＿＿＿＿＿＿＿

＿＿＿＿＿＿＿＿＿＿＿＿＿＿＿＿＿＿＿＿＿＿＿＿＿＿＿＿＿＿

10.古镇旅游开发前后的比较＿＿＿＿＿＿＿＿＿＿＿＿＿＿＿＿＿

＿＿＿＿＿＿＿＿＿＿＿＿＿＿＿＿＿＿＿＿＿＿＿＿＿＿＿＿＿＿

＿＿＿＿＿＿＿＿＿＿＿＿＿＿＿＿＿＿＿＿＿＿＿＿＿＿＿＿＿＿

11.对现在古镇旅游开发的认同情况＿＿＿＿＿＿＿＿＿＿＿＿＿＿

＿＿＿＿＿＿＿＿＿＿＿＿＿＿＿＿＿＿＿＿＿＿＿＿＿＿＿＿＿＿

＿＿＿＿＿＿＿＿＿＿＿＿＿＿＿＿＿＿＿＿＿＿＿＿＿＿＿＿＿＿

12.对古镇旅游开发的建议＿＿＿＿＿＿＿＿＿＿＿＿＿＿＿＿＿＿

＿＿＿＿＿＿＿＿＿＿＿＿＿＿＿＿＿＿＿＿＿＿＿＿＿＿＿＿＿＿

＿＿＿＿＿＿＿＿＿＿＿＿＿＿＿＿＿＿＿＿＿＿＿＿＿＿＿＿＿＿

调查到此结束，再次感谢您的配合。祝您生活愉快、阖家幸福！

附录5：江南社区型文化古镇旅游空间生产管理人员访谈提纲

调查日期：_____   问卷编号：_____

尊敬的先生/女士：

您好！

为了解旅游开发情况，我们正展开一项旅游调研。本次调查采用匿名方式进行，所得资料不用于牟利，其研究结论对改善您的旅游体验至关重要，您的意见对我们的研究很重要，真诚希望您能给我们准确、真实、完整的信息反馈。

我们将按照国家《统计法》的规定，对您提供的信息予以严格保密。谢谢您的大力支持！

调研说明：

◆涉及带有"□"的问题，在"□"上打钩即可。

一、基本情况

1.您的性别：□男　　　　□女

2.您的年龄：_____岁

3.您的家庭所在地（具体到县市即可）_____

4.您的教育程度：□初中及以下　　　□高中（中专）　□大学专科或本科　□研究生

5.您的职业和岗位：_____

6.您的家庭阶段：□未成家　　□已婚，无小孩　　□已婚，有小孩　　□其他

二、调查内容

1.介绍古镇旅游开发的背景_____

_____

_____

2.介绍古镇旅游开发的模式_____

_____

_____

3.古镇游客年度变化情况_____

_____

_____

4.古镇旅游经济收入情况_____

_____

_____

5.原住民社区参与旅游开发的情况_____

_____

_____

6.古镇旅游经济发展状况_____

_____

_____

7.古镇原住民的参与能力_____

_____

_____

8.古镇外来微企业经营情况_____

_____

_____

9.古镇发展中存在的不足＿＿＿＿＿＿＿＿＿＿＿＿＿＿＿＿＿＿＿＿＿＿＿＿

＿＿＿＿＿＿＿＿＿＿＿＿＿＿＿＿＿＿＿＿＿＿＿＿＿＿＿＿＿＿＿＿＿＿＿＿＿

＿＿＿＿＿＿＿＿＿＿＿＿＿＿＿＿＿＿＿＿＿＿＿＿＿＿＿＿＿＿＿＿＿＿＿＿＿

10.未来古镇旅游开发的方向＿＿＿＿＿＿＿＿＿＿＿＿＿＿＿＿＿＿＿＿＿＿＿

＿＿＿＿＿＿＿＿＿＿＿＿＿＿＿＿＿＿＿＿＿＿＿＿＿＿＿＿＿＿＿＿＿＿＿＿＿

＿＿＿＿＿＿＿＿＿＿＿＿＿＿＿＿＿＿＿＿＿＿＿＿＿＿＿＿＿＿＿＿＿＿＿＿＿

调查到此结束，再次感谢您的配合。祝您生活愉快、阖家幸福！

附录6:周庄古镇原住民心理空间结构测量问卷

调查日期: _____　　　　　　　　问卷编号: _____

尊敬的先生/女士:

您好!

为了解旅游开发情况,我们正展开一项旅游调研。本次调查采用匿名方式进行,所得资料不用于牟利,其研究结论对改善您的旅游体验至关重要,您的意见对我们的研究很重要,真诚希望您能给我们准确、真实、完整的信息反馈。

我们将按照国家《统计法》的规定,对您提供的信息予以严格保密。谢谢您的大力支持!

调研说明:

　　◆涉及带有"□"的问题,在"□"上打钩即可。

　　　　　　◆如无特殊说明,所有的题目只选择一个选项。

一、基本情况

1.您的性别:□男　　　　□女

2.您的年龄: _____岁

3.您的教育程度:□初中及以下　□高中（中专）　□大学专科或本科　□研究生

4.您的职业:　　□工人　　□普通居民　　□知识分子　　□学生　　□管理者

　　　　　　　□白领　　□私营业主　　□个体

5.您的家庭阶段:□未成家　　□已婚,无小孩　　□已婚,有小孩　　□其他

6.您是否参与旅游开发:□参与　　　□没有

7.您的家庭人均月收入是: _____元

二、周庄古镇原住民心理空间结构测量

序号	研究内容	程度值				
		完全是 (5) □	基本是 (4) □	不清楚 (3) □	不是 (2) □	完全不是 (1) □
1	内心认同能真正进入旅游开发体制	完全是 (5) □	基本是 (4) □	不清楚 (3) □	不是 (2) □	完全不是 (1) □
2	内心感觉有参与旅游开发的决策行为	完全是 (5) □	基本是 (4) □	不清楚 (3) □	不是 (2) □	完全不是 (1) □
3	能从参与旅游中获得知识教育机会	完全是 (5) □	基本是 (4) □	不清楚 (3) □	不是 (2) □	完全不是 (1) □
4	参与旅游活动中获得心理活动与表征	完全是 (5) □	基本是 (4) □	不清楚 (3) □	不是 (2) □	完全不是 (1) □
5	内心深处感知能自主进行旅游项目开发	完全是 (5) □	基本是 (4) □	不清楚 (3) □	不是 (2) □	完全不是 (1) □
6	社区旅游收益获得感	完全是 (5) □	基本是 (4) □	不清楚 (3) □	不是 (2) □	完全不是 (1) □
7	内心融入感	完全是 (5) □	基本是 (4) □	不清楚 (3) □	不是 (2) □	完全不是 (1) □
8	发自内心的文化自觉	完全是 (5) □	基本是 (4) □	不清楚 (3) □	不是 (2) □	完全不是 (1) □
9	旅游空间实践的认同与接受	完全是 (5) □	基本是 (4) □	不清楚 (3) □	不是 (2) □	完全不是 (1) □
10	旅游开发带来生活压力	完全是 (5) □	基本是 (4) □	不清楚 (3) □	不是 (2) □	完全不是 (1) □
11	社区社会交往心理认知	完全是 (5) □	基本是 (4) □	不清楚 (3) □	不是 (2) □	完全不是 (1) □
12	社区社会形态变化的内心承受	完全是 (5) □	基本是 (4) □	不清楚 (3) □	不是 (2) □	完全不是 (1) □
13	对社区具有特殊构成的地方感	完全是 (5) □	基本是 (4) □	不清楚 (3) □	不是 (2) □	完全不是 (1) □
14	认同原先以心理契约组成的社区关系	完全是 (5) □	基本是 (4) □	不清楚 (3) □	不是 (2) □	完全不是 (1) □
15	厌倦现在热闹的社区	完全是 (5) □	基本是 (4) □	不清楚 (3) □	不是 (2) □	完全不是 (1) □
16	具有融入社区的强烈归属感	完全是 (5) □	基本是 (4) □	不清楚 (3) □	不是 (2) □	完全不是 (1) □
17	社区旅游开发的心理归属感	完全是 (5) □	基本是 (4) □	不清楚 (3) □	不是 (2) □	完全不是 (1) □
18	内心认同能够结交新朋友	完全是 (5) □	基本是 (4) □	不清楚 (3) □	不是 (2) □	完全不是 (1) □
19	这个地方比其他地方更好	完全是 (5) □	基本是 (4) □	不清楚 (3) □	不是 (2) □	完全不是 (1) □
20	比较投入现在的工作	完全是 (5) □	基本是 (4) □	不清楚 (3) □	不是 (2) □	完全不是 (1) □

调查到此结束，再次感谢您的配合。祝您生活愉快，阖家幸福！

附录7：西塘、乌镇、南浔、甪直、朱家角古镇原住民心理空间结构测量问卷

调查日期：＿＿＿＿＿＿＿＿＿＿＿＿　　　　　　　问卷编号：＿＿＿＿＿

尊敬的先生/女士：

您好！

为了解旅游开发情况，我们正展开一项旅游调研。本次调查采用匿名方式进行，所得资料不用于牟利，其研究结论对改善您的旅游体验至关重要，您的意见对我们的研究很重要，真诚希望您能给我们准确、真实、完整的信息反馈。

我们将按照国家《统计法》的规定，对您提供的信息予以严格保密。谢谢您的大力支持！

调研说明：

◆ 涉及带有"□"的问题，在"□"上打钩即可。

◆ 如无特殊说明，所有的题目只选择一个选项。

一、基本情况

1.您的性别：□男　　　　□女

2.您的年龄：＿＿＿＿＿＿＿岁

3.您的教育程度：□初中及以下　□高中（中专）　□大学专科　□本科　□研究生

4.您的职业：　　□工人　　　□普通居民　　□知识分子　　　□学生　　□管理者

　　　　　　　　□白领　　　□私营业主　　□个体

5.您的家庭阶段：□未成家　　□已婚，无小孩　　□已婚，有小孩　　□其他

6.您是否参与旅游开发：□参与　　　□没有

7.您的家庭人均月收入是：＿＿＿＿＿＿＿元

二、西塘、乌镇、南浔、甪直、朱家角古镇原住民心理空间结构测量

序号	研究内容	程度值				
1	内心认同能真正进入旅游开发体制	完全是 (5) □	基本是 (4) □	不清楚 (3) □	不是 (2) □	完全不是 (1) □
2	内心感觉有参与旅游开发的决策行为	完全是 (5) □	基本是 (4) □	不清楚 (3) □	不是 (2) □	完全不是 (1) □
3	能从参与旅游中获得知识教育与机会	完全是 (5) □	基本是 (4) □	不清楚 (3) □	不是 (2) □	完全不是 (1) □
4	参与旅游心理活动与表征	完全是 (5) □	基本是 (4) □	不清楚 (3) □	不是 (2) □	完全不是 (1) □
5	内心深处感知能自主进行旅游项目开发	完全是 (5) □	基本是 (4) □	不清楚 (3) □	不是 (2) □	完全不是 (1) □
6	内心融入感	完全是 (5) □	基本是 (4) □	不清楚 (3) □	不是 (2) □	完全不是 (1) □
7	发自内心的文化自觉	完全是 (5) □	基本是 (4) □	不清楚 (3) □	不是 (2) □	完全不是 (1) □
8	旅游空间实践的认同与接受	完全是 (5) □	基本是 (4) □	不清楚 (3) □	不是 (2) □	完全不是 (1) □
9	旅游开发带来生活压力	完全是 (5) □	基本是 (4) □	不清楚 (3) □	不是 (2) □	完全不是 (1) □
10	社区社会交往心理认知	完全是 (5) □	基本是 (4) □	不清楚 (3) □	不是 (2) □	完全不是 (1) □
11	社区社会形态变化的内心承受	完全是 (5) □	基本是 (4) □	不清楚 (3) □	不是 (2) □	完全不是 (1) □
12	对社区具有特殊的地方感	完全是 (5) □	基本是 (4) □	不清楚 (3) □	不是 (2) □	完全不是 (1) □
13	认同原先以心理契约组成的社区关系	完全是 (5) □	基本是 (4) □	不清楚 (3) □	不是 (2) □	完全不是 (1) □
14	厌倦现在热闹的社区	完全是 (5) □	基本是 (4) □	不清楚 (3) □	不是 (2) □	完全不是 (1) □
15	经常回忆以前的生活方式	完全是 (5) □	基本是 (4) □	不清楚 (3) □	不是 (2) □	完全不是 (1) □
16	这个地方比其他地方更好	完全是 (5) □	基本是 (4) □	不清楚 (3) □	不是 (2) □	完全不是 (1) □
17	具有地方性情感	完全是 (5) □	基本是 (4) □	不清楚 (3) □	不是 (2) □	完全不是 (1) □
18	比较投入现在的工作	完全是 (5) □	基本是 (4) □	不清楚 (3) □	不是 (2) □	完全不是 (1) □
19	就业带来高收入	完全是 (5) □	基本是 (4) □	不清楚 (3) □	不是 (2) □	完全不是 (1) □
20	内心认同能够结交新朋友	完全是 (5) □	基本是 (4) □	不清楚 (3) □	不是 (2) □	完全不是 (1) □

调查到此结束，再次感谢您的配合。祝您生活愉快、阖家幸福！

后　记

　　空间研究始终充满着"怀乡"和"怨乡"的复杂情感，在此过程中我想得最多的问题，概括起来其实就一句话：何处安放"空间"？在学术哲思和田野行走之间，我始终认为空间是值得人们为之沉思穷诘的课题。之所以如此，不仅是因为空间问题的古老性和恒常性，还因为它的日常性。如今在不少问题上人们之所以被蒙在鼓里，不是因为时间问题不清，而是因为空间问题不明。空间与我们的存在和发展相伴终始，谁也离不开。

　　空间观念之塑造，大多起源于日常生活经验，这往往也会成为个体审视社会的滤镜。19 世纪末，法国象征主义诗人让·尼古拉·阿尔蒂尔·兰波（Jean Nicolas Arthur Rimbaud）说过："生活在别处"（La vie est ailleurs）。别处的象征似乎更容易被捕捉。其实，捕捉到的也是我们的日常生活世界。伴随着中国改革开放的推进，尤其是流动性背景下市场经济实践的深化，中国特色社会主义进入了新时代，社会主要矛盾已经转化为人民日益增长的美好生活需要和不平衡不充分的发展之间的矛盾。与此同时，中国社会空间实践和空间转向，渐渐成为时代的焦点和人们关注的话题。在此大背景中，中国一些原住民世居的资源富集型社区，也无可避免地卷入到了流动性和旅游开发之中，江南社区型文化古镇旅游地理空间实践过程就属于典型的例子。2009年后，我曾在中国江苏省、浙江省、上海市等区域，结合新马克思主义地理学、社会学、文化地理学、民俗学、经济学、旅游管理等进行综合性的古镇空间生产的社会调研，多年的空间行走使我深深体会到，"我处"与"他处"

的世界基本由无数以此代彼的符号所构造，最深刻的是空间实践在促进地方经济发展和财富积累的同时，也在间接促进着日常生活空间的去社区化和后社区化。更为遗憾的是，空间的流变伴随着资本力量，渗透到社会的宏观与微观层面，凸显了变化多端的社会时空面向和日常生活的被动与脆弱，日常生活空间就成了社会性概念。我也深深地体会到，人们在践行"发展主义现代化"道路的同时，也带来了"粗放式增长"。那些对个人幸福的追求方案，在现实中还是需要继续提高设计！

如果说基于个体成长生成的日常生活空间观属于经验的话，"他者"的日常生活空间体验则赋予了我更多的想象和责任。"他处"的空间体验与想象使我意识到我需要一次出发。多年来，我在以"空间"为载体的学术耕耘与坚守中，逐渐领会到"回到日常生活"是直面空间实践异化问题，并力图改变的重要参照。2010年之后，我在国家社会科学基金项目和国家自然科学基金等项目的针对性资助下，在学术界最早提出了"旅游空间生产"概念、理论及其系统分析范式，且在实践中提出"互容共治、双轨同向、差异位育、双美递进"的新空间发展模式。在针对江南社区型文化古镇旅游空间实践的持续关注中，我又对中国新乡土社会空间的生产过程和旅游地社会空间感知，以及认同圈层结构的概念与分析方法进行了探索。我发现在以旅游为媒介的资本、无处不在的类似米歇尔·福柯所讲的毛细血管式的"权力"以及空间消费者等为合力的结构性和非结构性流动性要素重塑之下，很多案例地日常生活空间秩序节奏、地理本性、原住民的社会文化和心理结构等在取得积极效果的同时，也处在"不是我们的存在"之状态中，这在本质上是现代性和流动性驱动的力量对日常生活的辩证控制，借此实现空间生产和再生产的空间过程。本研究成果即是在上述背景下对周庄、西塘、乌镇、南浔、角直、朱家角江南社区型文化古镇日常生活空间问题在微观层面上的一次探索，也是对以往研究的深化。

近年来，空间生产作为新的理论增长点在中国学术界引起了一定程度的关注，我作为其中一员也进行了长期不懈的努力和探索。但是，我也深深认识到学术界对该领域的整体性理论探索，尤其是对空间的深化研究依然有限。无论上升到国家层面，还是聚焦在类似周庄、西塘、乌镇、南浔、角直、朱家角江南社区型文化古镇这样的微观单元，学术界以日常生活空间生产为分析对象的文献还缺乏必要跟进，这一结果将对理解基于日常生活的地方发展带来障碍。在通常意义上，日常生活空间总是与平淡、无奇、细碎、重复相关，而与宏大、系统、必然、秩序无关，这在一定程度上也使日常生活空间的生产和异化总是被人们无意识地忽略。事实上，在日常生活中，同质性和异质性是其不可分割的重要组成部分；在日常消费中，日常生活常常又被碎片化。人们的各种社会关系和联系，正在以片面的和不完整的方式展现，人在平凡的日常生活中被发现和被创造，正是因为在这些不起眼的日常生活中潜藏着整个社会关系，日常生活构成了社会关系和空间结构的基础性领域。我们为什么要关注日常生活？我想阿格妮丝·赫勒已经说得非常明确了：如果个体要再生产出社会，就必须再生产出作为个体的自身，没有个体的再生产，任何个体都无法存在，人们必须是日常的，否则根本就不存在。当被线性时间和技术理性不断控制时，日常生活本身所富有的生动态度和诗意的气氛如何成为可能？当务之急，需要寻求一场日常生活的转型和空间重塑，让人们沉睡于其中的潜能重新绽放。

在全球化、现代化以及中国改革开放进入深水区的时代背景下，中国现代旅游业的空间实践和发展，深深地牵连着国家宏观层面和日常生活微观层面不同尺度的经济、政治、社会和文化领域的实践，这也使旅游社会和文化地理的空间实践变得更为复杂。中国旅游空间实践若要有更大作为必须考量空间的社会文化性，因此重新界定空间的实践观成为必然。1984年，戴维·哈维在《论地理学的历史和现状：历史唯物主义宣言》中表示："我们向利益集团贩卖我们自己和地理学，就是参与形成他们的地理学，制造一种被社会不平等分裂，并形成对地缘政治紧张局势火上浇油的人类景观。"2018 年，戴维·哈维在写给作者的信件中，又阐述了他对旅游社会文化空间实践的重要观点。如今看来，这些论述具有非常大的警示作用。借上述警句，我秉持这样的观点：未来中国旅游业在不同尺度的社会文化和地理空间实践，必须建构一个面向未来计划的、能够打开不同主体间相互交流的新渠道。

2021 年 6 月